Eduard Baldamus

Die literarischen Erscheinungen der letzten 20 Jahre, 1845-1864

Eduard Baldamus

Die literarischen Erscheinungen der letzten 20 Jahre, 1845-1864

ISBN/EAN: 9783743600683

Hergestellt in Europa, USA, Kanada, Australien, Japan

Cover: Foto ©ninafisch / pixelio.de

Weitere Bücher finden Sie auf **www.hansebooks.com**

Die

litcrarischen Erscheinungen

der letzten 20 Jahre 1845—1864

auf dem

Gebiete der Kriegswissenschaft.

Mit einem Anhange

der wichtigsten Karten und Pläne Europa's aus dem letzten Jahrzehnt.

Unter Mitwirkung mehrerer Offiziere

alphabetisch und systematisch geordnet

von

Eduard Baldamus.

PRAG,

Commissionsverlag von H. C. J. Satow.

1865.

Vorwort.

~~~~~

Die günstige Aufnahme, welche meiner liter. Handbibliothek zu Theil geworden ist (das 1. Bändchen: die Baukunde ist vollständig; das 2. Bdchen: Schleswig-Holstein-Literatur ziemlich vergriffen) lässt mich hoffen, dass auch das vorliegende 3. Bdchen: die Kriegswissenschaft mit allen ihren Hilfswissenschaften, den Herren Sortimentern, wie den Fachmännern nicht unwillkommen sein wird.

Von mehreren Seiten darauf aufmerksam gemacht, dass bei der Baukunde ein systematisches Verzeichniss vermisst würde, habe ich mich bemüht, diesem Mangel bei dem vorliegenden Bändchen abzuhelfen und glaube, dass es mir unter Mitwirkung mehrerer befreundeter Offiziere, denen ich hierdurch noch ganz besonders meinen verbindlichsten Dank sage, gelungen ist, ein möglichst brauchbares systematisch geordnetes Register zu liefern.

Es ist und wird auch ferner mein Bestreben sein, meine Fach-Cataloge so vollständig wie nur irgend möglich aufzustellen, ohne jedoch für dieselben Anspruch auf unbedingte Vollständigkeit zu machen.

Etwaige Fehler und Verbesserungen wolle man mir gütigst mittheilen, mit Dank werde ich dieselben entgegennehmen.

PRAG im Mai 1865.

Eduard Baldamus.

Inhalts-Verzeichniss.

~~~~~

Anhang:
Auswahl von Karten und Plänen Europa's aus dem letzten
Jahrzehnt:

Abtheilung A.

Alphabetische Uebersicht.

A.

Abbildungen der Kostüme und Uniformen des würtemberg. Militärs von der Zeit des 30jährigen Krieges bis 1854. Ein Beitrag zur Kostümkunde. gr. 8. Stuttgart. Beck. 1860.
In Cartou baar 21 Sgr.

Abendroth, *Major* Heinr. v., Terrainstudien zu dem Rückzuge des Varus und den Feldzügen des Germanicus. Eine militärische Beleuchtung mit e. einleitenden Vorwort von E. v. Wietersheim. Nebst 1 Krt. gr. 8. Leipz. T. O. Weigel 1862. n. 24 Sgr.

Abhandlung über die Feldbefestigung, den Angriff und die Vertheidigung der Feldschanzen und Verschanzungen, nebst kurzem Anhange über Kriegsbrücken. Für den Gebrauch d. k. k. Gratzer Cadetten - Compagnie. gr. 8. Gratz. Damian & Sorge in Commiss. 1847. n. 1 Rthlr. 2 Sgr.

— — über Kriegsmärsche, enth.: die Uibersicht der operativen Thätigkeit der Armeen, oder die Theorie über die Marschzwecke; die innere Gliedrg. e. Armee; die Armeebewegungen oder die Marschtechnik; die Armee-Verpflegg. im Felde u. insbesondere bei Vorrückungs-Bewegungen von Oberstlieut. J. G. Mit 8 lith. Taf. gr. 8. Wien, Gerold. 1860. 1 ¹/₂ Rthlr.

— — über d. Kriegs-Minen. Z. Gebrauche d. k. k. östr. Mineurschulen. Vom Feldmarschallieut. Edler v. Zimmer. 3 Thle. Mit 1 Atlas. gr. 4. Wien. Förster. (jetzt Bartelmus) 1852. geb. n. 8 Rthlr.

— — über Pferdezucht u. Pferderennen. 1—3. Sammlg. gr. 8. Berlin. Wiegandt & Hempel. 1860—63. n. 2 ¹/₆ Rthlr.

Abrichtungs-Reglement für die k. k. Jäger. 1851. gr. 8. Wien, Hof- & Staatsdruckerei. 1851. baar n. 1 ¹/₆ Rthlr.

— — für die k. k. Linien- und Grenz-Infanterie. 1851. gr. 8. Wien, Hof- & Staatsdruckerei. 1851. n. 1 ¹/₆ Rthlr.

— — für die k. k. Landgensdarmerie. 3. Aufl. gr. 8. Wien. Klemm. 1858. n. 16 Sgr.

— — für die k. k. Fusstruppen. gr. 8. Wien (Leipzig. Denike). 1864. n. n. 1 Rthlr.

Abrichtungs-Reglement das, für d. k. k. Infanterie eingetheilt in 14 Uibungs-Zetteln und e. Anh., nach der Instruction f. die Lehr-Bataillons m. allen Kommando-Worten, Hornsignalen, Trommelstreichen, u. vielen Notizen. Als Beilage die Marsch-Ordnung. Vom Hptm. K. 36. Pest. Geibel. 1858. n. 6 Sgr.

— und Exercier-Reglement, das, für den Bedarf d. Nationalgarde eingerichtet, nebst Dienst-Vorschriften für Verhaltungen bei den, vorzugsweise von der Nationalgarde zu leistenden Diensten, sowie Andeutungen über ihre Waffen. Von e. k. k. Offizier. 3. Aufl. gr. 16. Wien. Sallmayer & C. 1848. 16 Sgr.

— — Reglement für die k. k. Kavallerie. 1863. gr. 8. Wien. (Leipzig. Denicke.) 1864. n. n. 1 $\frac{1}{2}$ Rthlr.

Adalbert, *Prinz von Preussen*, Denkschrift über Bildung einer deutsch. Kriegsflotte. gr. 8. Potsdam. Riegel. 1848. n. 12 Sgr.

Affaire, die, von Eckernförde vor dem dänischen Generalkriegsgerichte. Nach der officiellen dänischen Departements-Tidende. 4. Hamburg. Kittler in Commiss. 1850. n. $\frac{1}{3}$ Rthlr.

Agricola, *Sergeant*, **Aug.,** die Führung d. Patronenwagens. Ein Handbuch für Infanterie-Unteroff. u. Gefreite, nebst 3 Abbildungen. Torgau. 1852. n. $\frac{1}{4}$ Rthlr.

Aktenstücke über die Gesetzentwürfe betreffend die Verpflichtung zum Kriegsdienste u. d. Feststellung eines Nachtrages zu dem Staats-Haushalts-Etat f. d. J. 1860., sowie die Forterhebung eines Zuschlages zur classificirt. Einkommensteuer. gr. 8. Berlin. v. Decker 1860. 12 Sgr.

Albani, *Actuar*, **W. Jul.,** über militärischen Verrath. Mit besond. Beziehung auf die wegen Theilnahme am Dresdener Mai-Aufstande gegen verschiedene Militärpersonen geführten kriegsgerichtl. Untersuchungen. gr. 8. Dresden. Höckner 1851. $\frac{1}{4}$ Rthlr.

Albanesi, *Lehrer*, **Karl,** Theorie der Fechtkunst, nebst e. Anleitung z. Hiebfechten u. zum praktischen Unterrichte. Mit 12 xylogr. Skizzen. gr. 8. Wien. Pichler's Wittwe & Sohn 1862. 24 Sgr.

Albrecht, C., die Influenza der Pferde mit besonderer Berücksichtigung der Militärpferde. gr. 8. Berlin. Schlesier in Kommiss. 1857. n. $\frac{1}{3}$ Rthlr.

Alison, Archibald, das militärische Leben des Herzogs von Marlborough. Aus dem Engl. übersetzt von Dr. L. Baumann. gr. 12. Frankfurt a. O. Trowitzsch u. Sohn 1848. n. 2 $\frac{1}{2}$ Rthlr.

„Allzeitvorauf" als Soldat, P. F. C. u. Oberbefehlshaber. Dem deutschen Volke in Liebe u. Freundschaft gewidmet von Einem, dem's zu Herzen ging, dass ihm der Zopf so hinten hing. gr. 8. Hamburg. Hoffmann & Campe. 1864. $\frac{1}{4}$ Rthlr.

Almanach der österreich. Kriegs-Marine f. d. J. 1865. Hrsgeg. von der hydrograph. Anstalt der k. k. Marine. 4. Jahrg. 8. Wien. Gerold Sohn 1865.   n. 1 ¹/₃ Rthlr.

Algenburg, Joh. Nep. *Ritter von*, Ehrendom, das ist: Hervorragende Waffenthaten der Mannschaft des Tiroler Kaiserjäger-Regiments im italien. Feldzuge 1859. gr. 8. Innsbruck. F. Rauch 1860.   n. n. 9 Sgr.

Alten, F. von, der Krieg in Schleswig 1848. Nach officiellen Quellen. Mit 1 Karte v. Schleswig u. Plänen. gr. 8. Oldenburg. Schulze 1850.   n. 1 ¹/₂ Rthlr.

Alter, das, e. Pferdes genau u. sicher zu erkennen, dem Wechsel u. den Veränderungen der Zähne, nebst Regeln, woraus man schliessen kann, e. fehlerfreies Pferd zu kaufen. gr. 8. Hamburg. Heller in Kommiss. 1853.   ¹/₄ Rthlr.

Altes und Neues in der preussischen Infanterie-Taktik. Von e. Offizier der preuss. Armee. gr. 8. Potsdam. Schlesier 1860.   n. ¹/₆ Sgr.

— — und Neues, militärisches. Von dem Verf. der militärischen Betracht. 1—3. Thl. gr. 8. Berlin. Mittler & Sohn. 1853—55.   2 Rthlr. 6 Sgr.

Alvensleben, L. von, Kasernenabende. Abenteuer, Schilderungen u. Erinnerungen aus dem Soldatenleben im Kriege u. im Frieden. 2 Bde. 8. Leipzig, Koffka 1848.   2 ¹/₂ Rthlr.

Ammon, *Hauptgestütsdirektor*, **G. G.** das sicherste Mittel nur grosse und gut ausgebildete Pferde zu erziehen, nebst e. Anweisung zu ihrer Vorbereitung zu künftigen Dienstleistungen. 2. Aufl. v. W. A. Kreyssig. 8. Königsberg. Gebr. Bornträger. 1849.   ¹/₄ Rthlr.

Anciennitäts-Liste, vollständige, der k. preuss. Offiziere des stehenden Heeres vom General bis incl. Premier-Lieutenant, mit Angabe des Datum der Ernennung zu den früheren Chargen, nach den verschiedenen Waffengattungen zusammengestellt von L. v. M., Major a. D. 4. Burg. Hopfer. 1853.   n. ²/₃ Rthlr.

— — dieselbe 1856—60. Ebendas.   à n. 1 Rthlr.

— — dieselbe. Nach dem Tode des Major L. von M. fortgesetzt vom Oberstlieutenant F. v. B. 1862—1863. Ebendas.

        Subscript.-Preis n. 1 Rthlr.

        Ladenpreis n. 1 ¹/₃ Rthlr.

— — der Generalität, Stabs- u. Subaltern-Offiziere des stehenden Heeres der königl. preuss. Armee u. der Marine durch alle Waffen f. d. J. 1856. 8. Potsdam. Döring.   n. ⁵/₆ Rthlr.

— — dieselbe für das Jahr 1858—59. Ebend.   à n. ²/₃ Rthlr.

— — dieselbe für das Jahr 1861—62. Ebend.   à n. ⁵/₆ Rthlr.

Andeutungen zur Anfertigung militär-wissenschaftlicher Ausarbeitungen, durch Beispiele erläutert, nebst e. Sammlung von Aufgaben. Von e. preuss. Offizier. 12. Frankfurt a. O. Koscky 1848. 6 Sgr.

— — f. Hebung der Pferdezucht im Grossherzogthum Baden. v. T. J. gr. 8. Freiburg im Br. Wagner. 1862. n. 4 Sgr.

— — für die Selbstausbildung der Herren Subaltern-Offiziere zu Befehlshabern. Von e. Veteranen. gr. 8. Gratz. Kienreich 1854.
n. 1 ¹/₃ Rthlr.

André, F. Rennkalender für Deutschland in Anschluss an die bisher v. C. H. Vogler herausg. Jahrg. bearb. Jahrg. 1863 enth. die Leistungen der Pferde in den Rennen d. J. 1863, nebst Angabe ihrer Besitzer, Reiter etc. 8. Berlin. Wagner 1864.
baar n. 1 Rthlr.

— — derselbe Jahrg. 1864. Ebendas. baar n. 1 Rthlr.
durchschossen n. 1¹/₃ Rthlr.

Andres, *Hptm.* **Thdr.**, die wichtigsten Kenntnisse der k. k. österreich. Feld- u. Batterie-Geschütze und der Belagerungsbatterien. gr. 8. Olmütz. Neugebauer. (jetzt Grosse). 1857. 1¹/₂ Rthlr.

— — Handbuch zum Brückenbau im Felde. Zunächst für Linien-Offiziere zum Unterricht der Infanterie - Pionnier - Abtheilungen. 2. wohlf. (Titel-)Ausg. gr. 8. Olmütz. Hölzel 1859.
1 Rthlr.

Andresen-Siemens, Jak., Vorschläge zur Begründung e. deutschen Kriegsmarine. gr. 8. Frankfurt a. M. Jügel 1848. n. ¹/₆ Rthlr.

— —, Schiffbauer, **J., C. A.** Jansen, L. Starklof, die deutsche Kriegsmarine. Eine Ansprache an die deutschen Volksvertreter in Frankfurt a. M. gr. 8. Oldenburg. Schulze. 1848. n. ¹/₆ Rthlr.

— — Deutschlands Seegeltung. In der Handelsmarine eine Kriegsmarine zu erziehen. Norddeutsch-Baltisch-Nordische Kriegs-Marine. 2. Ausg. 8. Hamburg. Kittler. 1848. n. ¹/₄ Rthlr.

Anitschkof, *Hptm.*, der Feldzug in der Krim. Aus dem Russ. übersetzt v. Oberl. G. Baumgarten. 1. 2. u. 3. od. Suppl.-Thl. gr. 8. Berlin. Mittler u. Sohn. 1857—60. cpl. 2 Rthlr. 3 Sgr.

Anleitung, praktische, zum Ankauf oder zur Abnahme v. Pferden, zur Behandlung des Pferdehufes u. dessen Beschlags nebst Ansichten über Pferdezüchtung für Kavalleristen. Von e. alten Kavallerie-Offizier. 8. Ratibor. (Thiele). 1857. n. 12 Sgr.

— — praktische, zur richtigen Auffassung taktischer Aufgaben f. Subaltern-Offiziere der Infanterie, Kavallerie u. Artillerie. Mit 24 Taf. gr. 8. Brünn. (Buschak u. Irrgang). 1863. n. 1²/₃ Rthlr.

— — praktische, zur militär. Aufnahme m. den Vorstudien, Terrainlehre u. Situations-Zeichnung. Mit 8 lith. Taf. Von W. K. 2. Ausg. 8. Olmütz. Hölzel. 1856. n. 1¹/₄ Rthlr.

Anleitung, kurze, zur Aufzucht u. Verbesserung der Pferde. Ein Handbuch. 2. verb. Aufl. 8. Münster. Regensberg in Komm. 1846.
n. ¹/₆ Rthlr.

— — zu der Ausbildung des einzelnen Infanteristen und zu dem geschlossenen Exercieren eines Zuges und einer Kompagnie. Von einem Grossh.-Bad. Infant.-Offizier. 8. Karlsruhe. Braun. 1850.
n. ¹/₃ Rthlr.

— — zur Beschäftigung der Militär-Konskriptions-Angelegenheiten, für die Militär-Konskriptions- u. Lokal-Behörden, Stellen, Tax-ämter, Ärzte, Wundärzte, Pfarrämter etc. Zusammenstellung der gesetzl. Bestimmungen. Von e. Geschäftskundigen. gr. 8. Würzburg. Stahel. 1856. Subscr.-Preis 28 Sgr.

— — zum Betrieb der Gymnastik und Fechtkunst in der Armee. Mit 66 in den Text eingedr. Figuren. 8. Berlin. v. Decker. 1861.
n. ²/₃ Rthlr.

— — das Kontraschlagen in kurzer Zeit gründlich zu erlernen, nebst e. Anh. über die steile Auslage und das Säbelschlagen. Von Dr. B***. 12. Bonn. Cohen & Sohn. 1852. cart. ¹/₃ Rthlr.

— — zur Darstellung militärischer Manoeuvre mit dem Apparat des Kriegs-Spiels. 2. Aufl. gr. 8. Berlin. Mittler u. Sohn. 1855.
¹/₂ Rthlr.

— — zum Dienst der leichten Kavallerie im Felde. Zunächst f. d. k. preuss. 2. Leib-Husaren-Regiment bestimmt. 3. Aufl. gr. 8. Berlin. Mittler & Sohn. 1857. ¹/₄ Rthlr.

— — zum Exercieren der Infanterie-Volksbewaffnung. Zum Gebrauch für Waffenvereine u. Schützencorps. (Oldenburg-hanseat. Brigadeverband.) Herausgeg. von e. Offizier. gr. 12. Bremen. Strack. 1848. n. ¹/₃ Rthlr.

— — kurze, zum Felddienst. Nach den Beiträgen zum praktischen Unterricht im Felde, nach den Feldinstruktionen der k. k. Armee, und nach den grösseren Werken von Allássy, v. Löwenbach, Brand, Decker und a., bearbeitet u. für das Bedürfniss der Kadetten- und Unteroffizierschulen eingerichtet. 9. Aufl. gr. 8. Gratz. Kienreich. 1850. ²/₃ Rthlr.

— — praktische, zur Recognoscirung und Beschreibung des Terrains, aus dem taktischen Gesichtspunkte, für Offiziere aller Grade und Waffen, bearb. u. durch Beispiele erläutert v. Pz. (Pönitz.) 2. Ausg. gr. 8. Adorf. Verlagsbureau, 1855. n. 2 Rthlr.

— — erste, des Soldaten in der eigentlichen zerstreuten Gefechtsart. Ausz. a. d. Werke des Obersten Graf von Waldersee: „die Methode zur kriegsgemässen Ausbildung der Infanterie für das zerstreute Gefecht." 8. Mainz. Zabern. 1850.
1 ¹/₂ Sgr.

Anleitung znm Turn-Unterricht für die eidgenöss. Truppen 1 Thl.
Freiübungen. 16. Zürich. Schulthess. 1862. cart. n. $\frac{1}{3}$ Rthlr.
— — zur Uebnng des Felddienstes bis zur Stärke e. Bataillons
od. e. Kavallerie-Division. 16. München. Grubert 1853. n. 2 Sgr.
— — praktische, für Unteroffiziere n. Soldaten jeden Grades und
Ranges der Infanterie n. Scharfschützen in allen Verhältnissen
des innern, äussern und Felddienstes. Nach besteh. Reglements
bearb. von e. Instructionsoffizier. 16. Herisau. Meisel. 1853.
cart. n. 12 Sgr.
— — zum Unterricht im Schätzen der Entfernungen. Nach dem
Französ. bearb. gr. 8. Berlin. Mittler u. Sohn. 1853. 3 Sgr.
— — zur richtigen Zucht und Behandlung der Pferde. Nebst e.
Anh. (Ueber die Behandlung des Hufes.) Hersg. unter Mitwirk.
des Redact. d. Agronom. Zeitung. 8. Leipzig. Spamer. 1852.
n. $\frac{1}{6}$ Rthlr.
Annuaire militaire de la république française pour l'année 1848.
Publié sur les documents communiqués par le ministère de la
guerre. gr. 12. Strassbourg. Veuve Levrault. 1848. n. 2 Rthlr. 4 Sgr.
Ansichten über die taktische Ausbildung des Soldaten, namentlich des Infanteristen, sowie über Manoeuvre im Allgemeinen.
Von e. höhern norddeutschen Offizier. gr. 8. Berlin. Mittler's
Sort. (A. Bath.) 1856. n. 8 Sgr.
— — und Erfahrungen eines Füsilier-Offiziers. Mit 3 Plänen.
gr. 8. Berlin. Voss. 1853. 12 Sgr.
— — über Formation der Cavallerie bei dem preuss. Armee-
Corps. Von e. Cavalleristen. gr. 8. Berlin. Mittler & Sohn.
1852. 9 Sgr.
— — über die theoretische, praktische u. moralische Heranbildung einer Armee, m. besond. Berücksichtigung der Fuss-Trup-
pen. Von H. v. Z. gr. 8. Linz (Danner). 1863. n. 1 Rthlr. 26 Sgr.
— — über den Soldatenstand, insbesondere über die Cavallerie
und die Ausbildung der leichten Reiter im Vorposten- und
Marschsicherungs-Dienste. Von e. invaliden Stabsoffizier der
königl. sächs. Reiterei. gr. 8. Gotha. Thienemann. 1856. n. 18 Sgr.
— — vergleichende, über den Krieg in Italien im J. 1859, mit
besonderer Beziehung auf die Ereignisse bis zum Rückzuge
der Oesterreicher nach der Schlacht von Magenta, und ergän-
zende Bemerkungen über die französ. Armee. 8. Glogau.
Flemming. 1861. $\frac{1}{4}$ Rthlr.
Antagonismus, der, Frankreichs und Englands vom politisch-
milit. Standpunkte u. die Wahrscheinlichkeit einer französ.
Truppenlandung auf der engl. Südküste. gr. 8. Berlin. Sprin-
gers Verl. 1860. n. $\frac{1}{3}$ Rthlr.

Anton, F. E., Erinnerungen an die Jahre 1848, 49. Zur Erklärung d. patriot. Gedenkblattes „Das preussische Heer." 8. Magdeburg. Baensch. 1853. n. $\frac{1}{3}$ Rthlr.

— — der Gendarmerie- und Polizeidienst. Anleitung f. alle diejenigen, welche zur Gendarmerie oder zum Polizeifache übergehen wollen. 3. Aufl. gr. 8. Magdeburg und Leipzig. Baensch. 1856. $\frac{3}{4}$ Rthlr.

Antwort auf die Frage: „Ob die Militärlast in Preussen erhöht werden soll?" gr. 8. Berlin. L. Heymann. 1860. 3 Sgr.

Antze, *Prf.* **G.**, kurze Zusammenstellung der Hauptgrundzüge der Geschichte des 2. Westfälischen Infanterie-Regiments Nro. 15 „Prinz Friedrich der Niederlande," zur Erinnerung an das 50jähr. Stiftungsfest am 1. Juli 1863. 8. Minden. Volkening in Kommiss. 1863. baar 3 Sgr.

Anweisung zur Herstellung vollständiger Schusshaltigkeit der Kugelbüchsen, bei gleichzeitig erleichtertem Pflastern der Kugeln durch Beschreibung e. erprobten Ladung v. e. erfahrenen Schützen. Nebst e. Anhange über Verfertigung der Schiessbaumwolle. 12. Frankfurt a. M. Sauerländer. 1847. 7 Sgr.

— — zum Satteln und Packen bei der preuss. Kavallerie. Von e. preuss. Cavall.-Offizier. Mit 6 Tafeln. Düsseldorf. Stahl. 1850. 6 Sgr.

— — zur Ausführung der Handhabungs-Arbeiten in der Artillerie. Mit 48 in den Text gedr. Holzschn. gr. 8. Berlin. Mittler Sort. (A. Bath). 1856. n. $\frac{2}{3}$ Rthlr.

Aphorismen über Reitwissenschaft u. dazu gehörende Pferdebehandlung von C. Gr. v. E. gr. 8. Dresden. (Gottschalk). 1851. n. n. $\frac{1}{4}$ Rthlr.

— — und Ideen, taktische. 1 Folge. 8. Passau. Exped. der Frauendorfer Blätter. geh. 1858. $\frac{1}{4}$ Rthlr.

— — militärische, aus Oesterreich. Von e. österreich. Soldaten. gr. 8. Leipzig. O. Wigand. 1860. 12 Sgr.

— — über das bayerische Heerwesen (Abdr. aus der deutschen Wehrzeitung) gr. 8. Coburg Streit. 1864. n. $\frac{1}{6}$ Rthlr.

Aprilgang, der, d. Freischaaren, aufgeführt im Jahre 1845 gen Luzern. Mit vielen zum Theil unedirten Urkunden und einer Karte. Dargestellt v. Verfasser der „Erklärung des luzerner Ueberfalles vom 8. Christmonat 1844." gr. 8. Luzern. 1845. Augsburg. Kollmann. 1847. $\frac{2}{3}$ Rthlr.

Archiv für die Offiziere des königl. preuss. Artillerie u. Ingenieur-Corps. Red. Oberst Otto, Oberst Neumann, Ober-Lieut. a. D. v. Kirn. 9—28. Jahrg. 1845—1864 od. 17—56 Bd.

à 3 Hefte. Mit Plänen. gr. 8. Berlin. Mittler & Sohn. 1845—
1864. à Jahrg. n. 4 Rthlr.

Archiv für Offiziere aller Waffen. Redig. von den Hauptleuten
Schmölzl u. Höfler 1—7. Jahrg. à 4 Bde. od. 12 Hfte. München
Franz. 1844—1850. à Jhrg. n. 4 Rthlr.

Herabgesetzt. Preis 7 Rthr. für sämmtl. Jahrg. Einzeln. Jahrg. à 1 Rthlr. 15 Sgr.

d'Arenberg, *Prince* **Ern.,** l'art de la fortification appliqué à la
défense des grandes et moyennes places de guerre 2. edit.
Imp. 4. Venise. Wien. Wallishausser. 1848. n. 7 Rthlr.

Aresin, *Hptm.,* das Festungsviereck v. Ober-Italien, seine Bedeutung für Deutschland, die Schweiz u. das Machtgleichgewicht
v. Europa. gr. Lex. 8. Wien (Gerold's Sohn). 1860. n. n. ⅓ Rthlr.

— — die Napoleonischen Ideen eines Krieges gegen England Com-
plement zu der Studie: Das Festungsviereck von Ober-Italien. Lex.
8. Wien. Gerold's Sohn in Commission. 1861. n. n. ⅓ Rthlr.

d'Argy, Instruction für den Schwimm-Unterricht in der französ.
Armee. In's Deutsche übertragen von Hptm. v. Wins. II. Ein-
geleitet durch den Gen. Lieut. v. Willisen. 2. Aufl. 16. Berlin.
A. Duncker. 1864. n. ⅓ Rthlr.

Armee, die, der Zukunft oder Gesichtspunkte zu ein. Militär-
Organisation im Geiste der Volks-Erziehung. Von e. deutschen
Offizier. gr. 8. Leipzig. Weber. 1864. n. ⅙ Rthlr.

— — die und ihr Budget. Den preussischen Kammern. Lex. 8.
Berlin. Hempel. 1852. n. ⅙ Rthlr.

— — die französische, in ihrem Verhältniss zu dem Kaiser Louis
Napoleon u. den deutschen Heerestheilen. V. e. deutschen
Offiziere a. D. (Jul. v. Wickede.) 1. u. 2. Aufl. 8. Leipzig. Herbig.
1853. ⅔ Rthlr.

— — die französische auf dem Exercierplatze und im Felde.
Mit e. Rückblick auf den Feldzug in Italien im J. 1859. Den
Kameraden aller deutschen Armeen gewidmet v. e. alten Offiziere.
1. u. 2. Aufl. Mit 1 Uebersichtskarte d. Kriegsschauplatzes in
Oberitalien. gr. 8. Berlin. Mittler & Sohn. 1861. 1¼ Rthlr.

— — die k. k. österreichische, im Laufe zweier Jahrhunderte;
gemalt u. lithogr. von Fr. l'Allemand. 1—6 Lfg. qu. ½ Fol.
Wien. Bermann. 1846. n. 20 Rthlr.

— — die kais. königl. österreich. 1 Bogen Imp. Fol. Innsbruck,
Wagner 1854. n. 8 Sgr.

— — die preussische, ohne Landwehr. Von Hr. gr. 8. Glogau.
Reisner 1853. 9 Sgr.

— — die sächsische, von der Reorganisation nach dem siebenjährigen Kriege bis auf die neueste Zeit. 1. u. 2. Lfg. Fol.
Leipzig. Fr. Voigt in Komm. 1856. à n. 24 Sgr.

Pr.-Ausg. à n. 1½ Rthlr.

Armee, die sächsische, in ihrer gegenwärtigen Gestaltung. 1. Lfg. gr. Fol. Leipzig. Schrader. 1858.   n. 24 Sgr.

                         Pracht-Ausg. $1\frac{1}{2}$ Rthlr.

— — schweizerische, in 10 lith. u. color. Bildern. gr. Fol. Luzern. Straube in Comm. 1850.   n. $5\frac{2}{3}$ Rthlr.

L'Armée bavaroise, 7. corps d'armée de la Confédération allemande 1—2 Livr. gr. Fol. Leipzig. Schrader 1859, 60.

                         à n. $2\frac{2}{3}$ Rthlr.

— — suisse et l'esprit militaire. Coup- d'oeil rétrospectiv par un militaire Suisse. gr. 8. Zürich. Meyer & Zellers Verlag 1859.

                         n. 12 Sgr.

Armee und Staat. Von e. nordd. Offizier. 1. u. 2. Thl. gr. 8. Rostock. Leopold. 1857, 58.   n. $1\frac{1}{2}$ Rthlr.

Armeen, die, und ihre Zukunft. gr. 12. Augsburg. Schmid. 1851. $\frac{1}{4}$ Rthlr.

— — die, der am orimtal. Kriege direkt od. indirekt betheiligten Mächte. Milit. u. statist. zusammengestellt von e. deutschen Offizier. gr. 8. Leipzig. Remmelmann. (jetzt Meuth in Kaisersl.) 1854.

                         n. $\frac{1}{2}$ Rthlr.

               Velinp. m. Portr. n. $2\frac{1}{3}$ Rthlr.

Armées, les, des puissances directement ou indirectement engagées dans la question d'Orient; statistiques militaires par un officier allemand. Traduit par Ed. de la Barre Duparcq, Capitaine du génie etc. gr. 8. Ebendas. 1855.   n. 1 Rthlr.

Armee-Courier, der. Red. L. Buergeler. 1. Jahrg. 1863. 52 Nr. gr. Fol. Washington (Philadelphia. Schäfer & Koradi.) 1863.

                         n. $1\frac{2}{3}$ Rthlr.

— — Schema, kurzgefasstes, 1857. 1 Bg. in Imp. Fol. Prag. Bellmann. 1857.   n. $\frac{5}{6}$ Rthlr.

— — Schema, k. k. österreichisches, auf das Jahr 1862. hoch 4. Wien Leo. 1862.   n. 16 Sgr.

Armstrong-Geschütz, das, seine Construction u. Benützung. Nach dem Engl. d. Times vom 24. Jänner 1860. gr. 8. Leipzig. Gerhard. 1860. $\frac{1}{6}$ Rthl.

Arnim-Boytzenburg, *Graf,* über die Vereidigung des Heeres auf die Verfassung. Geschrieben im August 1849. gr. 8. Berlin. v. Decker 1849.   3 Sgr.

Articles de guerre pour l'armée prussienne. Edition officielle gr. 8. Ebendas. 1854.   3 Sgr.

Artillerie, die, im Felde. Eine Zusammenstellung v. Beispielen aus der Kriegsgeschichte. Von e. Artillerie-Offizier. Mit 6 Plänen, br. 8. 2. Aufl. Dresden, Burdach. 1863.   n. $\frac{1}{2}$ Rthlr.

— — Instruktion für die Kanoniere der königl. würtemb. Artil-

lerie. A—D. 16. Ludwigsburg. Balmer & Riehm. 1862—63.
n. 1 $\frac{1}{3}$ Rthlr.

Artillerie-Instruktion für die Unteroffiziere der kgl. würtemberg.
Artill. 16.Ludwigsburg. Basel. (Balmer & Riehm). 1862. n. $\frac{2}{3}$ Rthl.

Aster, Heinr., *Oberst*, die Kriegsereignisse zwischen Peters-
walde, Pirna, Königsstein u. Priesten im August 1813 und die
Schlacht bei Kulm. gr. 8. Mit 3 Plänen. Dresden. Adler &
Dietze. (Jetzt G. Dietze). 1845. n. 4 Rthlr.

— — der Soldat in gegenwärtiger Zeit, mit besond. Rücksicht
auf d. sächsischen Militärs. gr. 8. Dresden. Ebendas. 1848.
n. 4 Sgr.

— — Beleuchtung der Kriegswirren zwischen Preussen und Sachsen vom Ende August bis Ende October 1756. Mit ein. Rückblick auf Zustand, Geist u. Bildung der beiden Armeen. gr. 8.
Dresden. Ebendas. 1848. n. 4 Rthlr.

— — einige militärische Betrachtungen über Volksheer u. stehende Armee 8. Leipzig. Arnold. 1848. n. $\frac{1}{6}$ Rthlr.

— — **Heinr.,** d. Gefechte u. Schlachten b. Leipzig im Oct. 1813.
Grösstentheils nach neuen, bisher unbenutzten Archiv - Quellen
dargestellt. 2. (Titel-) Ausgabe. 1—6 Lf. gr. 8. Dresden. Arnold. 1856—57. cpl. n. 10 Rthlr.

— — Schilderung der Kriegsereignisse in und vor Dresden, v.
7. März bis 28. Aug. 1813. 2. (Titel-) Ausg. Nebst 2 grossen
Schlachtplänen. gr. 8. Leipzig. Arnold. 1857. 1 $\frac{1}{2}$ Rthlr.

— — *Art.-Oberstl.* C. H., d. Lehre v. Festungskriege. Nieder. Thl.:
Die Leistungen d. Oberoffiziere u. Untergeordneten. 3. Aufl. Mit
8 Kpftaf. gr. 8. 1850. 2 Rthlr.

— — dasselbe. Höherer Theil: Die Leistungen der Offiziere von
allen Graden und v. allen Truppenarten. 2. Ausg. Mit 7. Kpf.
Taf. gr. 8. Ebend. 1850. 2 Rthlr.

— — Unterricht f. Pionnier,-Sappeur,-Artillerie- und Mineur-Unter-
offiziere in den sie betreffenden Arbeiten beim Festungskriege.
3 Hfte. 2. Ausg. gr. 8. Ebend. 1850. 27 Sgr.

— weil. *General* **Ernst Ludw.** v., nachgelassene Schriften. 1—5.
Bd. Mit dem Bildniss d. Verfassers. gr. 8. Berlin. Guttentag.
1856—61. cpl. 5 $\frac{5}{6}$ Rthlr.

Auch ein Wort über die Ausbildung der Cavallerie v. S. v. C.
(Als Manuscr. gedr.) gr. 8. Berlin. Schlesier. 1862. $\frac{1}{2}$ Rthlr.

Audersky, Eduard, Militär-Pantheon d. hohen Generalität u. Stabs-
Offiziere der k. k. österr. Armee; oder chronol. Zusammenstellung aller Veränderungen, graduellcr Vorrückungen etc. vom
Jahre 1800 bis auf die neueste Zeit. Aus authentisch. Quellen
bearb. 8. Wien. Jasper. (jetzt Hügel). 1846. 1 $\frac{1}{3}$ Rthlr.

Audersky, Eduard, Nachtrag f. 1847 zum Militär-Pantheon der hohen Generalität u. Stabs-Offiziere der k. k. östr. Armee etc., enth. die im Jahre 1846 erfolgten Avancements, Sterbefälle u. sonst. Veränderungen. 8. Ebendas. 1848.   6 Sgr.

Aufsätze vermischten Inhalts: 1. Kriegsgeschichtl. Aufklärungen. 2. Mittheilungen über einzelne Einrichtungen in der französ. Armee. 3. Beleuchtung der Bemerkungen des Gen.-Kapitain Don Manuel de la Concha, vom preussisch. Standpunkte aus. 4. Literatur. gr. 8. Berlin. Mittler & Sohn in Kommission. baar $^1/_2$ Rthlr. f. Preussen baar n. $^1/_3$ Rthlr.

— — zwei militärische, über Tagesfragen von einem alten Soldaten. I. Ueber dreijährige Dienstzeit. II. Ueber die Landwehr. gr. 8. Berlin. Mittler & Sohn. 1862.   n. $^1/_3$ Rthlr.

Aus der Kaserne. Memoiren eines österr. Militärs. Herausg. von Stephan Thurm. 2 Bände. 2. Auflage. 8. Leipzig. Grunow. 1845.   3 $^1/_3$ Rthlr.

Aus der Kriegsgeschichte der Herzogthümer Coburg und Gotha. Redig. von Major A. v. Witzleben. 2. Heft. 8. Gotha. Scheube. 1856.   18 Sgr.

— — den Papieren eines verabschiedeten Lanzknechtes. 5. Thl. als Suppl. zum Wanderbuche. (Vom Fürsten Frdr. v. Schwarzenberg). Manuscript. 8. (Wien. Gerold.) 1848. n. 2 $^1/_3$ Rthlr.   (1—5. n. 11 $^2/_3$ Rthlr.)

— — dem Nachlasse Friedr. Aug. Ludwigs von der Marwitz auf Friedersdorf, königl. preuss. Gen.-Lieutenants a. D. 1. Bd. Lebensbeschreibung. gr. 8. Berlin. Mittler u. Sohn. 1852. 2 $^1/_2$ Rthlr.

— — Dasselbe. 2. Bd. Militärische Aufsätze. Politische Aufsätze. gr. 8. Ebendas. 1852.   2 $^1/_4$ Rthlr.

— — Karls von Nostitz, weil. Adjutanten des Prinzen Louis Ferdinand von Preussen, und später russischem General-Lieutenants Leben und Briefwechsel. Auch e. Lebensbild aus den Befreiungskriegen. 8. Leipzig. Arnold. 1848.   2 Rthlr.

— — der Soldatenwelt. Erlebtes und Erlauschtes v. einem müssigen Kriegsknechte. 1. 2. Bd. gr. 16. Stuttgart. Metzler 1852.   à 27 $^1/_2$ Sgr.

— — dem Tagebuche eines österr. Adjutanten. 8. Leipzig. G. Mayer 1854.   1 $^1/_2$ Rthlr.

— — dem Tagebuche eines Soldaten aber keines Lanzknechtes. 8. Leipzig. O. Wigand 1853.   1 $^1/_2$ Rthlr.

Ausbildung, die, der Truppenführer für das Gefecht. Von e. deutschen Offizier. gr. 8. München. Lindauer. 1853. $^1/_4$ Rthlr.

Ausrüstung u. Verpackung der Batterien u. Kolonnen. gr. 16. Berlin. Voss. 1864.   n. $^1/_6$ Rthlr.

Aust, *Feldkriegskomm.,* **Vincenz,** system. Darstellung der kaiserl. österr. Militär-Spitäler-Verfassung. Enth. die Organisation der k. k. Militär-Spitäler u. die Grundsätze ihrer innern Verwaltung nach den hierüber bestehenden gesetzlichen Bestimmungen. 2. Aufl. Lex. 8. Wien. Wallishauser. 1849. n. 1 Rthlr. 6 Sgr.

Auswahl aus den Schriften Napoleon III. Aus dem Französ. v. e. Offizier. gr. 8. Berlin. Moeser 1856. 1 Rthlr.

Auszug aus dem neuen Abrichtungs-Reglement für die k. k. Kavallerie. 1851. 16. Wien. Hof- & Staatsdruckerei. n. $^2/_3$ Rthlr.

— — aus dem Dienst-Reglement für die k. k. Kavallerie. Für den Unterricht in Fragen und Antworten vollkommen nach dem unveränderten Wortlaute des Dienst-Reglements zusammengestellt v. F. H. 2 Thle. Mit 3 Tabellen. gr. 16. Wien. Braumüller. 1864. n. $^2/_3$ Rthlr.

— — aus dem Exercier-Reglement für die k. k. Kavallerie. 1851. gr. 16. Wien. Hof- & Staatsdruckerei. baar n. 18 Sgr.

— — aus dem Manoeuvrir-Reglement für die k. k. Kavallerie. 1851. 16. Wien. Ebendas. 1852. n. 14 Sgr.

— — kurzgefasster, aus dem Abrichtungs-Reglement für die k. k. Linien- u. Grenz-Infanterie vom J. 1851. Ein Handbüchlein f. Unteroffiziere. Von G. A. M. 16. Linz. Fink. 1851. n. $^1/_6$ Rthlr.

— — aus dem Exercier-Reglement für die k. k. Linien-Infanterie. 2 Bde. in 4 Abthlgen. 1. u. 2. Abthg. oder Vorschriften zur Ausbildung einer Compagnie, einer Division u. eines Bataillons für die Verwendung in geschlossener Schlachtordnung. 3. u. 4. Abth. für die Verwendung in geöffneter Schlachtordnung u. deren Verwendung bei der Vertheidigung u. d. Angriffe verschiedener Terraingegenstände. qu. 16. Wien. Gerold. 1846. 1 Rthlr.

— — kurz gefasster, aus dem Exercier-Reglement für die k. k. Linien- und Gränz-Infanterie vom Jahre 1851. 16. Linz. Fink. 1851. n. 6 Sgr.

— — aus dem Exercier-Reglement für die k. k. Fusstruppen. 1862. In möglichster Kürze bearb. v. F. H. gr. 16. Wien. (Braumüllers Sort.) 1862. n. 8 Sgr.

— — aus dem Exercier-Reglement für die k. k. Fusstruppen. 2. Aufl. 8. Wien. Dirnböck. 1863. $^1/_3$ Rthlr.

— — aus dem Exercier-Reglement für die Infanterie der königl. preuss. Armee als Leitfaden zum Exercier-Unterricht für Unteroffiziere. gr. 8. Berlin. (Schlesier.) 1862. 3 Sgr.

— — aus dem neuen Abrichtungs-Reglement. Ausbildung der einzelnen Soldaten, und des Zuges in geöffneter u. zerstreuter

Fechtart. Mit 2 Figurentaf. Nach der auf Allerhöchsten Befehl hierüber erschienenen Anleitung für Infanterie und Jäger verfasst. 16. Mainz. V. v. Zabern. 1861.   n. 2 ½ Sgr.

Auszug aus dem Manoeuvrir-Reglement für die k. k. Infanterie. 16. Wien. Hof- & Staatsdruckerei. 1851.   n. ⅔ Rthlr.

— — aus dem Leitfaden zum Unterricht in der Kenntniss, Behandlung und dem Gebrauche d. gezogenen Infanterie-Gewehrs. Zur Instruction für Unteroffiziere und Soldaten. 8. Berlin. v. Decker. 1856.   baar n. n. 2 ½ Sgr.

— — v. Reglements und Befehle für die dänischen Infanterie-Exerzierschulen, welche die verschiedene Disciplin, die der Infanterist theoretisch zu lernen hat, enthält. V. e. Infanterie-Offizier. Nach dem Dän. übersetzt von H. Lion. 8. Kopenhagen. Host. (Leipzig. Lork.) 1855.   n. n. 24 Sgr.

— — aus den Regulativen vom J. 1859 für das königl. sächs. Cadettencorps u. die Artillerie-Schule. gr. 8. Dresden. Höckner. 1859.   3 Sgr.

— — aus dem Allerhöchst genehmigten Regulativ für die könig. sächsische Militär-Bildungsanstalt. 5. Ausgabe. 8. Leipzig. Arnold. 1850.   n. 4 Sgr.

— — und Commandoworte aus dem Exercier-Reglement für die k. k. Cavallerie. Mit Berücksichtigung jener Aenderungen, welche auf Allerhöchsten Befehl im Exercier-Reglement vorzunehmen waren. 16. Wien. Leo. 1861.   n. ⅙ Rthlr.

Avila y Zuñiga, Don Louis de, Geschichte des Schmalkaldischen Krieges. Mit Zusätzen und Erläuterungen. gr. 8. Berlin. Mittler u. Sohn. 1853.   1 Rthlr.

Aviso und Signale aus dem Manoeuvrir-Reglement für die k. k. Infanterie. Mit den nothwendigsten Erläuterungen. Von einem k. k. Hauptmann. 16. Wien. Leo. 1863.   n. 4 Sgr.

d'Azemar, *Oberst, Baron,* Betrachtungen über die gegenwärtige Taktik der drei Waffen und ihre Zukunft. Aus dem Französ. 1. 2. Thl. gr. 8. Leipzig. Gerhard. 1861.   1 ⅙ Rthlr.

— — Theorie der Kämpfe mit dem Bajonnet, angenommen im Jahre 1859 von der italienischen Armee unter Napoleon III. Aus des Verf. System d. neueren Kriegführung. Ins Deutsche übertragen von Lieutenant Rich. Stein. gr. 8. Breslau. Kern. 1860.   6 Sgr.

B.

Bach, A., Abbildungen von Pferden. Auswahl aus dem Abbild. d. Werkes: „Villeroy u. Müller, Pferdezüchter." Nach d. Natur gez. quer gr. 4. Mainz. Kunze. 1860. In Cart. n. 2 Rthlr. 6 Sgr.

Bade, C., Napoleon im Jahre 1813, politisch-militärisch geschildert. 4 Theile in 2 Bden. 3 (Titel-) Ausg. 12. Hamburg. Kittler. 1852. n. 2 Rthlr.

— — Feldzug des Prinzen Eugen gegen die Oesterreicher in Illyrien und Italien im Jahre 1813, historisch dargestellt und kritisch beleuchtet nach den Grundsätzen des centrifugalen Operationssystems. 12. 2. (Titel-) Ausg. Hamburg. Kittler. 1852. n. 6 Sgr.

— — **Th.,** Tornister-Bibliothek. 1—11. Bdchn. 16. Altona. Verlagsbureau. 1864—65. à n. 2 ¹/₂ Sgr.

Badewitz, F. K., Uebungstafeln für den Unterricht in der Militär-Gymnastik, zugleich auch für den pädag. Gebrauch eingerichtet. gr. 8. Hermannstadt. Steinhaussen. 1854. 9 Sgr.

Bajonnetfechten, das. Leichtfassliche Darstellung, dasselbe in kurzer Zeit gründlich zu erlernen, nebst kurzer Auseinandersetzung, wie solches ohne hohe Kosten in der Schweiz einzuführen. Mit 6 Abbildgen. 8. Chur. Hitz. 1852. 9 Sgr.

Bajonnetfechtschule, gründliche, zur Ausbildung der Lehrer u. Vorfechter in der Armee, mit in den Text gedr. Figuren. gr. 8. Cassel. Freyschmidt. 1863. n. ²/₃ Rthlr.

Balassa, C., *Major.* Fechtmethode. Eine rationelle, vereinfachte und schnell fassliche Fechtübung des Säbels gegen den Säbel, und dieses gegen das Bajonnet und die Picke zum Hauen, Stechen u. Pariren. Nebst einem kl. Anhang „Ueber das Kunstfechten." qu. gr. 4. 1844. (In Comm. Wien. Gerold.) n. 2 Rthlr.

— — die militärische Fechtkunst vor dem Feinde. Eine Darstellung der im Kriege vorkommenden Fechtarten des Bajonnets gegen Bajonnet, des Säbels gegen Säbel etc., mit Beseitigung aller beim Kunstfechten vorkommenden, vor dem Feinde aber nicht anwendbaren Stiche, Hiebe u. Paraden, zum Gebrauch für Infanterie u. Kavallerie, mit 26 Abbildg. qu. gr. 4. Pest. Geibel. 1860. n. 1 ¹/₂ Rthlr.

— — der Umgang mit Pferden, selbst mit bösen u. verdorbenen, sowie die Behandlung und Verbesserung derselben. Eine praktische Anleitung z. Pferdekenntniss etc. Mit 3 Taf. Abbildg. Lex. 8. Pest. Geibel in Commiss. 1860. n. 1 Rthlr. 22 Sgr.

Balassa, *Major,* **C.,** Schnell-Dressur der Pferde zum Gebrauch
für jüngere Offiziere der Kavallerie u. Artillerie, aber auch für
c. Reserve-Escadron, in der die schnelle Ausbildung der Remonten oft dringend nothwendig wird. Mit 13 Taf. Abbildg. Lex. 8.
Pest. Geibel in Commiss. 1860.   n. 1 $1\frac{1}{2}$ Rthlr.

Balle, Peter Wilh. v., *Stallmeister,* Reitschule für Liebhaber des
Reitens aller Stände. Mit 20 erläut. Abbildg. gr. 8. Kiel
(Schwer's Buchh. in Commiss.) 1845.   n. 25 Sgr.

Bally, Alex von, über Pferdezucht, Reitkunst, Wettrennen u.
Rennpferde. 2. (Titel-) Aufl. gr. 8. Stuttgart. Hallberger's Verl.
1852.   1 $\frac{1}{4}$ Rthlr.

Bandow, Geo. Frd. Pferdezucht u. Pferderennen. Ein Wort zur
Aufmunterung. 8. Berlin (Schneider & Co.) 1853. n. $\frac{1}{3}$ Rthlr.

Barfus-Falkenberg, *Gen.-Major a. D.* **Frz. Wilh.** v., II. A. Graf
v. Barfus, königl. preuss. General-Feldmarschall. Ein Beitrag
zur Kriegsgeschichte unter den Kurfürsten Friedrich Wilhelm
u. Friedrich III. v. Brandenburg, insbesondere der Feldzüge
gegen die Türken 1683, 1686, 1691. gr. 8. Berlin. Hertz.
1854.   n. 12 Sgr.

Bärsch, *Major a. D.* Dr. **Geo.** Ferdinand v. Schills Zug u. Tod
im J. 1809. Zur Erinnerung an den Helden u. an die Kampf-
genossen, mit Schills Bildniss, 1 Karte u. und 4 Plänen. 8.
Leipzig. Brockhaus. 1860.   n. 2 Rthlr.

Barsewisch, *Gen.-Quartiermeister-Lieut.* **E. F. K.** v., meine
Kriegs-Erlebnisse während des 7jähr. Krieges. 1757—1763.
Wortgetr. Abdr. aus dem Tagebuch des Verfass. gr. 8. Berlin.
v. Warnsdorff. (jetzt Schlesier) 1863.   n. $\frac{2}{3}$ Rthlr.

Bartels, *Thierarzt, Dr.* **W.,** Programm der Statik des Pferdekörpers, der Lehre aus äusserlich sicht- und fühlbaren Körper-
verhältnissen die im Bau des Pferdes gegebenen Mittel für
einen Dienst, ihrer Art und Grösse nach, sowie die Grösse
der Leistung in c. gewissen Zeit zu berechnen. 8. Braunschweig
G. C. E. Meyer sen. 1847. $\frac{1}{3}$ Rthlr.

Barth, *Cavall.-Major.* **S. Chr.** v., Neues Sattelungssystem, dargestellt in c. motivirten Beschreibung c. neuen Reitequipage,
nebst Bepackung f. d. Cavalleristen. gr. 8. Kopenhagen. (Altona Uflacker.) 1858.   n. $\frac{5}{6}$ Rthlr.

— — die Ring- od. Serpau-Reitstange u. der Feld-Kettenhalfter,
ein Supplement zum Sattelungssystem. gr. 8. Wandsbeck. (Altona. Uflacker. 1858.   n. n. 12 Sgr.

Barthold, *Dr.* **F. W.,** Geschichte der Kriegsverfassung u. des
Kriegswesens der Deutschen. 2 Bde. 8. Leipzig, T. O. Weigel.
1855.   2 $\frac{1}{2}$ Rthlr.

Baertl, *Oberl.* **Ferd.** Leitfaden zur Ausbildung im Dienst-Manipulationsgeschäfte bei e. Unterabtheilung der k. k. Fusstruppen, der Cavallerie, Artillerie u. d. militär. Fuhrwesen-Corps nach bestehenden Normalien u. Einführungen etc. gr. 8. Olmütz. Nengebauer (jetzt Grosse) 1856. n. 1 Rthlr. 6 Sgr.

— — Supplement dazu gr. 8. Ebendas. 1856. n. 22 Sgr.

Bastien, J., Artillerie-Schule. Lehrbuch der gesammten Artillerie-Wissenschaft. 1. Lfg. gr. 8. Prag. Bellmann 1865. n. 26 Sgr.

Baucher, F. Methode der Reitkunst nach neuen Grundsätzen. Aus dem Französischen nach e. Ueberzeugten. 4 Aufl. mit 12 Abbild. Lex. 8. Berlin. A. Duncker 1852. 1 Rthlr.

Baude, J. J. Oesterreich's adriatische Küste u. Seemacht. Calamota-Triest-Pola. Aus dem Französischen von Dr. H. Foehring. 8. Hamburg. Hoffmann & Campe. 1859. ¼ Rthlr.

— — Oesterreich u. s. Militärmacht in Italien. Aus dem Französischen v. demselben. 8. Ebendas. 1859. ¼ Rthlr.

Baudens, *Prof.* **L.,** der Krimkrieg. Die Lager, die Unterkunft, die Ambulancen, die Spitäler etc. Nach der 2. Ausg. übersetzt von Dr. W. Mencke. Mit e. Vorwort von Prof. Dr. Fr. Esmarch. gr. 8. Kiel. Homann 1864. 1 ⅓ Rthlr.

Baudissin, *Graf* **Adelb.,** Schleswig-Holstein meerumschlungen. Kriegs- u. Friedensbilder aus dem J. 1864. 1. u. 2. Lf. hoch 4. Stuttgart. Ed. Hallberger. 1864. à 6 Sgr.

— — Geschichte des schleswig-holsteinischen Krieges. gr. 8. Hannover. Rümpler. 1862. 3 Rthlr.

Bauernfeind, *Prof. Dr.* **Karl Max,** Elemente der Vermessungskunde. Mit e. Anhang, enth. Tafeln über verschiedene Gegenstände der prakt. Geometrie. Lex. 8. München. Liter. art. Anstalt. 1856. n. 5 Rthlr. 18 Sgr.

Anhang apart n. 16 Sgr.

Baumann, *Hptm.* **B. v.,** die militärische Beredsamkeit, dargestellt in Erörterung u. Beispiel. 8. Dresden. Kuntze. 1859. n. ⅔ Rthlr.

— — der Feldwach-Kommandant. Eine Anleitung für die Ausübung des Feldwachdienstes, sowie für die dabei vorkommende Besetzung u. Vertheidigung von Oertlichkeiten. 3. Aufl. 8. Dresden. Kuntze. 1857. n. 1 ½ Rthlr.

— — Aphorismen über die Schützen der Infanterie, ihre Ausbildung u. Verwendung. 8. Dresden. Meinhold & Söhne. 1855. 24 Sgr.

— — der Sicherheitsdienst im Marsche. Bearb. u. durch kriegsgeschichtl. Beispiele erläutert. Neue wohlf. (Titel-) Ausg. 8. Dresden. Kuntze. 1862. n. 1 ⅔ Rthlr.

Baumann, *Hptm.,* **B. v.,** die Schützen der Infanterie, ihre Ausbildung u. Verwendung. 2. verb. u. verm. Aufl. 8. Dresden. Kuntze. 1858. n. 16 Sgr.

— — Studien über die Verpflegung der Kriegsheere im Felde. 1. Bd. 1. Abth. gr. 8. Leipzig. C. F. Winter. 1863. n. 2 ¹/₃ Rthlr.

— — *Oberst-Lieut.,* meine Erlebnisse. Erinnerungen aus den Jugend- u. Kriegsjahren eines Veteranen. 2. Aufl. 8. Berlin. Reichardt & Co. 1847. 1 Rthlr.

Baumbach, *Hptm.,* **Aug. v.,** die hessischen leichten Truppen im Feldzug von 1793 am Oberrhein. Nach Tagebüchern u. andern Quellen; in Tagebuchform bearbeitet. gr. 8. Hanau. König. 1864. 21 Sgr.

Baumeister, *Prof.,* **Wilh.,** Anleitung zur Kenntniss des Aeusseren des Pferdes. 4. Aufl. umgearb. u. verm. v. Prof. Dr. A. Rueff. Mit 221 Holzschn. nach Original-Zeichnungen. gr. 8. Stuttgart. Ebner & Seubert. 1857. 1 ¹/₂ Rthlr.

— — Anleitung z. Betriebe der Pferdezucht für Thierärzte, Gestütsbeamte und Landwirthe. 3. Aufl. umgearb. und mit Anmerkungen versch. von Prof. Dr. A. Rueff. gr. 8. Stuttgart. Ebner u. Seubert. 1863. 1 ¹/₂ Rthlr.

Baumgarten, *Oberlieut.,* **G.,** sechzig Jahre des kaukasischen Krieges, mit besonderer Berücksichtigung des Feldzuges im nördlichen Daghestan im J. 1839. Mit 2 Uebersichtskarten u. 5 Plänen. Nach russ. Origin. deutsch bearbeitet. Lex. 8. Leipzig. Schlicke. 1861. n. 3 Rthlr.

Baurmeister, G. A., die Derivationen der aus Kriegsgeschützen geworfenen Kugeln u. die Wirkungen der gezogenen Geschütze, entschleiert und nachgewiesen. Mit 2 Figuren-Tafeln. gr. 8. Leipzig. E. H. Mayer. 1861. n. ¹/₃ Rthlr.

Baussnern, Vict. v., Feldmarschall-Lieutenant v. Gablenz u. der deutsch-dänische Krieg in Schleswig-Holstein. Mit 4 Abbildungen nach Zeichn. v. A. Beck. 8. Hamburg. Hoffmann u. Campe. 1864. 12 Sgr.

Bava, *General,* Bericht über die militär. Operationen im lombard. Feldzug vom Jahre 1848. Dem Kriegsministerium erstattet. Aus dem Ital. v. W. S. 2 Abthgen. gr. 8. Zürich. Schulthess 1849. 18 Sgr.

— — der Kampf Italiens gegen Oesterreich im J. 1848. Bericht über die Operationen dieses Feldzuges. Aus dem Ital. übersetzt m. Beifügung vieler wichtiger Dokumente u. einiger Bemerkungen v. e. k. k. österr. Militär. gr. 8. Wien. Leo. 1850. n. ²/₃ Rthlr.

Baxter, *Obristlieut.,* **D. W. C.,** Handbuch der Freiwilligen, wel-

ches c. vollkommene Anweisung für den Rekruten in den Schulen
d. Soldaten u. d. Trupps enthält. Mit 100 Zeichn. Geordnet
nach Scott's System der Infanterie-Taktik. 8. Philadelphia.
(Schäfer u. Koradi). 1861.   n. 1 Rthlr.

Bazancourt, *Baron* v., der italienische Feldzug v. 1859. Nach
dem Französ. von J. Seybt. 2 Thle. Nebst Plänen der Schlacht
von Magenta u. Solferino. gr. 8. Naumburg. Leipzig. Gerhard. 1860. $2^3/_4$ Rthlr.

— — der Feldzug in der Krim bis zur Einnahme Sebastopols.
Eine aus authent. Quellen geschöpfte Darstellung des oriental.
Krieges im Auftr. des Unterrichtsministers herausgegeben. Aus
dem Französ. vollständig übertragen. 2 Bde. gr. 8. Wien. Hartleben. 1856,   n. 3 Rthlr.

Beauvais, Louis Albert, etudes françaises de litterature militaire,
extraites des ouvrages de Frédéric II., Dumouriez, Jomini, Gou-
vion, St. Cyr etc. Dédiées à tous ceux qui se vouent à la
carrière des armes. 3. Edition. 8. Berlin. Duncker & Humblot. 1855.   n. 1 Rthlr.

Bechstein, Frdr., Handbuch der königl. preuss. Pensions-Gesetz-
gebung. Eine Sammlung sämmtlicher Reglements u. Verordnungen für die Offiziere aller Grade etc. Nebst einem Anhang
über Gnadengehalte. 2. Aufl. gr. 8. Leipzig. Geibel. 1859.
                                                 n. $^2/_3$ Rthlr.

Bechthold, *Gen.-Lieut.,* **Karl v.,** die Nothwendigkeit einer Vereinbarung über gleiche Kommandowörter im deutschen Bun-
desheere. gr. 8. Darmstadt. Jonghaus. 1857.   n. $1^1/_3$ Rthlr.

Beck, *Regim.-Arzt, Dr.,* **B.,** Leitfaden beim Unterricht der Sanitäts-Mannschaft. 12. Freiburg im Br. Wagner. 1860. n. 12 Sgr.

— — die Schusswunden. Nach auf dem Schlachtfelde wie in den
Lazarethen während der Jahre 1848 u. 1849 gesammelten Erfahrungen dargestellt. gr. 8. Heidelberg. Groos. 1850. $1^1/_2$ Rthlr.

— — **A.,** malerisches Militär-Album. 12 Blatt milit. Gruppen-
bilder. Nach der Natur gez. 4. Berlin. Reymann. 1862.
                                                 cart. $^3/_4$ Rthlr.

— — Scenen aus dem Kriegsleben. qu. gr. Fol. Düsseldorf.
Arnz & Co. (jetzt Breidenbach & Co.) 1854.   n. 3 Rthlr.

— — **E. H. E.** *Unteroffizier,* die Berechtigung zur Civilversor-
gung des preuss. Soldaten. kl. 8. 2. Aufl. Bunzlau. Appun.
1845.   n. 12 Sgr.

Beckedorff, *Hptm.,* **v.,** ein Wort über leichte Infanterie, deren
Taktik u. Reglement. gr. 8. Berlin. Mittler & Sohn. 1862. 6 Sgr.

Becker, *Oberst,* **C. A.,** das Aufnehmen nach dem Augenmaasse,
erläutert durch eine praktische Durchführung desselben nach

einem, dem Lehmann'schen System gemäss bearbeiteten Plane d. Umgegend v. Stockerau a. der Donau. Mit 3 Plänen. gr. 8. Leipzig. Arnold. 1850.   n. 2 Rthlr.

— — das Aufnehmen mit dem Messtische. Im Sinne der Lehmann'schen Lehrart, als praktische u. nothwendige Erläuterung desselben. 2. (Titel-) Ausg. Mit 3 Plänen. gr. 8. Leipzig. Arnold. 1850.   n. 1 ¹/₃ Rthlr.

— — dasselbe. Nebst einer Abhandlung: „Das Aufnehmen nach dem Augenmasse." Mit 6 Plänen. gr. 8. Ebendas. 1850.   n. 3 ¹/₃ Rthlr.

Behringer, *Oberlieut.*, **Ludw.**, die bayerische Armee unter König Maximilian II. Entworfen u. auf Stein gezeichnet. qu. Imp. Fol. München. Mey & Widmayer. 1854.   n. 14 ²/₃ Rthlr.

Einzelne Blätter daraus à n. 28 Sgr.

Beispiele, erläuternde, zur Unterrichtsmethode des Gen.-Lieut. Grafen Waldersee in der kriegsmäss. Ausbildung der Infanterie für das zerstreute Gefecht, mit besond. Bezugnahme auf die Vorschriften d. Exercier-Reglements für die k. k. österr. Linien- u. Gränz-Infanterie von M. v. D. Mit 5 Plänen. 8. Braunschweig. Vieweg u. Sohn. 1855.   cart. n. 1 Rthlr.

Beitrag zur Geschichte des Feldzugs von 1757. Mitgetheilt durch Oberlieut. J. Heilmann. gr. 8. Berlin. Mittler u. Sohn. 1854.   12 Sgr.

— — ein, zur Frage über die Erweiterung von Mainz, mit Beziehung auf die Broschüre: „Mainz, das Bollwerk Deutschlands u. die französ. Invasion." Lex. 8. Mainz. Le Roux in Comm. 1860.   n. 4 Sgr.

Beiträge zu einer Charakteristik des Kriegsschauplatzes und der Kriegführung in Oberitalien. gr. 8. Zürich. Orell, Füssli & Co. 1850.   baar ¹/₂ Rth'r.

— — zur Geschichte des Feldzuges im Jahre 1848 in Italien. I. Zug des 3. Corps v. Visnadello, vor Treviso, nach Verona. II. Begebenheiten beim 3. Corps in Tirol u. Italien. Von e. höhern k. k. Offizier. gr. 8. Wien. Gerold. 1850.   n. 8 Sgr.

— — zur Beurtheilung des deutsch-dänischen Krieges v. e. Generalstabsoffizier a. D. gr. 8. Hamburg. Richter 1851. ¹/₄ Rthlr.

— — zur Geschichte des innern Krieges in d. Schweiz im Nov. 1847 v. e. Luzernischen Miliz-Offizier. Mit 1 Kärtchen. gr. 8. Basel. Neukirch. 1848.   n. 12 Sgr.

Beitzke, H. *Major*, aus dem Leben des k. preuss. General-Lieutenants Friedr. von Sohr. gr. 8. Berlin. Mittler & Sohn. 1846.   1 ¹/₄ Rthlr.

— — Geschichte des russischen Krieges im J. 1812. Mit 1

Uebersichtskarte und 2 Plänen. 2. Auflage. gr. 8. Berlin.
Brigl. 1862. n. 2 ½ Rthlr.

Beitzke, H. *Major*, Geschichte der deutschen Freiheitskriege in
den Jahren 1813, 14. 3. Bände. gr. 8. 2. Ausg. Berlin. Duncker
& Humblot. 1860. n. 4 Rthlr.

Bekenntnisse eines preuss. Offiziers. 8. Hamburg. Hoffmann &
Campe. 1848. ⅓ Rthlr.

Bekleidungs-Vorschriften f. d. kön. sächs. Armee 1850. 8. Dresden. Höckner. cart. 1850. baar n. ⅙ Rthlr.

Belagerung, die von Sebastopol. Von der Einschiffung der Ver-
bündeten in Varna bis zur Einnahme v. Süd-Sebastopol. Von ***
Mit Ansichten, Karten, Portraits und Plänen. 8. Leipzig.
Weber. 1856. n. ½ Rthlr.

— — die v. Sebastopol im J. 1854/55, übersichtlich u. gemein-
verständlich dargestellt nach dem grossen Werke: „Journal des
opérations du génie etc." d. französ. Geniegenerals Niel. (Vom
General J. v. Hardegg.) Mit 1 Uebersichtsplan der Belagerung.
gr. 8. Stuttgart. Aue. 1859. n. 12 Sgr.

— — die von Freiburg. Ein Tagebuch, niedergeschrieben von
e. Augenzeugen im J. 1744, nebst der Belagerung v. J. 1713
und 1 Plan der ehemaligen Festung Freiburg. 12. Freiburg.
Wagner. 1851. 9 Sgr.

— — die v. Peschiera durch die Piemontesen im J. 1848. gr. 8.
Lindau. Stettner. 1851. ⅙ Rthlr.

— — die von Antwerpen im Jahre 1832. Aus dem Englischen
von Oberlieutenant Wilhelm Höltz. gross 8. München. Kaiser
in Commiss. 1847. n. 1 ⅓ Rthlr.

Belehrung, vollständige, über die bisher als Geheimniss im Mo-
dell f. 1 Louisdor verkaufte neue Construction der Hufeisen mit
abnehmbaren Einsatz-Stollen, sowie über die neu erfundenen
Noth-Hufeisen. Nebst ausführl. Regeln über die neuesten Vor-
theile und Grundsätze e. guten Hufbeschlags im Allgemeinen.
Allen Pferdebesitzern u. prakt. Hufschmieden gewidmet vom
Verfasser des „kleinen Stallmeisters." Mit 2 Taf. instructiver
Abbildungen. gr. 8. Dresden. Klemm. 1858. n. ½ Rthlr.

Beleuchtung der statistischen Details über Oesterreichs Militärmacht, sein Heerwesen u. dessen milit. Verfassung von Oberst
M. Carriere, von einem deutschen Offiziere. gr. 8. Kaiserslautern. Meuth. 1856. n. 24 Sgr.

— — und Widerlegung der unlängst erschienenen Schrift:
„Junge Generäle und alte Soldaten, Berufs- und Landwehr-Offi-
ziere". Zwei Vorträge gehalten in der Akademie gemeinnütziger
Wissenschaften zu Erfurt. Von Hartmann, Oberstlieuten. z. D.

Von einem alten Berufsoffizier. gross 8. Altenburg. Schnup-
hase. 1858. ¹/₆ Rthlr.
Beleuchtung der Brochüre eines angebl. preussischen Patrioten:
Der Kriegsminister in der letzten Krisis. Aus militär. Stand-
punkte v. C. gr. 8. Potsdam. Riegel. 1851. n. 4 Sgr.
— — der Brochüre: „Warum unterlag Oesterreich." v. „A. J. A."
nebst Erörterungen über einige Ursachen des Verlustes der
Schlacht von Solferino. Lex. 8. Wien. Braumüller. 1861. 18 Sgr.
Bemerkungen zur Schrift: Ueber Führung u. Gebrauch der Feld-
Artillerie. Berlin. 1851. gr. 8. Berlin. Decker. 1851. n. ¹/₃ Rthlr.
— — einige über den Einfluss der gezogenen Geschütze auf die
Befestigungskunst und den Festungskrieg. Mit 2 Tafeln. gr. 8.
Leipzig. Felix. 1861. n. ¹/₃ Rthlr.
— — über die Ausbildung und Verwendung der Cavallerie und
über die Heranbildung ihrer Führer. 12. Berlin. Decker.
1863. ¹/₄ Rthlr.
Bentheim, *Oberst,* **F. v.**, die Erziehung und Ausbildung des
preussischen Soldaten, insbesondere des Infanteristen. 8. Berlin.
Decker. 1862. ¹/₄ Rthlr.
Boogradaz, Joh., der Krieg. Eine Uebersetzung aus dem Serb.
gr. 8. Neusatz. Hintz. 1860. n. 8 Sgr.
Berechnung des Servises f. 4 bis incl. 29 Tage nach dem mittelst
Allerhöch. Cabinets-Ordre v. 30 Juni 1852 genehmigten Servis-
Tarife. Von W. J. Berlin. gr. 8. Leipzig und Magdeburg.
Gebr. Baensch. 1858. n. 12 Sgr.
Berg, *Hauptmann,* **Konr. v.**, die baierische Landesfestung In-
golstadt in kriegsgeschichtlicher u. strategischer Beziehung dar-
gestellt. gr. 8. Ingolstadt. (Landshut, Krüll.) 1858. n. 1¹/₆ Rthlr.
Berger, Zeichnungen des königl. preussischen Artillerie-Materials.
Bearbeit. nach d. neuesten Bestimmungen. 1—15 Hft. qu. gr. Fol.
Berlin (Behr) 1856—58. à n. 1¹/₃ Rthlr.
Bergmayr, *Kriegsminist. Rath,* **J. Frz. Seraph.**, Handbuch zu
dem peinlichen Verfahren bei der k. k. österreich. Armee
und in den Militär-Grenzen. 2. (Titel-) Auflage. Wien. Braumüller. 1849. 2²/₃ Rthlr.
Bericht der vom Kriegsministerium am 16. August 1848 zu Einleitung einer Reform des Militär-Medicinalwesens niedergesetzten Kommission. gr. 8. Berlin. Decker. 1848. n. 10¹/₂ Sgr.
— — allgemeiner des eidgenöss. General-Oberbefehlshabers G. H.
Dufour über die Bewaffnung und d. Feldzug vom Jahre 1847.
Mit 6 Plänen. gr. 8. Bern. Zürich. Schulthess. 1848. 1¹/₄ Rthlr.
— — authentischer über das Land- und Seetreffen bei Eckern-

förde am 5. April 1849. (Von Wilh. v. Rahden). gr. 8. 2. Aufl.
Berlin. A. Duncker, 1849.   n. 6 Sgr.

Bericht über die Kriegsoperationen der Russen gegen die ungarischen Rebellen im J. 1849. Nach offiziellen Quellen zusammengestellt von Obrist H. von R. 3 Theile. gr. 8. Berlin. Schropp
in Comm. 1851.   1 ½ Rthlr.

— — militärisch-politisch. aus Frankreich. Von e. norddeutschen
Offizier. gr. 8. Berlin. F. Schneider. 1859.   n. 1 Rthlr.

Berlepsch, *Oberlieut.*, **Adolf v.**, Erklärung der Kriegsartikel für
Unteroffiziere und Soldaten der königl. sächs. Armee. 8. Dresden. Meinhold u. Söhne. 1858.   n. ⅙ Rthlr.

Berlin, W. J., das Pensions-Wesen im Königreiche Preussen.
Sammlung der Reglements u. Verordnungen über die Pensioni-
rung der Offiziere und der übrigen Militär-Personen vom Feldwebel abwärts, sowie der unmittelbaren u. mittelbaren Staatsbeamten. gross 8. Magdeburg und Leipzig. Gebrüder Baensch.
1857.   18 Sgr.

— — Ergänzungen zum Reglement über die Geldverpflegung der
Truppen im Frieden. gr. 8. Magdeburg und Leipzig. Gebrüder
Baensch. 1856.   n. ²/₁₃ Rthlr.

— — Reglement über den, den Truppen auf Märschen zustehen-
den Vorspann nebst den ergänzenden Bestimmungen, gesammelt
u. geordnet. gr. 8. Magdeburg. Gebr. Baensch. 1855. n. ¾ Rthlr.

— — Reisekosten-Regulativ für die Armee und vorläufige Bestimmungen wegen Bewilligung von Tagegeldern bei Dienst- u.
Versetzungsreisen nebst den erläuternden und ergänzenden Bestimmungen. Systematisch geordnet. gr. 8. Magdeburg. Gebrüd.
Baensch. 1855.   n. ¾ Rthlr.

Berndt, *Prem.-Lieut.*, Leitfaden für den Unterricht der einjährigen Freiwilligen der Infanterie bei ihrer Ausbildung zum Land-
wehr-Offizier. br. 8. Berlin. v. Warnsdorff. (jetzt Schlesier). 1863.
                                                             12 Sgr.

Berneck, *Major*, **K. G. v.**, die Schlachten bei Leipzig. Mit 2
Plänen. 8. Leipzig. F. A. Brockhaus. 1855. cart. n. ⅓ Rthlr.

— — Grundriss für Militär-Dienstschriften 8. Berlin. Mittler's
Sort. (A. Bath.)   cart. n. ⅓ Rthlr.

— — das Buch der Schlachten. Marathon, Arbela, Pharsalus, im
Teutob. Walde, Hunnenschlacht auf den Catalaun. Feldern, An-
tiochia, Pavia, Lützen, Hochstädt, Pultawa, Leuthen, Marengo,
Trafalgar, Austerlitz, Jena und Auerstädt, Leipzig, Waterloo.
gr. 8. Leipzig. Gumprecht. 1856.   1 ¾ Rthlr.
                                        in engl. Einband n. 2 Rthlr.

Bernek, *Major*, **K. G. v.**, Form u. Fassung v. Militärdienst-
schriften für Offiziere u. Offiziers-Aspiranten. 2. Aufl. gr. 8.
Berlin. Mittler's Sort. (A. Bath.) 1862. n. $^{1}/_{3}$ Rthlr.
— — Elemente der Taktik für alle Waffen innerhalb der Bestimmungen für das Offizier-Examen d. königl. preuss. Armee.
4. mit den Erlebnissen des letzten Krieges vermehrte Aufl. gr. 8.
Ebendas. 1862. n. 1 Rthlr.
Bernecken, Grundriss der Geschichte des Kriegswesens. Ein Hilfs-
buch für das Studium der Kriegsgeschichte. gross 8. Berlin.
Voss. 1854. n. 1 Rthlr.
Bernhard Fr., der deutsche Soldat. Wahre und schöne Geschichten
von ruhmwürdigen Thaten deutscher Krieger aus neuer u. neue-
ster Zeit. 10 Bdch. 32. Stuttgart. Scheible. 1849/51. 1 Rth. 25 Sgr.
Bernhardi, Thd. v., die Reform der Heeresverfassung. Eine
Denkschrift. Lex. 8. Leipzig. Hirzel. 1860. n. $^{1}/_{3}$ Rthlr.
— — Bemerkungen zu dem Bericht der Militär-Commission des
Abgeordneten-Hauses die Reform der Heeresverfassung betref-
fend. gr. 8. Ebendas. 1861. n. $^{1}/_{2}$ Rthlr.
— — Denkwürdigkeiten aus dem Leben des kais. russ. Generals
der Infanterie Carl Friedrich Grafen von Toll. 4 Bde. gr. 8.
Leipzig. O. Wigand. 1856/58. n. 11$^{2}/_{3}$ Rthlr.
Besatzung, die von Mainz, sollen Bundestruppen sein. gr. 8.
Leipzig. Weber. 1861. n. $^{1}/_{4}$ Rthlr.
Besteck-Tafeln zum täglichen Gebrauch auf der See für jeden
$^{1}/_{4}$ Strich und jeden Grad des Compasses von 1 Minute bis
300 Minuten in der Distanz nebst den dazu gehörigen Breiten
und Abweichungen. gr. 8. Hamburg. Salomon & C. 1850. 1 Rth.
Bestimmungen in Betreff der Aufnahme von Knaben in das
königl. Cadetten-Corps. Vom 18. Decemb. 1856 gr. 8. Berlin.
v. Decker. 1857. 2 $^{1}/_{2}$ Sgr.
— — in Betreff der Aufnahme v. Knaben in das königl. Cadettencorps gr. 8. Berlin. Mittler & Sohn in Com. 1857. $^{1}/_{4}$ Rthlr.
— — betreffend das Heirathen der Militärpersonen der preussischen Armee. Nach amtlich. Quellen zusammengestellt. gr. 12.
Berlin. v. Decker. 1852. 2 $^{1}/_{2}$ Sgr.
— — über die Aufnahme von Jünglingen in das königl. baier.
Cadettencorps. 3. Aufl. gr. 8. München. Lindauer in Commiss.
1857. n. 6 Sgr.
— — über die Organisation und den Geschäftsgang der Militär-
Examinations-Commissionen für die Eintritts- u. Offizier-Prü-
fungen, sowie über d. Anforderungen, welche künftig im Offizier-
Examen an die zu Prüfenden zu machen sind. gr. 8. Berlin.
v. Decker. 1846. $^{1}/_{4}$ Rthlr.

Bestimmungen für die in Folge der Verordnung v. 3. 4. Febr. 1844 auszuführende Umgestaltung der Divisions-Schulen. gr. 8. Berlin. v. Decker. 1846. 3 Sgr.

Betrachtungen über den Sommerdienst der Infanterie. Von e. Offizier. gr. 8. Grossenhain. Pieper 1858. n. ⅙ Rthlr.

— — über Dorfgefechte u. die Kriegführung der Gegenwart von e. alten Soldaten seinen jüngern Kameraden gewidmet. Mit 2 Plänen. gr. 8. Berlin. Mittler & Sohn. 1860. 1 Rthlr.

— — allgemeine, über die bisherige Kriegführung u. nächste Operationsfrage in der Krim, vom Standpunkt der Strategie und Geschichte aus dargestellt. gr. 8. Ansbach. Junge in Commiss. 1855. n. 4 Sgr.

— — aphoristische, über die Stellung des Artillerie-Offiziers in der preuss. Armee. 8. Leipzig. Müller 1852. 6 Sgr.

— — über die Ausbildung und Taktik der Reiterei, mit besond. Beziehung auf die neuesten Veränderungen im Kriegswesen. Von e. Reiteroffizier. gr. 8. Grossenhain. Pieper 1860. n. 8 Sgr.

— — über den Truppentransport auf Eisenbahnen, unter zu Grundlegung der darüber bestehenden französ. Reglements vom Novb. 1855. Nach dem Journal des armes speciales, deutsch bearbeitet. gr. 8. Darmstadt. Jonghaus. 1861. n. ⅙ Rthlr.

— — über die Ursachen der Erfolge Napoleons III. im letzten italienischen Feldzuge. Aus dem Französ. gr. 8. Leipzig. Gerhard. 1861. 3 Sgr.

— — eines See-Offiziers über die Verbindung der Donau mit dem adriatischen Meere. gr. 8. Wien. Gerold Sohn in Commiss. 1861. n. 8 Sgr.

— — über das Exercier-Reglement der Infanterie. 8. Berlin. Hennicke 1863. ¼ Rthlr.

— — über den Beitrag zur Darstellung der Schlacht v. Solferino. V. e. österr. Offizier. gr. 8. Leipzig. Volckmar. 1864. n. 8 Sgr.

— — militärische, über unsere Armee. Von e. preuss. Offizier. gr. 8. Berlin. Mittler & Sohn. 1862. ½ Rthlr.

— — militärische, über die Vertheidigung von Sebastopol. 8. Berlin. Schneider & Co. 1856. n. ⅓ Rthlr.

— — militärische, über einige Erfahrungen des letzten Feldzuges und einige Zustände deutscher Armeen. Den Führern deutscher Truppen u. den Mitgliedern deutscher Ständekammern gewidmet. 1. u. 2. Aufl. gr. 8. Darmstadt. Zernin. 1860. ½ Rthlr.

Betschler, *Regimentsarzt, Dr.,* **Jul.,** über den Bericht der vom Kriegsministerium am 16. Aug. 1848 zur Einleitung einer Reform d. Militär-Medicinalwesens niedergesetzten Kommission. Nebst einigen Vorschlägen. 8. Breslau. Gosohorsky 1849. 8 Sgr.

Betzel, *Bataillonsarzt, Dr.,* **Karl,** Feldausrüstung der bayer. Militär-Sanität. gr. 8. München. Kaiser. 1848. ⅙ Rthlr.

Bewegungslehre, die, der geregelten Grundgangarten des Pferdes, als Fundament der Reitkde. Dargestellt v. T. H. 2. (Titel-) Aufl. gr. 16. Leipzig. R. Hoffmann. 1855. n. 12 Sgr.

Boyer, *Oberstabsarzt a. D., Dr.,* **A.,** Instruktion für Militär-Ärzte der königl. preuss. Armee vom 9. Decb. 1858, das militärische Untersuchungsgeschäft betreffend. 12. Breslau. Aland (jetzt Morgenstern). 1860. n. 8 Sgr. geb. n. 12 Sgr.

Bianco di San Jorioz, *Lieut. Graf,* **Alex.,** Kasernen-Erzählungen. Eine Sammlung interress. Kriegsthaten. Aus den besten histor. Quellen der Kriege der neueren Zeit zusammengetragen u. geordnet. Aus dem Ital. vom Oberlieut. G. Baumgarten. 8. Leipzig. Schlicke. 1856. 1 ⅓ Rthlr.

Biedenfeld, Ferd. *Freih.* von, Feldzug der Österreicher in Italien von der Papstwahl Pius IX. bis zum Waffenstillstand von Mailand. gr. 8. Weimar. Voigt. 1849. 1 Rthlr.

Biffart, *Oberlieut.,* **Max,** das Kriegstheater am oberen Rhein u. der oberen Donau. Mit besond. Würdig. der Verhältnisse desselben in e. Kriege m. Frankreich. Mit 6 Festungsplänen. gr. 8. Berlin. Mittler & Sohn. 1863. 27 Sgr.

— — die Kämpfe in Europa in den letzten 12 Jahren 1848-59, ein Cyclus von Gefechtsbildern mit biographischen Skizzen. gr. 8. Stuttgart. Gebr. Scheitlin. 1860. 1 ½ Rthlr.

— — Venetien mit dem Festungsviereck, eine militärisch geogr. Skizze. Mit 8 Holzschn. 2. Aufl. gr. 8. Darmstadt. Zernin 1863. n. 17 ½ Sgr.

Bilder aus dem Honvédleben v. K. W. M******. 8. Wien. Manz. 1851. 1 Rthlr. 12 Sgr.

Bildung einer deutschen Landwehr. Von Pz. gr. 8. Stuttgart. Cotta. 1852. 9 Sgr.

Bille, *Premier-Lieut.,* **Ivan** von, Zollfelddienst. gross 8. (Hamburg. Nolte & Koehler.) 1857. cart. n. 2 Rthlr.

Billert, Zusammenstellung der für die k. preuss. Armee gegbnen. Bestimmungen über die Benützung der Eisenbahn und Dampfschiffe. gr. 8. Berlin. Mittler u. Sohn. 1851. 18 Sgr.

Billroth, *Dr.,* **Thdr.,** historische Studien über die Beurtheilung u. Behandlung der Schusswunden vom 15. Jahrhundert bis auf die neueste Zeit. gr. 8. Berlin. G. Reimer. 1859. ½ Rthlr.

Biografie des k. k. Feldzeugmeisters Julius Frhrn. v. Haynau v.

c. seiner Waffengefährten (Feldzeugmeister Frhrn. v. Schönhals)
1—3. Aufl. gr. 8. Gratz. Hesse. 1853.   n. 1 Rthlr.

Bismark, *General-Lieut.,* **Frdr. Wilh.,** *Graf von,* Aufzeichnungen. 2. (Titel-) Ausg. Mit 3 Stahlstch. gr. 8. Karlsruhe. Nöldecke. 1850.   2 Rthlr.

Blätter über Pferde und Jagd. Hrsg. C. H. Vogler. 1—10. Jahrg. 1852—61. à 52 Nr. gr. 8. Berlin. Ascher & Co. in Commiss.
          pr. Jahrg. n. 4 Rthlr.

— — hippologische. Herausg. Graf v. Holmer. 12.—20. Jahrg. 1845—52. Hamburg. Perthes, Besser & Mauke. à n. 5 ²/₃ Rthlr.

— — militärische. Red. v. Hptm. a. D. R. de l'Homme de Courbiere. 1.—6. Jahrg. 1859—1864. à 52 Nr. Imp. 4. Berlin. Stilke & van Muyden.   pr. Quartal baar n. 1 Rthlr.
          (Jahrg. 1859—61 erschienen in Heften à n. ¹/₆ Rthlr.)

— — für Kriegswesen und Kriegswissenschaft. Red. Fr. Scholl. 1. Jahrg. Juni—Decb. 18 Nr. gr. 8. Darmstadt. Diehl. 1856.
          1 ¹/₂ Rthlr.

— — dieselben. 2. u. 3. Jahrg. Ebendas. 1857, 58. à 2 Rthlr.

— — dieselben. 4. Jahrg. Ebendas. 1859.   4 ²/₃ Rthlr.

Blesson, *Major,* **L.,** Suum cuique od. Beleuchtung der Schrift: „Der Kriegsminister in der letzten Krisis." Von e. preuss. Patrioten. gr. 8. Berlin. Schneider & Co. 1851.   n. ¹/₆ Rthlr.

Blick, ein, in das Innere der österreich. Armee. Von e. k. k. österr. Offizier. gr. 8. Leipzig. O. Wigand. 1861.   ¹/₄ Rthlr.

Blitze zur Beleuchtung der organisatorischen Donnerkeile Seraphus des Ersten, 8. Köln. Assenheimer & Co. Verl. in Commiss. 1862.   n. ¹/₆ Rthlr.

Block, L., Anleitung zur Landespferdezucht. qu. gr. 4. Neubrandenburg. Brünslow. 1861.   n. ²/₃ Rthlr.

Bluhm, Julius, kurzgefasste Darstellung des gegenwärtigen Standpunktes d. Kriegsmarinewesens in Europa u. in Amerika. Zur Würdigung der deutschen Marinefrage u. der Flottenentwürfe. gr. 8. Berlin. Springer. 1848.   n. ¹/₆ Rthlr.

Blum, Ludw. von, die Armee und die Gegenwart. Ein Wort zur Beherzigung. 8. Erfurt. Müller. 1848.   3 Sgr.

— — dasselbe. 2.—6. Aufl. gr. 8. Ebendas. 1848.   3 Sgr.

— — **Robert,** die Stellung des Soldaten in Deutschland. Rede gehalten zu Leipzig d. 6. März 1848. gr. 8. Leipzig. Hossfeld. 1848.   1 Sgr.

— — **Ludw. von,** Mittheilungen f. die Unterhaltungsstunde d. Unteroffiziere u. Soldaten. 8. Erfurt. Müller. 1851. 1 ¹/₂ Rthlr.

— — Die Reorganisation der Armee des Herrn Hugo von Hasenkamp. gr. 16. Berlin. Mittler und Sohn in Commiss. 1849. 3 Sgr.

Blume, *Prem.-Lieut.*, **W.**, die Armee und die Revolution in Frankreich von 1789—1793. gr. 8. Brandenburg. Wiesecke. 1864.
1 ¹|₄ Rthlr.

Blumhardt, *Hptm.*, **H.**, die stehende Befestigung für Offiziere aller Waffen und für Kriegsschulen nach den neuesten Erfahrungen u. Ausführungen bearb. Mit 230 in den Text gedr. Holzschnitten. 2 Bde. gr. 8. Darmstadt. Zernin. 1864. 4 Rthlr.

Bobrik, *Dr.*, **Ed.**, Allgemeines nautisches Wörterbuch mit Sacherklärungen: Deutsch, englisch, französisch, spanisch, portugiesisch, italienisch, schwedisch, dänisch, holländisch. 2. wohlf. Ausg. hoch 4. Leipzig. Hoffmann. 1858. 2 ¹|₂ Rthlr.

Boddien, *Rittmstr.*, **Hugo von**, die Meklenburgischen freiwilligen Jäger-Regimenter. Denkwürdigkeiten aus den J. 1813 u. 14. 8. Ludwigslust. Hinstorff. 1863. n. 27 ¹/₂ Sgr. cart. u. 1 Rthlr.

Böhm, *Prof. Dr.*, **J. G.**, über die Tiroler Landesvertheidigung des Jahres 1848 im Allgemeinen und über den Antheil der Innsbrucker Universität an derselben. gr. 8. Innsbruck. Wagner. 1849. ¹|₄ Rthlr.

— — ballistische Versuche und Studien, mit besond. Rücksicht auf die neuen weittragenden Gewehre der k. k. Armee und d. französ. Minié-Büchse. Mit 3 Taf. Abbild. gr. 4. Prag. Calve. 1861. n. 24 Sgr.

Böhn, *Oberstlieut.*, **v.**, Methode zur praktischen Elementar-Ausbildung der preuss. Infanterie im Felddienst. 2 Aufl. gr. 8. Berlin. F. Schneider. 1859. n. ¹|₃ Rthlr.

Boehn, *Hptm.*, **Hubert v.**, Terrainkunde, enth. die Beschreibung, Darstellung, Recognoscirung u. Aufnahme des Terrains. Ein Handbuch für Offiziere. Mit 47 Figuren u. 2 Terrainkarten in Holzschnitt. gr. 8. Potsdam. Döring. 1861. n. 1 Rthlr.

— — Generalstabsgeschäfte. Ein Handbuch für Offiziere aller Waffen. Mit vielen Figuren in Hochzinkguss gr. 8. Potsdam. Döring. 1862. n. 3 Rthlr.

Bogdanowitsch, *Gen.-Major*, **M.**, Geschichte des Feldzuges im J. 1812, nach den zuverlässigsten Quellen. Aus dem Russ. von Oberlieut. G. Baumgarten. 1—3. Band. Mit 8 Uebersichtskarten u. 15 Plänen. Lex. 8. Leipzig. Schlicke. 1862—63. à n. 5 Rthlr.

Boltze, *Prem.-Lieut.*, Instruktion für Train-Soldaten der Pionniere, der Infanterie, der Jäger und Schützen. Zur Selbstbelehrung und Anleitung bei dem theoret. Unterricht für Unteroffiziere u. Soldaten. Mit 2 Kpftaf. 8. Posen. Merzbach. 1855. n. ¹|₃ Rthlr.

Bormann, *Gen.-Major*, das Shrapnel-Geschoss in England und Belgien, nebst Betrachtungen über dessen Gebrauch im letzten Krimkriege. Eine histor.-techn. Skizze. 2. Aufl. In's Deutsche übertragen u. mit Anmerkungen versehen v. Gen.-Major A. du Vignau. gr. 8. Berlin. Mittler u. Sohn. 1863. $^3/_4$ Rthlr.

— — das preussische System der gezogenen Feldgeschütze in Belgien u. d. Zeitzünder d. Armstrong'schen Granatkartätschen. Mit 1 Abbild. gr. 8. Darmstadt. Zernin. 1861.   12 Sgr.

Bose, Hugo v., *Oberlieut.*, Taschenbuch für das Abstecken und Messen der Linien, Winkel u. Figuren. Nebst einer Sammlg. fortificatorischer Aufgaben. Mit 130 Figuren in Holzschnitt u. 16 Lithogr. 16. Freiberg. Frotscher. 1852.   n. $^2/_3$ Rthlr.

Bose, Herm. v., *Actuar*, Handbuch der Militärrechtskunde für die k. sächs. Truppen, mit besond. Beziehung auf die neuesten organischen Militärgesetze u. zugleich zum Handgebrauch für die Civilbehörden system. bearb. 8. Leipzig. Klinkhardt in Comm. 1846.   n. $1^2/_3$ Rthlr.

Bosse, v., *General-Lieut. a. D.*, Geschichte des königl. preuss. 23. Infant.-Regiments von seiner Stiftung im Jahre 1813 und dem Ausmarsche in's Feld bis zum Jahre 1819 der Rückkehr in die Friedensgarnisonen Neisse, Cosel u. Frankenstein. gr. 8. Görlitz. Heyn in Commiss. 1859.   n. $1^1/_3$ Rthlr.

Bostelmann, *Flotten-Offizier*, **Fredy**, kurzer Abriss der Schiffsartillerie. Eine leichtfassliche Darstellung der Grundlagen dieser Wissenschaft. 8. Stade (Hannover. Hahn.) 1851. n. $^1/_2$ Rthlr.

Böttcher, A. M., die reine deutsche Stossfechtschule nach E. W. B. Eiselen. Ausführlich bearb. 2. Aufl. Mit 25 Abbildgen. Görlitz. Remer in Commiss. 1855. $^1/_3$ Rthlr.

Bötticher, *Rittmstr.*, **v.**, Reitsystem für Lehrer der Cavallerie und Artillerie, zur Ausbildung v. Rekruten zu Pferde und zur Dressur von Remonten. gr. 8. Berlin. Mittler & Sohn. 1861. $^1/_2$ Rthlr.

Brack, *chem. Offizier*, **Fr. de**, die Vorposten der leichten Cavallerie. Erinnerungen. Aus dem Französ. übersetzt v. W. T. Mit 3 Taf. Abbildgen. 2. Aufl. gr. 16. Glogau. Flemming. 1859.   1 Rthlr.

Brand, Thdr., der Befreiungskrieg von 1813, 14, 15. 2 Thle. 12. Aufl. 8. Breslau. Kern. 1859.   n. 1 Rthlr. 24 Sgr.

Brandt, *General z. D.*, *Dr.*, **H. v.**, der kleine Krieg in seinen verschiedenen Beziehungen. 2. Aufl. Mit 3 Plänen. 8. Berlin. Herbig 1850.   n. $1^5/_6$ Rthlr.

— — Grundzüge der Taktik der drei Waffen: Infanterie, Cavallerie u. Artillerie. 3. Aufl. gr. 8. Ebendas. 1859. n. $3^2/_3$ Rthlr.

Brass, Aug., der Freiheitskampf in Baden und in der Pfalz im Jahre 1849, seine Ursachen, seine Entwickelung u. sein Ausgang vom polit. wie vom milit. Standpunkte beleuchtet. gr. 8. St. Gallen. Scheitlin u. Zollikofer. 1849. $\frac{1}{3}$ Rthlr.

Brauer, *Geh. Rath, Gen.-Auditor*, **Wilh.**, das badische Militärstrafrecht und Militärstrafverfahren. Z. Gebrauche f. Offiziere u. Kriegsbeamte, u. als Leitfaden f. Vorlesungen an den Kriegsschulen bearb. gr. 8. Karlsruhe. Braun 1851. u. $\frac{3}{4}$ Rthlr.

— — das badische Militär-Privatrecht, zum Gebrauche für Offiziere u. Kriegsbeamte bearb. gr. 8. Ebendas. 1852. u. 16 Sgr.

Bräuner, *Prem.-Lieut.*, **R.**, der militärische Richter bei Ausübung seines Amtes. Als Rathgeber für die Mitglieder der Kriegs- u. Stand-Gerichte auf Grundlage der gesetzlichen Vorschriften zusammengestellt. 12. Berlin. Mittler & Sohn. 1863. cart. 12 Sgr.

— — Geschichte der preussischen Landwehr. Historische Darstellung und Beleuchtung ihrer Vorgeschichte, Errichtung u. spätere Organisation. 2 Bde. gr. 8. Berlin. Mittler & Sohn. 1863. 3 Rthlr.

Briefe aus dem Hauptquartier oder die Wahrheit über den Krieg in der Krim. Von e. Offizier des engl. Generalstabes. Uebers. v. Art.-Lieut. F. S. 2 Bde. 8. Berlin. F. Schneider. 1857. u. 2 $\frac{1}{3}$ Rthlr.

— — militärische, eines deutschen Offiziers während einer Reise durch die Schweiz und das mittlere Frankreich im Anfange des Jahres 1844. Mit besonderer Bezugnahme auf die neueren französ. Befestigungs-Anlagen in militär. u. polit. Hinsicht. Mit Plänen von Paris und Lyon. gr. 8. Adorf. Verlagsbureau. 1845. cart. u. 2 Rthlr.

— — militärische, eines Lebenden an seinen Freund Clausewitz im Olymp. 2. (Titel-) Ausg. mit Nachtrag. gr. 8. Leipzig. O. Wigand. 1854. 1 $\frac{1}{6}$ Rthlr.

— — militärische, eines Verstorbenen an seine noch lebenden Freunde. Hrsg. v. Pz. N. Ausg. 3 Bde. gr. 8. Stuttgart. Cotta. 1854. n. 4 Rthlr. 24 Sgr.

— — militärische, eines Verstorbenen an seine noch lebenden Freunde, historischen, wissenschaftl., kritischen und humoristischen Inhalts. I.—IV. Samml. gr. 8. Adorf. Verlagsbureau. 1845. n. 8 $\frac{2}{3}$ Rthlr.

Brix, *Artill.-Lieut.*, Beschreibung des Materials und der Organisation der kaiserl. russisch. Feld-Artillerie. Mit 5 Figurentafeln und 16 angehängten Tabellen. Berlin. Mittler & Sohn in Commiss. 1856. 1 Rthlr. 24 Sgr.

Brix, *Artill.-Lieut.*, die kaiserliche russische Armee in ihrem Bestande, ihrer Organisation, Ausrüstung und Stärke im Krieg und Frieden am 1. Jan. 1863. gr. 4. Berlin. Behr. 1863. n. 1 ½ Rthlr.

Broecker, *Artill.-Hauptm.*, *Freih.*, das Planzeichnen mit Tuschen. gr. 8. Berlin. Nicolai. 1853. n. 1 ⅓ Rthlr.

Brockhusen, W. v. *gen.* **v. Bruchhausen,** *Lieut. der Artillerie,* die Gleichungen der Flugbahn rotirender Geschosse. 8. Berlin. Mittler. 1847. ¼ Rthlr.

Brodrück, *Hauptm.*, **Karl,** Quellenstücke und Studien über den Feldzug der Reichsarmee v. 1757. Ein Beitrag zur deutschen Geschichte im 18. Jahrh. gr. 8. Leipzig. Dyk. 1858. n. 2 ⅓ Rth.

— — *Major*, **K.**, der Kampf um Badajoz im Frühjahr 1812. Nach den ursprünglichen Quellen und nach Mittheilungen von Augenzeugen. Grundzüge und Beispiele s. kritischer Behandlg. kriegsgeschichtl. Stoffe. Mit 1 Planskizze. gross 8. Leipzig. Dyk. 1861. n. 28 Sgr.

Brogniez, *Prof.*, **M.**, der fertige Hufschmied oder Kunst d. Hufbeschlags. Ein Hand- u. Hilfsbuch f. Hufschmiede, sowie für Landwirthe, Cavallerie-Offiziere u. für Pferdebesitzer — im Allgemeinen. 2. unveränd. (Titel-) Aufl. Mit 10 in den Text gedruckten Abbild. br. 8. Hamm. Grote. 1859. n. ⅙ Rth.

Brommy, die Marine. Unter Berücksichtigung der Fortschritte der Gegenwart und unter Hinzufügung der in Oesterreich gebräuchl. ital. Terminologie neu bearbeitet von Heinr. v. Littrow. Mit 1 Flaggenk. u. 13 Taf. Abbild. gr. 8. Berlin. A. Duncker. 1865. 2 Rthlr.

Bruna, *Hauptm.*, **Jos.**, im Heere Radetzky's. Skizzen aus den J. 1848 & 1849. gr. 8. Prag. Credner's Verl. Exped. 1859. n. ⅔ Rth.

— — Aus dem italienischen Feldzuge 1859. gr. 8. Ebendas. 1860. n. 16 Sgr.

Brunner, *Lieut.*, **Moritz,** praktisches Taschenbuch für den Mineur. Mit 32 lith. Fig. 16. Wien. (Leos Verl.) 1864. 1 Rthlr.

Bruns, *Prem.-Lieut. a. D.*, **K.**, der Festungskrieg. Mit Bezug auf die gegenwärtige Belagerung von Sebastopol. Allgemein fasslich dargest. 8. Hamburg. Hoffmann & Campe. 1855. ¼ Rth.

Bucher, *Oberstlieut.*, **Ludw. Ferd.**, der Feldzug d. dritten deutschen Armeecorps in Flandern im Befreiungskriege d. J. 1814. Mit Benützung amtlich. Quellen d. Kriegsarchivs bearb. Nebst Plänen und Karten. gr. 8. 2. wohlfeile (Titel-) Ausg. Leipzig. Costenoble. 1860. n. 1 ⅔ Rthlr.

Bugeaud, *Herzog von Isly,* Bemerkungen über mehrere Einzel-

heiten des Krieges. Mit 1 erläut. Plane. Aus dem Franz. gr. 8.
Freiburg. Wagner. 1850.   n. 12 Sgr.

Bugeaud, *Herzog von Isly,* Praktische Andeutungen über Krieg-
führung. Von der Aufhebung detachirter Corps. — Ein neues
Vorpostensystem. Widerlegung dieser Abhandlung. Nach der 4.
Aufl. übersetzt. Mit 1 Plane. 16. Leipzig. Gerhard. 1861. 12 Sgr.

Buhle, Karl, Erinnerungen aus den Feldzügen v. 1809—16, ent-
lehnt aus den Papieren eines Veteranen der sächsischen Armee.
2. Aufl. 4 Hfte. gr. 16. Löbau. Breyer. 1848.   à 2 Sgr.

Bülow Heinr. Dietr. von, militärische und vermischte Schriften.
In e. Auswahl m. Bülow's Leben u. e. kritischen Einleitung
herausg. v. Ed. Bülow u. Wilh. Rüstow. Mit 60 in den Text
gedr. Fig. gr. 8. Leipzig. Brockhaus. 1853.   n. $2^2/_3$ Rthlr.

Bundes-Militär-Almanach, deutscher. Nach authentischen Quellen
zusammengestellt von einem Hauptmanne. gr. 8. Frankfurt a/M.
Kellner. 1863.   n. 1 Rthlr.

Burg, *Major etc.,* **M.,** das Zeichnen und Aufnehmen des Artillerie-Materials oder die geometrische Zeichnenkunst angewendet auf die bildliche Darstellung der Geschütze, Wagen, Ma-
schinen u. s. w. der Artillerie; zunächst zum Gebrauch beim
Unterricht in den k. preuss. Artillerieschulen. 2. Aufl. Mit 12
Figurentafeln. gr. 4. Berlin. Duncker und Humblot. 1845.
                                                    n. $3^2/_3$ Rthlr.

— — die geometr. Zeichnenkunst, oder vollst. Anleitung zum
Linearzeichnen, zur Construction der Schatten etc., zunächst
zum Gebrauche beim Unterricht in den k. preuss. Artillerie-
Schulen. 2. Aufl. Mit 30 Figurentaf. gr. 4. Berlin. Duncker u.
Humblot. 1845.   n. $3^1/_2$ Rthlr.

— — Geschichte meines Dienstlebens. Nach seinem Tode herausgegeben. gr. 8. Berlin. Behr. 1854.   n. $^2/_3$ Rthlr.

Burger, L., die königl. preuss. Armee in ihrer neuesten Uniformirung. 48 Abbildgen. (Billige Ausg.) gr. 16. Berlin. Mitscher
& Röstell. 1861.   n. $1^1/_2$ Rthlr.

— — **J. Chr. A.,** Vorgänge in und um Torgau während des
7jährigen Krieges, namentlich die Schlacht bei Süptitz am 3.
Novbr. 1760. gr. 8. Torgau. Wienbrack. 1860. n. $^1/_2$ Rthlr.

Burgsdorf-Serpenton, v., *Landstallmeister und Hauptgestüts-
Director.* Etwas gegen das „Etwas" über die preussische Pfer-
dezucht und ihre Geschichte seit dem Tode Friedrich d. Grossen.
Von Hofr. u. Prof. Dr. Th. Renner in Jena. gr. 8. Gumbinen.
Leipzig. Goldacker (Antiquar). 1846.   n. 12 Sgr.

Burkersroda, von, *k. preuss. Major,* die Sachsen in Russland.
Ein Beitrag zur Geschichte des russ. Feldzuges im Jahre 1812,

besonders in Bezug auf das Schicksal der k. sächs. Truppen-
Abth. bei d. gross. franz. Armee. Aus d. Nachlasse. Mit color.
Abbildungen. gr. 8. Naumburg. 1846.   n. 12 Sgr.

Burow, *Hptm. a. D.*, **A.**, die Krim-Expedition, militär-wissenschaftl.
beleuchtet. gr. 8. Berlin. Mittler & Sohn in Commis. 1856.
                                                   ¹/₂ Rthlr.

— — das Kriegstheater der dänischen Halbinsel und die Festung
Rendsburg. Mit e. militär. Karte der Halbinsel u. e. Plane v.
Rendsburg. Lex. 8. Altona. Direcksen & Ingwersen. 1854.
                                                   n. 2 Rthlr.

— — über den taktischen und strategischen Werth der Festung
Posen. 8. Strassburg. Koehler. 1849.   ¹/₆ Rthlr.

Bürstenbinder, *Oberst a. D.*, **Otto**, die schleswig-holsteinsche
Frage vom militärischen Standtpunkte aus. gr. 8. Hamburg.
Hoffmann & Campe. 1864.   ¹/₄ Rthlr.

Buschbeck, *Hptm. a. D.*, **F.**, preussisches Feld-Taschenbuch für
Offiziere aller Waffen zum Kriegs- und Friedensgebrauche. Mit
107 Abbildgen. 2 Thle. 8. Berlin. Hempel. 1853. n. 2²/₃ Rthlr.
                                   in engl. Einbd. n. 2⁵/₆ Rthlr.

Busch, W. & **C. Hoffmann,** *Majore*, die Kriegsfeuerwerkerei der
preuss. Artillerie. Nach d. jetzigen Standpunkte d. Wissenschaft
u. Technik bearb. 2. Ausg. Nebst zahlreichen Fig. auf 14 Taf.
mit Nachträgen. gr. 8. Berlin. Grieben. 1854. n. 1 Rthlr. 6 Sgr.

Busse, *General-Lieut. a. D.*, **v.**, Geschichte des königl. preuss.
23. Infanterie-Regimentes von s. Stiftung im Jahre 1813 u.
dem Ausmarsche in's Feld bis zu seiner Rückkehr im Jahre
1819 in die Friedensgarnisonen. Neisse, Cosel u. Frankenstein.
gr. 8. Görlitz. Remer in Commiss. 1859.   n. 1¹/₃ Rthlr.

Büttner, *Prof.*, **Heinr.**, zur Militärfrage. Ein Wort an's treue
Preussenvolk. 8. Berlin. Fahlisch. 1864.   n. ¹/₆ Rthlr.

Byr, Rob., einige Ansichten über leichte Reiterei. gr. 8. Prag.
Bellmann. 1861.   n. ¹/₃ Rthlr.

— — Cantonirungsbilder. 2 Bde. gr. 8. Ebendaselbst. 1860.
                                                   n. 1¹/₃ Rthlr.

C.

Callot, E., strategische Skizze zu einem Operationsplane u. den
Marschdispositionen in e. Kriege gegen Frankreich u. Piemont.
Mit e. Vorwort. 8. Leipzig. Kollmann. 1859.   ¹/₄ Rthlr.

Campagnes du feldmaréchal Comte Radetzky dans le nord de
l'Italie en 1818—1849 par un ancien officier superieur des

gardes impériales russes. (Prince Alex. Troubetzkoi.) Nouvelle edition. gr. 8. Leipzig. Brockhaus. Sort. 1860. n. 3 Rthlr.

Campagne des Corps-Francs à Lucerne en Mars et Avril 1845. Ouvrage rédigé sur de matériaux authentiques et d'après les rapports de témoins oculaires. Avec un plan et une carte du théâtre des operations. gr. 8. Berne. Jennipère. 1845.
n. ⅓ Rthlr.

— — la, d'Italie en 1859. Redigée par la division historique de l'etat-major de Prusse. Traduit d'allemand. Avec 6 plans et 7 pièces justificatives. gr. 8. Berlin. Mittler & Sohn. 1862.
2 Rthlr.

Canstein, *Gen.-Major*, *Frh. von*, Bericht über die Betheiligung der 11. Infanterie-Brigade an der Erstürmung der Düppeler Schanzen am 18. April 1864. Mit 1 Croquis. gr. 8. Berlin. Mittler & Sohn. 1864. n. ⅙ Rthlr.

Capefique 1814 u. 1815. Der Wiener Congress und das heutige Europa. 8. Grimma. Verlagscomptoir 1847. 1½ Rthlr.

Carriere, *Oberst*, **M.,** Oesterreichs Militärmacht. Sein Heerwesen und dessen militärische Verfassung. Statist. Details. Deutsch u. mit Erläuterungen von einem k. k. österr. Offizier. Nebst Porträt Se. Maj. d. Kais. Frz. Joseph. gr. 8. Kaiserl. Meuth. 1854.
n. ½ Rthlr.

Cassernordnung, Casserndienstvorschriften u. Dienstnormen in speciellen Fällen. gr. 8. Wien. (Klemm). 1860. n. 14 Sgr.

Cavallerie, die, der Jetztzeit, ihre Bedeutung, ihr Gebrauch und Stärkeverhältniss zu den andern Waffen. Erläutert durch die Kriegsgeschichte der letzten 100 Jahre, vom Beginn d. 7jähr. Kriegs bis zum Krimkriege 1853—1856 u. dem Kriege in Oberitalien im J. 1859. Von Oberstlieut. Mr. gr. 8. Leipzig. Geibel 1860. n. 1 Rthlr.

Cecil, der Gestüthof oder Anleitung zur Züchtung für die Rennbahn, die Jagd und die Landstrasse, gewidmet den Züchtern v. Renn- und Jagdpferden, den Landbesitzern und besonders den Pachtlandwirthen. Aus d. Engl. in's Deutsche übersetzt durch Cl. v. Boddien. 8. Schwerin, Stiller. 1858. n. ¾ Rthlr.

Centner, Jos., *k. k. Oberlieutenant,* die ersten Vorkenntnisse des Militär-Geschäftstyls, in 2 Abschnitten zusammengestellt. 12. Wien. Gerold 1846. ⅚ Rthlr.

Charras, *Oberstlieut.,* Geschichte d. Feldzugs v. 1815. Waterloo. Autorisirte deutsche Ausg. nebst 5 Karten u. Plänen. 8. Dresden, Kuntze. 1858. n. 2 Rthlr.

— — Histoire de la campagne de 1815. Waterloo. Avec Atlas

spécial, composé de 5 plans et cartes déssinés par Vandermaelen.
gr. 8. Leipzig. Dürr. 1857.   n. 3 $^1/_3$ Rthlr.

— — dasselbe 2. edit. gr. 12. Ebend. 1858.   n. 2 $^2/_3$ Rthlr.

Chauvin, *Ing.-Hptm.*, *Lehrer* **F.**, die Darstellung der Berge in
Karten und Plänen, mit besonderer Rücksicht auf ihre An-
wendbarkeit im Felde. Mit 1 Kpfrt. Lex. 8. Berlin. Nauck. 1852.
                                     n. $^5/_6$ Rthlr.

— — das Bergzeichnen rationell entwickelt. gr. 8. Ebendas.
1854.   n. $^1/_3$ Rthlr.

Chemnitz, Bogislaff Philip v., Königlichen Schwedischen in
Teutschland geführten Krieges 4 Thle. Stockholm. (Bonnier).
1856—59.   cpl. 19 Rthlr. 17 $^1/_2$ Sgr.

Chevallerie, Otto de la, das vereinbarte Militär-Avancement
Eine Beleuchtung der Cabinetsordre vom 19. Sept. 1848. gr.
8. Berlin. Schlesinger. 1848.   3 Sgr.

— — die schwebende Militärfrage. Ein Beitrag zur Lösung derselben im wahren Interesse des preussischen Volkes. gr. 8. Berlin.
Schlesier 1862.   n. $^1/_6$ Rthlr.

Chursilchen, Mich., Blätter für Geist und Herz wissbegieriger
Unteroffiziere, Gensdarmen u. Soldaten. 3. Aufl. 8. Amberg.
Pohl. 1863.   1 $^1/_3$ Rthlr.

Civil- und Militärverfassung, die, des deutschen Bundes. Neue
Ausg. 8. Berlin. Hempel 1859.   n. $^1/_4$ Rthlr.

Clausewitz, *Hptm.*, **G. v.,** der Traindienst in d. preuss. Armee
m. besond. Rücksicht auf die Krankenträger-Compagnie. In 2
Abthlgn. Mit 4 lith. Tafeln. br. 8. Berlin. Vossische Sort.
1858.   n. $^2/_3$ Rthlr.

— — *General,* **Carl v.,** der Feldzug von 1796 in Italien. Die
Feldzüge v. 1799 in Italien u. der Schweiz. 2. Aufl. 1.—12.
Lfg. gr. 8. Berlin. Dümmler's Verl. 1858.   à n. $^1/_3$ Rthlr.

— — Vom Kriege. Hinterlassenes Werk. 2. Aufl. 1.—36. Lfg.
gr. 8. Ebendas. 1857—63.   à n. $^1/_3$ Rthlr.

Clawiter, *Oberst-Lieut.*, *z. D.*, praktische Regeln beim Reiten.
Mit 4 lith. Taf. 12. Bonn. Cohen & Sohn. 1861. n. $^1/_3$ Rthlr.

Clellan, *Capit.*, **Geo. B. Mr.,** officieller Bericht über die Operationen in der Krim von einem in den Jahren 1855 u. 1856
auf den Kriegsschauplatz in Europa gesendeten Offizier. gr. 8.
Stuttgart. Auc. 1859.   n. 8 Sgr.

Closen, *Frh.* **v.,** die Armee als militärische Bildungs-Anstalt der
Nation, mit besonderer Rücksicht auf Bayern. Lex. 8. München. Palm (jetzt Grubert) 1850.   n. $^5/_6$ Rthlr.

— — dasselbe. Zusätze mit Rücksicht auf die sie neuesten Erfahrungen über das preuss. Landwehrsystem und die über jene Schrift erschien. Kritiken. Lex. 8. Ebendas. 1851. n. ¹/₃ Rthlr.

Closen, *Frh.* v., die preuss. Landwehr, was daran getadelt wurde, was davon in Bayern anwendbar. Nachtrag zur Schrift: „Die Armee als militärische Bildungs-Anstalt der Nation." gr. 8. Ebendas. 1855. n. 22 Sgr.

Colomb, *Rttmstr.*, von. Aus dem Tagebuche. Streifzüge 1813 u. 1814. Mit 1 Croquis u. 2 Facsimile. gr. 8. Berlin. Mittler & Sohn. 1854. 1 ¹/₄ Rthlr.

Colquhoun, *Dr.* **Patrick,** Entwurf zur Bildung einer deutschen Kriegsflotte nebst Kostenanschlag derselben. gr. 8. Leipzig. Fr. Fleischer. 1849. n. ¹/₃ Rthlr.

Commandoworte aus dem Abrichtungs- u. Exercier-Reglement der k. k. Infanterie in Exercier-Zetteln dargestellt. Für e. Glied bis zu einem Bataillon. Vom Oberlieutenant G. R. A. 16. Prag. Haase. 1847. 12 Sgr.

— — aus dem Abrichtungs-Reglement für die k. k. Cavallerie mit den neuesten Ergänzungen versehen. gr. 16. Wien. Dirnböck. 1861. 8 Sgr.

Commentar, ein österreichischer, zu der russischen Darstellung des ungarischen Revolutionskrieges. Zugleich ein Supplem. zu dem Werke: „Der Feldzug in Ungarn u. Siebenbürgen. 1849. gr. Lex. 8. Pesth. Geibel. 1851. n. ¹/₃ Rthlr.

Communalgarden-Gesetze für das Königreich Sachsen mit erläut. Bemerkungen v. Adv. Ed. Hermsdorf. 2. Aufl. gr. 8. Leipzig. Reclam jun. in Commiss. 1848. baar 12 ¹/₂ Sgr.

Compendium der praktischen Pferdekenntniss zum Unterricht für die Regimentsschule d. königl. 3. Artillerie-Regimentes. Als Manuscript gedruckt. gr. 8. Magdeburg. Gebr Baensch. 1854. n. ¹/₂ Rthlr.

— — zum Unterricht der mit Führung der Bataillons-Patronenwagen beauftragten Infanterie-Unteroffiziere und Gefreiten. 8. Berlin. Mittler & Sohn. 1845. ¹/₄ Rthlr.

— — zum Unterricht der mit Führung der Bataillons-Patronenwagen und Jäger-Munitionskarren beauftragten Avancirten der Infanterie und der Jäger. Mit 24 Holzschn. 16. Berlin. Vossische Buchh. 1864. cart. n. n. ¹/₄ Rthlr.

Conduite, de la, de la guerre d'Orient. Expedition de Crimée. Memoire adressé au gouvernement de S. M. l'empereur Napoleon III. par un officier général. 4. edition augmentée par la réplique du gouvernement inserée au Moniteur universel. gr. 8. Berlin. Springer. 1855. n. 6 Sgr.

Conrady, *Prem.-Lieut.*, **E. von**, Geschichte des königl. preuss. 6. Infant.-Regiments, v. seiner Stiftung im J. 1773 bis zu Ende des Jahres 1856. Nach den im Geh. Staats-Archive u. in den Archiven des k. Kriegsministerii, des Generalstabes u. d. Regiments selbst enthaltenen Quellen bearb. Mit 6 color. Abbildgen. Lex. 8. Glogau. Flemming. 1857. n. 2 Rthlr.

Conscriptionswesen, das, im Königreich Bayern nach den bestehenden Gesetzen, Vollzugs-Vorschriften u. Erläut. Verordn. mit Anmerkungen, Citaten und Registern. 8. München. Franz. 1857. ⅔ Rthlr.

Consequenzen, die, der Verbesserungen d. Infanterie-Gewehres. Eine taktische Studie von A. v. T. gr. 8. Oldenburg. Schulze. 1858. n. 8 Sgr.

Corps, das, der Zuaven im französischen Heere. Seine Entstehung, Ausbildung u. Kriegsthaten. Eine Skizze. Nach d. Franz. der Revue de deux mondes. 2. Auflage. gross 8. Berlin. Springer. 1855. ¼ Rthlr.

Correspondenz des kurfürstl. sächsischen Premier-Ministers Grafen v. Brühl mit dem sächs. Generallieut. Freih. v. Riedesel, Residenten bei der kais. russ. Armee. Als ein Beitrag zur Geschichte des 7jähr. Krieges 1760—62. Von Hptm. Max v. Eelking. gr. 8. Leipzig. O. Wigand. 1854. n. 2⅔ Rthlr.

Coster, *Capt.*, **J.**, dictionnaire français-allemand de la technologie militaire. Manuel destiné d'abord à l'usage des officiers des armées de terre et de mer, puis aux hommes de métier et aux amateurs des sciences militaires. A. s. le t. Französ.-deutsch. Wörterbuch der Kriegskunstsprache etc. Lex. 8. Kaiserslautern. Meuth 1856—57. n. 2⅔ Rthlr.

Courbière, *Hptm. a. D.*, **R. de l'Homme de,** Auszug aus den Verordnungen für die königl. preuss. Infanterie, zusammengestellt bis zum 1. Juli m. d. wesentlichsten Ergänzungen bis zum 1. Sept. 1850. gr. 8. Posen, Gebr. Scherk 1851. n. 3 Rthlr.

— — Ergänzungsheft zu dem Auszuge aus den Verordnungen f. die königl. preuss. Infanterie. Zusammengest. bis Decb. 1852. gr. 8. Berlin. Hayn in Commiss. 1853. n. 1⅙ Rthlr.
cpl. n. 4⅙ Rthlr.

— — die Armee und die Zeit. Ein militärisches Blatt. In Verbindg. mit Mehreren herausgegeben. gr. 8. Berlin. Wagner. 1860 n. ⅙ Rthlr.

— — *Major*, v., Commando-Tabelle für die Evolutionen zu Pferde der königl. preuss. Kavallerie-Regimenter. 2. Aufl. 4. Soest. Nasse. 1853. n. 1⅚ Rthlr.

Courbière, *Major,* **v.,** Geschichte der brandenburg. preuss. Heeresverfassung. gr. 8. Berlin. v. Decker 1852.   1 Rthlr.

— — Handbuch der Waffenlehre, für Militärschulen u. zum
Selbstunterricht bearbeitet. Mit 31 lith. Zeichnungen. 8. Berlin.
Bergemann. 1855.   n. 1 Rthlr.

— — über Verwerthung d. Heereskraft z. Friedenszeit. Vornehmlich
über Acker bauende Truppen sowohl im Allgemeinen, wie ins Be-
sondere über Einführung desselben in Preussen. Nach Art der
Truppen der k. k. österreich. Militär-Grenze u. der k. russ.
Militär-Colonien. 4. Düsseldorf. Berlin. Mittler & Sohn in Com-
miss. 1856. $1\frac{2}{3}$ Rthlr.

Crousaz, *Hptm.,* **A. v.,** Handbuch der brandenb.-preuss. Geschichte von der ältesten bis auf die neueste Zeit; in Verbindung mit verschied. besond. geographischen, allg. geschichtl.
u. militär. Erläuterungen. Zur Lectüre zunächst für die Aspi-
ranten des Offizierstandes. gr. 8. Breslau. Trewendt 1847.
                                                                  $1\frac{1}{3}$ Rthlr.

— — kurze Darstellung der preuss. Kriegs-Operationen in den Jahren 1848—49, in Verbindg. m. geogr. militär. u. a. Erläuterungen zur Lektüre u. zum Unterricht. gr. 8. Breslau. Trewendt.
u. Granier. 1852. $\frac{1}{2}$ Rthlr.

— — Geschichte des königl. preuss. Cadettencorps, nach seiner
Entstehung, seinem Entwickelungsgange und seinen Resultaten.
Mit Allerhöchster Genehmigung und im Auftrage des Cadetten-
corps aus den urkundlichen Quellen geschöpft u. systemat. bearbeit. gr. 4. Berlin. Schindler. 1857.   cart. n. $6\frac{1}{2}$ Rthlr.
                                    Pracht-Ausg. baar 10 Rthlr.

Cursch, *Hptm.,* **A.,** die Theorie des Schiessens aus den Handfeuerwaffen, zum prakt. Gebrauch bearbeitet. Mit 14 lith. Ta-
feln. Wesel. Bagel in Commiss. 1863.   n. $\frac{1}{4}$ Rthlr.

Cybulz, *Art.-Hptm., Prof.,* **G.,** Anwendung der Plastik beim Unterricht im Terrainzeichnen. 2. Aufl. gr. 8. Leipzig. Schrag.
1861.   n. $\frac{1}{3}$ Rthlr.

Czetz, *General,* **Joh.,** Bem's Feldzug in Siebenbürgen in den
Jahren 1848 u. 1849. Mit 1 Facsimile Bem's. 8. Hamburg.
Hoffmann u. Campe. 1850. $1\frac{1}{2}$ Rthlr.

D.

Dachenhausen, von, siehe Geschichte.

Damaschka, *Feldkriegs-Commiss.,* **Wilh,,** die Monturs-Gebahrung u. Verrechnung bei den Unterabtheilungen der k. k. Armee. gr. 8. Wien (Hof- & Staatsdruckerei.) 1854.   27 Sgr.

Damianitsch, *Oberstlieut., Audit.,* **M.,** Handbuch d. adeligen Richteramts f. Militärrichter. Enthaltend: die Verlassenschafts-Abhandl., die Vormundschaften, Curatelen, Todeserklärungen, Amortisation der Urkunden, die Vorschriften über Militär-Heirathen, dann das Depositen-, Tax- u. Stempelwesen. 2. Aufl. gr. 8. Wien. Braumüller. 1849.   2 $\frac{1}{2}$ Rthlr.

— — Handbuch der Strafgesetze für die k. k. östereichische Armee, nach Verbrechen u. Vergehen geordnet. gr. 8. Ebendas. 1849.   1 $\frac{1}{3}$ Rthlr.

— — allgemeine u. specielle Jurisdictionsnorm der k. k. Armee. gr. 8. Ebendas. 1852.   n. $\frac{2}{3}$ Rthlr.

— — die Kriegsartikel für die k. k. österr. Landarmee, Kriegsmarine u. das Flottillencorps v. 15. Jänner 1855, erläutert. gr. 8. Wien. Lechner. 1855.   n. 1 $\frac{1}{6}$ Rthlr.

— — das Militärstrafgesetzbuch über Verbrechen und Vergehen vom 15. Jänner 1855, für das Kaiserthum Oesterreich, erläutert. 2. Aufl. Lex. 8. Wien. Braumüller. 1861. n. 1 $\frac{1}{3}$ Rthlr.

— — Nachträge zum Militär-Strafgesetzbuche als Ergänzung z. Commentar. Lex. 8. Ebendas. 1860. $\frac{1}{3}$ Rthlr.

— — Nachtrags - Verordnungen zum österr. Militär-Strafgesetzbuche vom 15. Jänner 1855, im Auszuge zusammengestellt und als Anhang zu den Kriegsartikeln herausgeg. gr. 8. Wien. Lechner. 1859.   n. 1 Sgr.

— — das Disciplinar-Strafverfahren in der k. k. Armee und in der Militärgrenze, nach dem neuen Dienstreglement und sonstigen Vorschriften, dann das strafgerichtl. Verfahren nach ersterem. gr. 8. Wien. Braumüller. 1861.   n. $\frac{1}{2}$ Rthlr.

— — Handbuch d. Strafverfahrens bei den k. k. Militärgerichten. 2. mit den gesetzl. Bestimmungen bis z. Jahre 1859 verm. Ausg. gr. 8. Ebendas. 1860.   n. 1 Rthlr. 4 Sgr.

— — Studien über das Militär-Strafrecht in seinem materiellen und formellen Theile mit Hinblick auf die neueren Militär-Strafgesetze u. vorzugsweiser Berücksichtigung des österr. Militär-Strafgesetzbuches vom J. 1855. Lex. 8. Ebend. 1862.   n. 1 Rthlr.

Damianitsch, *Oberstlieut.*, *Audit.*, **M.,** Vorschrift über die Heirathen in der k. k. Land-Armee, mit Inbegriff der Verwaltungsbranchen in der Militärgrenze, dann in der k. k. Kriegs-Marine u. den sich darauf beziehenden Anordnungen u. Formularien. 8. Ebendas. 1864. n. 8 Sgr.

Damitz, E. von, die Preussen im Dänenkriege. 16. Glatz. Hirschberg in Commiss. 1864. n. n. $\frac{1}{16}$ Rthlr.

Dammeyer's Taschenbuch f. Offiziere aller Waffen in den deutschen Heeren. 2. Aufl. Zeitgemäss umgearb. u. erweit. v. Ing. Hptm. Helmer. 2 Thle. gr. 16. Berlin. C. Heymann. 1855. In engl. Einbd. n. 2 $\frac{1}{2}$ Rthlr.

Dänemark's Wehrkraft gegenüber Deutschland. Von e. norddeutsch. Offizier. 1. 2. Abdr. gr. 8. Berlin. Mittler & Sohn. 1864. $\frac{1}{4}$ Rthlr.

Darapsky, *Hptm.*, Anwendung d. ebenen Trigonometrie auf verschiedene Probleme der Messkunst in system. geordneten Beispielen. gr. 8. Cassel. Bertram. 1856. n. $\frac{2}{3}$ Rthlr.

— — ebene Trigonometrie mit ihrer Anwendung auf Kriegswissenschaft und dynamischen Anhang f. Kriegsschulen u. z. Selbststudium bearbeitet. Mit 3 Figurentaf. u. 1 Tab. gr. 8. Cassel. Bertram. 1855. n. 1 $\frac{1}{3}$ Rthlr.

Darstellung der Begebenheiten des deutsch-dänischen Krieges v. 1848., unter besond. Berücksichtigung d. Antheils preussischer Truppen. Mit Karten und Plänen. 1.—3. Abthl. gr. 8. Berlin. Mittler & Sohn in Commiss. 1852—55. baar 2 Rthlr.

— — und Beschreibung einer Polygonal- und Kaponier-Befestigung. Ein Beitrag zur Befestigungswissenschaft nach dem gegenwärtigen Stande derselben v. e. preuss. Ingenieur-Offizier. Mit 2 Blättern Zeichnungen. gr. 8. Mainz von Zabern. 1849. n. $\frac{2}{3}$ Rthlr.

— — bildliche, der Schlachten von Lützen, Sendling u. Quatre-Bras. Nebst kurzer Beschreibung. qu. 4. Nürnberg. Leuchs u. Co. 1847. 12 Sgr.

— — des Pferdes in Raçen, Farben u. Abzeichen, als Ergänz. d. 1. u. 2. Aufl. v. Anleitung zur Kenntniss des Äussern des Pferdes v. Prof. Baumeister etc. qu. gr. 8. Stuttgart. Ebner & Seubert 1853. In Couvert n. 24 Sgr.

— — übersichtliche, der k. k. österreich. Reiterei 1860. 1 Tab. in Imp. Fol. Wien (Klemm). 1860. n. $\frac{1}{3}$ Rthlr.

Daumas, *Divis.-General*, **E.,** die Hauptgrundsätze des arabischen Reiters. gr. 8. Magdeburg. Gebr. Baensch. 1855. n. $\frac{1}{6}$ Rthlr.

— — Das Soldaten-Pferd. Uebersetzt v. Lieut. Gräfe. gr. 8. Magdeburg. Heinrichshofen. 1855. $\frac{1}{6}$ Rthlr.

— — die Pferde der Sahara. Aus d. Franz. vom Artill.-Lieutn.

Adjut. Carl Gräfe. 2 Bde in 1 Band. 2. Aufl. gr. 8. Berlin.
Allg. deutsche Verlags-Anstalt. 1858. n. 2 Rthlr.

Debrunner, *Major,* **Joh.,** die Erlebnisse der Schweizer Compagnie in Venedig. Ein Beitrag zur Geschichte des venet. Frei-
heitskampfes. Mit 1 Plan v. Venedig u. d. Lagunen. gr. 8.
Zürich. Beyel. 1849. 24 Sgr.

— — mémoires ou aventures de la compagnie suisse pendant le
siège de Venise par les Autrichiens. Accomp. du portrait de
Manin, du plan de Vénise et de 6 bille gravures. gr. 8. Ebendas. 1850. 1 Rthlr. 9 Sgr.

Decker, **C. v.,** *k. preuss. General-Major,* Lesebuch für Unter-
Offiziere u. Soldaten des preuss. Heeres in u. ausser den Com-
pagnie- u. Eskadrons-Schulen. Eine Sammlung rühmlicher Waffenthaten, ermunternder Beispiele etc. über den Stand und die
Verhältnisse des Soldaten. 2 Thle. 2. Aufl. 12. Berlin. Mittler.
1845. n. ²/₃ Rthlr.

— — der kleine Krieg im Geiste der neuen Kriegsführung, od.
Abhandlung über die Verwendg. u. den Gebrauch aller 3 Waffen im kleinen Krieg. Bearbeitet zum Gebr. der schweiz. Offiziere, mit Berücksichtig. d. geogr. Lage, d. Kriegsführung u.
d. Militär-Verhältnisse d. schweizer. Eidgenossenschaft v. Maj.
J. M. Rudolf. Mit Karten und Plänen. gr. 8. Zürich. Leuthy.
1847. 2 Rthlr. 22 Sgr.

— — *Major,* **C. v.,** die Taktik dreier Waffen: Infanterie, Cavallerie u. Artillerie, einzeln u. verbunden. Im Geiste der neuern
Kriegsführung. Vorlesungen gesammelt an d. k. allg. Kriegs-
schule zu Berlin. 2 Thle. 3. Aufl. gr. 8. Berlin. Mittler & Sohn.
1854. 4 Rthlr.

— — Generalstabs-Wissenschaft (niederer Theil) od.: Dienst des
Generalstabs für die bei e. Division im Kriege angestellten
Offiziere. 3. Aufl. den heutigen Verhältnissen angepasst. gr. 8.
Berlin. Herbig. 1862. n. 1⁵/₆ Rth.

Dodenroth, *Prem.-Lieut.,* **v.,** der Kriegsschauplatz in Ober-Italien. In geogr.- topogr. u. militär. Bedtg. m. Rücksichtsnahme
auf die wichtigsten histor. Momente. gr. 8. Berlin. Fr. Schulze.
1859. n. 6 Sgr.

— — der Winterfeldzug in Schleswig-Holstein. 1—4 Hft. gr. 8.
Ebendas. 1864. à n. ¹/₄ Rthlr.

— — namentliche Verlustliste der preuss. Armee im Februar,
März u. April 1864. Nachtrag zu: Der Winterfeldzug in
Schleswig-Holstein. gr. 8. Ebendas. 1864. 3 Sgr.

Dehnel, *Artill.- Oberstlieut.,* **H.,** Rückblicke auf meine Militär-
laufbahn in d. J. 1805 bis 1849 im königl. preuss. Heere,

im Corps des Herzogs v. Braunschweig-Oels, im königl.-grossbritann. u. im königl.- hannov. Dienst. gr. 8. Hannover. Helwing 1859. n. 1²/₃ Rthlr.

Dehnel, *Artill.-Oberstlieut.,* **H.,** Erinnerungen deutscher Offiziere in britischen Diensten aus den Kriegsjahren 1805 — 1816, nach Aufzeichnungen u. mündlichen Erzählungen zusammengetragen u. m. einzelnen geschichtl. Erläuterungen begleitet. gr. 8. Hannover. C. Rümpler 1864. 1³/₄ Rthlr.

Denkmal der Erinnerung an den General-Lieut. v. Sohr I. Allen seinen Verehrern u. besond. den ehem. Freiwilligen d. brandenb. Husaren-Regimentes in treuer Cameradschaft gewidmet von d. Verfasser, nebst dessen Kavallerie-Glaubensbekenntniss u. einigen Worten der Liebe an die Jugend der Armee. gr. 4. Berlin. Mittler in Commiss. 1818. cart. baar 1 Rthlr.

Denkschrift über das Uebungslager bei Augsburg vom 26. August bis 6. Septb. 1846, oder Beschreibung des Lagers und d. k. bayersch. Truppen nach ihren Uniformen, Unterscheidungszeichen, nebst Tagesbefehlen u. e. Rückblick auf diese Tagesbegebenheiten. Nebst Lagerplan u. Abbildung d. Lager-Truppen. 16. Augsburg. Schlosser 1846. 3³/₄ Sgr.

— — den Antrag des 8. Provinzial - Landtages der Provinz Preussen, die Vermehrung der Wehrhaftigkeit des deutschen Volkes betreffend. Von C. von W. gr. 8. Berlin. Mittler 1848. ¹/₄ Rthlr.

— — zweite, über die Expedition in der Krim und die Kriegführung im Orient, gerichtet an die Regier. S. Maj. des Kaisers Napoleon III. von e. Generalstabsoffiziere. Aus dem Franz. gr. 8. Genf. 1855. 9 Sgr.

— — eine militärische. Von P. F. C. 1. u. 2. Aufl. gr. 8. Frankfurt am M. Auffarth in Commiss. 1861. n. 6 Sgr.

— — eines österreichischen Soldaten. Gewidmet den Volksvertretern im Reichsrathe zu Wien. gr. 8. Leipzig. O. Wigand. 1861. n. ¹/₃ Rthlr.

— — eine militärische von P. F. C. von französ. Seite kritisch beleuchtet (im Spectateur militaire) f. die Cameraden aller deutschen Armeen verdeutscht und mit Anmerkg. versehen von dem Verfasser der Schrift: „Die französ. Armee auf dem Exercierplatz und im Felde." gr. 8. Berlin. Mittler & Sohn 1862. 9 Sgr.

Denkwürdigkeiten der grossen Völker- und Befreiungsschlacht bei Leipzig, herausgegeb. v. Mor. Janj, evangel. Pastor 1—10 Lfg. 8. Leipzig 1845. à 5 Sgr.

Denkwürdigkeiten des Meklenburg-Strelitzischen Husaren - Regiments in den Jahren des Befreiungskampfes 1813—15, nach dem Tagebuch eines alten Husaren u. authent. Quellen niedergeschrieben. Mit Abbild. d. Standarten. gr. 8. Gotha. F. A. Perthes 1854. n. $^2/_3$ Rthlr.

— — der neuesten schleswig-holst. Geschichte von dem Verfasser der Schrift: „Generallieut. Willisen u. s. Zeit." In 4 Büchern. 8. Stuttgart. Metzler. 1853. n. 3. 14 Sgr.

Dennstedt, *Polizei-Lieut.*, **Herm.,** die während d. Kriegszustandes gesetzmässige Unterstützung für die bedürftigen Familien der zum Dienst einberufenen Reserve- und Landwehr-Mannschaften u. Militärfamilien. System. Darstellung aller hierauf bezüglicher Bestimmungen etc. gr. 8. Berlin. Lindow. 1859. n. $^1/_6$ Rthlr.

Denzler C., *Oberstlieut. im eidgen. Artill.-Stabe*, theoretische Abhandlung über die Flugbahn der Geschosse. Nebst einem Anhang enth. verschiedene dem Artillerie-Offizier unentbehrliche mathemat. Notizen. Mit 25 geom. Figuren. 16. Zürich. Orell, Füssli & Comp. 1845. cart. n. 12 $^1/_2$ Sgr.

Derivation, die, der Spitzgeschosse als Wirkung der Schwere. Bearb. v. Hauptmann Dy. gr. 8. Cassel. Krieger. 1864. n. 12 Sgr.

Deutschland, eine Seemacht. Von e. deutschen Offizier. gr. 8. Leipzig. Mayer. 1818. $^1/_4$ Rthlr.

Deutschlands Sieger auf Englands Rennbahnen. Für alle guten Freunde v. Pegasus. (Lieut. C. Gräfe) br. 8. Berlin. Allgem. deutsche Verlags-Anst. 1855. n. $^1/_3$ Rthlr.

— — u. Frankreichs Macht. Eine Schutz- und Trutzschrift von e. deutschen Offizier a. D. 16. Potsdam. Riegel. 1859. n. $^1/_3$ Rthlr.

Diätetik für Offiziere auf dem Marsche und im Felde. Von einem Militärarzte. 12. Nürnberg. Korn. 1859. n. 4 Sgr.

Diehl, *Major,* **Hugo,** Anleitung zum Studium der Taktik für angehende Offiziere aller Waffen. gross 8. Augsburg. Rieger. 1864. 1 $^1/_2$ Rthlr.

Dienstbestimmungen für die Herren Bataillons-Commandanten. gr. 8. Prag. Calve. 1850. n. 2 $^1/_2$ Sgr.

Dienst-Instruction für die Kanoniere der königl. würtemberg. Artillerie. 16. Ludwigsburg. Riehm in Com. 1861. n. 16 Sgr.

— — für die Unteroffiziere der königl. würtembergischen Artillerie. 16. Ludwigsburg. Riehm in Com. 1861. n. $^2/_3$ Rthlr.

Dienst- u. Notiz-Kalender f. Offiziere aller Waffen. 1861—65. 1—5. Jahrgang. 16. Berlin. A. Bath. 1861—1865. In Leder gebund. à n. 1 Rthlr.

— — für Infanterie-Offiziere. 1861—63. 1—3. Jahrgang. 12. Berlin. Ebendas. 1861—1863. In engl. Einbd. à n. 1 Rthlr.

Dienst-Ordnung für die königl. Kriegsschulen. gr. 8. Berlin. v. Decker. 1859. n. $\frac{1}{6}$ Rthlr.

— — für die Feld-Proviant-Aemter. gr. 8. Ebendas. 1859. baar n. $\frac{2}{3}$ Rthlr.

— — für die Militär - Magazin - Verwaltungen. gr. 8. Ebendas. 1855. baar n. 17 Sgr.

Dienst-Reglement für die k. k. Artillerie. 2 Thle. 16. Wien. 1860—61. (Leipzig. Denicke.) 1864. n. n. $1\frac{1}{3}$ Rthlr.

— — für die k. k. Infanterie. 2 Thle. 16. Wien. 1861. Ebendas. 1864. n. n. $1\frac{1}{3}$ Rthlr.

— — für die k. k. Cavallerie. 2 Thle. 16. Wien. 1860. Ebendas. 1864. n. n. $1\frac{1}{3}$ Rthlr.

Dienst-Vorschriften der königl. preuss. Armee. Herausg. v. e. Vereine von Offizieren und redig. v. Hauptmann Karl v. Helldorf. 1'5. Thl. Mit 4 Figurentaf. gr. 8. Berlin. Mittler's Sort. (A. Bath.) 1856—61. n. $13\frac{5}{6}$ Rthlr.

— — f. die Unteroffiziere der königl. preuss. Artillerie. 2. Aufl. Mit 8 Kupfertaf. gr. 16. Berlin. Mittler & Sohn. 1858. n. 28 Sgr.

Dienstes- und Disciplinar-Vorschriften, militärische, aus dem Dienst-Reglement der k. k. Armee zusammengestellt für die k. k. Landes-Gensdarmerie vom Wachtmeister abwärts. gr. 8. Wien. Hof- & Staatsdruckerei 1852. n. 16 Sgr.

Dienst-Unterricht, der, d. Soldaten im herzogl. Sachsen-Coburg-Gothaischen Infanterie-Regiment. Gotha. 8. Berlin. v. Decker. 1858. n. 16 Sgr.

Dienstzeit, die zweijährige und die heutige Militär-Organisation in Preussen. Ein Wort zur Verständigung von e. alten Offizier. 2 Hfte. 8. Berlin. Janke. 1862. à n. $\frac{1}{6}$ Rthlr.

Diepenbrock, *Major a. D.*, C. J., praktischer Reitunterricht f. Schule und Feld. 16. Basel. Schweighauser. 1855. 9 Sgr.

Dierkes, *Lieut.*, **Adalb.**, Leitfaden d. Unterrichts im Säbelfechten, m. Berücksichtg. der theoretisch-praktisch. Ausbildg. nach der neuesten Fechtmethode, nebst e. Anhang über das Manchettiren und der Vertheidigung m. dem Säbel gegen das gepflanzte Bajonnet. Mit 12 Figurentaf. gr. 8. Prag. Hess. 1857. $\frac{2}{3}$ Rthlr.

Dieterichs J. F. C., *Professor*, Handbuch der praktischen Pferdekenntniss. Für Offiziere der Kavallerie u. Artillerie. 3. Aufl. gr. 8. Berlin. Hayn. 1845, $1\frac{1}{2}$ Rthlr.

Dieterichs J. F. G., *Professor*, die Fehler und Gewährsmängel und deren Kennzeichen bei den Pferden etc. Mit Abbildungen. gr. 8. Leipzig. Baumgärtner. 1853.   27 Sgr.

— — Benennungen der einzelnen Regionen und Theile des äussern Pferdekörpers u. Angabe d. Sitzes der daran kommenden Fehler und Krankheiten. 1 Bg. in gr. Fol. Ebendas. 1853. 6 Sgr.

Differenzen, die, zwischen dem Offiziers-Corps d. königl. sächs. I. leichten Reiter-Regiments Prinz Ernst und einigen Bergakademisten zu Freiberg, dargestellt v. d. Offiziers-Corps. gr. 8. Dresden. Gottschalk. 1846.   n. 12 Sgr.

Distanzenmesser für artilleristische Zwecke. Lex. 8. Würzburg. Stahel. 1861.   n. 8 Sgr.

Dittmar, W., die Heeres-Ergänzung. Eine Sammlung der über die Verpflichtung zum Militärdienste, über die jährlichen Ersatzaushebungen, über den freiwilligen Eintritt in den Militärdienst etc. etc. erschienenen Verordnungen. Zum Gebrauch für die königl. Militärbehörden zusammengest. 2. Aufl. gr. 8. Magdeburg. Baensch. 1851.   n. 3 Rth.

Dittmer, C. L., Vorschriften zum Situationszeichnen. Nach den Bestimmungen des königl. hannov. Generalstabes gestochen. Zunächst für die militärischen Unterichts-Anstalten der königlich-hannov. Armee bestimmt. qu. 4. Hannover. Helwing. 1850.
baar n. n. 1 ¹/₃ Rthlr.

Donnerkeile, organisatorische, oder wie man mit dem Armeebudget auskommt. Von Seraphus I. gr. 8. Köln. Assenheimer & Comp. Verlag in Commiss. 1862.   n. ¹/₃ Rthlr.

Doergé, *Hptm.*, die gezogenen Laffeten zur Aufnahme von Geschützröhren der Belagerungs- und Festungs-Artillerie. Mit 3 Zeichnungen. gr. 8. Berlin. Mittler & Sohn. 1864.   12 Sgr.

Dörr, *Hauptm.*, **J.**, die Schlacht v. Hanau am 30. Oct. 1813. Kurz dargestellt und militärisch beurtheilt. gr. 8. Cassel. Krieger. 1851.   n. 1 Rthlr.

Dossow, *Sec.-Lieut.*, von, Instruktion f. den preuss. Infanteristen. Mit in den Text gedr. Holzschnitten. 3. Aufl. 8. Berlin. Schlesier. 1861.   baar n. ¹/₄ Rthlr.

— — Anleitung z. Anfertigung der milit. schriftlichen Arbeiten als Meldung, Rapport, Quittung, Parolebefehl etc. nebst vielen erläuternden Beispielen. 6. Auflage. gr. 8. Ebendas. 1865. n. 6 Sgr.

Douglas, *Generalmajor*, **Howard**, Abhandlung über Schiffs-Artillerie. Aus dem Englischen übers. von Lieut. Burchardi. gr. 8. Kiel. Schröder & Comp. 1850.   n. 1 ¹/₂ Rthlr.

Driece A. F., *Maréchal-de-camp*, notions générales sur le passage et la défense des rivières, ou coup d'oeil sur l'état actuel de l'art du pontonnier en France. Ouvrage contenant un examen critique du nouvel équipage de pont des Autrichiens. gr. 8. Strassbourg. Levrault. 1846. 27 Sgr.

Droysen', Joh. Gust., Vorlesungen über die Freiheitskriege. 2 Thle. gr. 8. Kiel. Univers. Buchh. 1846. 5 Rthlr.

Dub, *Oberlieut.*, **Aug.**, Auszug aus dem Abrichtungs- u. Exercier-Reglement für die k. k. Linien- und Grenz-Infanterie Regimenter vom J. 1851. 2 Thle. 16. Wien. Prandel & Ewald. 1851. n. 1 ¹/₆ Rthlr.

— — das kais. königl. österreichische Linien-Infanterie-Regiment. Eine Darstellung seiner Organisation, Verwaltung und der Geschäftspraxis. gr. 8. Ebendas. 1851. n. 2 Rthlr.

— — Handbuch über die Kenntniss, Erzeugung, Behandlung u. Verrechnung der Gewehre und Munition, sowie über das Scheibenschiessen bei den k. k. österr. Linien-Infant.-Regimentern. gr. 8. Wien. Keck u. Pierer in Commiss. 1852. n. ²/₃ Rthlr.

— — Organisation der k. k. Militär-Verwaltungsbehörden und ihr Wirkungskreis von dem neuesten Standpunkte aus. gr. 8. Wien. Hof- & Staatsdruckerei. 1853. n. ¹/₃ Rthlr.

Duckwitz A., über die Gründung der deutschen Kriegsmarine. gr. 8. Bremen. Schünemann. 1849. ¹/₄ Rthlr.

Dudik, *Dr.*, **B.**, Waldstein von s. Entheb. bis z. aberm. Uebern. d. Obercom. Nach d. Act. d. k. k. Kriegs-Arch. gr. 8. Wien. Gerold. 3 Rthlr. 10 Sgr.

Dufour, *eidgen. General etc.*, **W. H.**, Lehrbuch der Taktik für Offiziere aller Waffen. Aus dem Französischen übersetzt von P. C. von Tscharner, Oberstlieut. Mit 21 Tafeln. 2. Ausg. gr. 8. Zürich. Orell, Füssli & Comp.. 1848. 2 Rthlr.

Du Jarrys, *Frh. v.* **La Roche**, *Oberst-Lieut.*, **C.**, der dreissigjährige Krieg, vom militär. Standpunkte aus beleuchtet. Nach grossenth. archiv. u. sonstigen noch unbenützten Quellen bearb. 3 Bde. gr. 8. Schaffhausen. Hurter. 1852. n. 5 Rthlr.

— — Gedanken über die Anordnung u. Ausführung v. Feldübungen kleiner Infanterie-Haufen. Mit 9 Plänen. 2. Aufl. 12. Karlsruhe. (Bielefeld). 1859. baar n. 1 ¹/₂ Rthlr.

Dunant, J. Henry, Erinnerung an Solferino. Nebst Vorschlägen zur bessern Pflege der Verwundeten. Nach der 3. französ. Aufl. übertragen. 8. Leipzig. Gerhard. 1864. n. 16 Sgr.

— — eine Erinnerung an Solferino. Deutsche vom Verf. autoris. Ausgabe, nach der 3. Aufl. d. Originals bearb. gr. 8. Basel. Georg. 1863. n. 16 Sgr.

Dürler, Arnold, die äussere Pferdekenntniss. 1 Bg. in Imp. Fol.

St. Gallen. (Huber & Comp.) 1854.　　　n. 1 Rthlr. 24 Sgr.
　　　　　Auf Leinwd. u. in Futteral. n. n. 2 $\frac{1}{3}$ Rthlr.
Dürler, Arnold, die Erkenntniss des Alters der Pferde an den
　　Zähnen. Nach Wagenfeld. 1 Steintaf. mit Text. gr. Fol.
　　Ebendas. 1857.　　　　　　　　　　　　　n. $\frac{1}{2}$ Rthlr.
Dürrich, *Ingen.-Hptm, a. D.,* **Ferd. v.,** Terrain-Zeichnungs-Schule
　　in Vorlegeblättern nebst einer Anleitung zum Aufnehmen nach
　　dem Augenmasse. gr. 8. Stuttgart. Ebner & Seubert. 1852.
　　　　　　　　　　　　　　　　　　In Mappe n. 2 Rthlr.
— — Terrainlehre zum Unterricht f. Militärzöglinge. Mit e. lith.
　　Taf. u. Holzschnitten. gr. 12. Freiburg in Br. Herder. 1857.
　　　　　　　　　　　　　　　　　　　　　　28 Sgr.
Dutheil, A. C., *Unterintendant d. Armee,* die Pflichten des Sol-
　　daten. Gekröntes Preiswerk, welches auf Befehl des französ.
　　Kriegsministers gedruckt wurde. Ins Deutsche übersetzt. 12.
　　Wiesbaden. Kreidel. 1847.　　　　　　　n. $\frac{1}{3}$ Rthlr.
Du Vignau, *General-Major,* **A.,** über die Veränderungen, welche
　　dem Artillerie-Wesen durch das veränderte Infanterie-Gewehr
　　auferlegt werden. gr. 8. Schweidnitz. Weigmann in Commiss.
　　1855.　　　　　　　　　　　　　　　　n. 1 $\frac{1}{2}$ Rthlr.
Dwyer, *Esqu. Rittmstr.,* **F.,** Taschenbuch für k. k. Offiziere,
　　besonders zugetheilt beim G. Q. M. Stab u. Adjudanten. Mit
　　10 Tafeln. 2. Aufl. 16. Wien. Hof- & Staatsdruckerei. 1853.
　　In engl. Einbd.　　　　　　　　　　　　　2 Rthlr.
— — neue Systeme der Feld-Artillerie-Organisation. Technisch,
　　taktisch u. ökonomisch dargestellt und verglichen. gr. 8. Wien.
　　(Leipzig. Steinacker). 1856.　　　　　　n. 2 $\frac{2}{3}$ Rthlr.
Dziengel, *Rittmstr. a. D.,* **Joh. Dav. v.,** Geschichte d. königl.
　　2. Ulanen-Regiments. Zugleich enth. die Geschichte der To-
　　warczys v. 1657; die Geschichte der Bosniaken v. 1745; d.
　　Tartaren-Pulks v. 1795; der Towarczys v. 1860; als der zum
　　Theil den Stamm bildenden Truppen, m. Beiträgen zur Bio-
　　graphie der bekannten Generale v. Ruesch, v. Lossow, Frhrn.
　　v. Günther u. v. L'Estocq. Unter Revision u. Leitg. d. Gen.-
　　Maj. a. D. v. Schöning. gr. 8. Potsdam. Riegel'sche B. in Comm.
　　1858.　　　　　　　　　　　　　　　　n. 2 $\frac{2}{3}$ Rthlr.
Dziobek, *Ingen.-Major a. D.,* **Ernst.,** Taschenbuch für den
　　preuss. Ingenieur. Eine Sammlung v. Notizen zum Gebrauch in
　　Krieg u. Frieden. Mit 44 Steintaf. 2. Aufl. gr. 16. Coblenz.
　　Bädeker 1853.　　　　　　　　　　　　n. 2 $\frac{1}{3}$ Rthlr.

E.

E. v. St., das Leben im Felde. Ein Lehr- u. Lesebuch f. junge Offiziere u. Unteroffiziere d. Infanterie. br. 8. Leipzig. Schrader. 1860.   n. 1 Rthlr.

Eberle, Ant., eine Tiroler-Schützencompagnie im wälschen Glanzkriege v. Jahre 1848. gr. Lex. 8. Innsbruck. Wagner. 1849. $^1/_4$ Rthlr.

Ebersberg, *Hptm.*, **Prf.**, **Jul.**, Vater Radetzky. Ein Charakter-Bild f. Soldaten. Mit 2 Stahlst. gr. 8. Prag. Bellmann's Verl. 1858.   n. $^2/_3$ Rthlr.

— — Zur Milares! Neue Geschichten f. das Militär und seine Freunde. gr. 12. Ebendas. 1857.   n. 1 $^1/_3$ Rthlr.

— — Am Wachfeuer. Militärische Erzählungen und wahre Geschichten z. Unterhaltung und Erhebung alter u. junger Soldaten und Soldatenfreunde. gr. 8. Stuttgart. Ed. Hallberger. 1856.   1 Rthlr.

Ebner, *Major, Frh.* **von**, über die Anwendung d. Reibungs-Elektrizität zum Zünden von Sprengladungen. Mit 5 Taf. (Aus d. Sitzungsberichten 1856 d. k. Akad. d. Wiss. Lex. 8. Wien. (Braumüller.) 1856.   n. 1 Rthlr.

Eckart, *Milit.-Arzt, Dr.*, **Aug.**, vollständige alphabet.-chronolog. Sammlg. über das königl. bayer. Militär-Sanitätswesen erlassenen u. nach giltigen Verordnungen m. allerh. Genehmigung verfasst u. herausgegeben gr. 8. München. Lindauer in Comm. 1855.   n. 2 $^2/_3$ Rthlr.

Eelking, *Hptm.*, **Max v.**, Leben u. Wirken d. herzogl. v. Braunschw. General-Lieutenants Friedrich Adolph Riedesel, Frh. zu Eisenbach. Nebst vielen Original-Correspondenzen und histor. Aktenstücken aus d. 7jähr. Kriege etc. 3 Bde. Mit Riedesel's Portrait. gr. 8 Leipzig. O. Wigand. 1856.   n. 6 Rthlr.

— — Geschichte des herzogl. Sachsen-Meining'schen Contingents. gr. 8. Meiningen. Brückner u. Renner. 1863.   n. $^1/_3$ Rthlr.

— — die deutschen Hilfstruppen im nordamerikanischen Befreiungskriege 1776—1783. 2 Thle. gr. 8. Hannover. Helwing. 1863.   3 Rthlr.

Ehrhardt, F. A., praktisches Handbuch f. Oekonomen, Pferdezüchter, Pferdehalter u. Pferdeliebhaber über Pferdekenntniss, Pferdebehandlung, die Geburt, Entwickelung u. Ausbildung desselben etc. gr. 8. Insterburg. Wilhelmi. 1854. $^1/_2$ Rthlr.

Eickenmeyer, *Generals der franz. Republik, ehem. kurmainz. Ing.-Obristlieut.,* Denkwürdigkeiten. Herausgegbn. von Heinr. Koenig. 8. Frankfurt a. M. Liter.-Anstalt. 1845. 1³/₄ Rthlr.

Einiges über die nothwendigen Veränderungen in Organisation, Formation u. Taktik d. Heere, deren Infanterie mit gezogenen Gewehren bewaffnet ist, nebst einigen Betrachtungen über Milit.-Beamte, Ausbildg. d. Leute, d. Offiziere etc. gr. 8. Schweidnitz. Heege in Commiss. 1859. 27 Sgr.

Eintheilung u. Quartierliste, neueste, d. k. preuss. Armee. Zusammengestellt von v. K. Neue Ausg. f. 1865. Lex. 8. Berlin. Schlesier. 1864. 2¹/₂ Sgr.

Eisenbahnen, die u. ihre Benützung als militärische Operationslinien v. Pz. (Oberpost-R. C. E. Pönitz.) Mit 1 Eisenbahnkarte. 2. Ausg. gr. 8. Adorf. Verlagsbureau. 1853. 1 Rthlr. 21 Sgr.

Eisenbahnwesen, das, vom milit. Standtpunkte. 2 Thle. gr. 8. Wien. 1863. (Leipzig. Denicke.) 1864. n. n. 1¹/₂ Rthlr.

Eisermann, R., Tabellen zur Berechnung, Erhebung u. Vertheilung d. Victualien-Portionen u. Fourage-Rationen. Nach den f. die k. preuss. Armee durch das Reglement über die Natural-Verpflegung d. Truppen im Frieden v. 13. Mai 1858 etc. 4. Posen (Merzbach.) 1859. baar n. 14 Sgr.

Elgger, *Oberst,* **Frz.** v., des Kantons Luzern u. seiner Bundesgenossen Kampf gegen d. Radikalismus vom 8. Decb. 1844 bis 24. Novb. 1847 u. mein Antheil an demselben. gr. 8. Schaffhausen. Hurter. 1850. 2 Rthlr.

Ellger, *Hptm.,* **Math.,** Anleitung z. schnellen Distanzmessen, nach physikal. u. mathem. Grundsätzen zusammengesetzt, nebst e. vollst. Abhandlg. aller bisher üblichen Mittel über Orientirung u. Signalisirung im Felde. Beleuchtet durch Beispiele aus der Kriegsgeschichte. 2 (Titel-) Ausg. gr. 8. Wien. Lechner. 1851. n. ²/₃ Rthlr.

Elpons, *Rittmstr.,* **C.** von, Leitfaden f. den theoret. Reit-Unterricht, wie dieser bei d. königl. Militär-Reitschule betrieben wird, nebst e. aphorist., auf das nähere Verständniss d. Reit-Instruktion zielenden Vorwort. 8. Berlin. v. Decker. 1856. ³/₄ Rthlr.

d'Elvert, Chr., *k. k. Kreis-Kommis.,* die Schweden vor Brünn. Ein Abschnitt d. 30jährigen Krieges. Zur Jubelfeier d. Verthdg. Brünns gegen d. Schweden vor 200 Jahren. gr. 8. Brünn. 1845. 21 Sgr.

Emil, Oesterreich's Schlachten-Brevier. In 100 Xenien. 12. Wien. Beck. 1847. n. ¹/₃ Rthlr. geb. n. 17¹/₂ Sgr.

Enthoffer, *Ingen.- Geogr.,* **Jos.,** Memorial über Ingenieur-Geographen-Wesen und Verfassung militär. geogr. Kartenwerke. Lex. 8. Wien. (Beck.) 1856. n. 1 Rthlr.

Entwurf eines Militärstrafgesetzbuches f. d. Königreich Sachsen. Nebst Motiven. 4. Dresden. Meinhold u. Söhne. 1854. 18 Sgr.

— — e. Instruktion über den Dienst d. Patrouillen u. Vortruppen, für die Waffenmischung d. Cavallerie u. Infanterie. Bearb. v. e. Stabsoffizier d. königl. preuss. Infant. 32. Erfurt. Keyser. 1856. cart. n. $\frac{1}{2}$ Rthlr.

— — e. neuen Heeresgestaltung. 8. Berlin. Riegel. Verl. 1859. n. $\frac{1}{3}$ Rthlr.

— — einer neuen Befestigung mit besond. Berücksichtigung d. Wirkungen d. flachen Bogenwurfes und d. gezogenen Geschütze von W. gr. 8. Berlin. Voss in Commiss. 1864. n. $\frac{1}{3}$ Rthlr.

Eram, Skizzen aus den Jugendjahren e. Veteranen. Mit e. Vorworte von Ludwig Rellstab. gr. 8. Berlin. Reichardt & Co. 1845. 1 Rthlr.

Erdmannsdorf, *Prem.-Lieut.,* **G. A. v.,** Lehrbuch der Kriegswissenschaften, bearb. innerhalb d. Grenzen, welche durch die Allerhöchsten Bestimmungen für das Offizier-Examen der Infanterie und Cavallerie in d. k. preuss. Armee festgestellt sind. 2. Thle. gr. 8. Magdeburg. Heinrichshofen. 1845. $3\frac{2}{3}$ Rthlr.

— — der Feldzug von 1796 in Italien. Nach den besten Quellen bearb. gr. 8. Magdeburg. Fabricius. 1847. u. $2\frac{1}{2}$ Rthlr.

— — der Jäger im Kriege nebst Beispielen ruhmvoller Waffenthaten preuss. Büchsenschützen. gr. 8. Nordhausen. Förstemann. 1848. n. $\frac{1}{3}$ Rthlr.

Ereignisse, die kriegerischen, in Italien im Jahre 1848. Mit e. gedrängten histor. Einleitg. 1—3. Lfg. gr. 8. Zürich. Schulthess. 1848—49. cpl. 1 Rthlr. 1 Sgr.

— — in Italien im Jahre 1849. Fortsetz. d. krieg. Ereign. in Italien v. J. 1848. gr. 8. Ebendas. 1850. 17 Sgr.

— — vor Fredericia, vom 7 Mai bis zum 6 Juli 1849. Mit e. Plan der Schlacht bei Fredericia. gr. 8. Berlin. Mittler & Sohn in Commiss. 1853. baar 1 Rthlr.

Erinnerung an das L'Estocqsche Corps. Herausgeg. bei der von Se. Maj. dem Könige Friedr. Wilh. IV. befohlenen Grundsteinlegung e. Denkmals auf dem Schlachtfelde von Pr. Eylau durch das Comité zur Erricht. eines Denkmals für das L'Estocqsche Corps. Mit Abbildg. des Denkmals u. 2 Uebersichtskarten gr. 4. Königsberg. Graefe & Unzer. 1857. $\frac{1}{4}$ Rthlr.

Erinnerungen, militärische, aus dem Tagebuche des General-

Lieutenants von Minutoli. kl. 8. Berlin. Reichhardt & Comp.
1845. 1¼ Rthlr.

Erinnerungen, eines preuss. Offiziers aus den Jahren 1812—14.
kl. 8. Coblenz. Bädeker. 1846. 24 Sgr.

— — aus den deutschen Befreiungskriegen 1813 u. 1814. Für
Volksbibliotheken. 1. Hft. Mit 1 Abbildg. gr. 12. Frankf. a. M.
Hermann. 1847. ¼ Rthlr.

— — an den General der Infanterie Erasmus Graf von Deroy.
Ein kleiner Beitrag zu dessen Biographie v. e. alten Soldaten.
gr. 8. Augsburg. Schmidt. in Commiss. 1852. 6 Sgr.

— — aus den Feldzügen 1806—1815. Aus den hinterlassenen
Papieren eines Militärarztes. (Dr. W. Meier). gr. 8. Karlsruhe.
Müller. 1854. 18 Sgr.

— — eines österreich. Veteranen aus dem italien. Kriege im
Jahre 1848—49. (v. Feldzeugmstr. Frh. v. Schönhals) 8. Aufl.
gr. 8. Stuttgart. Cotta. 1853. n. 1 Rthlr. 6 Sgr.

Erklärung, leichtfassliche, der Kriegsartikel für Unteroffiziere u.
Soldaten der königl. preuss. Armee, mit Hinzufügung der Disciplinarstrafen u. d. Militär.-Gerichtsverfahrens. Zum Gebrauch
für die Instruktionsstunde bearb. v. Lieut. v. D. 12. Potsdam.
Schlesier in Commiss. 1860. baar n. 4 Sgr.

Erläuterungen zur Benützung der von der königl. preuss. Admiralität herausgegebenen Seekarten der Jade-, Weser- u. Elbmündungen. gr. 8. Berlin. D. Reimer. 1860. n. ⅙ Rthlr.

Erlebnisse eines Veteranen der grossen Armee während des Feldzuges in Russland 1812. Herausg. von dessen Sohne Hptm.
Rich. von Meerheim. gr. 8. Dresden. Meinhold & Söhne. 1860.
1⅓ Rthlr.

— — eines kais. königl. Offiziers im österreich-serbischen Armee-
Corps in den J. 1848 u. 49. Mit 2 lith. Situationsplänen. 1.
2. Aufl. gr. 8. Prag. Credner's Verl. Expedit. in Commiss. 1862.
n. 1⅓ Rthlr.

Erno, E., Militär-Statistik, nebst Karte von Europa nach den vorzüglichsten Quellen bearb. 1 Bg. in Imp. Fol. Stuttgart. Quack.
1854. 1 Rthlr.

Errichtung der Landwehr u. des Landsturms in Ostpreussen,
Westpreussen, am rechten Weichsel-Ufer u. Litthauen im Jahre
1813. Beihefte zum Militär-Wochenblatt. pro Jan. bis incl.
Octob. 1846. 4. Berlin. Mittler. 1847. baar 1⅚ Rthlr.

Erismann, _Dr.,_ **Adolf,** Armee- u. Militärsanitätswesen der Herzogthümer Schleswig-Holstein. Nebst e. Anh. über Sanitätscompagnien, mit specieller Rücksicht auf die eidgenöss. Armee. gr. 8.
Bern. Jent u. Reinert. 1851. n. ⅓ Rthlr.

Ernst, *Major in Pension*, **Joh.**, Theorie zum Trommelunterricht. gr. 8. Wien Gerold in Commiss. 1848. n. 12 Sgr.

Erörterungen, militärische, der preussischen Kammern, in der Session v. 1850/51. gr. 8. Berlin. Mittler u. Sohn. 1851. ½ Rthlr.

Erzählungen, harmlose, aus dem letzten russischen Feldzuge in der Krim. Mitgeth. v. e. Augenzeugen. 8. Berlin. A. Duncker. 1857. 1 ½ Rthlr.

Escadron-Exerciren, das, bei der preuss. Cavallerie. Ein Handbuch für Cavalleristen, v. e. preussischen Cav. Offizier. 16. Düsseldorf. Stahl. 1850. 6 Sgr.

— — dasselbe. Nebst e. Anhang enth. e. Anweisung zum Satteln und Packen mit Abbild. 16. Ebendas. ⅓ Rthlr.

Eskens, *Hauptmann*, Leitfaden durch das Dienst-Verhältniss in der Reserve, Land- und Seewehr, f. alle Chargen u. Functionen bis incl. Compagnie-Führer. nebst e. Instruction üb. das Dienst-Verhältniss d. Compagnie-Chefs zu den Offizieren u. Unteroffizieren der Compagnie u. e. solchen f. den quartiermachenden Offizier e. Bataillons. gr. 8. Wesel, Bagel 1858. n. ½ Rthlr.

Esquisse de la guerre de Hongrie en 1848/49. Traduite de l'almanach militaire autrichien. 8. Vienne. Gerold. 1850. ⅔ Rthlr.

Estrán, *Oberst.*, **B.**, Kriegsbilder aus Amerika. 2 Thle. gr. 8. Leipzig. Brockhaus. 1864. n. 2 ½ Rthlr.

Etat militaire du corps royal de l'artillerie de France pour l'anné 1845. Publié sur les documens du ministère de la guerre et avec autorisation du ministre. 15. Strassbourg. Levrault. 1845. n. 1 ⅛ Rthlr.

Etzel, *Lieut. a. D.*, **Ant. v.**, das Kaiser Alexander Grenadier-Regiment, Darstellung seiner Entstehung als Regiment, Entwickelung seiner Stämme, Geschichte derselben aus seiner Friedens- und Kriegsthätigkeit als Regiment. 2 Thle. 8. Berlin. Janke. 1855. n. 4 Rthlr.

— — *Gener.-Major Dr.*, **F. A. von,** die Operation gegen die Russen und Schweden im J. 1758 u. die zweitägige Schlacht bei Zorndorf am 25. u. 26. Aug. Nebst e. Plan d. Schlachtfeldes u. 1. Uebersichtskarte. Neu bearb. nach den Kriegs-Acten, unter Benutzg. d. übrigen vorhandenen Materials. gr. 8. Berlin, Abelsdorff. 1858. n. 1 Rthlr.

— — Terrainlehre. 4. Aufl. neu bearb. v. General-Major A. v. Etzel. Berlin. Herbig. 1862. n. 1 ⅚ Rthlr.

Eugen, *Herzog von Würtemberg,* Erinnerungen aus dem Feldzuge des Jahres 1812 in Russland. Als Commentar zu meh-

reren vorausgeg. diesen Gegenstand betreffenden Schriften mit
5 Plänen. Lex. 8. Breslau. Ziegler 1846. 2 Rthlr.

Eugen, *Prinz von Savoyen.* Nach handschriftl. archiv. Quellen.
Von Alfred Arneth 3 Bde. Lex. 8. Wien. typ. lit. art. An-
stalt 1858. n. 8. Rthlr.
Velinpap. n. 10 Rthlr.

— — *Prinz, Herzog v. Leuchtenberg.* Denkwürdigkeiten und po-
litisch militärische Correspondenz. Herausgegeben v. A. du Casse.
Aus dem Französ. von L. Fort. 1—3. Bd. 8. Halle. Heynemann
(Leipzig Friedlein) 1858. 3 3/4 Rthlr.

Euler, Carl, über die Nothwendigkeit und die Art der Organisation des Militär-Turnwesens. Mit besonderer Beziehung auf
Preussen. gr. 8. Cöln. Lengfeld. 1845. n. 1/3 Rthlr.

Europa, das militärische. Neueste Statistik aller europ. Staaten
nach Grösse, Bevölkerung etc. gr. 8. Stuttgart. Köhler. 1859.
9 Sgr.

Exercier-Aufgaben in dem vollständig angegebenen Aviso u. Commando zum Compagnie - Divisions- u. Bataillons - Exerciren.
Von K. E. Hauptmann. 16. Wien. Seidel & Sohn 1862.
n. 4 Sgr.

Exerciren, das, der königl. preuss. Infanterie, wie es jetzt ist.
Nach dem Exercier-Reglement u. den ergang. neueren Bestimmungen bearb. v. e. activen Offizier. Mit e. alph. Register.
8. Berlin. Schindler. 1863. n. 2/3 Rthlr.

Exercier-Reglement, hannoversches, für die Cavallerie. 12. Hannover. Helwing. 1845. n. 1 Rthlr.

— — für die Cavallerie der k. preuss. Armee. 8. Berlin. v. Decker.
1859. 1 Rthlr. 15 Sgr.

— — für die k. k. Cavallerie, ergänzt u. berichtigt nach den
hierüber ergangenen hohen Weisungen. 16. Wien. Seidel &
Sohn. 1861. n. 16 Sgr.

— — dasselbe gr. 8. Wien (Leipz. Denicke) 1864. n. n. 1/2 Rthlr.

— — provisorisches für die leichte Cavallerie 1862. gr. 8.
Wien (Leipzig. Denicke) 1864. n. n. 1/6 Rthlr.

— — für die Infanterie der kön. hannover. Armee. 8. Hannover
Gebr. Jaenecke. 1863. n. 18 Sgr.

— — für die k. k. Jäger. 1851. gr. 8. Wien. Hof- & Staatsdruckerei 1851. n. 1 1/6 Rthlr.

— — das f. die k. k. Infanterie, eingetheilt in Exercier-Zetteln
nach der Instruction für d. Lehr-Bataillons, m. allen Commando - Worten, Hornsignalen, Trommelstreichen, Notizen u. s. w.
Als Beilage die Marsch-Ordnung. Von Hauptm. K. 36. Pest,
Geibel. 1858. n. 8 Sgr.

Exercier-Reglement f. die k. k. Linien- u. Gränzinfanterie. 1851.
gr. 8. Wien. Hof- & Staatsdruckerei 1851. baar n. 1 ¹/₆ Rthlr.
— — das neue, f. sämmtliche Fusstruppen der k. k. Armee.
(Im Auszuge.) Vom Stabsoffizier E. v. U. 8. Wien. Leipzig.
R. Hoffmann. 1862. n. ¹/₃ Rthlr.
— — für die k. k. Fusstruppen. 1862. gr. 8. Wien. (Leipzig
Denicke) 1864. n. n. ²/₃ Rthlr.
— — für die Infanterie der königl. preuss. Armee. 8. Berlin.
v. Decker. 1847. ²/₃ Rthlr.
Velimpap. 1 ¹/₂ Rthlr.
— — für die k. sächs. Infanterie. 3 Thle. 8. Dresden. Meinhold u. Söhne. 1853. cart. n. 2 Rthlr.
Exercier - Vorschrift für die königl. würtemberg. Artillerie II.
A—D & IV. 16. Ludwigsburg. (Basel. Balmer & Riehm.) 1863.
n. 1 Rthlr. 18 Sgr.

F.

Fabisch, Jos., *Ober-Lieut. etc.*, Leitfaden f. die Vorträge über
Elementar-Mathematik in den Schulen d. königl. Lomb.-Ven.
adeligen Leibgarde. Auf Befehl des hohen Garde-Commando.
2 Thle. gr. 8. Wien. Beck. 1845. n. 2 ¹/₄ Rthlr.
Fahnenweihe, die, in Berlin am 18. Januar 1861, als d. Schluss-
stein der in e. kurzen Abriss d. Geschichte d. brandenburgisch-
preussischen Militär-Verfassung gleichzeitig dargestellten neuen
Heeres-Organisation. Von e. Verehrer d. Armee. 1. u. 2. Aufl.
gr. 8. Berlin. v. Trautmann. 1861. ¹/₆ Rthlr.
Falke, *Prof. Dr.*, **J. E. L.**, d. Hippologie (od. Lehrbuch d. Pferdekunde). Als Leitfaden bei Vorlesungen, sowie zum Privatstu-
dium. 8. Leipzig. Baumgärtner. 1849. ¹/₃ Rthlr.
— — Lesebuch über den Hufbeschlag oder die wissenschaftliche
Schule des Hufschmiedes einschliesslich die Lehre vom Zahn-
alter des Pferdes. 2. vermehrte Auflage. 8. Leipzig. Baumgärtner. 1859. 18 Sgr.
Fatio. *Unter-Lieut.*, **Numa**, Anleitung für das Zielschiessen mit
dem Percussionsgewehr. 16. Bern. Heuberger. 1858. n. 6 Sgr.
Favé, *Capit.*, neues System f. die Feld-Artillerie v. Louis Napo-
léon Bonaparte und Resultate der im Jahre 1850 gemachten
Versuche; Angabe u. Prüfung aller Einwürfe. Deutsch von e.
Artillerie-Offizier. gr. 8. Pesth. Geibel. 1853. n. ³/₄ Rthlr.
— — neues System d. französ. Feld-Artillerie, von Kaiser Na-

poleon. 1. und 2. Aufl. gr. 8. Magdeburg. Baensch. 1853.
n. ¹/₂ Rthlr.

Fechtart, die zerstreute, der k. k. Cavallerie. Dargestellt nach
den allerhöchst. Bestimmungen von e. k. k. Offizier. Mit 1
Notenblatt der Trompeter-Signale. 16. Wien. Pichler & Sohn.
(Leipzig. Liebeskind.) 1861. n. ¹/₆ Rthlr.

Fehn, A., d. Fechtkunst m. Stoss- u. Hiebwaffen. Mit 34 Abbildg.
2. (Titel-) Aufl. gr. 8. Hannover. Meyer. 1856. 1 Rthlr.

Feld-Bataillon Lauenburg, das. Aus den Papieren eines Offiziers
desselben. gr. 8. Einbeck, Ehlers. 1863. n. ¹/₃ Rthlr.

Felddienst, insbes. für Infanterie und Cavallerie. 16. München.
Kaiser 1849.

> 1. Hft. Dienst des Soldaten. 3. Aufl.   n. 2 Sgr.
> 2. „ Dienst d. Unteroffiziers. 2. Aufl.   n. 4 Sgr.
> 3. „ Dienst d. Offiziers. 1. Abth.   n. 8 Sgr.
> 4. „ dto. „ „ 2. Abth.   n. 10 Sgr.

— — der, der Reiterei. Gegründet auf die Vorschriften für den
Felddienst der königl. bayer. Truppen. 2. Aufl. 12. Bamberg.
Buchner. 1851. ²/₃ Rthlr.

— — der, m. besonderer Berücksichtigung der, den Unteroffizier
u. Soldaten betr. Verhaltungen im Vorposten- u. Patrouillen-
Dienste, im Sicherheitsdienste, während d. Marsches, dann in
Angriff u. Vertheidigung d. Oertlichkeiten. Als Leitfaden in d.
Compagnie-Unteroffiziersschulen u. zum Selbstunterrichte d. Un-
teroffiziere u. d. dazu heranzubildenden Individuen. Mit 1 Plane.
R . . . . r. gr. 8. Gratz. Kienreich. (Leipzig. Haessel.) 1858.
n. 1 Rthlr.

— — der, in der französischen Armee, basirt auf Grundsätzen
Napoleon's I. Nach verlässl. Quellen übersichtlich dargestellt.
gr. 8. Wien. Leo. 1862. n. ¹/₃ Rthlr.

Feldhandbuch für die Infanterie, Cavallerie u. Artillerie. Zusammengestellt von einem k. k. Hauptmann. 2. Ausg. 16. Wien.
Pichler's Witwe u. Sohn. 1861. 12 Sgr.

Feld-Instruktion f. d. Infanterie, Cavallerie u. Artillerie. Mit 8
Plän. 5. Afl. gr. 8. Olmütz, Neugebauer (j. Grosse.) 1858. 2¹/₂ Rthlr.

Feld-Kanone, die, nach d. Bedürfnissen d. Zeit. gr. 8. Berlin.
G. Reimer. 1855. n. ¹/₆ Rthlr.

Feld-Lager und Kaserne, od. die britische Armee, wie sie ist.
Aus d. Engl. v. A. Kretzschmar. 2 Thle. 8. Grimma. Verlags-
Comptoir. 1847. n. 2²/₃ Rthlr.

Feld-Manoeuvre die, u. die grossen Cavallerie-Uebungen bei Berlin
im Septbr. 1853. Mit 9 Beilagen. gr. 8. Berlin. Mittler und
Sohn in Commiss. 1854. baar ¹/₂ Rthlr.

Feld-Manoeuvre d., die in Anreihung an Uebungen gemischter Truppenkörper, behufs der kriegsgemässen Ausbildung der Mannschaft und Chargen. gr. 8. Stuttgart. Aue. 1861. n. 8 Sgr.

Feld-Taschenbuch. Eine Sammlung militär. Notizen n. Croquis. Grundsätze, Anordnungen und Verhaltungsmassregeln aus dem Gebiete d. Feldbefestigung, d. Vorposten- o. Marschsicherungs-Dienstes, des Truppentransportes auf Eisenbahn. u. d. Diätetik, sowie aus d. Gefechtslehre d. kleinen Krieges. Mit 12 Taf. 16. Nürnberg. Lotzbeck. 1863. geb. n. ²/₃ Rthlr.

— — -Telegraphen-Reglement für die königl. hannov. Armee. Hannover. Helwing. 1862. n. ¹/₃ Rthlr.

Feldzug des Generals Joh. Heinr. Dabrowski nach Grosspolen. Als Beitrag z. Geschichte d. polnischen Revolution 1794 von ihm selbst beschrieben. Aus d. polnischen Bearbeitung d. Grafen Eduard Raczynski in's Deutsche übersetzt durch Lieut. von Erckert I. Nebst e. Karte v. Grosspolen. gr. 8. Berlin. Mittler in Commiss. 1845. n. 25 Sgr.

— — der, des Corps d. Generals Grafen Ludwig v. Wallmoden-Gimborn an der Nieder-Elbe u. in Belgien in d. Jahren 1813, 14. gr. 8. Altenburg. Pierer. 1848. 12 Sgr.

— — der, gegen die badisch-pfälzische Insurrection im J. 1849, mit besond. Beziehung auf das Neckarcorps, namentlich die grossherz. hess. Armee-Division. Nach authent. Quellen etc. Mit Kart. u. Plänen. gr. 8. Darmstadt. Pabst. 1850. n. 1 ¹/₃ Rthlr.

— — d. französische, nach Italien im J. 1849. Von e. Offizier d. Generalstabes. Mit 2 lith. Plänen. gr. 8. Freiburg. Wangler. 1853. 18 Sgr.

— — d. Oesterreicher in d. Lombardei unter d. General-Feldmarschall Grafen Radetzky in d. J. 1848, 49. Mit dem Bildniss Kaiser Franz Josephs u. des Feldmarschall Radetzky. Nebst e. Karte des Lombard.-Venet. Königreichs. Neue (Titel-) Ausg. gr. 8. Stuttgart. Köhler. 1854. ⁵/₆ Rthlr.

— — der Oesterreicher in Ungarn u. Siebenbürgen im Sommer des J. 1849. Mit e. Atlas von Schlachtenplänen. Lex. 8. Pesth. Geibel. 1850. n. n. 8 Rthlr.

— — der, d. österreich. Armee in Italien im J. 1848. A. u. d. T. Kriegsbegebenheiten bei d. k. k. österr. Armee in Italien. gr. 8. Wien. Hölzl. 1854. 2 ¹/₄ Rthlr.

— — im J. 1849. A. u. d. T. Kriegsbegeb. d. k. k. österr. Armee in Italien. gr. 8. Ebendas. 1854. 1 ¹/₂ Rthlr.

— — d. v. 1859 in Italien, bearb. v. e. preuss. Offizier. 1. Thl. gr. 8. Thorn. Lambeck. 1862. n. 1²/₃ Rthlr.

— — d. italienische, d. J. 1859. Red. v. d. histor. Abtheilung

Feldzug d. Generalstabes d. königl. preuss. Armee. Mit 6 Plänen und 7 Beilagen. 2. Aufl. gr. 8. Berlin. Mittler und Sohn. 1863. 1 Rthlr. 24 Sgr.

— — d., in d. Krim 1854—55 dargestellt in e. Sammlung von fast ausschliesslich offiziellen Berichten beider kämpfenden Parteien. 1—4. Hft. 8. Leipzig. Herbig. 1856. cpl. 3 Rthlr.

— — d.. des königl. preuss. Generals d. Infanterie Heinr. Aug. Baron de la Motte Fouqué in Schlesien 1760. Nach den besten Quellen zusammengestellt u. bearbeitet v. E. v. St. Mit 2 Plänen. gr. 8. Cassel. Freyschmidt. 1862. n. 1 ¹|₂ Rthlr.

— — d., in Schleswig im J. 1864. Eine nach authent. Quellen verfasste Darstellung d. glänzenden Waffenthaten d. österreich. Armee u. d. Betheiligung d. preuss. Armeecorps an d. Kriegs-Operation, mit e. Anhang von biograph. Skizzen d. hervorragendsten Führer d. vereinigten Armee u. d. Verzeichnissen üb. die Decorirten, vor dem Feinde Gebliebenen und Verwundeten. 8. gr. Wien. (Herzfeld u. Bauer.) 1864. n. ¹/₆ Rthlr.

Feldzüge, die, d. deutsch-dänischen Krieges in d. J. 1848, 49. Von Fuchs-Nordhoff, deutscher Offizier. Mit Karten u. Planskizzen. gr. 8. Leipzig. M. Schäfer. 1853. n. 1 Rthlr.

Feller, *Thierarzt,* **Frdr. Aug.,** kurzgefasster Unterricht in d. Pferdewissenschaft, od. Kenntniss d. äussern u. innern Theile des Pferdes etc. Ein Hilfsbuch. 3. Aufl. Mit 10 lith. Tafeln. 8. Eisenberg. Schöne. 1847. ¹/₂ Rthlr.

Fern, A. E., Friedrich d. Grosse. Dargestellt nach den besten Quellen. 2. Aufl. Hrsg. u. m. Plänen u. Schlachtordgen verm. von A. Strähle, Hptm. gr. 8. Magdeburg. Fabricius. 1848. cpl. 2 Bde. in engl. Einbd. n. 4 ²/₃ Rthlr.

Fesca, *Major z. D.,* **F. A.,** Handbuch d. Befestigungskunst f. d. jüngern Offiziere d. Infanterie u. Cavallerie etc. 2 Thle. gr. 8. Berlin. Herbig. 1853. cpl. 6 Rthlr.

Fest-Album für die königl. hannov. Garde-Jäger. 1803—1853. Zur Erinnerung an die 50jähr. Jubelfeier d. Stiftungstages der k. hannov. Garde-Jäger, 1. u. 2. leichtes Bataill. der königl. deutschen Legion am 22. Decb. 1853 zu Hannover (v. G. G. Otto Nieper). Imp. 4. Hannover. Hahn. 1854. n. ¹/₂ Rthlr.

Festungs-Baukunst, die, gegenüber den neuen Verbesserungen im Geschützwesen von e. alten Militär. gr. 8. Stettin. Nagel. 1862. n. ⁵/₆ Rthlr.

Feuergruppengefecht, das, nach den Erfahrungen der Kriege, die m. den neuesten Schusswaffen geführt wurden, m. besond. Berücksicht. der technischen Arbeiten der sogenannten Pionnier-

sectionen bei den Infanterie-Regimentern. Von Verf. d. Felddienst der leichten Infanterie. (v. Förster). Mit 1 lith. Taf.
Abbildg. 8. Halle. Pfeffer. 1858. n. 16 Sgr.

Feuerwaffen, die neuesten gezogenen, der europäischen Kriegsheere in den wichtigsten Modellen gemeinschaftlich dargestellt.
Nebst techn. Betrachtungen über das nationale Schützenwesen
von e. Offizier d. deutschen Bundesheeres. Illustrirt. br. 8.
Leipzig. Spamer. 1863. n. $\frac{1}{3}$ Rthlr.

Fieffée, Eug., Geschichte der Fremd-Truppen im Dienste Frankreichs, v. ihrer Entstehung bis auf unsere Tage, sowie aller
jener Regimenter, welche in den eroberten Ländern unter der
ersten Republik u. d. Kaiserreiche ausgehoben wurden. Deutsch
v. Hauptm. F. Symon de Carneville. 2 Bde. Lex. 8. München.
(Lindauer). 1857—60. cpl. n. 7 $\frac{1}{2}$ Rthlr.

Figurentafeln zum Abrichtungsreglement für die k. k. Fuss-
Truppen. gr. Fol. Wien. Dirnböck. 1862. In Couvert. $\frac{2}{3}$ Rthlr.

Fikentscher, Otto, Album für die Cavallerie und ihre Freunde.
25 milit. Darstellungen. qu. gr. 4. Düsseldorf. Zintgraff & Co.
1856. n. 2 Rthlr.

Fincati, Luigi, Manovra pratica navale. Nuova Edizione. gr. 8.
Trieste. Direzione del Lloyd Austriaco. 1856. n. 16 Sgr.

Finck, *Oberlieut.,* P., das militärische Krokiren im Felde nach
den einfachsten Principien bearb. Mit vielen Holzschn. gr. 8.
Stuttgart. Becher. 1863. 18 Sgr.

Firnhaber, Frdr., zur Geschichte des österreich. Militärwesens.
Skizze der Entstehung des Hofkriegsraths. Lex. 8. Wien. Gerold Sohn in Commiss. 1863. n. 13 Sgr.

Flaggenbuch, enthaltend die Flaggen aller Nationen. Herausg.
v. Rud. Günther. gr. 8. Stettin. Nagel. 1857. cart. u. in Etui
baar n. 1 Rthlr.

Flaggenkarte. Lith. u. illum. Fol. Hamburg. (Altona Verlagsbureau.) 1850. n. 12 Sgr.

Fleck, *Gen. - Auditeur, Ritter etc.,* **Ed.,** das Strafverfahren der
preuss. Militärgerichte. Neue, nach dem Strafgesetzbuch für das
preuss. Heer bearbeit. Ausgabe. gr. 8. Berlin. Förstner. 1845.
n. 1 Rthlr.

— — Erläuterungen zu den Kriegsartikeln für das preuss. Heer.
Nebst den Verordnungen über die Disciplinarbestrafung im
Heere u. d. Kriegsmarine. 2 Aufl. gr. 8. Berlin. Förstner. 1850.
n. $\frac{3}{4}$ Rthlr.

— — Preussens Landwehr in ihren Einrichtungen. Ein Handbuch für Landwehr-Offiziere, Unteroffiziere u. Wehrmänner. 3.
Aufl. gr. 16. Berlin. v. Decker. 1854. $\frac{1}{3}$ Rthlr.

Fleck, *Gen.-Audit.,* *Ritter* *etc.,* **Ed.,** Kommentar über das Strafgesetzbuch für das preussische Heer. 1—2. Thl. Neue Ausg. gr. 8. Ebendaselbst. 1862—64.　　　　　　　　　　3 ¼ Rthlr.

— — die Verordnungen über die Ehrengerichte im preussischen Heere u. über die Bestrafung der Offiziere wegen Zweikampfs. 3. Aufl. gr. 8. Ebendas. 1865.　　　　　n. 1 Rthlr.

Flembach, J. A. Frd. v., grundzügliche Beiträge zu Umbildung des militärischen Strafprozesses in Bayern. gr. 8. Nürnberg. Schmid. 1853.　　　　　　　　　　　　½ Rthlr.

Fliegner Ferd., Militärverhältnisse der Türkei. Aus den Bildern aus Constantinopel. 8. Breslau. (Berlin. Stuhr). 1853. n. 4 Sgr.

Flir, Alois, *Prof.,* Bilder aus den Kriegszeiten Tirols. Geschichtl. u. poet. Erzählungen. gr. 12. Innsbruck. Wagner. 1846. ⅔ Rthl.

Floto, Hartw., Handbuch für Subalternoffiziere bei der preuss. Landwehr-Infanterie u. f. einjährige Freiwillige bei der Linien-Infanterie. Eingeführt v. Oberst G. v. Griesheim. gr. 8. Berlin. Nitze. 1853.　　　　　　　　　　　　　n. 1 Rthlr.

Flug, der, der Spitzgeschosse und der excentrischen Granate. Von A. N. v. W. Näher beleuchtet von mehreren Offizieren der k. k. Artillerie. gr. 8. Wien. Gerold Sohn. 1862. n. 16 Sgr.

Fogt, *Hptm., Lehrer,* **Heinr.,** Grundzüge der permanenten Befestigung mit der Lehre vom Angriff u. der Vertheidigung v. Festungen. Zur Benutzung beim Unterricht u. f. Selbstbelehrung nach dem Bedürfnisse aller Waffen verfasst. Mit 7 Tafeln. Lex. 8. München, lit. art. Anstalt. 1859. n. 1 Rthlr. 6 Sgr.

Foller, *Gen.-Major z. D.,* **v.,** niedergelegte Erfahrungen eines von 1803—1849 gedienten Veteranen bezügl. der Militärfrage. zur Erläuterung der Schrift: „Vergleichung der frühern Perioden der preuss. Armee etc. von demselben." gr. 8. Bromberg. Fischer. 1863.　　　　　　　　　　　　　n. ⅙ Rthlr.

Fonton, Felix, Russland in Kleinasien oder Feldzug des Generals Paskewitsch in den Jahren 1828 u. 29. A. d. Französ. Mit 1 Uebersichtskarte. gr. 8. Berlin. Mittler. 1846. n. 1 ½ Rthlr.

Formation, die, der Hannoverschen Armee und die militärischen Einrichtungen im Königreich Hannover. gr. 8. Hannover. 1846.　　　　　　　　　　　　　　　　　n. ⅔ Rthlr.

Formelle, das, d. Plänklerdienstes, od. Leitfaden zur leichtesten und sichersten Anweisung u. Führung der Plänkler-Abtheil. auf dem Exercierplatze. Basirt auf die neuesten Vorschriften der k. bayer. Infanterie. 4. Thl. d. Unterricht f. d. Waffenübungen. Bearbeit. v. e. Sachverständigen. 3 Hfte. 16. Bayreuth. (Giessel). 1864.　　　　　　　　　　　　　　　n. 12 Sgr.

Förster, *Hauptmann,* **S. v.,** Organisation v. sogenannten Pionnier-

Sectionen bei den Infanterie-Regimentern. gr. 8. Halle. Pfeffer.
1851.   n. 12 Sgr.

Förster, *Hauptm.,* **S. v.,** das Tiraillement im coupirten Terrain
nach der Instruction des Generals von York, nebst den flüch-
tigen Vertheidigungs-Einrichtungen der Defiléen. gr. 8. Berlin.
Mittler u. Sohn. 1851.   12 Sgr.

— — der Felddienst der leichten Infanterie nach ihrer neuen
Bewaffung. Mit 57 lith. Zeichn. u. 5 Plänen auf 19 Taf. gr. 8.
Berlin. Bergmann. 1854.   n. 1 $1\frac{1}{2}$ Rthlr.

— — Meldungen über Felddienst f. die Soldaten der Armee. 8.
Berlin. v. Decker. 1857.   2 $\frac{1}{2}$ Sgr.

Foerster, Gesch. d. Befreiungskriege. 1813/15. 6. Aufl. I.—III. Bd.
8. Lfg. Lex. 8. Berlin. Hempel 1865.   à Lfg. $\frac{1}{6}$ Rthlr.

Forstner, *Oberst-Lieut. a. D.,* Betrachtungen über die sittlichen
Elemente des Krieger-Standes. gr. 8. Berlin G. Reimer 1847.
                                                          $\frac{2}{3}$ Rthlr.

Fortwängler, *Hptm.,* **C.,** Handb. für Pferdebesitzer. Prakt. Anleitung zum Ankauf, zur Pflege und zum Brauchen der Pferde.
2. Aufl. Lex. 8. Wien. Dirnböck 1864. $\frac{2}{3}$ Rthlr.

Franckenberg-Ludwigsdorff, **M.,** **von,** *Major,* das Fleurettiren oder Stossfechten, als Vorübung für das Hiebfechten und
Bajonettiren. Mit 3 Figurentafeln. 8. Münster. Wundermann.
1845. $\frac{1}{4}$ Rthlr.

— — Betrachtungen über das Bajonettfechten und den bisherigen Betrieb desselben in der Armee. Ein Vortrag gehalten zur Anregung der Besprechung im Offizier - Corps. 8.
Berlin. Mittler & Sohn in Commiss. 1861.   3 Sgr.

— — Winke für Vorfechter und Solche, die es werden wollen,
über den Betrieb des Bajonettfechtens. 8. Frankfurt a/M. Boselli
in Commiss. 1863.   n. 4 Sgr.

Frankenberg, **R. von,** *Premier-Lieut.,* die Gymnastik als Mittel
zur Ausbildung des preuss. Soldaten, mit besond. Bezugnahme
auf die Schrift Anleitung zur Militär - Gymnastik von E. v.
Olberg. gr. 8. Berlin. Enslin. 1845.   3 Sgr.

Frankreichs natürliche und künstliche Vertheidigungsmittel, mit
Anwendung der neuesten Grundsätze über Fortification, bei e.
Kriege Deutschlands gegen Frankreich. Vom Oberstlieut. Mr.
gr. 8. Leipzig. Geibel. 1860.   n. 26 Sgr.

— — Offensiv- und Defensivkraft mit besonderer Beziehung auf
Deutschland dargestellt. Als Manuscript gedr. Lex. 8. München.
(Augsburg Rieger) 1860.   geb. n. 1 $\frac{5}{6}$ Rthlr.

Frédéric le Grand, *oeuvres.* Tome XXVIII — XXX. A s. le t.

Oeuvres militaires de Frédéric II. roi de Prusse. Tome I—III.
Avec 51 plans. Lex. 8. Berlin. v. Decker. 1856. n. $8^2/_3$ Rthlr.

Freiwillige, der einjährige, im preussischen Heere. Gesetze, Verordnungen, Erlässe, Bestimmungen über die Zulassung u. die
erforderl. Kenntnisse zum einjährigen Militärdienst etc. Nach
amtlichen Quellen zusammengestellt. 4. Aufl. 8. Potsdam.
Schlesier. 1862. cart. n. $1/_2$ Rthlr.

Fremdenlegion, die deutsche in England. (Aus England.) gr. 8.
Leipzig. O. Wigand. 1855. n. 12 Sgr.

Friccius, *Dr.,* **Carl,** *General-Auditeur der Armee,* preuss. Mili-
tär-Gesetzsammlung 1—4 Bd. gr. 4. Berlin. Nicolai. 1845/47.
n. $7^2/_3$ Rthlr.

— — Entwurf eines deutschen Kriegsrechtes. Der hohen con-
stituirenden National-Versammlung überreicht. 2 Abtheilungen.
gr. 8. Ebendaselbst. 1848. n. 1 Rthlr. $17^1/_2$ Sgr.

— — Geschichte des Krieges in den Jahren 1813/14. Mit besonderer Rücksicht auf Ostpreussen und das Königsberg'sche
Landwehrbataillon. 1. Thl. bis nach der Schlacht bei Leipzig.
Mit Plänen. Neue wohlfeile (Titel-) Ausg. gr. 8. Ebendaselbst.
1848. n. 2 Rthlr.

— — Geschichte der Blockade Cüstrins in den J. 1813 u. 1814.
Mit besonderer Rücksicht auf die ostpreuss. Landwehr. Mit e.
Plan der Umgegend v. Cüstrin. gr. 8. Berlin. Veit & Comp.
1854. n $1/_3$ Rthlr.

— — Geschichte der Befestigungen und Belagerungen Danzigs.
Mit besond. Rücksicht auf die ostpr. Landwehr, welche in d.
Jahren 1813—14 vor Danzig stand. Nebst 1 Plane von
Danzig und Umgegend. gross. 8. Berlin. Veit & Comp. 1854.
n. 2 Rthlr.

Friedensheer, das stehende u. die Landwehr in Preussen. Eine
militärpolitische Denkschrift zugeeignet dem preussischen Ab-
geordnetenhause. 8. Hamburg. Hoffmann & Campe. 1862.
$1/_6$ Rthlr.

Friedländer, *Dr.,* Gl., die königl. allgemeine Kriegs-Schule und
das höhere Militär-Bildungswesen 1765—1813. Aus amtlichen Quellen dargestellt. gr. 8. Berlin Mittler u. Sohn 1854.
1 Rthlr. 24 Sgr.

Friedlein, K. B., *Oberlieutenant,* Handbuch für den Felddienst.
2. Auflage. Mit 1 Plane. 12. Würzburg. Stahel. 1845.
$1/_3$ Rthlr.

Friedmann, *Dr.,* S., über Arzneikunde auf Kriegsschiffen etc.
gr. 8. Erlangen. Enke. 1850. n. 8 Sgr.

Friedrich der Grosse von Kolin bis Rossbach und Leuthen nach den Cabinets-Ordres im königl. Staats-Archiv. Nebst 2 Beilagen u. 2 Schlachtplänen. Hrsg. v. der histor. Abthlg. d. königl. preuss. Generalstabes. gr. 8. Berlin. Mittler u. Sohn. 1858. n. 1 Rthlr.

— — und die Kadetten-Anstalten. Ein Vortrag gehalten in der militär. Gesellschaft zu Berlin am 24. Jan. 1862. gr. 8. Berlin. Mittler & Sohn in Commiss. 1862. n. 3³/₄ Sgr.

Froehlich, *Milit.-Intendant.-Secret.*, **L. A. W.**, die Militär-Oeconomie im Frieden und im Kriege. gr. 8. Stettin, Grassmann's Verl. 1858. n. 1¹/₂ Rthlr.

— — das Militär-Kassen-Wesen im Frieden u. Kriege. gr. 8. Ebendaselbst. 1857. n. 1¹/₃ Rthlr.

— — das Reisegeld der Heerespflichtigen. Mit den dazu gehörigen Tabellen für die Behörden der Stadt- und Landgemeinden hersg. (2. Aufl.) gr. 8. Ebendaselbst. 1856. n. ¹/₆ Rthlr.

From, *Generallieut. a. D.*, **F. W. T.** Handbuch des Ingenieur-Dienstes. 2 Thle. Festungskrieg, Feldbefestigung, sonstige Gegenstände des Ingenieur-Dienstes. Mit 16 Steindrucktafeln. gr. 8. Berlin. G. Reimer. 1854. n. 4²/₃ Rthlr.
Der erste Band (die permanente Befestigung) erschien anonym.
cpl. n. 9¹/₁₃ Rthlr.

Froriep, die Pferde-Raçen. 4. Aufl. 1 Blatt in Kpst. mit Text. Imp. Fol. Weimar. Geograph. Institut. 1827. 1 Rthlr.

Früh, *Oberkriegscommissär*, *Prof.*, **Aug.**, die Gesetze und Verordnungen über die Ergänzung u. Bewegung des Mannschaftsstandes der k. k. Armee. System. dargestellt. Lex. 8. Wien. Braumüller. 1860. n. 2²/₃ Rthlr.

Funke, Zeichnungen des Artillerie-Materials der königl. preuss. Marine. Nach den neuen Bestimmungen bearbeitet. 1—18 Lieferung. qu. Folio. Berlin. Mitscher & Röstell. 1861. baar à n. 1¹/₃ Rthlr.

Functionen, die, der Unteroffiziere der königl. bayer. Infanterie bei den Waffenübungen. Zum Gebrauch für Linie und Landwehr. 1 Thl. Mit 4 Plänen. München. Kaiser. 1862. n. 8 Sgr.

Fussbekleidung, die des Infanteristen, entspricht dieselbe den an sie zu machenden Anforderungen? gr. 8. Berlin. Mittler & Sohn. 1855. n. ¹/₆ Rthlr.

G.

Gagern, *Oberstlieut.*, **A. v.**, d. erste schlesw.-holstein'sche Infanterie-Brigade in d. Schlacht bei Idstedt am 24. u. 25. Juli 1850. gr. 8. Kiel. Schröder & Co. 1852.   n. 6 ¼ Sgr.

— — Operationen d. schleswig-holstein'schen Truppen in d. Landschaft Stapelholm u. d. Sturm auf Friedrichsstadt, in den Monaten September u. October 1850. Ein Beitrag zur neuesten Kriegsgeschichte. Mit Karte u. Plan. gr. 8. Ebendaselbst. 1852.   n. 1 ¼ Rthlr.

— — militärische Studien. Lex. 8. Berlin. Springer's Verlag. 1860.   n. ⅓ Rthlr.

Gaisberg, **A. v.** u. **E. v. Arand,** *Hauptleute,* die praktische Schule d. Jugendwehr. 8. Stuttgart. Lindemann. 1862. n. 28 Sgr.

Garrelts, *Major,* **Gerh. Andr. v.**, die Ostfriesen im deutschen Befreiungskriege. Geschichte d. ehemal. dritten Westphäl.-Ostfries. Landwehr-Infant.-Regiments, d. freiwilligen Jäger, d. Cavallerie u. Reserve-Bataillons seit ihrer Entstehung bis zur Auflösung in d. Kriegsjahren 1813—15, nebst e. allgem. Uebersicht d. Kriegsereignisse dieser Zeit. Mit alleg. Abbild. d. Upstalsbooms u. Schlachtplan v. Ligny u. Waaterloo. 2. Hefte. gr. 8. Leer Bock. 1855.   Subscr.-Preis n. 1 ¼ Rthlr.

Gassner, *Oberlieut.*, **Ludw.**, Ehrenbezeigungen u. mündliche Meldungen d. k. bayerischen Landwehr. 12. Rosenheim. Huber. 1864.   3 Sgr.

— — *Oberlieut.*, **P.**, d. schriftliche Verkehr in Dienstsachen d. k. bayer'schen Landwehr. Auf Grund d. k. bayer'schen Landwehr-Ordnung v. 7. März 1826, d. Vollzugs-Vorschriften hiezu v. 12. Oct. 1857 u. d. gegenwärtig für die k. Landwehr gelt. Verordnungen etc. in 242 prakt. Beisp. erläutert. 12. Ebend. 1864.   17 Sgr.

Gavenda, *Hauptm.*, **A. B.**, die Compagnie in geschlossener u. geöffneter Schlachtordnung auf Vorposten u. im Marsche. Für d. k. k. Linien- u. Grenz-Infanterie bearb. gr. 8. Wien. Hof- u. Staatsdruck. 1852.   n. ⅔ Rthlr.

— — Vertheidigung u. Angriff einzelner Gegenstände u. Oertlichkeiten, für jede Waffengattung. Mit den entsprechenden, dem Texte beigesetzten Figuren. Aus den besten Quellen zusammengestellt. 2. Aufl. gr. 8. Ebend. 1853.   n. ⅔ Rthlr.

— — kurzgefasster Felddienst für Infanterie u. Cavallerie, mit

besond. Berücksichtigung d. Lagerung. Mit 12 Plänen. gr. 8.
Troppau. Kolk. 1853. n. 1 Rthlr.

Gavenda, *Hauptm.*, **A. B.**, die Kriegs-Artikel in Fragen u. Antworten mit den nothwendigsten Erläuterungen. 7. Auflage. 16.
Prag. Bellmann. 1856. n. 4 Sgr.

— — militärisches Taschenbuch f. Offiziere jeder Waffengattung
Enthaltend: Terrainlehre, Felddienst, Pionnierdienst, Feldbefestigung, militär. Aufnahme, Waffenlehre. Unter Mitwirkung mehrerer Offiziere herausgegeb. 8. Ebend. 1857. n. 2 ¹/₃ Rthlr.

— — Anleitung zum Elementar - Schreib-Unterricht in d. Compagnie- und Escadrons-Schreibschulen. Mit 43 Taf. Vorlagen.
qu. 4. Ebend. 1857. n. 12 Sgr.

— — die Organisation d. kais. königl. österr. Armee. Uebersichtlich dargestellt. gr. 8. Ebend. 1857. n. 8 Sgr.

— — Armee-Tableau. 1 Bg. in qu. Imp. Fol. Prag. Credner's
Verlag in Comm. 1858. n. ²/₃ Rthlr.

— — Handbuch der militärischen Stilistik. 2. Aufl. gr. 8. Prag.
Bellmann. 1859. n. 1 ¹/₆ Rthlr.

— — Vorschriften über Transportführung im Frieden u. vor
dem Feinde. Mit Beispielen u. Tabellen. 8. Aufl. 8. Wien.
Markgraf. 1862. n. ¹/₃ Rthlr.

— — kurzgefasste Militär-Geographie d. österreich. Kaiserstaates.
Nach Frz. Ritter v. Rudtorffer, k. k. Oberstlieut., älterer Militär-Geographie v. Europa, auf Grundlage der neuesten Veränderungen bearb. gr. 8. Wien. Leo. 1862. n. ²/₃ Rthlr.

— — Handbuch der Pferdekunde. Eine Anleitung zur Kenntniss
u. Beurtheil. d. Pferde u. ihres Alters, deren Pflege u. Wirkung, d. Hufbeschlages etc. Nach den besten Quellen zusammengestellt. gr. 8. Wien. Bartelmus. 1863. n. ¹/₂ Rthlr.

— — Handbuch d. Bequartirung d. k. k. Heeres u. d. Vorspannsleistungen an dasselbe. Nach den bestehenden hohen Verordnungen zusammengestellt zum Gebrauch d. Gemeinden. 16.
Wien. Leo. 1864. ²/₃ Rthlr.

Gayl, *Hptm.*, **v.**, Nachtrag zur Geschichte d. königl. preuss. 2.
Infant.- (Königs-) Regimentes v. 1840—1855. Lex. 8. Stettin.
Grassmann. 1856. ¹/₂ Rthlr.

Gayot, Eug., die Zucht d. arabischen u. englischen Vollbluts in
Frankreich und die anglo-arabische Vollblut-Familie, übersetzt
v. Lieutenant C. Gräfe. gr. 8. Magdeburg. Heinrichshofen. 1854.
1 ¹/₃ Rthlr.

Gebler, *Feldmarsch.-Lieut.* **W. Edler v.**, Denkwürdigkeiten aus dem
Leben d. Feldmarschalls Landgrafen Philipp zu Hessen-Homburg

mit Benützung. d. österr. Original-Quellen dargestellt. gr. 8.
Wien. Gerold. 1848. n. $^2/_3$ Rthlr.

Gebler, *Feldmarsch.-Lieut.*, **W. Edler v.**, d. k. k. österreich.
Auxiliarcorps im russischen Feldzuge 1812. Nach Original-
Quellen bearb. gr. 8. Wien. Braumüller. 1863. n. 1 Rthlr.

Gebrauch d. gezogenen Feldgeschützes preussischen Systems vor
dem Feinde für Offiziere aller Waffen von e. süddeutschen
Artilleristen. 16. Augsburg. Rieger. 1862. n. 4 Sgr.

Gebühren-Reglement f. d. k. k. Armee. 2. amtl. Aufl. hoch 4.
Wien. (Leipzig. Denicke.) 1863. n. n. 1 $^1/_6$ Rthlr.

Gedanken, einige, über die heutige Kriegsführung. gr. 8. Berlin.
Mittler & Sohn. 1859. 9 Sgr.

— — militärische, eines verborgenen (preuss. Veteranen.) 1. Hft.
gr. 8. Darmstadt. Zernin. 1862. 16 Sgr.

— — über die zulässige Stärke der Bataillone, deren wichtigste
Formationen u. die Art d. Ausbildung der Infanterie bezügl. e.
2 $^1/_2$jähr. Dienstzeit. Von v. W. gr. 8. Berlin. Mittler's Sort.
(A. Bath.) 1863. $^1/_4$ Rthlr.

— — und Betrachtungen, mobile, nach der Mobilmachung der
preuss. Armee im Herbste d. J. 1850. V. e. Veteranen d. Armee,
treu dem Throne u. d. Vaterlande. gr. 8. Altenburg. Schnup-
hase. 1851. $^1/_4$ Rth'r.

Gedenkbuch zur Feier d. Schlacht v. Grossbeeren. Betrachtung
ihrer Geschichte u. aller Stätten, welche ihr Andenken für uns
heiligte. (Von v. Lossau.) 12. Potsdam. Riegel. 1852. n. $^1/_3$ Rthlr.

Gefecht, das, bei Kandern u. Tod d. General-Lieutenants von
Gagern am 20. April 1848. Nebst Lebensbeschreibung d. Ge-
neral-Lieut. von Gagern. gr. 8. Karlsruhe. Nöldecke. 1848.
$^1/_4$ Rthlr.

Gefechtlehre, für Unteroffiziere der Infanterie, nebst e. Anhang
d. wichtigsten Vorkommnisse im Vorposten-, Marschsicherungs-
u. Patrouillendienst enth. 32. Ulm. Frey in Commiss. 1862.
n. n. 6 Sgr.

— — d. drei Waffen, einzeln u. verbunden. Bearb. v. d. Verf.
der Grundzüge z. Feststellung eines Manoeuvrir-Reglements etc.
gr. 8. Stuttgart. Aue. 1862. n. 2 Rthlr. 4 Sgr.

Geiger, *Hptm.*, **Frdr.**, Gedenkbüchlein des Reichskrieges gegen
Dänemark 1849. gr. 16. Passau. Elsässer u. Waldbauer. 1850.
n. 8 Sgr.

Geld-, Naturalien- u. Service-Gebühren d. k. k. österreich. Land-
Armee, nebst einigen auf diese Gebühren Einfluss habenden
hohen Vorschriften etc. Nach älteren, noch in **Kraft** stehenden
u. den neuesten hohen Verordnungen zusammengestellt von e

k. k. Militärbeamten. gr. 8. Brünn. Buschak & Irrgang. 1857.
n. 1 ¹/₃ Rthlr.

Gelenkübungen, die, oder das Turnen d. k. k. Fusstruppen.
Nach den Bestimmungen des neuen Abrichtungs-Reglements.
Mit 14 Abbild. 8. Wien. Dirnböck. 1863. 2 Sgr.

Gellhorn, *Prem.-Lieut.,* **von,** Leitfaden zur Ausbildung d. Remonten d. reitenden Artillerie. gr. 16. Glogau. Flemming. 1847.
¹/₂ Rthlr.

Gemmingen v. Massenbach, Frz., Frh., Leitfaden für den
Vortrag d. Pioniercursus. Vorzüglich f. d. Bedürfniss aller Waf-
fen bemessen u. ausgearbeitet. Mit 3 Figurentaf. und 3 Tab.
München. Lit.-art. Anstalt. 1857. n. 1 Rthlr. 4 Sgr.

— — Deutschland u. seine Nachbarstaaten. Ein Beitrag zur Militär-Geographie Mitteleuropas. Lex. 8. Ebendaselbst. 1861.
n. 2 Rthlr.

Gemminger, Ludw., Tornister-Büchel. Dem bayerischen Heere
gewidmet. 16. Ingolstadt. Schröder. 1861. n. 8 Sgr.

Gensdarmerie-Almanach, österreichischer f. 1855. Hrsg. u. red.
von Frdr. Ehrenstein. 2. Jahrg. gr. 8. Wien. (Gerold.) 1855.
n. ²/₃ Rthlr.

Generale, die, d. Republik u. d. Kaiserreichs von dem Verf. d.
Soldaten d. Republik u. d. Kaiserreichs. 1—16. Lfg. Lex. 8.
Leipzig. Lork. 1846—47. cpl. n. 5 ¹/₃ Rthlr.

Geret, *Hptm. a. D.,* **Joh.,** Leitfaden zum Selbststudium d. Strategie. Nach den Maximen d. berühmtesten Feldherrn und den
Lehren d. anerkanntesten Autoren systematisch zusammengestellt u. durch zahlreiche ältere u. neuere kriegsgeschichtl. Beispiele erläutert. Mit 1 strateg. Karte v. Europa u. 5 Schlachtenplänen. gr. 8. Nürnberg. Korn. 1855. n. 2 Rthlr. 12 Sgr.

Gorhardt, *General-Major a. D.,* **C. v.,** Erlebnisse u. Kriegsbilder aus dem Feldzuge 1850 in Schleswig-Holstein. Mit 2
Plänen d. Umgegend v. Idstedt u. Schleswig-Eckernförde-Rends-
burg. gr. 8. Glogau. Flemming. 1853. n. ¹/₃ Rthlr.

German, Grundzüge für Kriegerbildung, nach d. Grundsätzen d.
Humanität. Ein Lehrbuch für Offizierszöglinge zur Selbstbild.
u. Erbauung ihrer Untergebenen in Dienstschulen, sowie auf
Märschen etc., nach den Quellen d. deutschen Militär-Literatur
bearb. gr. 8. Erlangen. Enke. 1848. n. 1 Rthlr. 2 Sgr.

— — Ansichten über das deutsche Wehrwesen mit Versuchen zu
seiner Vervollkommung. Mit 3 Taf. 2. Aufl. gr. 8. Erlangen.
Enke. 1846. n. 2 Rthlr.

Gertner, Aug., Bensberg und sein Cadettenhaus. gr. 8. Siegen.
Kogler. 1862. n. 1 ¹/₃ Rthlr.

Gerstäcker, Frdr.; Schiesswaffen. Einige Worte über die Behandl. d. Büchsen u. Flinten. gr. 8. Leipzig. O. Wigand. 1848.
baar 2 ½ Sgr.

Geschichte der Kriege in Europa seit d. Jahre 1792 als Folge d. Staatsveränderungen in Frankreich unter Ludwig XVI. (Vom Oberst C. G. Schulz.) 15 Thle. in 23 Bden. gr. 8. Berlin. Mittler & Sohn. 1827—53. cpl. 58 ½ Rthlr.

— — d. Zürcherischen Artillerie. Hrsg. von d. Feuerwerker-Gesellschaft in Zürich. 1—6. Heft. gr. 4. Zürich. Orell, Füssli u. Co. 1850—55. à n. ⅔ Rthlr.

— — des Feldzuges v. Jahre 1806. 1—3. Heft. gr. 8. Darmstadt. Leske. 1850—52. cpl. n. 2 ½ Rthlr.

— — d. preussisch-schwedischen Krieges in Pommern, d. Mark und Meklenburg 1751—1762. Zugleich als Beitrag zur Geschichte d. siebenjährigen Krieges. Nach gleichzeitigen preuss. und schwed. Berichten von v. d.* n. gr. 8. Berlin. Mittler u. Sohn in Comm. 1858. 1 Rthlr.

— — des k. k. Linien-Infanterie-Regiments No. 29. C. Ritter von Schönhals in den J. 1848—49. Von e. Offizier d. Regiments. gr. 8. Troppau. Kolk. 1851. n. 12 Sgr.

— — des königl. hannover'schen Garde-Husaren-Regiments. (Von A. v. Dachenhausen.) Als Manuscript gedrckt. 8. Verden. (Berlin. Hayn.) 1851. 10 Sgr.

— — d. k. preuss. 7. Infanterie-Regimentes von seiner Stiftung im Jahre 1797 bis zum Juli 1854. Nach dem hinterlassenen Manuscript d. Hauptmanns G. v. Salisch u. den im Regiments-Archive niedergelegten Materialien. 8. Glogau. Flemming. 1854. 2 Rthlr.

— — des k. preuss. 18. Infanterie-Regimentes v. 1813—1847. gr. 8. Posen. Gebr. Scherk in Commiss. 1848. baar 1 ⅓ Rthlr.

— — des Magdeburgischen Husaren-Regimentes No. 10. Zusammengest. bei Gelegenheit d. Feier des 50jähr. Bestehens desselben am 19. Novbr. 1863. Mit color. Abbildgen. gr. 8. Berlin. A. Duncker. 1863. n. 1 Rthlr.

— — der sächsischen Armee in Wort und Bild. 2. Aufl. 1—10 Lfg. Fol. Leipzig. Bach. 1859—60. à n. 2 ⅔ Rthlr.
Prachtausgabe à n. 5 Rthlr.

— — der Nord-Armee im 1813. 1—2. Hft. gr. 8. Berlin. Mittler u. Sohn in Commiss. 1859—63. baar n. 1 Rthlr. 22 Sgr.

— — der Organisation der Infanterie und Cavallerie der königl. spanischen Armee. v. den frühesten Zeiten bis z. Jahre 1855. Aus d. Spanischen v. Prem.-Lieut. Brix. gr. 8. Berlin. Mittler & Sohn. 1861. 2 Rthlr.

Geschütze, die gezogenen. Kritische Untersuchungen über ihre Vorzüge und Nachtheile. Für Offiziere aller Waffen von einem deutschen Artillerie-Offiziere. 2. Aufl. gr. 8. Darmstadt. Zernin. 1861. 18 Sgr.

Gesetz wegen der Kriegs-Leistungen und deren Vergütung. Vom 11. Mai 1851. gr. 8. Berlin v. Decker. 1854. n. 2 ½ Sgr.

— — über die Verpflichtung zum Kriegsdienste im Königreich Würtemberg vom 22. Mai 1813 sammt der Vollzugs-Instruction hiezu vom 30. Dezmb. 1843 mit Angabe der durch spätere Gesetze u. Verfügungen aufgehob. u. modific. Stellen, sowie vollständ. Abdruck dieser Gesetze selbst, unter Beifüg. des revidirten Gesetzes vom 15. Mai 1859. Hand - Ausgabe. gr. 8. Stuttgart. Metzler's Verlag. 1859. 18 Sgr.

— — die Militärgerichtsverfassung betreffend, vom 23. April 1862 u. Militärstrafprozessordnung für das Königreich Sachsen von demselben Tage, nebst Ausführungs - Verordnung und Taxordnung vom 2. Juni 1862. 8. Dresden. Meinhold Söhne. 1862. 1 Rthlr.

— — über die Pensionen der königl. sächsischen Militärpersonen u. deren Hinterlassenen vom 17. Decbr. 1837, sowie Gesetz d. Abänderung einiger Bestimmungen desselben vom 24. März 1852. 8. Dresden. Meinhold Söhne. 1865. n. ⅙ Rthlr.

Gesetze, die neuen über I. die Bequartierung und Verpflegung der grossh. bad. Truppen bei den Landesbewohnern im Frieden. II. die Stellung und Vergütung der Militärfuhren u. III. die Etappengelder nebst Vollzugs - Verordnungen u. Beilagen. IV. Etappenconvention zwischen Baden und Preussen. gr. 8. Donaueschingen. Schmidt. 1862. n. ½ Rthlr.

Ghilain v. Hembyze, *Major, Prof., Geo.,* Lehrbuch der Arithmetik für den ersten Jahrgang der kais. kön. Cadetten - Institute gr. 8. Wien Seidel 1853. geb. n. ⅔ Rthlr.

— — dasselbe für den 2. Jahrgang gr. 8. Ebendas. 1853. n. ⅔ Rthlr.

— — dasselbe für den 3. Jahrgang u. für die techn. Schulcompagnien gr. 8. Ebendas. 1855. n. 1 ⅓ Rthlr.

—. — Lehrbuch der Geometrie für den 4. Jahrg. der k. k. Cadetten-Institute u. für die k. k. techn. Schulcompagnien gr. 8. Wien. Ebendas. 1856. geb. n. 27 Sgr.

Gingins-La Sarraz, Aymon de, die Parteigänger u. d. Vertheidigung der Schweiz. Aus dem Französ. übersetzt. 16. Bern u. Solothurn. Jent & Gassmann. 1861. 12 Sgr.

Gittermann, J. Ch. H., der General Bonin u. die preuss. Offiziere in ihrem Verhältnisse zur Schleswig-Holsteinschen Armee

dargestellt. 8. Hamburg. Volksbuchh. zu St. Pauli. 1850.
$\frac{1}{6}$ Rthlr.

Gneisenau. 1. Abth. Die Jugend und die militär. Entwickelung.
Von 1760—1806. gr. 8. Berlin. Mittler & Sohn in Commiss.
1856. baar $\frac{1}{2}$ Rthlr.

Gneist, *Prof. Dr.,* **Rud.,** der Zweikampf und die germanische
Ehre. Ein Vortrag geh. im Berliner wissensch. Verein am 4.
März. 1848. 8. Berlin. Oehmigke. 1848. 8 Sgr.

— — die Lage der preuss. Heeres - Organisation am 29. Sptbr.
1862 nebst e. Zusatz über d. Landwehr. gr. 8. Berlin. Sprin-
gers Verlag. 1862. 6 Sgr.

Goldschmidt, M., Vorschriften für Bataillonsschulen. gr. 4. Son-
derhausen. Eupel. 1859. 1 $\frac{1}{2}$ Rthlr.

Göler, *Gen.-Major, Frh.,* **Aug.** v., die Kämpfe bei Dyrrhachium
u. Pharsallus im J. 48 v. Chr. Eine kriegswissensch. u. philol.
Forschung nach Cäsars 3. Buch d. Bürgerkrieges. Mit Karten
und Plänen. gr. 8. Karlsruhe. Müller. 1854. n. 1 Rthlr. 6 Sgr.

— — Treffen bei Ruspina nebst Beleuchtung einiger anderer
Stellen in Rüstows Heerwesen und Kriegführung Cäsars. Ein
Nachtrag zu: „die Kämpfe bei Dyrrhachium u. Pharsalus." Mit
1 lith. Taf. Lex. 8. Karlsruhe. Müller. 1855. n. 8 Sgr.

— — Cäsar's gallischer Krieg in d. J. 58 bis 53 v. Chr., eine
kriegswissenschaftliche u. philologische Forschung. Mit 10 Taf.
Lex. 8. Stuttgart. F. Köhler. 1858. n. 2 Rthlr.

— — Cäsar's gallischer Krieg im J. 51 v. Chr. Nach Dr. Hirtius
bell. gall. lib. VIII. bearb. nebst Erläuterungen über das rö-
mische Kriegswesen zu Cäsar's Zeiten. Mit Karte u. Plan. Lex.
8. Heidelberg. J. C. B. Mohr. 1860. n. $\frac{5}{6}$ Rthlr.

Gordon, Eduard, *Rittmstr.* u. **Ed. Chesterfould,** *Oberstallmeister,*
die englische Pferde-Dressur in Ritt u. Zug. 3. deutsch. Aufl.
nach der gr. Londoner Ausg. Mit 2 Taf. Abbildg. 12. Wien.
1852. Sallmayer & Co. $\frac{1}{2}$ Rthlr.

Görgei, Arth., mein Leben und Wirken in Ungarn in den Jahren
1848 u. 49. 2 Bde. Lex. 8. Leipzig. Brockhaus. 1852. baar
6 Rthlr.

Görgey-Klapka. Világos. Komorn. Authentische Mittheilungen bisher noch nicht veröffentlichter Erlebnisse, von 2 entlassenen
Honvéd-Offizieren. 8. Pest. Geibel. 1850. $\frac{3}{4}$ Rthlr.

— — und die Capitulation bei Világos. Von e. Offiziere des Generalstabes der ungar. Armee. 8. Leipzig. O. Wigand. 1850.
$\frac{1}{2}$ Rthlr.

Görne v. Scherff, Mertens. *Lieut.,* die Gymnastik und die Fecht-

kunst in der Armee. br. 8. Berlin. Mittler's Sort. (A. Bath)
1858. n. 24 Sgr.

Goss, *Sec.-Lieut.,* **Rich.,** Genre-Bilder aus den schleswig-holstein.
Feldzügen v. 1849/50. gr. 8. Leipzig. Matthes. 1851. n. 1 Rthlr.

Göthe, Th., aus dem Leben eines sächsischen Husaren und aus
dessen Feldzügen 1809, 12 u. 13 in Polen u. Russland. gr. 8.
Leipzig. Hinrichs. 1853. n. 24 Sgr.

Götsch, *Art.-Lieut. a. D.,* **P.,** die Armeen der europäischen
Mächte, ihre Organisation u. Stärke nach authent. Quellen bearbeit. 8. Potsdam. Schlesier 1859. n. 6 Sgr.

— — das königl. preuss. Kriegsheer. Seine Eintheilg. u. Standquartiere, seine Chefs und Commandeure bis zum Regiments-
Commandeur incl. nebst e. kurzen Leitfaden, enth. die militär.
Grade, ihre Abzeichen, die einzelnen Bestandtheile des Heeres
etc. zur Instruktion des preuss. Soldaten. System. zusammengestellt. 5. Aufl. qu. 4. Potsdam. Schlesier. 1859. baar n. 2 Sgr.

— — Europa's Streitkräfte. Land und Seemacht in ihrer Organisation, Stärke u. Bewaffnung nach authent. Quellen bearb. 2.
Aufl. Berlin. Schlesier 1864. 6 Sgr.

Gottschalk, Ferd., die Feldzüge Friedrich des Grossen im siebenjährigen Kriege. 2. (Titel-) Ausg. gr. 8. Leipzig. Violet.
1858. 2 Rthlr.

Grabowski, W. v., Wegweiser für die preussischen Offizier-Aspiranten. Den Freunden der Armee gewidmet, nebst e. A. gr.
8. Berlin. Warnsdorff. (jetzt Schlesier) 1862. ¼ Rthlr.

— — Instructionen u. Rathschläge für Militär-Aspiranten. gr. 8.
Berlin. Logier. 1863. n. ⅙ Rthlr.

Graf, Leop., *Prof.,* Anleitung zur Kenntniss des Pferdes, nach
seiner äussern Körperform. Als Leitfaden bei seinen Vorlesungen. Mit 150 Holzschn. gr. 8. Wien. Braumüller. 1846.
1 Rthlr. 12 Sgr.

— — die Muskellehre des Pferdes in 13 Blätter. Unter seiner
Leitung gezeichnet von Jos. Zürnich. Imp. Fol. Wien. Paterno.
1848. 8 Rthlr.

— — u. Dr. Frz. Müller, Bericht über eine Bereisung der
vorzüglichsten ungarischen Gestüte etc. in den Monaten Juli
und August 1848. gross. 8. Wien. Seidel & Sohn. 1850.
½ Rthlr.

Gräfe. *Hptm.,* **C.,** die Zäumung des Pferdes m. dem Mors régulateur
d. Herrn Casimir Noël. Mit 1 Abbild. gr. 8. Berlin. Mittler &
Sohn. 1853. n. 16 Sgr.

— — die Haltung und der Sitz des Reiters. Ein Beitrag
zur Geschichte der Reitkunst. Mit Benützung von „Mussot

Commentaires sur l'équitation." bearb. Mit 22 lith. Tafeln. 2. Aufl. gr. 8. Weimar. Voigt. 1861. 1⁵/₆ Rthlr.

Gräfe, *Hptm.,* **C.,** das Reitzeug und die Geschirre der Batterien u. Kolonnen d. preuss. Artillerie nebst Anweisung zum Satteln, Schirren u. Packen. Mit 53 in den Text gedr. Holzschn. gr. 16. Berlin. Mittler's Sort. (A. Bath.) 1855. n. ¹/₄ Rthlr.

— — das Pistol, dessen Theile, Behandlung und Gebrauch für Avancirte der Cavallerie u. reitenden Artillerie zusammengestellt. Mit 2 Taf. Abbildgn. gr. 8. Berlin. Mittler & Sohn. 1859. 9 Sgr.

— — kurze Anleitung zur Aufzucht und Verbesserung der Pferde. 8. Wittenberg. Herrosé 1863. 8 Sgr.

— — die hippologische Literatur von 1846 bis incl. 1857. Verzeichniss der in diesem Zeitraum über Alles, was das Pferd betrifft, erschienenen Bücher, mit biogr. Notizen über die Verfasser gr. 8. Leipzig. Brockhaus. Sort. 1863. n. 1¹/₂ Rthlr.

— — zur Geschichte des lithanischen Landgestüts. gr. 8. 1862. Berlin. Wiegandt & Hempel. n. ²/₃ Rthlr.

Granatkanone, die Napoleonische, zwölfpfündige. Nach „le canon de l'Empereur. Paris 1853. gr. 8. Darmstadt. Leske. 1854. n. 3 Sgr.

Grauvogl, *Dr.,* Diätetik und Prophylaxis für Offiziere u. ihre Pferde auf dem Marsche und im Felde. 2. vermehrte Auflage. 12. Nürnberg. Korn. 1862. n. ²/₃ Rthlr.

Griesheim, *Gen.,* **Gust. v.,** Vorlesungen über die Taktik. Hinterlassenes Werk. 2. Auflage. gross. 8. Berlin. v. Decker 1860. n. 2²/₃ Rth.

— — Lebensfragen der Landwehr. Hrsg. im Octob. 1851. 2. Aufl. gr. 8. Ebendas. 1860. 1¹/₂ Sgr.

Grivel, *Marinelieut.,* **Rich.,** die Marine beim Angriff auf Küsten-Befestigungen. Aus dem Französ. übertr. v. *Prem.- Lieut.* T. Meydam. 8. Berlin. Schneider & C. 1856. n. 12 Sgr.

Grone, *Prem.-Lieut.,* **Carl von,** Briefe über Nordamerika und Mexiko und den zwischen beiden geführten Krieg. Nach dessen Tode herausgeg. und mit einem Vorworte begl. von A. C. von Grone. gr. 8. Braunschweig. Westermann. 1850. n. 12 Sgr.

Gross, *Lehrer,* **J. C.,** die Hufentzündung d. Pferde mit bes. Beziehung auf die Ursachen, das Wesen und die Behandlung des Knollhufes. Ein Beitrag zur Lehre der Hufkrankheiten. Mit 25 Abbildungen. gr. 8. Stuttgart. J. F. Steinkopf. 1847. ¹/₂ Rthlr.

Gruber, Lor., Entwurf zu Militär-Sanitätswägen nebst Einleitung

f. Sanitätstruppen. Mit 4 Taf. gr. 4. München. Leipzig. Thomas in Commiss. 1852.   n. 1 Rthlr.

Grüll, *Hptm.*, **F. J.**, die k. k. österr. Armee in den J. 1848 u. 1849. Nach k. k. Feldacten u. andern meist offiziellen Quellen bearbeitet. Lex. 8. Wien. typogr. lit. artist. Anstalt. 1858 — 1860.
                                                           n. 2²/₃ Rthlr.

— — Feldzug der österr. Armee in Italien im J. 1848. Nach k. k. Feldacten u. offiziellen Berichten dargestellt. Lex. 8. Ebend. 1860.   n. 2²/₃ Rthlr.

— — der Offizier im Felde. Praktisches Taschenbuch für Offiziere aller Waffen. Nach den neuesten k. k. Vorschriften und besten Quellen bearbeitet. Mit 17 Plänen. br. 8. 3. Aufl. Ebend. 1860.   n. 1¹/₃ Rth.

Grumbkow, *Oberstlieut., z. D.,* **Otto v.,** fortificatorische Figurentafeln zum Gebrauch bei der Vorbereitung für das Offizier-Examen. gr. Fol. Breslau. Morgenstern in Commis. 1861.
                                                       baar nn. 22 Sgr.

Grundriss für die Vorträge auf der königl. vereinigten Artillerie- u. Ingenieur-Schule zu Berlin.

I. Grundriss für den Vortrag über Planzeichnen, Terrainlehre u. Aufnehmen. (Von Hptm. von Klotz,) gr. 8. Berlin. Behr. 1850.   12 Sgr.
   Leitfaden für den theoretischen Unterricht im Planzeichnen. bearbeitet v. Ing. Hptm. Feller. gr. 8. Ebendas. 1855.
                                                            n. ¹/₃ Rthlr.

II. Grundriss des Vortrages der Taktik. (Vom Rittmeister von Berneck) gr. 8. Ebendas. 1850.   6 Sgr.

III. Grundriss des Vortrages der Geschichte der Kriegskunst. (Von demselben.) gr. 8. Ebendas. 1850.   6 Sgr.

IV. Grundriss des Vortrages über Artillerie im I. Coetus der k. ver. Art. u. Ing.-Schule zu Berlin, mit Berücksichtig. der Anforderungen zum Offizier-Examen. gr. 8. Ebendas. 1851.
                                                              12 Sgr.

V. dasselbe im II. Coetus. gross. 8. Ebendaselbst. 1851.
                                                              18 Sgr.

VI. Grundriss des Vortrages über geom. Zeichnenkunst (géométrie descriptive) u. über die Beleuchtung der Zeichnungen im II. Coetus etc. gr. 8. Ebendas. 1851.   ¹/₄ Rthlr.

VII. Grundriss des Vortrages über Artillerie im III. Coetus der Art. u. Ingen. Schule. gr. 8. Ebendas. 1853.   21 Sgr.

VIII. Leitfaden für den Unterricht im Terrain - Aufnehmen für militärische Zwecke. Bearb. v. Ingen. Hptm. Feller. gr. 8. Ebendas. 1851.   ³/₄ Rthlr.

Grundsätze der Strategie u. Taktik als Leitfaden in allen nur mög-
lichen Kriegsverhältnissen vom Major A. T. 2. Aufl. gr. 8.
Lemberg. Wien. Klemm. 1861.   u. 1 Rthlr. 12 Sgr.

— — der Kriegskunst oder prakt. Handbüchlein zum Gebrauch
für Militair aller Waffen und aller Länder. Unter Berücksichtigung der in den neuesten Kriegen gemachten Erfahrungen
Aus dem Französ. Mit 9 Tafeln. Leipzig. Gerhard. 1861.
                                                         12 Sgr.

— — die der zerstreuten Fechtart, in ihrer praktischen Anwendung näher beleuchtet von E. v. S. mit 9 Plänen, 16. Iglau.
(Wien. Seidel & Sohn). 1864.   u. $^2/_3$ Rthlr.

Grundzüge einer Wehrverfassung nach den Bedürfnissen der Zeit.
Von einem alten deutschen Offizier. gr. 8. Frankf. a. M. Sauerländer. 1848.   12 Sgr.

— — einer Anleitung zum Studium der Kriegsgeschichte, zum
Zweck des Unterrichtes im k. würtemberg. Generalquartier-
meisterstab bearb. vom Oberst J. v. Hardegg. 8. Stuttgart.
Köhler. 1851. $^5/_6$ Rthlr.

— — der Terrainlehre für die Ausbildung zum Offiziere. gr. 8.
Berlin. Mittler's Sort. (A. Bath.) 1855.   u. 6 Sgr.

— — der militärischen Aufnahme. Mit 40 Holzschn. 8. Prag.
Bellmann 1857.   u. 17 Sgr.

— — der Feld - Befestigung. Mit 30 Holzschn. 8. Ebendas.
                                                       u. 17 Sgr.

— — des Feld-Dienstes. Mit 9 Holzschnitten. 8. Ebendaselbst.
                                                       u. 1 Rthlr.

— — des Pionnier - Dienstes. Mit 54 Holzschn. 8. Ebendas.
                                                       u. $^2/_3$ Rthlr.

— — der Terrainlehre. 8. Ebendas.   u. 7 Sgr.

— — der Waffenlehre. 8. Ebendaselbst. 1857. (Abdrücke aus
Gavendas „Militär-Taschenb.")   u. 7 Sgr.

— — einer physikalisch vergleichenden Terrainlehre in ihrer
Beziehung auf das Kriegswesen als Leitfaden zum Vortrage
und zum Selbstunterricht für Eingeweihte u. Laien entworfen.
v. R. B. S. gr. 8. Agram 1855. (Wien Gerold Sohn) 1857.
                                                 u. 1 Rthlr. 18 Sgr.

— — zur Feststellung eines Manoeuvrir - Reglements für das
Manoeuvriren combinirter Truppentheile. Von dem Verfasser der
Feldmanoeuvre in Anreihung an Uebungen gemischter Truppen-
körper. gr. 8. Stuttgart. Aue. 1862.   u. 16 Sgr.

Grzybowski, H., die Thouvenin'sche Spitzkugelbüchse in Verbindung mit dem Delvigné'schen und Minié'schen Spitzkugelsy-

stem nebst e. Abhandlung über Schrotläufe u. Schrotschuss.
gr. 8. 2. Aufl. Berlin. Mittler & Sohn. 1855. $^3/_4$ Rthlr.

Gudermann, *Prof. Dr.,* **Chrys.,** über die wissenschaftl. Anwendung der Belagerungsgeschütze. Nebst einem Anhang v. den Prall- (Ricochet-) Schüssen. gr. 8. Münster. Deiters. 1850. 18 Sgr.

Guggenthal, Vict. v., *k. k. Oberlieut.,* Anleitung zum Rechnen für Unteroffiziers-Schulen. 12. Wien. Heubner. 1846. 11 $^1/_4$ Sgr.

Gumppenberg-Pöttmes, *Rittmeister,* **Ferdinand, Freih.** von, der Offizier in seinen wichtigsten Verhältnissen. 12. Augsburg. Jenisch & von Stage 1854. n. $^1/_3$ Rthlr.

— — u. *Prof.* Ludw. Preyssinger, Taschenbuch f. bayerisches Militär u. f. Freunde dieser Krieger. gr. 16. Sulzbach. v. Seidel. 1853. 11 $^1/_4$ Sgr.

Gündell, *Capit.,* **William Hounsell,** die Feuerwaffen der kön. hannov. Infanterie, ihre Einrichtung, Behandlung u. ihr Gebrauch als Leitfaden beim Ertheilen v. Unterricht in den Regiments- und Compagnie-Schulen u. z. Selbst-Unterrichte. Nebst e. Anhang über Zündnadel-Gewehre. Mit vielen Holzschnitten und Tafeln. gr. 8. Hannover. Hahn. 1852. 1 $^1/_6$ Rthlr.

Gundling, Jul., Deutsche Hiebe. Oesterr. u. preuss. Soldatengeschichten. 2 Bde. 8. Leipzig Costenoble 1858. 1 $^1/_2$ Rthr.

— — Fes und Tschako. Soldatengeschichten. 8. Leipzig. Grunow. 1859. 1 $^1/_2$ Rthlr.

— — Bilder aus dem Lagerleben bei Olmütz. 16. Troppau. Kolk. 1854. n. $^1/_3$ Rthlr.

— — Federzeichnungen aus den Feldlagern bei Boulogne und Krakau im J. 1854. gr. 8. Stuttgart. Ed. Hallberger 1854. 1 Rthlr.

Günther, J. H. F., das Gangwerk der Pferde. Ein Beitrag zur Beurtheilungslehre und Züchtungskunde des Pferdes. gr. 8. Hannover. Helwing. 1845. n. $^1/_3$ Rthlr.

Gurlt, *Dr.,* **E.,** über den Transport Schwerverwundeter und Kranker im Kriege, nebst Vorschlägen über Benützung der Eisenbahnen dabei. Lex. 8. Berlin. Th. Enslin. 1860. $^1/_4$ Rthlr.

— — *Ingen., Dr.,* **A.,** u. Artill. Capit. N. v. Egerstroem, der Einfluss der Rotation auf die Abweichung der Geschosse von ihrer Flugbahn. Mit 8 Taf. Abbildungen. gr. 8. Köln. Assenheimer & C. Verl. 1857. $^1/_2$ Rthlr.

Gussstahlgeschütz, das preussische gezogene 6 Pfdr., als Einheitsgeschütz der Feldartillerie. Vorschlag e. Artillerie-Offiziers. gr. 8. Cassel. Freyschmidt 1864. n. $^1/_4$ Rthlr.

Guttzeit, Friedr. Wilh., *k. preuss. Major a. D.*, die Taktik im Gebiete des kleinen Krieges für k. preuss. Offiziere des stehenden Heeres, wie der Landwehr. gr. 8. Danzig. Gerhard. 1845. ¹/₂ Rthlr.

— — die Feldbefestigungskunst oder Anweisung zum Bau von Feldschanzen, u. z. Einrichtung örtl. Gegenstände z. Vertheidigung, sowie zum Angriff und z. Vertheidigung derselben. gross 8. Danzig. Gerhard. 1846. ²/₃ Rthlr.

— — *Oberst a. D.,* **E. E.,** wie ist die Reorganisation unserer Armee durchzuführen, ohne die Steuerkraft des Landes zu hoch anzuspannen? gr. 8. Danzig. Kafemann. 1862. 2 ¹/₂ Sgr.

Gymnastik, die, und die Fechtkunst in d. Armee. br. 8. Berlin. Mittler's Sort. (A. Bath.) 1858. n. 24 Sgr.

H.

Haas v. Bilgen, *Gen. Maj.,* **Frz.,** Gedanken über den Huf und dessen Beschläge. gr. 8. Wien. Gerold Sohn. 1862. n. 27 Sgr.

Haase, *Kriegsrath,* **C.,** das hannoversche Militär-Pensionswesen. Dargestellt und mit Genehmigung des Ministeriums herausgegeben. gr. 8. Hannover. Meyer. 1854. n. ²/₃ Rthlr.

Hackländer, F. W., Krieg und Frieden. Erzählungen u. Bilder. 2 Bde. 8. Stuttgart. Krabbe. 1859. 1 Rthlr. 18 Sgr.

— — Nicht illustrirte Soldatengeschichten. Ein Jahrbuch für das Militär und seine Freunde. gr. 8. Stuttgart. Ed. Hallberger. 1854. ¹/₂ Rthlr.

— — illustrirte Soldatengeschichten. Ein Jahrbuch etc. gr. 8. Stuttgart. Ebendas. 1853. n. ¹/₂ Rthlr.

— — Soldatengeschichten für das Militär und seine Freunde. 4 Bde. 3. Aufl. gr. 8. Ebendas. 1854. à ¹/₄ Rthlr.

— — Wachtstubenabentheuer. 3. Bde. 3. Aufl. gr. 8. Stuttgart. Krabbe 1853. 1 Rthlr. 6 Sgr.

— — Bilder aus dem Soldatenleben im Kriege. 3. Aufl. gr. 8. Stuttgart. Cotta. 1850. 1 Rthlr.

— — dasselbe 2 Bde. gr. 8. Ebendas. 1850. 1 ¹/₂ Rthlr.

— — das Soldatenleben im Frieden. 5. Aufl. 8. Stuttgart. Krabbe. 1854. 12 Sgr.

Hafen, der Kieler, als künftiger deutscher Kriegshafen. Mit einer neuen Karte des Hafens und seiner Umgebungen. Veröffentlicht durch den Kieler Ausschuss für die deutsche Flotte. gr. 4. Kiel. Schröder & Comp. In Commiss. 1848. n. ¹/₂ Rthlr.

Hain, Jos., reine und Militärgeographie 1/2 Abtheilung für d.

Schulen des k. k. Bombardier-Corps. gr. 8. Wien. Teudler & C. 1848.   cpl. 3 Rthlr.

Haller v. Hallerstein, F., *Baron* v., *Premier-Lieutenant*, Lehrbuch der Elementar-Mathematik. Für die durch Allerhöchste Verordnung vom 4. Febr. 1844 festgesetzte Eintritts- oder Portepéefähnrichs-Prüfung in der k. preuss. Armee. Mit 6 Kupfertafeln. 3. Aufl. gr. 8. Berlin. Nauck & C. 1857.   n. $2^2/_3$ Rthlr.

Halm, E. J., Taschenbuch für Pferdebesitzer jeden Standes. In 3 Abth. 8. Münster. Brunn. 1859.   n. $^1/_2$ Rthlr.

Halte-Tabelle für die hohe (neuere) Visirung. 4. Ostrowo (Priebatsch.) 1864.   baar n. n. $2^1/_2$ Sgr. col. n. n. 3 Sgr.

Handbibliothek für Offiziere oder populäre Kriegslehre für Eingeweihte und Laien. Bearb. u. herausgeg. von e. Gesellschaft preuss. Offiziere unter Leitung d. Red. der Zeitschrift f. Kunst und Wissenschaft des Krieges. 6. Bd. 2. Abth. 2. Aufl. A. u. t. T. Der kleine Krieg in seinen verschiedenen Beziehungen. 2. Aufl. v. H. von Brandt, Gen.-Maj. Mit 3 Plänen. 8. Berlin. Herbig. 1850.   n. $1^5/_6$ Rthlr.

— — Dieselbe. 9. Bd. 3. Aufl. A. u. t. T. Terrainlehre. Bearb. v. Dr. F. v. Etzel., Gen.-Maj. a. D. 3. Aufl. 8. Ebend. 1850.   n. 1 Rthlr. $17^1/_2$ Sgr.

Das complete Werk besteht aus 12 Bänden und erschien in den Jahren 1828—37.   Preis cpl. $38^1/_6$ Rthlr.

Handbuch der militärischen Fremdwörter und Kunstausdrücke, mit kurzen Sacherklärungen, für Unteroffiziere und Soldaten jeder Waffengattung. 2. Aufl. gr. 8. Schwerin. Kürschner. 1847.   12 Sgr.

— — zur Verfassung militärischer Aufsätze. Von C. H. gr. 8. Olmütz. Neugebauer (jetzt Grosse). 1848.   n. 2 Rthlr. 8 Sgr.

— — militärisches, in Fragen und Antworten zum Gebrauche d. Schulen für Unteroffiziere und Gemeine der k. k. Cavallerie. gr. 8. Gratz. Kienreich in Commiss. 1849.   18 Sgr.

— — oder Geschäfts-Instruction für angehende und wirkliche Feldwebel der preuss. Infanterie. Zusammengest. v. Unteroffizieren des 13. Inf.-Reg. gr. 8. Münster (Berlin. Mittler & Sohn.) 1850.   geb. n. $^1/_2$ Rthlr.

— — über Lagerung und Vorposten f. Infanterie und Cavallerie in Bezug auf die bei grösseren Truppenkörpern eingetheilte Artillerie. Mit 4 Plänen. gr. 16. Wien. Gerold. 1851. 24 Sgr.

— — zum praktischen Gebrauch für sämmtl. Offiziere, Militärbeamte etc. d. k. preuss. Armee, sowie f. Civilbeamte, welche m. der Armee in dienstliche Berührung kommen. Hrsg. von A.

Strähle, Major a. D. (2. unveränderte Ausg.) 8. Neuwied. van der Beeck in Commiss. 1852. n. 27 Sgr.

Handbuch für Unteroffiziere der k. hannov. Infanterie. Als Leitfaden für ihr Verfahren in allen Dienstverhältnissen. gr. 8. Hannover. Gebr. Jänecke. 1852. n. ½ Rthlr.

— — praktisches, zur Lösung taktischer Aufgaben für Subaltern-Offiziere der k. k. österr. Armee. Mit 20 Tafeln. gr. 8. Brünn. Buschak u. Irrgang. 1853. n. 1 Rthlr. 24 Sgr.

— — des Ingenieur-Dienstes. 1 Theil. Permanente Befestigung. Mit 23 Steindrucktafeln. gr. 8. Berlin. G. Reimer. 1854. n. 4 ½ Rthlr.

2. Thl. siehe Fromm, Handbuch des Ingenieurdienstes.

— — für Unteroffiziere und Kanoniere der schweizer. Artillerie Von einem schweiz. Artillerieoffiziere. 16. Zürich. Schabelitz. cart. 1854. n. 1 ⅓ Rthlr.

— — sämmtlicher bis Ende Dzbr. 1854 erschienenen und noch in Wirksamkeit bestehenden Gesetze und Verordnungen in Militärsachen für die politisch-administrativen Behörden im österr. Kaiserstaate. (Mit Ausnahme des lomb.-venet. Königr. und der Militärgrenze). v. Kreissecr. Carl Gochnat. gr. 8. Krems (Leipzig. Steinacker) 1855. n. 1 ⅔ Rthlr.

— — der Artillerie. Uibersetzung der neuesten Ausgabe d. Aide-Memoire à l'usage des officiers d'artillerie vom Artill.-Hauptm. B. v. Seydlitz. gr. 8. Glogau, Flemming. 1858/59. 3 Rth. 15 Sgr.

— — für Offiziere der preuss. Artillerie. Mit 164 Holzsch. und 24 Tafeln. Lex. 8. Berlin. Voss'sche Behh. 1860. n. 5 Rthlr.
geb. n. 5 ⅓ Rthlr.

— — für die Cavallerie-Mannschafts-Schulen mit besond. Berücksichtigung der Unteroffizierspflichten 2. Aufl. Durchgesehen und nach den neuesten Vorschriften umgearb. von Rob. Byr. gr. 8. Prag. Bellmann. 1862. n. 27 Sgr.

— — der wichtigsten Gebühren in der k. k. österr. Armee. Zusammengestellt von e. k. k. Hauptmann. 16. Wien. Markgraf. 1862. n. ⅔ Rthlr.

Handfeuerwaffen, die gezogenen, der k. baier. Infanterie (System Podewils). Die Grundzüge ihres Systems und ihre Versuchsergebnisse. 8. Darmstadt. Zernin. 1862. n. 8 Sgr.

Handwörterbuch, militärisches, nach dem Standpunkte der neuesten Literatur u. m. Unterstützung v. Fachmännern bearb. u. red. v. W. Rüstow. 1—13 Liefg. Lex. 8. Zürich. Schulthess. 1858/59. à n. ⅓ Rthlr.

Hantelmann, Hauptm., der Compagniedienst in der kön. preuss. Armee. 3. verm. u. mit den neuesten bis Mitte Octob. 1855.

erschienen. Bestimmungen versch. Ausgabe des Griesheim'schen Compagniedienstes. Mit 13 Beilagen. gr. 8. Berlin. Schlesinger. 1856.   n. 3 Rthlr.

Hantelmann, *Hauptm.*, Schützeninstruction. Nach dem Exercier-Reglement und den neuen ergänzenden Bestimmungen bearbeitet. Mit 31 in den Text gedruckten Figuren. gr. 8. Breslau. Korn in Comm. 1857.   n. $^2/_3$ Rthlr.

— — zweites Kapitel des Exercier-Reglements f. die Infanterie der k. preuss. Armee vom J. 1847 m. den Abänderungen für die Handhbg. d. Zündnadelgewehres und den anderweit ergangenen abändernden Bestimmungen. 8. Berlin. v. Decker. 1857.   n. 2 $^1/_2$ Sgr.

Hardegg, *général* **Jul.** de, Science de l'état major-général. Esquisse d'un cours. Traduction par Capt. D. Dekeuwer. br. 8. Paris. 1856. Stuttgart. Kochler. 1857.   n. 1 Rthlr. 18 Sgr.

Harkort, **Frdr.**, die Landwehr und das Budget v. 1852. 1. 2. Aufl. gr. 8. Berlin. Kleemann. 1852. $^1/_6$ Rthlr.

— — die preuss. Handels- und Kriegs-Marine u. ihre Stellung zum Zollverein. gr. 8. Berlin. Kleemann. 1852.   n. $^1/_3$ Rthlr.

Harless. *Dr.*, **Chr. Fr.**, deutsche Bundes-Kriegshäfen als Bedürfniss f. eine deutsche Kriegsmarine. Eine Denkschrift, sachkundigen deutschen Männern zur Prüfung vorgelegt. gr. 8. Bonn. Wittmann. 1848.   n. $^1/_3$ Rthlr.

Hartmann, *Major* v., der kön. Hannoversche General Sir Julius v. Hartmann. Eine Lebensskizze m. besond. Berücksicht. d. v. ihm nachgelassenen Erinnerungen aus den Feldzügen auf der pyrenäischen Halbinsel etc. 1808—1815. Mit 1 Uibersichtskarte. Lex. 8. Hannover. Helwing. 1858. $^5/_6$ Rthlr.

— — *Hptm.*, *Lehr.*, **J.**, Vorträge über Artillerie. Einleitung in d. Ballistik. Mit 4 Tab. gr. 8. Hannover. Helwing. 1856. n. $^2/_3$ R.

— — Vorträge über Artillerie. Von den Schiessversuchen in d. Artillerie und ihrer Benutzung zur Bildung von Schusstafeln. gr. 8. Ebend. 1858.   n. $^1/_2$ Rthlr.

— — Artillerie-Organisation. gr. 8. Ebend. 1864. n. 2$^2/_3$ Rthlr.

— — *Oberst-Lieut. z. D.*, junge Generäle und alte Soldaten, Berufs- und Landwehr-Offiziere. Zwei Vorträge gehalten in d. Akademie gemeinnütziger Wissenschaften zu Erfurt. gr. 8. Erfurt. Keyser 1858.   n. 6 Sgr.

Hartung, *Major z. D.*, **Thdr.** v., Leitfaden für die Lehrer an den Regiments- und Bataillonsschulen, wie namentlich beim Selbstunterricht für die Unteroffiziere der königl. preuss. Armee. 3 Abtheilg. 8. Berlin Bergemann. 1863.   17 $^1/_2$ Sgr.

Hasenkamp, *k. preuss. Lieut.,* Kritik der unter d. 3. April 1845, 20. Juli 1843, 16. Mai 1844 n. 27. Septb. 1845 erlassenen preuss. Militair-, Straf- und ehrengerichtl. Gesetze, Verordnungen und Kabinetsordreu. gr. 8. Leipzig. O. Wigand. 1846. ¹/₄ Rthlr.

— — **Hugo v.,** Preussens Landwehr. gr. 8. Leipzig. Keil. 1847. 12 Sgr.

— — Welche Massregeln hat Deutschland in militärischer Beziehung in diesem Augenblicke zu ergreifen? gr. 8. Aachen. Mayer. 1848. ¹/₆ Rthlr.

— — die Reorganisation der Armee und die preuss. Verfassung. Zwei Aufsätze gr. 8. Berlin. Duncker & Humblot. 1849. n. 8 Sgr.

Hassel, *Gen.-Lieut., Dir.,* **W. v.,** Welche Einwirkung können die neuern Principien der Züchtung und Behandlung der Pferde auf die Haltung der Cavallerie gewinnen? gr. 8. Berlin. A. Duncker. 1851. n. 28 Sgr.

— — Rathschläge zur Behandlung des Pferdehufes von Jugend auf, mit besonderer Berücksichtigung der hannov. Landespferdezucht. Die Zeichnungen v. Hauptm. Blumenbach nach der Natur gez. Lex. 8. Hannover. Lohse. 1862. n. ¹/₂ Rthlr.

Hauer, *Hauptm.,* **Karl,** Handbuch zur Verfassung militärischer Aufsätze. 2. Aufl. gr. 8. Olmütz. Grosse. 1852. 2 Rthlr.

— — Handbuch f. Pionnier-Arbeiten im Felde. Mit 9 Tafeln. 8. Wien. Tendler & Co. 1853. n. 1 Rthlr.

— — der Unteroffizier im Felde. 2. (Titel-) Auflage. Wien. Ebend. 1853. n. ¹/₂ Rthlr.

— — der Unteroffizier in der Garnison und im Felde. 2. Aufl. 12. Ebendas. 1853. n. 1 Rthlr.

Hausknecht, *Marine-Hauptm.,* **F.,** Leitfaden zum Studium der Marine-Artillerie. Nach den besten Quellen bearbeitet. Mit 5 Kupfertafeln. gr. 8. Wien. Gerold. 1852. 3 Rthlr. 24 Sgr.

Haxthausen, *Frh.,* **Aug. v.,** die Kriegsmacht Russlands in ihrer historischen, statistischen, ethnographischen und praktischen Beziehung. gr. 8. Berlin. Behr. 1852. n. 1 Rthlr.

— — *Baron* **Aug. de,** les forces militaires de la Russie sous les rapports historiques, statistiques, ethnographiques et politiques. gr. 8. Berlin. Behr. 1853. n. 1¹/₄ Rthlr.

Heer, das preussische, unter Friedrich Wilhelm IV. mit besonderer Berücksichtigung der neuesten Uniformirung und Bewaffnung aller Truppentheile. Hft. 1—45. (24 col. Blätt.) Berlin. Sachse & Co. 1845. à n. 3 Rthlr.

Pr. Ausg. à n. 6 Rthlr.

Heer, stehendes, und Volkswehr, ein Beitrag z. d. Bewaffnungs-
frage der Gegenwart, v. einem deutschen Offizier. 8. Mannheim. Bassermann. 1848. ½ Rthlr.

— — stehendes u. Volksbewaffnung, mit Bezug auf den Baden-
schen Landwehr-Gesetz-Entwurf und die Formation der badischen Truppen, von F. v. B. 8. Karlsruhe. Nöldecke. 1848. ⅔ Rth.

— — das von Innerösterreich unter den Befehlen des Erzherzogs
Johann im Kriege v. 1809 in Italien, Tyrol und Ungarn.
Durchgehends aus offiziellen Quellen, erlassenen Befehlen, Ope-
rationsjournalen etc. 2. Auflage. gr. 8. Leipzig. Brockhaus.
1848. n. 3 Rthlr.

— — das stehende und seine Bestimmung. gr. 8. Leipzig.
O. Wigand. 1852. ¼ Rthlr.

— — das königl. preussische in seiner gegenwärtigen Uniformirung, nach den neuesten Bestimmungen und Proben zusammengestellt. 1—9. Lfg. qu. gr. Fol. Berlin. Hammer. 1862—
1863. (Wird v. Schroeder in Berlin expedirt.) à n. 2 Rthlr.

— — das stehende. Eine Zeitfrage beleuchtet von e. bayerischen
Offizier. gr. 8. München. Fleischmann's Sep. Conto. 1864. ¼ Rth.

— — und Volk, eine Sammlung von Aufsätzen meist militärischen Inhaltes. 1—2. Bd. gr. 8. Leipzig. Mayer. 1848. à 1½ Rth.

— — und Wehrverfassung, die. Eine Abhandlung gewidmet der
hohen National-Versammlung zu Frankfurt und Berlin v. General A. v. Willisen. gr. 8. Berlin. Duncker & Humblot.
1848. n. 6 Sgr.

Heer-Verfassung, die preussische, und ihre neuesten Gegner,
mit besonderer Bezugnahme auf die Schrift: die Nothwendigkeit einer Modification der Grundformen der preuss. Heeres-
Organisation vor XXXIX. gr. 8. Berlin. Mittler's Sort.
(A. Bath.) 1851. n. ⅙ Rthlr.

Heer-Wesen, das schweizerische u. der Soldatengeist. Erscheinungen aus Zeiten jüngster Vergangenheit. Von e. schweizerischen Wehrmanne. gr. 8. Zürich. Meyer & Zellers Verlag.
1859. n. 12 Sgr.

— — das, des osmanischen Reiches und der tributpflichtigen
Fürstenthümer. gr. Lex. 8. Wien. (Gerold Sohn.) 1863. n. n. ⅓ Rth.

Heidemann, Lieut. a. D., F. W., das Pferd, dessen Geschichte
im Allgemeinen, und im Besondern, mit Schilderung der verschiedenen Pferde und ihrer Raçen in sämmtlichen f. die Pfer-
zucht bemerkenswerthen Ländern etc. Mit 2 Karten und 2
Abbildungen. gr. 8. Weimar. Voigt. 1861. 1½ Rthlr.

Heidenreich J. M. O., über die Behandlung der Pferde im

Stalle und beim Fahren. Nebst einer Anweisung die Pferde
abzurichten. 8. Quedlinburg. Basse. 1847.   ⅓ Rthlr.

Heilmann, *Oberlieut.*, **J.**, die Schlacht bei Leuthen am 5. Dezemb.
1757. Mit 1 Plane. gr. 8. Berlin. Mittler & Sohn. 1849. 18 Sgr.

— — Beitrag zur Geschichte des Feldzuges von 1757. gr. 8.
Ebendas. 1854.   12 Sgr.

— — die Feldzüge der Bayern in d. J. 1643. 44. und 45.
unter den Befehlen d. Feldmarschalls Franz Freih. v. Mercy.
Nach den im königl. bayer. Reichsarchiv zu München befindli-
chen Akten des 30jährigen Krieges u. sonst. Quellen bearb.
und kritisch beleuchtet. Mit Plänen. gr. 8. Meissen. Goedsche.
1851.   n. 4 Rthlr.
          Velinp. geb. n. 6 Rthlr.

— — Feldzug von 1813. Antheil der Bayern seit dem Rieder-
Vertrag. Mit 1 Plane des Schlachtfeldes bei Hanau. Lex. 8.
München. Lindauer in Comm. 1857.   n. 1 Rthlr. 12 Sgr.

— — das Kriegswesen der Kaiserlichen und Schweden zur Zeit
des dreissigjährigen Krieges, mit besonderer Rücksichtsnahme
auf Aufbringung, Ergänzung, Unterhaltung und Kriegszucht der
Truppen, nebst den Schlachten bei Breitenfeld und Lützen.
Bearbeitet und kritisch beleuchtet. Mit 2 Plänen u. Abbildg.
d. damal. Krieges. gr. 8. Ebend.   1850. 3 Rth.
          (Herabgesetzter Preis 1 Rthlr.)

— — die Kriegskunst der Preussen unter Friedrich dem Grossen.
2 Bde. gr. 8. Ebendas.   1852/53. cpl. 6½ Rthlr.
          Herabgesetzter Preis 2 Rthlr.

Heim, *Major*, **J. P. G. v.**, Beiträge zur Ballistik, in besond.
Beziehg. auf die Umwendung der Artillerie-Geschosse gr. 4.
Ulm. Nübling. In Commiss. 1848.   n. 2 Rthlr.

— — *Lieut.*, Geschichte der Kriege in Algier. 2 Bde. Mit 2
Karten und 1 Plane. gross 8. Königsberg. Theile. 1861.
          n. 4 Rthlr.

Heimburg *Lieut.*, **H. v.**, das Scheibenschiessen der mit dem
Thouveninschen Gewehr bewaffneten Infanterie. gr. 16. Oldenburg. Schmidt. 1855.   n. ⅓ Rthlr.

Heine, *Gen.-Secr. Dr.*, Denkschrift über die Beförderung der
Landespferdezucht im preuss. Staate. gr. 8. Zörbig. Halle. Heynemann in Comm. 1850.   n. ⅓ Rthlr.

Heinecke, *Oberwachtmeister* **F.**, Memoiren oder Abenteuer u.
Schicksale eines engl. Werbers im Jahre 1809. 8. Hannover.
Pockwitz 1847.   ⅓ Rthlr.

Heinrichs, *Thierarzt*, **Jos.**, der rationelle Pferdezüchter. Zucht,

Wartung und Pflege der Pferde, ihre Krankheiten und deren
homöopath. Heilung. 8. Quedlinburg. Ernst. 1852. ⁵/₆ Rthlr.

Heinze, *Reitmeister*, **Theod.**, hippologische Reisen in Deutschland, Frankreich, England u. Belgien. Nebst e. Beurtheilung
der Reit- und Abrichtungsmethode des Stallmeister F. Baucher
in Paris 8. Leipzig. G. Wigand 1846. 1 Rthlr.

— — Vorschläge zu e. nothwendigen Reform der deutschen Landgestüte u. Reitanstalten. Eine Denkschrift an alle deutsche
Reiter. etc. gr. 8. Dresden. Klemms Verl. 1862. ¹/₄ Rthlr.

— — Pferd und Reiter oder die Reitkunst in ihrem ganzen
Umfange, nach rationeller, allein auf die Natur des Menschen,
sowie des Pferdes gegründeter, rasch und sicher zum Ziel füh-
render Methode. Theoretisch und praktisch erläutert. Mit 100
in den Text gedr. Holzschn. nach Zeichnungen von M. Krantz.
gr. 8. Leipzig. Spamer. 1863. geb. n. 2²/₃ Rthlr.

— — **A. C.,** dictionnaire portatif des armes spéciales. Français-
allemand. 2. edit. 16. Leipzig. Teubner. 1850. ¹/₃ Rthlr.

— — Taschenbuch der Artillerie - Ingenieur- und Generalstabs-
Wissenschaften. Deutschfranz. 2. Ausg. 16. Ebendas. 1850.
²/₃ Rthlr.

— — Katechismus der Bajonett - Fechtkunst. Nach J. Pinette
theorie de l'Escrime à la baionetto frei bearb. Mit Abbildgn.
8. Leipzig. Weber. 1851. cart. ¹/₄ Rthlr.

Heinzmann, *Oberst-Lieut.*, **Ed. v.,** die Grundzüge der Terrainlehre. Mit landschaftl., geogr. u. physik. Charakterschilderungen
f. Subaltern-Offiziere der Linie ausgearbeitet. Mit Holzschnitten
u. Plänen. gr. 8. Stuttgart. Aue. 1861. n. 1 Rthlr. 24 Sgr.

Heissenberger, *Auditor*, *Dr.*, **Joh.** das Disciplinarstrafrecht in d.
k. k. Armee, nebst den zur Disciplinar-Behandlung geeigneten
Vergehen und Uebertretungen, auf Grundlage der bestehenden
Gesetze zusammengestellt. 2. Aufl. gr. 8. Wien. Gerold Sohn.
1860. n. ¹/₂ Rthlr.

— — Handbuch in Strafsachen für die Offiziere der kais. kön.
Armee. insbes. für die Gerichtsherren und Commandanten aller
Waffengattungen. 8. Wien. Markgraf. 1864. n. 18 Sgr.

Held, Hans von, Geschichte der 3 Belagerungen Colbergs im
7jährigen Kriege. Herausgeg. u. Preussens Kriegern u. Bür-
gern gewidmet von seinem Sohne. Mit 2 Karten. gr. 8. Berlin. A. Duncker. 1847. 1 Rthlr. 27 Sgr.

Helden-Sarnowski, *Hptm.*, **von,** Lektion im Büchsen- und Pis-
tolenschiessen. Populär bearb. mit besonderer Rücksicht auf

Privatschiessvereine und Schützengilden. gr. 8. Erfurt Müller. 1848. 6 Sgr.

Helden-Sarnowski, *Hptm.*, von, populäre Theorie des Schiessens mit praktischen Fingerzeigen für den Schiess-Instructeur. Mit 4 erläut. Tafeln. gr. 8. Erfurt. Villaret. 1862. n. $\frac{1}{3}$ Rthlr.

Heldenzüge der Mannschaft des 27. k. k. Infanterie-Regimentes König der Belgier aus dem Feldzuge 1864. 8. Wien. Dirnböck in Comm. 1864. geb. n. 6 Sgr.

Helfert, Jos. Alex., *Frh.* v., die Schlacht bei Kulm. Mit 1 Uibersichtskärtchen des Kriegsschauplatzes. gr. Lex. 8. Wien. Praudel & Ewald in Comm. 1863. n. 28 Sgr.

Helldorf, *Hauptm.*, H., der Unteroffizier der Landwehr-Infanterie-Instructionen für einjährige Freiwillige und Gefreite, welche mit dem Zeugniss der Qualification zu Landwehr-Unteroffizieren zur Reserve entlassen werden. 8. Berlin. Hempel 1854. n. $\frac{1}{4}$ Rthlr.

— — der Infanterie-Unteroffizier als Sectionsführer im zerstreuten Gefecht. 3. verm. Aufl. 8. Ebendas. 1857. n. 3 Sgr.

— — *Hauptm.*, K. v., Dienstvorschriften der königl. preuss. Armee. Herausgeg. v. e. Vereine v. Offizieren. 3 Theile mit 2 Thln. Nachträgen. gr. 8. Berlin. Mittlers Sort. (jetzt Bath). 1860. n. 13$\frac{5}{16}$ Rthlr.

— — *Gen. Major z. D., Freih.* v., zur Geschichte der Schlacht bei Kulm. Aufklärung verschiedener bis jetzt unrichtig dargestellter Thatsachen über die Tage v. 25.—30. August 1813. gr. 8. Berlin. Hempel. 1856. n. $\frac{1}{2}$ Rthlr.

— — aus dem Leben des kais. russ. Generals der Infanterie, Prinz Eugen v. Würtemberg, aus dessen eigenhänd. Aufzeichnungen sowie aus dem schriftlichen Nachlasse seines Adjutanten gesammelt u. herausg. 1/2 Theil. gr. 8. Ebendas. 1861/62. à n. 1$\frac{1}{3}$ Rthlr.

Heller v. Hellwald, *Feldmarschall-Lieut.*, Fried., Erinnerungen aus den Freiheitskriegen. Nach dem Tode des Verfassers herausgeg. von Ferd. v. Hellwald. gr. 8. Stuttgart. Cotta. 1864. 27 Sgr.

Helmuth, *Oberst z. D.*, C., die Distanzen-Messungen der Artillerie und das militärische Croquiren mit Hilfe d. Romershausenschen Längenmesser. gr. 16. Halle. Knapp. 1848. n. $\frac{1}{2}$ Rthlr.

— — der kleine Krieg, sein Wesen und seine Bedeutung. Mit erläut. Zeich. und Beispielen aus der Kriegsgeschichte. Mit 3 Tafeln. gr. 8. Magdeburg. Gebr. Baensch. 1854. n. 1 Rthlr. 18 Sgr.

— — preussisch. Kriegschronik. Kurzgefasste Darstellung der Feldzüge von 1640—1850. Mit e. Uibersichtsk. in 4 Blättern. 4 Hfte. gr. 8. Leipzig. Deckmann. 1864. à n. $\frac{1}{2}$ Rthlr.

Henckel v. Donnersmark, *Gen.-Lieut.*, Viktor Amadäus, *Graf*, militärischer Nachlass. Herausgeg. v. Major a. D. Carl Zabeler. 2 (Titel-) Ausg. 2 Thle. gr. 8. Leipzig. Violet. 1858. 4 Rthlr.

— — W. L. V., Erinnerungen aus meinem Leben. gr. 8. Ebend. 1847. n. 3 Rthlr.

Henneberg, *Dr.*, Fried., die Militärconvention zwischen Preussen und Coburg-Gotha. Bericht des Militärausschusses des gemeinschaftlichen Landtages der beiden Herzogthümer Coburg-Gotha. gr. 8. Coburg. Streit. 1861. ¼ Rthlr.

Herbst, Joh. Aug., praktischer Unterricht über Pferdezucht. 2. verb. Aufl. Mit 2 lith. Pferde-Abbildungen. gr. 8. München. Liter. art. Anst. 1854. cart. n. 16 Sgr.

Herget, *Oberlieut.*, C. v., Figuren zur Waffenlehre nach d. Lehrstoffe systematisch geordnet. gr. 4. Darmstadt. Jonghaus. 1863. n. 1 Rthlr.

— — Leitfaden für den Unterricht in der Waffenlehre. 8. Ebendas. 1863. n. ²/₃ Rthlr.

Hermann *Hptm.*, *Fechtlehrer*, Aug., Grundzüge e. Anleitung zum Säbelfechten nebst Fechtaufgaben u. deren Lösung. 16. Pest. Geibel. 1859. ¹/₃ Rthlr.

— — Schlüssel zur Kunst des Rapier- und Säbelfechtens à la contrepointe. Mit 24 Abbildungen und Figuren. gr. 16. Linz. Danner. 1861. 24 Sgr.

— — Offiziers-Feld-Buch nach den neuesten Vorschriften und den besten militärischen Werken bearbeitet. 32. Ebendas. 1862. geb. 27 Sgr.

Herminenthal, *Major*. Rud. Jak. v., der Soldatenstand. Charakteristisch bearb. gr. 8. Wien. Typogr. liter. artist. Anstalt. 1862. n. 1¼ Rthlr.

Herrmann E. M. v., das Reitpferd, seine Eigenschaften und Behandlung. Eine auf vieljährige Erfahrung gegründete Anleitung etc. 8. Bautzen. Helfer. 1847. ¼ Rthlr.

— — das Zugpferd, dessen Eigenschaften, Behandlung und Gebrauch. Eine Sammlung vieljähriger Erfahrungssätze. 2 (Titel-) Aufl. 8. Leipzig. Kittler. 1850. ¼ Rthl.

Hertwig, *Prof.*, *Dr.*, C. H., Taschenbuch der gesammten Pferdekunde. Für jeden Besitzer und Liebhaber von Pferden. Mit 9 Taf. Abbildungen. 3. Aufl. 8. Berlin. A. Hirschwald. 1864. cart. n. 2⅓ Rthlr.

Herwarth v. Bittenfeld, *Prem.-Lieut.*, Hans, Geschichte des königl. preussischen Garde-Regiments zu Fuss. gr. 16. Berlin. v. Decker. 1863. n. ⅙ Rthlr.

Herzberg, *Major*, C. v., der Soldat sein Leben, Sein und Wir-

6*

ken. Ein Buch zur Orientirung über das gesammte Militärwesen und Militärleben für Jedermann. 2. (Titel-) Ausg. Stuttgart. Hallbergers Verlag. 1856. 18 Sgr.

Hesekiel George, neue Soldatengeschichten aus alter Zeit. 8. Berlin. Bergemann. 1854. n. 12 Sgr.

— — Patronentaschenbuch. Neue Soldatengeschichten. 8. Ebendas. 1855. n. ½ Rthlr.

— — Soldatengeschichten. 2. Aufl. 16. Magdeburg und Leipzig. Gebr. Baensch. 1857. n. ²/₃ Rthlr.

Heusmann, *Stabsthierarzt a. D.*, **F.**, Bemerkungen und Ideen über Gegenstände der militärischen Veterinärkunde. gr. 8. Hannover. (Schmorl & v. Seefeld.) 1854. n. 12 Sgr.

Heyde, *Hofrath a. D.*, **W. G.** von der, der Militär-Versorgungs-Berechtigte und dessen Ansprüche auf die Anstellung im Civildienst. 8. Magdeburg. E. Baensch. 1860. n. ²/₃ Rth.

— — der Militär-Versorgungs-Berechtigte und dessen Ansprüche auf die Anstellung im Civildienst. 8. Stettin. Saunier in Comm. 1860. baar n. n. ¹/₃ Rth.

— — *Major a. D.*, **Wilh. v. der**, der Kampfweise der Franzosen zu begegnen. Nebst einem Anhang. 8. Berlin. (Schlesier.) 1864. baar n. 6 Sgr.

— — die Offensive der preussischen Armee. gr. 8. Ebendas. 1864. 6 Sgr.

Heydt, *Hauptm.*, **Frz.**, Freilager, Vorposten-Aufstellung und Marschordnung der kaiserl. königl. Infanterie, Cavallerie und Artillerie bis zur Stärke einer Brigade. 3. Aufl. 8. Prag. (Credner.) 1857. n. n. 1 Rthlr.

Heyn, *Oberlieut.*, **A.**, die passagere Befestigungskunst. Für Offiziere und Unteroffiziere der Infanterie. 8. Oldenburg. Schmidt. 1853. n. ²/₃ Rthlr.

Hillig Th., „Militaria". Eine Sammlung und system. Zusammenstellung militärischer Notizen, Uebersichten und Schema's als Hilfs- und Nachschlagebuch für Feldwebel, Zahlmeister etc. 8. Neuwied. (Heuser.) 1857. n. ⁵/₆ Rthlr.

Hirtenfeld J. *Dr.*, allgemeines militärisches Handbuch. Organisation der europäischen Heere in Bezug auf Etat, Eintheilung, Dislocation, Bewaffnung, Ausrüstung, Uniformirung etc. u. einer militärischen Biographie. 8. Wien. Gerold. n. 1 Rthlr. 10 Sgr.

— — der Militär-Maria-Theresien-Orden und seine Mitglieder. Nach authentischen Quellen bearbeitet zur ersten Säcularfeier. 1857. gr. Lex. 8. Wien. (Gerold's Sohn.) 1857. n. n. 6 ¹/₃ Rth.

— — Schema über den Organismus und die Angestellten bei

den hohen Armee-Behörden, Festungs-, Platz- und Stadt-Kommanden. gr. 8. Ebendas.   n. 16 Sgr.

Hoburg, *Major a. D.*, **K.**, die Belagerungen der Stadt und Festung Thorn seit dem 17. Jahrhundert. Mit Plänen und Zeichnungen. 2. Abdr. 8. Thorn. Lambeck. 1850.   1 Rthlr.

— — Geschichte der Festungswerke Danzigs. Mit 23 Zeichnung. gr. 8. Danzig. Homann. 1852.   n. n. 3 Rthlr.

— — die Belagerung der Stadt Danzig im J. 1734. Mit 1 Plan. gr. 8. Danzig. Bertling. 1858.   n. $\frac{1}{2}$ Rth.

— — geschichtlich militär. Nachrichten über die Festung Pillau. Zum Theil nach handschriftlichen Nachrichten. gr. 8. Königsberg. (Danzig, Bertling.) 1859.   baar n. $\frac{1}{6}$ Rthlr.

Hochstetter C. v., Militär- und Civil-Reiterschule neuerer Zeit. Zur gründlichen Anleitung in der einzig wahren Reiter-Praxis mit 7 Origin. Steindr. gr. 8. Berlin. Mittler's Sort. (A. Bath). 1850.   n. $1\frac{1}{2}$ Rthlr.

Hoff, Wilh., Anleitung z. Verrechnung der Montur u. Rüstung bei der k. k. Armee. Nach der Allerh. sanct. neuen Monturs-, Gebarungs- und Verrechnungs-Instruktion etc. etc. gr. 8. Wien. (Pesth. Geibel.) 1856.   n. 1 Rthlr. 8 Sgr.

Hoffinger, *k. k. Major*, **von,** Beiträge zur Kenntniss der europ. Heere und Flotten u. hierauf bezügl. Budget-Verhältnisse. Lex. 8. Wien. Gerold Sohn in Commiss. 1863.   n. 8 Sgr.

Hoffmann, *Oberarzt, Dr.,* **A.,** Entwurf einer Medicinal-Ordnung f. deutsche Heere mit begründenden Erläuterungen. Ein Beitrag zu den Reformbestrebungen unserer Zeit. 8. Pforzheim. Flammer (jetzt Behrens). 1851. $\frac{1}{2}$ Rthlr.

— — *Prem. - Lieut.,* **W.,** die Waffenlehre. Ein Leitfaden zur Vorbereitung für das Offizier-Examen. Mit 163 in den Text gedruckten Holzschnitten. gr. 8. Berlin. Mittler's Sort. (A. Bath). 1855.   n. $1\frac{1}{3}$ Rth.

— — die Elemente der Waffenlehre. Ein Handbuch für Offizier-Aspiranten und Subaltern-Offiziere der Infanterie und Cavallerie. Mit 200 in den Text gedruckten Holzschn. gr. 8. Ebendas. 1860.   n. $1\frac{1}{2}$ Rth.

— — *Hptm.,* der preussische Kanonier. Zur Belehrung in dienstlichen und artill. Beziehung. 2. Auflage. Nach dem Tode des Verf. herausgeg. v. Prem. - Lieut. Gärtner. 8. Leipzig. Amelang. 1856.   n. $\frac{1}{3}$ Rthlr.

Hoffmeister, *Brigade-Rossarzt,* kritische Beleuchtung d. Miles'-schen Hufbeschlags und Vergleichung desselben m. dem deutschen. gr. 8. Berlin. (Hirschwald.) 1853.   n. 6 Sgr.

Hoffstetter, *Oberstl.,* **G.,** das Exercier - Reglement f. die eidgenössischen Truppen m. taktischen Erläuterungen und Begründungen. 16. Zürich. Schulthess. 1855. n. 16 Sgr.

— — *vorm. Major,* **Gust.,** v., Tagebuch aus Italien 1849. 2. (Titel-) Ausg. A. u. d. T. Garibaldi in Rom 1849. gr. 8. Zürich. Schulthess 1860. 1 ¼ Rthlr.

Höfler, *Major,* **Edm.,** der Feldzug von 1809 in Deutschland u. Tyrol. m. besond. Beziehung auf die Taktik. Mit Benützg. neuer bayer. Quellen bearbeitet. Mit 1 Uebersichtskarte und 1 Detailplane. 8. Augsburg. Rieger. 1858. n. 24 Sgr.

— — Gedanken über taktische Ausbildung d. Truppen überhaupt, zunächst der Infanterie, im Geiste der neueren Kriegführung. 8. Ebendas. 1861. ½ Rth.

— — die Anwendung d. Feldbefestigung nach den Erfordernissen d. Taktik. Zunächst f. Offiziere der Infanterie zusammengestellt. Mit Plänen und in den Text gedr. Holzschnitten. gr. 8 Ebendas. 1861. 24 Sgr.

v. Hofmann, *Oberlieutenant,* **Frz.,** Leitfaden für die Vorträge über Arithmetik u. Algebra in den k. k. Cadetten-Schulen. gr. 8. Gratz. Kienreich. 1851. n. 1 ⅔ Rthlr.

— — Sammlung v. Aufgaben aus der Arithmetik und Algebra. Für die k. k. Cadetten- und Regimentsschulen. gr. 8. Ebendas. 1851. n. 1 Rthlr.

Hofmann, *General,* **von,** die Schlacht von Borodino m. einer Uebersicht des Feldzuges v. 1812. gr. 8. Coblenz. Bädecker. 1846. n. 1 Rthlr.

— — zur Geschichte des Feldzugs v. 1815 bis nach der Schlacht v. Belle Alliance. 2. Aufl. gr. 8. Berlin. Mittler's Sort. (A. Bath). 1851. 18 Sgr.

— — das neue Percussionsgewehr und dessen Anwendung. 2. Aufl. gr. 8. Coblenz. Hergt 1852. ⅙ Rthlr.

Hofzinser, **Frz. Xav.,** *Rittmeister,* über den innern Dienst der schweren und leichten Cavallerie. Ein ausführl. Handbuch für Offiziere. 3 Bde. gr. 8. Wien. Lechner. 1846. n. 7 Rthlr.

Holstein, **Max von,** militärische Notizen, den Dienst der französischen Cavallerie betreffend. Gesammelt im J. 1847 gr. 8. Kiel. Schröder u. Comp. 1851. n. 6 ¼ Sgr.

Höpfner, *General - Major,* **Ed. von,** der Krieg von 1806 u. 1807. Ein Beitrag. z. Geschichte der preuss. Armee, nach den Quellen des Kriegs-Archivs bearb. 2 Thle in 4 Bänden. Mit Gefechts- und Schlachtplänen u. Beilagen. 2. Auflage. gr. 8. Berlin. Schropp. 1855. n. 8 Rthlr.

Hoppe, *Prem.-Lieut. a. D.,* **Hugo,** der Kampf d. General de la

Moricière für die weltliche Macht des Pabstes. Mit e. Karte
des Kriegsschauplatzes u. e. Situationsplane v. Ancona. gr. 8.
Berlin. Warnsdorff. (jetzt Schlesier). 1862. n. $^1/_2$ Rthlr.

Hoermann von Hoerbach, *Oberlieut.*, **Ludwig**, Grundzüge e.
Systems der Infanterie nach den Anforderungen der heutigen
Taktik. Mit 9 lith. Tafeln. gr. 8. Augsburg. Rieger. 1854.
1 Rthlr. 21 Sgr.

Horn, *Hptm.*, v., Geschichte des königl. preuss. Leibinfanterie-
Regiments. Im Auftrage des Regiments verfasst u. herausgegeben. gr. 8. Berlin. Wagner. 1860. n. $3^1/_3$ Rthlr.

Horst, *Gen.-Major*, **Frh. Ulrich von d.**, Zur Geschichte des
Feldzuges der Schleswig-Holsteiner gegen die Dänen im Jahre
1850. Die Schlacht v. Idstedt, am 24. und 25. Juli. Mit 1
Plan u. 1 Uebersichtskarte. gr. 8. Berlin. Mittler & Sohn.
1852. n. 24 Sgr.

Hoyer, *Dr.*, **J. G. von**, k. preuss. General-Major, Franz Sforza I.
Visconti, durch Tapferkeit u. Klugheit Herzog von Mailand.
Darstellung des Kriegslebens im Mittelalter. Aus gleichzeit.
Quellen. 2 Thle. gr. 8. Magdeburg. Falkenberg & Comp. 1846.
24 Sgr.

Hoynigg, Joh., alphabet. Repertorium zum k. k. Armee-Verord-
nungsblatte f. d. Jhg. 1850 incl. 1860, mittelst welchem jedes
darin enthaltene Gesetz und jede Circulair-Verordnung etc.,
schnell und vollständig aufgefunden werden kann. gr. 4. Wien.
Dirnböck. 1862. 1$^1/_3$ Rthlr.

Hübner, *Feldwebel*, Handbuch f. Offiziere, Feldwebel u. Unteroff.,
betr. die Geld- und Natural-Verpflegung, den Servis und die
Bekleidung der Compagnien, sowie die Competenzen der Offiziere und Aerzte im gewöhnlichen und aussergewöhnl. Frie-
dens-Verhältnissen, sowie nach erfolgter Mobilmachung. gr. 8.
Berlin. Mittler's Sort. (A. Bath). 1853. n. 1$^2/_3$ Rth.

Hufbeschlag, der, als Compendium u. m. besond. Berücksichtigung f. die preuss. Artillerie u. Cavallerie bearb. (Als Manuscript gedruckt) gross 16. Magdeburg. E. Baensch. 1860.
baar n. $^1/_6$ Rthlr.

Hugonnet, F., Betrachtungen über die Reiterei der jetzigen Armeen m. besond. Berücksichtigung Frankreichs. Aus dem Spectateur militaire ins Deutsche übertragen v. e. Generalstabs-
Offiziere. gr. 8. Berlin. Schlesier. 1863. $^1/_4$ Rthlr.

Huhn, *Prem.-Lieut.*, F. W., die Griffe u. Chargirung mit dem
Zündnadelgewehr, in ihrer Zerlegung, für die erste Ausbildung
des einzelnen Mannes. Durch 62. Abb. erläutert. 3. Auflage.
8. Berlin. (Th. Grieben.) 1862. baar n. 6 Sgr.

Hülsemann, *Hptm.*, **B.,** Geschichte d. königl. Hannover. 4. Infant.-Regts. und seiner Stammkörper, von der ersten Errichtg. der Letzteren bis z. Jahre 1848, unter vorzügl. Berücksichtg. der Feldzüge v. 1813—14—15, und d. Schleswig-Holsteinschen Feldzuges vom 1848. gross. 8. Hannover. Helwing. 1863.

n. $\frac{1}{2}$ Rthlr.

Hundt von Hafften, *Prem.-Lieut. a. D.*, militärisch-politische Berichte aus Frankreich. 2te durch einen Rückblick auf den letzten Krieg vermehrte Aufl. gr. 8. Berlin. F. Schneider. 1861.

n. 1 Rthlr.

— — militärische Grundsätze, dem Berufe u. dem Leben entnommen. gr. 8. Rostock. Leopold. 1858. $\frac{1}{2}$ Rthlr.

— — der Standpunkt unserer Armee, der Verfassung und sich selbst gegenüber. Militärische Aufsätze m. e. politischen Vorwort. gross 8. 2. Auflage. Berlin. Reichardt & Zander. 1862.

$\frac{3}{4}$ Rthlr.

Huschberg, *Archiv-Regim.-Rath*, **Joh. Ferd.,** die drei Kriegsjahre 1756—58 in Deutschland. Aus seinem Nachlasse. Mit Ergänzungen. Hersg. v. Heinrich Wuttke. Nach bisher unbenutzten Archiven. gross. 8. Leipzig. Hinrich's Verlag. 1856.

n. 4 Rthlr.

Hütz, *Oberst*, **J.,** die Feldartillerie und ihre Organisation. gr. 8. München. Franz. 1853. 21 Sgr.

— — u. *Oberlieut.*, **J. Schmölzl,** Handbuch der königl. bayerischen Artillerie, ganz umgearb. und verm. Auflage. 8. Ebendas. 1855—60. cpl. 3 Rthlr. 22 Sgr.

J.

Jachmann, *Marine-Lieut.*, **E.,** allgemeine Grundsätze einer Flotten-Taktik nach der holländischen Taktik des Ritters von Kingsbergen. Mit 24 Kpftaf. Lex. 8. Berlin. A. Duncker. 1850. 24 Sgr.

Jacobi, *Hauptm.* **B.,** Hannover's Theilnahme an der deutschen Erhebung im Frühjahr 1813, mit besonderer Rücksicht auf die Truppenformationen an der Elbe. Mit 2 Terrainzeichnungen, gr. 8. Hannover. Helwing. 1863. n. 28 Sgr.

— — *Gen.-Lieut.* (Carl), das zehnte Armee-Corps d. deutschen Bundesheeres. Kriegs-Verfassung und Verwaltung seiner Contingente. Auf Grund amtlicher Mittheilungen unter Leitung des (Verf.) als 2. neu. bearb. Aufl. herausgeg. v. Hauptm. B. Jacobi. gr. 8. Hannover. Hahn. 1858. 2 $\frac{1}{3}$ Rthlr.

Jacoby, *Kreisthierarzt, Dr.,* **Ferd. Rud.,** Katechismus der Pferdezucht, zugleich eine Beschreibung der Krankheiten der Zucht-
thiere und Füllen enthaltend. 2. Aufl. 8. Wittenberg. Reichenbach'sche Buchhandlg. 1861. ¹/₄ Rthlr.

— — Anleitung zur äussern Pferdekenntniss, zugleich als Rath
beim Pferdekauf. Für Cavallerie-Offiziere etc. Mit 1 Taf. Abbildg. gr. 8. 3. (Titel-) Aufl. Quedlingburg. Ernst. 1861. 1 Rth.

Jagemann, *Generalauditor, Dr.,* **Ludw. von,** die Militärstrafen
im Lichte der Zeit. br. gr. 8. Erlangen. Enke. 1849. n. 8 Sgr.

Jäger, die, von Vincennes, *(chasseurs à pied)* und die neuen
Feuerwaffen in der französischen Armee. Eine Skizze. (Aus der
Revue des deux mondes.) gr. 8. Berlin. Springer. 1855. 6 Sgr.

— — *Dr.,* **A.,** das orientalische Pferd und das Privat-Gestüt
Sr. Maj. des Königs v. Würtemberg. Eine hippolog. Monogr.
für Züchter, Freunde und Kenner von edlen Pferden. gr. 8.
Stuttgart. Becher. 1846. In Leinwd. geb. 4 ¹/₄ Rthlr.

Jahde-Meerbusen, der und seine Wichtigkeit in Beziehung zu
den Vortheilen, welche derselbe seiner Lage nach zur Anle-
gung eines Kriegshafens an der Nordseeküste gewährt. gr. 8.
Oldenburg. Schulze. 1848. n. ¹/₆ Rthlr.

Jahr 1848, das. Ein Beitrag zur Geschichte des k. preuss. 7.
Infanterie-Regiments. gr. 8. Schweidnitz. Weigmann. 1849.
n. ²/₃ Rthlr.

Jahrbuch für Pferdezucht, Pferdekenntniss, Dressur, Reitkunst u.
Rossarzneikunde. Angefangen v. S. v. Tennecker, fortgesetzt
von Prof. Dr. Rueff. 21.—29. Jahrg. 12. Weimar. Voigt. 1845
—1857. cart. à Jhrg. 1 ¹/₃ Rthlr.

Jahre, acht und vierzig. Zeichnungen u. Skizzen aus der Mappe
eines constitutionellen Offiziers. 4 Bände. gr. 8. Cassel. Hotop.
1852. 4 Rthlr.

— — vierzig aus dem Leben eines Todten. 1790—1830. Hin-
terlassene Papiere eines französischen preuss. Offiziers. 3 Bde.
gr. 8. Tübingen. Osiander. 1847. 48. cpl. 6 Rth.

— — noch fünfzehn, aus dem Leben eines Todten. Hinterlas-
sene Papiere eines französischen preussischen Offiziers (1830—
45). Fortsetzung der „40 Jahre aus dem Leben eines Todten"
in 3 Bänden (1790—1830). gr. 8. Tübingen. Osiander.
1854. 1 Rthlr. 24 Sgr.

Jahresbericht über die Leistungen in der Kriegsheilkunde im
J. 1863. Hersg. von Scherer, Virchow und Eisenmann. hoch 4.
Würzburg. Stahel. 1865. n. 1 Rthlr. 24 Sgr.

Jaitner, Exercier-Reglement der Linien-Infanterie- und Jäger-
Truppe. 3. Aufl. gr. 8. Wien. Klemm. 1862. 16 Sgr.

Jannasch, R., Unsere Pferde. Ein Beitrag zur deutschen National-Oekonomie. 3. Auflage. gr. 8. Dresden. Zeh in Commiss. 1864. n. $\frac{1}{2}$ Rthlr.

Iber, Stillfried, wichtige Andeutungen über die Hauptmängel im Österreichischen Heere. 8. Hamburg. Hoffmann & Campe. 1862. 6 Sgr.

Ideen für eine rationelle Militärreorganisation in der Schweiz. Von e. schweizerischen Artill.-Offizier. gr. 8. Winterthur. (Steiner.) 1860. n. 4 Sgr.

— — über Organisation und Taktik der schweizer. Infanterie. Eine Festschrift zur Versammlung der Schweizer. Militärgesellschaft in Basel 1851. gr. 16. Basel. Schweighauser. 1851. 18 Sgr.

Jervis, *Cap.,* **Jervis-White,** die gezogene Muskete. Eine praktische Abhandlung über das gezogene, neuerlich im britischen Dienst eingeführte Enfield-Pritchett-Gewehr. Aus dem Englisch. Mit 1 Taf. Abbildungen. gr. 8. Darmstadt. Diehl. In Comm. 1855. n. 18 Sgr.

Jessen, *Dir.,* **P.,** die nothwendigsten Huf- und Klaueneisen und die Hauptregeln beim Hufbeschlage. Als Erläut. zu der von dem stellvert. Lehrschmied Carl Frd. Arndt angefertigten Sammlung v. Muster-Hufeisen. 8. Dorpat. (Gläser.) 1853. n. $\frac{5}{6}$ Rth.

— — neu zusammengestelter Hufbeschlagkasten. Mit 1 Taf. Abbildungen. gr. 8. St. Petersburg. (Dorpat. Glaeser.) 1858. n. 12 Sgr.

Im-Thurn, Fr., Taschenbuch für Pferdebesitzer, Pferdewärter und Alle, die mit Pferden umzugehen haben. Mit 1 Kupfer. 8. Basel. Schabelitz. 1849. $\frac{1}{2}$ Rth.

Infanterie, die leichte, der französischen Armee. Von R. O. gr. 8. Berlin. Mittler & Sohn. 1856. $\frac{1}{2}$ Rthlr.

— — -Feuergewehr, das kaiserl. königl. österreich. Auf die hohen Vorschriften basirt, u. z. Gebrauch für den Offizier beschrieben und dargestellt von M. B. A. 4. Aufl. gr. 8. Wien. Leipzig. R. Hoffmann. 1862. n. 12 Sgr.

Ingenieur-Corps, das, der preussischen Armee, wie es war und wie es sein sollte. Ein Wort zur Verständigung der Organisation desselben. gr. 8. Berlin. Mittler's Sort. (A. Bath). 1852. n. $\frac{1}{2}$ Rth.

Instruktion für die Wachen, in Hinsicht der von ihnen wahrzunehmenden vorläufigen Ergreifungen und förmlichen Verhaftungen. gr. 8. Berlin. v. Decker. 1850. $2\frac{1}{2}$ Sgr.

— — sur le tir, à l'usage des troupes d'artillerie, approuvée par le ministère de la guerre le 13. Férv. 1848. 32. Strassbourg. Veuve Levrault. 1848. n. 3 Sgr.

Instruktion für den Betrieb der Gymnastik und des Bajonettfechtens bei der Infanterie. Lex. 8. Berlin. v. Decker. 1860. n. $\frac{1}{3}$ Rth.

— — für das Geschäft der Musterungen bei den Truppen im Frieden. gr. 8. Ebendas. 1856. 2 $\frac{1}{2}$ Sgr.

— — für Unteroffiziere und Soldaten der Reiterei. Ein Handbüchlein für Garnison und Feld von L. v. Sch. 2. Auflage. 12. Mannheim. Bensheimer. 1859. cart. n. 6 Sgr.

— — über die Verwaltung der Garnisonschulen. gr. 8. Berlin. A. Duncker. 1855. n. 8 Sgr.

— — für die Ausführung des Waffen-Reparatur - Geschäftes bei den mit glatten Gewehren bewaffneten Infanterie - Bataillonen. gr. 8. Berlin. v. Decker. 1853. $\frac{1}{6}$ Rth.

— — über die Büchse der preussischen Jäger und Schützen. 5. Aufl. mit 24 Holzschn. 8. Berlin. Bergemann. 1854. n. $\frac{1}{4}$ Rthlr.

— — des Felddienstes, gestützt auf die Waldersee'sche Ausbildungsmethode der Infanterie für das zerstreute Gefecht, in Verbindung mit kriegsgeschichtl. Beispielen. Für jüngere Offiziere der Infanterie bearb. von E. v. St. gr. 8. Frankfurt. a. M., Sauerländer's Verl. 1858. n. 1 $\frac{1}{3}$ Rthlr.

— — für Militär-Aerzte, zur Untersuchung und Beurtheilung der Dienstbrauchbarkeit und Unbrauchbarkeit Militärpflichtiger, Recruten resp. Soldaten, sowie zur Beurtheil. der Invalidität im Dienst befindlicher u. entlass. versorgungsberecht. Soldaten. Vom 9. Decb. 1858. 8. Berlin. v. Decker. 1859. baar n. 3 $\frac{1}{2}$ Sgr.

— — für die Infanterie-Lehr-Bataillons und die Jäger - Lehr-Division. gr. 8. Wien. Hof & Staatsdruckerei 1852. n. $\frac{1}{3}$ Rth.

— — für die Infanteristen der königl. preuss. Armee. Zusammenstellung aller Verhaltungsmassregeln, welche der Infanterist bei Ausübung seines Dienstes wissen muss. 8. Potsdam. Döring. 1845. n. $\frac{1}{6}$ Rthlr.

— — für den Cavalleristen über sein Verhalten in und ausser dem Dienste. Von e. Stabsoffizier. 1. Aufl. 16. Brandenburg. Müller. 1851. n. $\frac{1}{6}$ Rthlr.

— — für königl. bayersche Cavallerie-Unteroffiziere. (1 Thl.) 8. Zweibrücken. 1861. (Bamberg. Buchner) 1864. n. 8 Sgr.

— — dieselben. 2. Thl. 8. Ebend. 1864. n. 8 Sgr.

Instruktionsbuch für Soldaten der Infanterie. 3. Aufl. 12. Torgau. Wienbrack. 1851. n. 3 Sgr.

Johnson, *Dr.,* **J.,** das Nothwendigste dessen, was beim Ankauf von Pferden zu berücksichtigen ist. Mit 14 in den Text gedr. Holzschn. gr. 8. St. Petersburg. Leipzig. R. Hoffmann in Commiss. 1853. n. 8 Sgr.

Jordan, A., Geschichte des brandenburgisch-preussischen Kriegs-

Marine. In ihren Entwickelungsstufen dargestellt. Mit Benutzung archiv. Quellen u. ungedr. Manuscripte. Lex. 8. Berlin. Heinicke. 1856.   n. 1²/₃ Rthlr.

Ipsen, A., Erinnerungen aus dem schleswig-holsteinischen Feldzuge vom 1850. gross. 8. Kiel. Schröder & Comp. 1851,
                                                                n. ⁵/₆ Rthlr.

Jubel-Feier, hundertjährige des königl. bayer. Cadetten-Corps. Fest-Bericht mit bezügl. Beilagen. Hrsg. v. Hptm. Prof. Ferd. Leutner zu Wildenburg. gr. 8. München. (Lindauer.) 1856.
                                                                n. ²/₃ Rthlr.

Julius, *Hptm.*, **Gust.**, Ideen über die taktischen Formen der Infanterie um als Gefechtsform die bisherige Linienstellung der Bataillone ausser Anwendung zu bringen. Dem deutschen Heere gewidmet. 8. Koblenz. Bädeker. 1848.   n. ¹/₃ Rthlr.

Junck, *Hptm.*, **E. C.**, der russisch-türkische Krieg in der europ. Türkei u. in Asien in d. J. 1828—29. Zum bessern Verständniss des gegenw. Krieges bearb. Mit e. Uebersichtskarte des Kriegsschauplatzes in Wien. gr. 8. Cassel. Luckhardt. 1854.
                                                                n. ³/₄ Rthlr.

Jungmann, *Major*, **Ed.**, Eckernförde und d. 9. April 1849. Eine artilleristische Episode aus dem deutsch-dänischen Kriege. Aktenmässig dargestellt. gr. 8. Hamburg. Perthes, Besser und Mauke. 1852.   n. 18 Sgr.

Justus, Siegfr., die Revolution und die Volkswehr. In 2 Abthn. gr. 8. Leipzig. Hunger in Commiss. 1850.   n. ¹/₃ Rthlr.

Ivernois, *Obristlieut. a. D.* **F. von**, die Ehe des Kriegers und Warnung vor dem zu frühen Heirathen. gr. 8. Berlin. Mittler's Sort. (A. Bath.) 1860.   n. ¹/₆ Rthlr.

K.

Kaim v. Kaimthal, *Hptm.*, **Ferd.**, das k. k. Infanterie-Regiment Erzherzog Rainer. Nr. 59 vom J. 1856—63. gr. 8. Salzburg. Mayr 1864.   baar n. n. ²/₃ Rthlr.

Kalinowsky II., *Prem.-Lieut.* **v.**, das Bureau des Landwehrbataillons. Ein Hülfsbuch für Adjudanten, Compagnieführer u. Bezirksfeldwebel der Landwehr. gr. 16. Berlin. Mittlers Sort. (A. Bath.) 1855.   n. ⁵/₆ Rthlr.

— — die Expeditionen d. Herzogs Ferdinand v. Braunschweig gegen die französische Armee am Niederrhein im J. 1758 u. die Schlacht v. Crefeld am 23. Juni 1758. Zusammengestellt zu der bevorstehenden — v. den Landwehrvereinen in's Leben

gerufen — Säkularfeier der Schlacht v. Crefeld u. den Land-
wehrmännern d. Bezirks gewidmet. Unter Benutzg. der vorhandenen Berichte der Offiziere d. grossen Generalstabes v.
Tempelhof u. m. a. gr. 8. Crefeld, Schüller. 1858. n. 3 Sgr.

Kalkstein, *Prem.-Lieut.*, **R. v.**, die preuss. Armee nach ihren
reglementarischen Formen u. Einrichtungen, zusammengefasst
in Form einer „Dienst-Instruktion," für Offizier-Aspiranten,
innerhalb der durch die Bestimmungen über die Armee-Offizier-
Prüfungen und den Unterricht an den Militärschulen gezogenen
Grenzen. Mit vielen Holzschnitten. 2. Aufl. gr. 8. Berlin. Mittler
u. Sohn. 1861. 1 $^3/_4$ Rthlr.

Kall, *Hptm. a. D.*, **Frdr. v.**, zur Militärfrage. gr. 8. Berlin.
Jansen 1863. 3 Sgr.

Kaltenborn, *Dr.*, **Carl v.**, Kriegsschiffe auf neutralem Gebiet.
Mit Rücksicht auf das Benehmen Lübecks gegenüber dem „von
der Tann" im gegenw. schlesw.-holst. Kriege. gr. 8. Hamburg.
Meissner. 1850. $^1/_3$ Rthlr.

Kameke, H. F., die preussische Feld-Artillerie nach der Construction vom Jahre 1842. Mit Berücksichtigung der neuesten
Veränderungen. qu. gr. 4. Berlin. Behr. 1847. n. 6 Rthlr.

— — die Einrichtung und der Gebrauch des Perkussionsgewehrs.
Nebst einem Anhang über das Exerciren, den Wachtdienst etc.
Nach den neuesten Bestimmungen bearb. gr. 8. Ebendas. 1848.
n. $^1/_4$ Rthlr.

Kamerad, der, Militär.-belletr. Wochenblatt. Red. C. S. Grün-
feld. 1. Jahrg. 1862 April—Decb. 29 Nr. Imp. 4. Wien. Dirnböck. 1862. p. Q. n. 1 Rthlr.

— — dasselbe. 2. Jahrg. 1863. 104 Nummern. Ebendas. p. Q.
n. 1 $^1/_2$ Rthlr.

— — Illustr. österr. Militär-Kalender f. 1864. Herausgeg. v. d.
Redakt. des gleichnam. militär. belletr. Zeitschrift. gr. 8. Wien.
Dirnböck in Commiss. 1864. 16 Sgr.

— — dasselbe für 1865. Ebendas. n. $^2/_3$ Rthlr.

— — der, lustige und tapfere Soldat. Eine Sammlung interessant.
Anecdoten an d. schleswig-holsteinischen Kriege d. J. 1864.
2. Aufl. 16. Moers. Spaarmann. 1864. 3 Sgr.

Kameraden-Gespräche zur Belehrung und Unterhaltung f. Unter-
Offiziere. 8. Darmstadt. Jonghans 1853. $^1/_2$ Rthlr.

Kammbly, *Oberst-Lieut. a. D.*, der Streitwagen. Eine Geschichts-
studie nebst Betrachtungen über die Eigenschaften und den
Gebrauch des Streitwagens. Taktikern und Pferdeliebhabern
gewidmet. br. 8. Berlin. Springer'sche Buchh. in Commiss. 1864.
1 Rthlr.

Kampf, der, bei Eckernförde am 5. April 1849. Nach den besten Quellen geschildert. gr. 8. Hamburg. Hoffmann u. Campe. 1849.
$\frac{1}{6}$ Rthlr.

— — eines Infanterie-Bataillons oder dessen Abtheilungen in Wäldern u. um den Besitz derselben. (Von Oberst Steinle). gr. 8. Kempten. (Kösel). 1860. $\frac{1}{6}$ Rthlr.

Kamptz, *Oberst,* **W. v.,** die Vertheidigung der Festungen. Eine artillerist. Studie in zwangloser Reichenfolge bearbeitet. 1 Abth. gr. 8. Berlin. Mittler u. Sohn. 1849. 24 Sgr.

— — der Dienst der Infanterie bei der Vertheidigung der Festungen gegen gewaltsamen Angriff. gr. 8. Potsdam. Riegel. 1855. n. $\frac{2}{3}$ Rthlr.

— — der Dienst in den Krankenställen. Eine Zusammenstellung zerstreuter Bestimmungen und einzelner Erfahrungen zum Gebrauch für Offiziere d. Kavallerie, Artillerie u. Trains. br. 8. —Ebendas. 1860. n. $\frac{1}{6}$ Rthlr.

— der Dienst der Munitions-Versorgung bei der Vertheidigung der Festungen. 8. Ebendas. 1862. n. $\frac{1}{3}$ Rthlr.

— — Grundsätze zur Ermittelung der artilleristischen Bewaffnung e. Festung gegen den gewaltsamen Angriff. gr. 8. Ebendas. 1862. n. $\frac{1}{3}$ Rthlr.

Kanitz, **Rud.** *Graf,* **v.,** aus dem deutschen Soldatenleben. Militärische Skizzen zur deutschen Sittengeschichte. gr. 8. Berlin. Hertz. 1861. 1 Rthlr. 21 Sgr.

Kankoffer, *Ignaz,* Handbuch der Patente, Gesetze und Verordnungen. welche für das k. k. Heerwesen v. 2 Decb. 1848. bis Ende Decbr. 1854 in dem allgem. Reichs-Gesetz- u. Regierungsblatte für das Kaiserthum Oesterreich erschienen sind. In alphab.-chronol. Ordnung u. system. Verbd. bearb. gr. 8. Wien. (Leipzig. Steinacker). 1856. n. $1\frac{2}{3}$ Rthlr.

— — *k. Rath.,* **Ign.,** Ruhmeshalle der k. k. österreich. Armee. Volksbuch. gr. 8. Wien. Gorischek. 1864. baar n. 1 Rthlr.

Kapff, *Auditor Dr.,* Sammlung der württembergischen Kriegsgesetze. 3 Thle. gr. 8. Tübingen. Fues. 1850. n. n. 10 Rthlr.

Kappel, **Karl,** **Anton,** die Elementarlehre der Reitkunst. Ein Leitfaden zum Unterricht im Schul- u. Campagnereiten. 8. Frankfurt a/M. Auffarth. 1852. n. 1 Rthlr.

Karacsay, *Obrist,* **Fedor,** *Graf* **v.,** Handbuch f. Unter-Offiziere u. Zugs-Kommandanten der k. k. Kavallerie m. eingeschaltenem Anhang zum Abrichtungs-Reglement. 3. Aufl. 16. Wien. Wallishauser. 1849. n. 12 Sgr.

— — der ungarische Sattel, wie er sein soll. Zum Gebrauch der Kavallerie. gr. 8. Ebendas. 1850. n. $\frac{2}{3}$ Rthlr.

Karl, *Erzherzog* v. *Oesterreich*, militärische Werke 1—7. Lfg. gr. Lex. 8. Wien. Gerold's Sohn in Commiss. 1862—63.
à n. 1 Rthlr.

— — sein Leben und sein Siegeszug im Jahre 1809. Ein Gedenkbuch für Oesterreich's Krieger u. Volk. 8. Berlin. Schlesinger. 1847. n. $^2/_3$ Rthlr.

Kasern-Ordnung im Allgemeinen. Bequartierungs-Vorschrift, Zimmerordnung, Verhaltungen der Kasernenwache. Mit 2 Tab. gr. 8. Prag. Calve. 1850. n. 2$^1/_2$ Sgr.

Kästner, *Rittmstr.*, **Adf.**, die Reitkunst in ihrer Anwendung auf Compagne-Militär- u. Schulreiterei. Mit 62 Abbildgn. 8. Leipzig. Weber. 1860. n. 1$^1/_3$ Rthlr.

Katalog der geschichtlichen, geographischen und militärischen Literatur des Grossherzogth. Baden. Ein Handbuch f. Historiker, Geographen u. Militär. 4. Freiburg im Br., Wagner in Comm. 1858. n. 12 Sgr.

Katechismus üb. d. Aeussere, d. Pflege, d. Gänge, d. Beschlagen, d. Erkennung und Behandlung der Krankheiten, die Zucht u. die Stämme des Pferdes etc. Mit 7 lithogr. Bildern. Neue (Titel-) Ausg. Straubing. Schorner. 1853. 4 Sgr.

— — des kleinen Krieges. Aus den Ewald'schen „Belehrungen über den Krieg" zusammengestellt v. E. von St. 12. Kaiserslautern. Meuth. 1859. n. $^1/_6$ Rthlr.

— — in Fragen und Antworten zum Unterrichte f. die k. b. Infanterie. Gesammelt aus den k. b. Dienstesvorschriften und andern militärischen Werken. 32. Augsburg. Rieger. 1862. n. 4 Sgr.

Kayser, E., *Prem.-Lieut.*, das Schiesspulver und die Schiessbaumwolle. Eine Parallele. gr. 8. Berlin. Förstner. 1847. 18 Sgr.

Kczewski. *Prem.-Lieut.*, von, Bestimmungen über die Ergänzung des Offiziers-Corps des stehenden Heeres. gr. 8. Berlin. Mittler's Sort. (A. Bath.) 1863. n. $^1/_4$ Rth.

— — das Cadetten-Corps und das Seecadetten-Institut. Sammlg. der Bestimmungen über die Organisation, Eintritt und Entlassung etc. gr. 8. Ebend. 1863. n. $^1/_4$ Rthlr.

— — der einjährige Freiwillige. Sammlung der Bestimmungen über deren Eintritt, die Entlassung derselben, ihre Beförderung zu Landwehr-Offizieren. etc. gross 8. Ebendaselbst. 1863. n. $^1/_3$ Rthlr.

Kegel, Karl, Mittheilungen aus dem Umfange der Pferdezucht, Pferdekenntniss, Reitkunst etc. 5. Lfg. A. u. d. T. Neueste

Theorie der Reitkunst nach vernünftigen Grundsätzen etc. 2. (Titel-) Aufl. gr. 8. Leipzig. Falk. 1850. 1 $\frac{1}{3}$ Rthlr.

Kehrer, *Hptm.*, **A.,** Ereignisse und Betrachtungen während der Verwendung der grossherzogl hess. Armeedivision in den Jah. 1848—49. In briefl. Mittheilungen. gr. 8. Worms. Rahke. 1855. n. 1 Rthlr.

Kehrseite, die, des schleswig-holsteinschen Krieges. gr. 8. Kiel. Schwers. 1852. n. $\frac{1}{3}$ Rthlr.

Keil, Friedr. Karl, Wehr - Turnbuch. Ein Lehr- und Handbuch ausgewählter Uebungen zur Erhöhung der Wehrfähigkeit im Heerdienste. Auf Grund achtjähr. Erfahrg. in der königl. preuss. Schulabth. zu Potsdam, herausg. 16. Potsdam. Riegel. 1856. n. 9 Sgr.

Kenntnisse, die wichtigsten d. k. k. österr. Feld- u. Batterie-Geschütze od. die Belagerungs-Batterien. Ein Handbuch für die Herren Offiziere und Cadetten aller Waffengattungen d. k. k. österr. Armee exclusive d. k. k. Artillerie. Mit Berücksichtigung der neuesten Verhältnisse zusammengestellt v. C. A. E. (Hauptm. Thdr. Andres.) In 5 Abschnitten, nebst e. Anh. u. s. w. Hiezu 38 Fig. gr. 8. Olmütz. (Neugebauer) j. Grosse. 1858. 1 $\frac{1}{2}$ Rth.

Kessel, *Oberstlieut.*, **von,** Ausbildung der preuss. Infanterie - Bataillons im praktischen Dienst. Mit Holzschnitten und Plänen. Berlin. Mittler & Sohn. 1863. 1 $\frac{1}{4}$ Rthlr.

Kessler, *Hauptm.*, **L.,** der badische Soldat (der Infanterie) in seinen Dienstverhältnissen in der Garnison und im Felde bearbeitet. Für den Unterricht in der Compagnie mit Rücksicht auf den Dienst der Jäger, für Unteroffiziere und Recruteninstruktoren. Carlsruhe. Braun. 1853. n. $\frac{1}{4}$ Rthlr.

Keyserling, Archib. *Graf v., Oberst.* Aus der Kriegszeit. Erinnerungen. 1 Abthlg. Der von Thielmann'sche Streifzug. Mit 1 Karte. gr. 8. Berlin. A. Duncker. 1847. 1 Rthlr.

— — dasselbe. 2. Abth. A. u. d. T. Ueber den Rhein nach Paris. Mit -einer Karte. gross 8. Ebendaselbst. 1855. 1 $\frac{1}{2}$ Rthlr.

Keyserlingk, *Oberstlieut., Freih.* **von,** Erinnerungen für das preussische Heer. 2. verb. Aufl. 16. Breslau. Ed. Trewendt. 1862. $\frac{1}{2}$ Rthlr.

Killmeyer, *Hptm.*, **H. O.,** Militärgeographie von Europa m. den asiatisch-russischen und asiat.- afrikan.-türkischen Ländern. gr. 8. Stuttgart. Metzler. 1856—57. 2 Rthlr. 6 Sgr.

Klapka, Georg, der Krieg im Orient in den Jahren 1853 und 1854 bis Ende Juli 1855. Eine histor. kritische Skizze der Feldzüge an der Donau, in Asien und in der Krim, mit e.

Blick auf die mögl. Wendung der künftigen Kriegsereignisse. Deutsche Original-Ausg. gr. 8. Genf. Lauffer & Comp. 1855. n. 24 Sgr.

v. Kleist, *Major*, **L.**, Leitfaden für angehende Landwehr - Unteroffiziere der Infanterie. Mit 21 in den Text gedruckten Holzschnitten. 8. Berlin. Bergemann. 1852. n. $\frac{1}{16}$ Rthlr.

Klemm, J. G. K., der kleine Stallmeister. Theoret. prakt. Regeln der Reitkunst, nebst allen beim Umgange m. Pferden erforderlichen Wissenschaft. 6. Auflage. mit 19 Tafeln. gr. 16. Dresden. Klemm. 1860. 1 Rthlr.

Kletke, *Dr.*, **G. M.**, die Disciplinar - Bestrafung der Dienstvergehen in der königl. preuss. Armee, der Kriegsmarine, der Militär-Justiz und Administrationsbeamten, sowie der evangel. Militärgeistlichen und den desfalls. Erläuterungen. gr. 8. Berlin. Allgemeine deutsche Verlags - Anstalt. 1855. n. $\frac{2}{3}$ Rthlr.
Schrp. n. $\frac{5}{6}$ Rthlr.

— — Erläuterungen zu den Kriegsartikeln für das preussische Heer. Vom 9. Decmb. 1852. gr. 8. Ebend. 1855. n. $\frac{2}{3}$ Rth.
n. Schrp. $\frac{5}{6}$ Rthlr.

— — system. chronologisches Repertorium und alphab. Sachregister zu dem k. preuss. Militärwochenblatte für d. Jahre 1848 bis incl. 1852. 4. Berlin. Hasselberg. 1853. n. $\frac{2}{3}$ Rthlr.
Schrp. n. 27 Sgr.

— — Regulativ über Reisekosten und Tagegelder bei Dienstreisen und Versetzungen für die preuss. Armee vom 28. Decmb. 1848. Zur Benutzung bei Anfertig. u. Prüfung der Liquidationen üb. Tagegelder etc. 2. Aufl. gr. 8. Berlin. allg. deutsche Verlags-Anstalt. 1855. n. 28 Sgr.

Klopfleisch, *Dr.*, **Ch.**, die Schlacht bei Jena nach den besten Quellen und Schriften für die Besucher der Gegend v. Jena und f. Freunde geschichtl. Erinnerung überhaupt erzählt. Nebst 1 Karte gr. 8. Jena. Deistung. 1862. n. $\frac{2}{3}$ Rthlr.

Kloss *Dir.*, *Dr.*, **Mor.**, die Turnschule des Soldaten. System. Anleitung zur körperl. Ausbildg. d. Wehrmannes, insbes. für Feld- und Kriegsdienst. Mit 82 in den Text gedr. Abbildung. 8. Leipzig. Weber. 1860. n. $1\frac{1}{2}$ Rthlr.

Kluge, H. O., Commando-Tafeln für das Degen- und Bajonettfechten nach dem schwedischen System entworfen für die Schüler der königl. Central-Turn-Anstalt zu Berlin. gr. 8. Berlin. Dümmler's Verlag. 1852. n. $\frac{1}{3}$ Rthlr.

— — Entwurf einer Instruktion zum Betriebe von Massenturnübungen f. Infanterie nach den Principien bearbeitet, die bei dem Turnen der Berliner Feuerwehr zu Grunde liegen. Mit 10 Taf. Abbildungen. gr. 8. Ebend. 1861. n. $^2/_3$ Rthlr.

Klugmann, *Hauptm.*, **H.,** die Geschichte des 3. brandenburg. Infanterie-Regimentes. Nr. 20. gr. 8. Luxemburg. Bück. 1863. n. 26 Sgr.

Kneist, *Capit.*, **Giramb.,** fatti guerrieri dedicati di giovani militi accioché per gli esempi della gloriosa armata austriaca s'inspirono di sentimenti di valore, di giustizia e d'umanità. 8. Wien. Gerold's Sohn. 1864. n. 1 Rtblr. 6 Sgr.

Knesebeck, *Capit.*, **E. v. d.,** Geschichte der churhannoverschen Truppen in Gibraltar, Minorka und Ostindien. Mit 2 Plänen. gr. 8. Ebendas. 1845. n. 1 $^1|_2$ Rthlr.

— — *Oberstlieutenant,* **E. von dem,** Ferdinand, Herzog zu Braunschweig und Lüneburg während des 7jährigen Krieges. Aus englischen und preussischen Archiven gesamm. und herausg. 2 Bde. gr. 8. Hannover. Helwing. 1857. cart. n. 5 Rth.

Knies, *Prof., Dr.*, **Karl,** die Dienstleistung des Soldaten und die Mängel der Conscriptionspraxis. Eine volkswirthschaftlich finanzielle Erörterung. gr. 8. Freiburg in Br. Wagner. 1860. n. 17 $^1/_2$ Sgr.

Koch, *Major,* Instruktion für den Infanteristen über das Gefecht der Kompagnie, über die Deckungspatrouille, Salven u. s. w. gr. 8. Rawicz. (Breslau. Gosohorsky.) 1863. n. 2 $^1/_2$ Sgr.

— — Vorschläge zur Begründung und Erhaltung e. selbständigen Hannover'schen Pferde-Race. Ebendas. 1864. n. $^1/_3$ Rthlr.

— — *Oberstlieut. a. D.*, **A.,** Erwiderung in Betreff meiner Vorschläge zur Begründung und Erhaltung einer selbstständigen hannover'schen Pferderace. Als Antwort an Herrn O. von Reden und Herrn Gen.-Lieut. von Hassel. gr. 8. Hannover. Schmorl u. v. Seefeld. 1864. n. 8 Sgr.

Kočzičzka, *Oberlieut.*, **Frz.,** die Winter-Campagne des Graf Schlick'schen Armeecorps 1848—1849. gr. 8. Olmütz. Hölzel. 1850. n. 2 Rthlr.

— — *Hauptm.*, **Alex.,** taktische Thematik für Offiziere aller Waffen. 2 Bände. Lex. 8. Wien. Braumüller's Sort. 1857. n. 5 Rthlr.

— — **Edler v. Freibergswall,** *Hauptm.*, **W.,** praktische Anleitung zur militärischen Aufnahme nebst den Vorstudien, Terrainlehre und Situationszeichnung. Mit 7 lith. Taf. 4. Ausg. 8. Olmütz. Halauska. 1862. n. 24 Sgr.

Koffer, **Joh.,** die Gebühren der k. k. österreichischen Armee zu Lande und zur See. Nach den hierüber erflossenen Vorschr. system. zusammengestellt. Lex. 8. Wien. Gerold 1854. n. 2 $^2/_3$ Rth.

Köhler, Carl, praktische Reit- und Fahrschule oder die Kunst, binnen kürzester Zeit ein vollendeter Reiter, Kutscher u. Pferdekenner zu werden. Enthaltend eine vollständige Anleitung zum kunstgerechten Reiten und Fahren, sowie auch die Lehre von der Pferdekenntniss nebst den Regeln für den Pferdeankauf und die Lehre vom Hufbeschlag. Für alle Pferdebesitzer und Pferdeliebhaber. Mit 17 erläuternden Fig. gr. 8. Weimar. Voigt. 1858. ⁵/₆ Rthlr.

Koehler, *Oberst*, Leitfaden für den theoretischen Unterricht des Infanteristen. (13. Aufl.) gr. 16. Berlin. Krampe. 1859.
baar n. n. 2 ¹/₂ Sgr.

Köhn von Jaski, *Oberst z. D.*, **Wilh.,** die Schlacht von Grossbeeren am 23. August 1813. Zur 50jährigen Jubelfeier. Mit 1 Schlachtplane. 8. Berlin. F. Schulze's Buchh. 1863. n. 6 Sgr.

— — das Treffen bei Hagelberg am 27. Aug. 1813. Zur 50jährigen Jubelfeier. 8. Ebendas. 1863. n. 3 Sgr.

Kolb, G. Fr., die Nachtheile des stehenden Heerwesens und die Nothwendigkeit der Ausbildung eines Volkswehrsystems. Vortrag. gr. 8. Leipzig. Felix. 1862. 6 Sgr.

Koller, *Hauptm.*, *Prof.*, **Alb.,** kleine Militär-Geografie von Europa. Für den Schulgebrauch bearb. gr. 8. Wien. Gerold's Sohn. 1855. 1 ¹/₃ Rthlr.

Kommando-Tabelle aus dem Exercier-Reglement der Cavallerie der königl. preuss. Armee. 8. Berlin. Decker. 1855. ¹/₂ Rthlr.

— — -Worte und Bemerkungen für den Rekruten-, Zugs-, Kompagnie- und Bataillons- Unterricht nebst Anhang (Signale und Kommando-Worte für die geöffnete Gefechtsordnung, sowie Kommandoworte für das Bajonettfechten.) Nach den neuesten Exerciervorschriften der kön. bayer. Infanterie. 3. Aufl. 32. Augsburg. Schmid's Verl. 1861. n. 4 Sgr.

Kommando, die für das Kompagnie-, Divisions- u. Bataillons-Exercieren mit e. Einleitung über die bei der „Bildung d. Kommando" in Berücksichtigung kommenden Grundsätze. 16. Wien. Seidel & Sohn. 1861. 6 Sgr.

— — -Worte aus dem Abrichtungs-Reglement für die Fusstruppen mit den nothwendigsten Erläuterungen. V. e. k. k. Hauptmann. 16. Wien. Leo. 1862. 6 Sgr.

— — und Signale aus dem Exercier-Reglement für die k. k. Cavallerie. 16. Ebend. 1864. 4 Sgr.

Kommandoworte und Signale aus dem Abrichtungs-Reglement f. die k. k. Cavallerie. 16. Wien. Leo. 1864. 6 Sgr.

Kompagnie-, Divisions- und Bataillons-Exercieren, das, nach der „Instruktion" und den „Berichtigungen des Exercier-Reglements" der k. k. Infanterie und Jäger in Form eines „Auszuges" bearbeitet. 16. Wien. Seidel & Sohn. 1861. ¼ Rthlr.

Kompagnie-Schule. Kurzer und leichtfasslicher Auszug aus den Waffenübungen der Infanterie (Linie und Landwehr.) Nebst einem Anhang über die Behandlung der Muskete und des Stutzens. 4. Aufl. 12. Regensburg. Manz. 1850. ⅙ Rthlr.

Koppel, Karl Ant., die Elementarlehre der Reitkunst. 8. Frankfurt a. M. Auffahrt. 1852. ˉ n. 1 Rthlr.

Korrespondenz, militärische, des Prinzen Eugen von Savoyen. Aus österr. Original-Quellen. Hersg. v. F. Heller, Oberstlieut. 1—2 Bd. gr. 8. Wien. Gerold. 1848. à n. 3 ⅓ Rthlr.

Köster, Ad., *Capit.*, Handbuch für Unteroffiziere der Infanterie und Cavallerie. 2. Aufl. 12. Hannover. Hahn. 1846. 17 ½ Sgr.

Köthe, Frdr., das Stossfechten oder deutliche und gründliche Anweisung, die Fechtkunst auf Stoss ohne weitere Hilfe kunstgerecht erlernen zu können. Mit 16 Figuren. (Neue Titelausg.) 12. Leipzig. Schmidt. 1849. n. 17 ½ Sgr.

Kottié, J. N., Leitfaden zur Service-Gebahrung und Verrechnung nach dem Localitäts-Princip auf Grund des A. h. sanktion. Gebühren-Reglements. gr. 4. Wien. Dirnböck. 1858. ⅓ Rth.

Kovács, *Major*, **Emmerich**, Kampf und Verrath. Blätter aus dem Kriegstagebuche eines Honvéd-Offiziers. Nach der ungarischen Originalhandschrift treu übertragen von Theodr. Navay. 8. Grimma. Verlags-Comtoir. 1850. n. 1 ⅓ Rthlr.

Kövess v. Aszodés Harkaly, *Rittmstr.*, **Arn.**, Anleitung zur Ausbildung im Exerciren und Manoeuvriren nach den neuen Reglements d. k. k. Cavallerie. 2 Bde. Mit 12 Plänen. Lex. 8. Lemberg. (Wien. Gerold.) 1857. n. 2 Rthlr.

— — die Organisation und Militär-Administration der k. k. Armee. 1—16. Hft. 4. Wien. (Seidel & Sohn.) 1855—1864. 1—16 u. Spl. n. 8 Rthlr. 3 ½ Sgr.

Krane II., *Major*, v., die Beurtheilung des Pferdes beim Ankauf. Vortrag. 5. Aufl. gr. 8. Münster. Brunn. 1859. ¼ Rth.

— — Pferd und Wagen. Vollständige Unterweisung über deren Auswahl, Erhaltung und Benutzung, nebst einem historischen Abriss über Pferdezucht, Reitkunst und Fahrwesen und Notizen über Pferdezucht. gr. 8. Münster. Coppenrath. 1860—1861. n. 2 Rthlr.

— — — die Dressur des Reitpferdes (Campagne und Gebrauchspferdes) mit Rücksichtnahme auf die Ausbildung v. Soldatenpferden in Abtheilungen. Lex. 8. Ebend. 1856. 2 Rthlr.

Kraus, *Oberstabsarzt*, *Dr.*, **Fel.**, systematische Darstellung des Militär-Sanitätsdienstes in der k. k. Armee im Frieden und im

Felde. 2 Bände. gr. 8. Wien. (Braumüllers Sort.) 1858.
n. 5 $^1/_3$ Rthlr.

Krauseneck, *General der Infanterie*, von. Ein Lebensbild. gr. 8.
Berlin. Mittler & Sohn in Commiss. 1852   baar $^1/_2$ Rthlr.
f. Preuss. $^1/_3$ Rthlr.

Krauss, Th., Geschichte der bayer. Heeresabtheilung im Feldzuge
gegen Russland 1812. Freunden der Geschichte erzählt. gr. 8.
Augsburg. Kollmann. 1857.   n. $^3/_4$ Rthlr.

Kress von Kressenstein, *Feldmarschall-Lieut.*, **Carl** *Freih.*, der
Reuter und sein Pferd. Ein Cavallerie-Fragment. Lex. 8. Wien.
Gerold in Commiss. 1848.   n. $^2/_3$ Rthlr.

Kretzschmar, *Hauptm.*, **Th. v.**, Feldtaschenbuch für Offiziere
aller Waffen mit besonderer Berücksichtigung der in der kön.
sächsischen Armee giltigen Vorschriften. Mit 13 Plänen. 8.
Dresden. Höckner. 1856.   1 Rthlr. 21 Sgr.
im engl. Einbd. 2 Rth.

Krieg, der, gegen Russland 1853--56. Militärische Studien vom
k. k. Offizier J. M. R. A***** (Aresin). 1 Thl. gr. 8. Wien.
Gerold Sohn. 1857.   1$^2/_3$ Rthlr.

— — der gegen Russland im Jahre 1854. Historisch, politisch
und militärisch dargestellt. Nebst Aktenstücken und Beilagen.
gr. 8. Leipzig. Mendelsohn. 1855.   n. 2 Rthlr.

— — der russisch-türkische in den Jahren 1853—54., von der
Uiberschreitung des Pruth durch die Russen bis zum Rückzug
über diesen Fluss, in gedrängter Uibersicht vom militär. Ge-
sichtspunkt beschrieben und beleuchtet von einem süddeutschen
Offizier. Mit 8 Beilagen und 2 Uibersichtskarten. gr. 8. Karlsruhe. Braun. 1854.   n. 28 Sgr.

— — der russisch-türkische, und der Kriegsschauplatz in polit.,
örtlich. und militär. Beziehung. Mit 5 Illustr. gr. 8. Wien.
Hartleben. 1854.   1 Rthlr.

— — der russisch-türkische in Europa 1853, bis zum März
1854. Vorlesungen gehalten im Winter 1853—54 von einem
deutschen Stabsoffizier. gr. 8. Kiel. Schröder & Comp. 1854.
n. $^5/_6$ Rthlr.

— — der russisch-türkische, in Europa und Asien bis auf den
gegenwärtigen Standpunkt. Mit einer Uibersichtskarte und 2
Detailkarten des Kriegsschauplatzes in Europa und Asien. 1—5
Aufl. gr. 8. Wien. Hof & Staatsdruckerei 1854. $^1/_2$ Rthlr.

— — der, in Italien im J. 1859. Nach der Edinburgh Review.
Mit 2 Karten. 1. u. 2. Aufl. gr. 8. Berlin. Mittler's Sort.
(A. Bath.) 1860.   n. $^1/_3$ Rth.

— — der deutsch-dänische, im J. 1864 in gedrängter chronol.

Uibersicht nach authent. Quellen und eigener Anschauung zusammengestellt von einem preuss. Offizier. Mit 2 erläuternden
Karten. 4. Wittenberg. Herrose. 1864. $\frac{1}{3}$ Rthlr.

Krieg, der schleswig-holsteinische, fürs deutsche Volk in treuer
Schilderung. 6 Hefte. gr. 8. Wien. Beck'sche Univ. Buchhandl.
1864. à 7 Sgr.

— — der, gegen Dänemark im J. 1864. Bearb. v. G. Gr. W.
Mit Beilagen, Karten und Plänen. (In 5 Lfg.) 1—3 Lfg. Lex. 8.
Berlin. A. Dunker. 1865. à n. 12 $\frac{1}{2}$ Sgr.

— — v. **Hochfelden,** *Generalmajor a. D.*, **G. H.**, Geschichte
der Militär-Architektur in Deutschland mit Berücksichtigung
der Nachbarländer von der Römerherrschaft bis zu den Kreuz-
zügen. Nach Denkmälern u. Urkunden. Mit 137 Abbildungen im
Text. gr. 8. Stuttgart. Ebner & Seubert. 1859. n. 2$\frac{2}{3}$ Rth.

Kriegs-Artikel für das preuss. Heer. Amtl. Ausgabe. gr. 8. Berlin. v. Decker. 1853. 1$\frac{1}{2}$ Sgr.

— — die, nebst leichtfasslicher Erklärung für die Unteroffiziere
und Soldaten der königl. preuss. Armee etc. 2. Aufl. Berlin.
Schlesier. 1860. baar n. 4 Sgr.

— — Ein Gesetz zur Feststellung der Regeln und Artikel für
den Dienst der Vereinigten Staaten-Armeen. 16. (Philadelphia
Schäfer & Koradi) 1861. n. 12 Sgr.

Kriegs- u. Staatsschriften des Markgrafen Ludwig Wilhelm von
Baden über den spanischen Erbfolgekrieg, aus den Archiven
v. Karlsruhe, Wien und Paris, mit e. geschichtl. Einleitg. u.
Facsimile. Herausgeg. vom Obrist Freih. Phil. Röder v. Diersburg. 2 Bde. Lex. 8. Karlsruhe. Müller. 1850. n. 4 Rthlr.

Kriegsfeuerwerkerei zum Gebrauch für die königl. preuss. Artillerie. 1. Thl. die Artillerie-Munition. Mit 11 col. Taf.Zeich-
nungen. gr. 8. Berlin. Mittler's Sort. (A. Bath)1860. n. 3 Rthlr.

Kriegsführung, die, im Orient. Der Feldzug in der Krimm. Denkschrift der Regierung Se. Maj. d. Kaisers Napoleon III. überreicht v. e. hohen Offizier. Aus dem Französ. gr. 8. Berlin.
Springer. 1855. 6 Sgr.

Kriegshandbuch, kleines, für Offiziere. Abriss der angewandten
Taktik aller Waffen, der Generalstabs- u. Parteigängerkrieg.
Vom General C . . . Mit 16 Tafeln. 8. Halle. Schwetschke u.
Sohn. 1852. 24 Sgr.

Kriegsherr, das königl. preuss., in der neuen Benennung, seine
Truppentheile, seine Eintheilung und Standquartiere gemäss der
neuen Organisation, tabellarisch nach dem Armeecorps geordnet
etc. Nach den neuesten amtl. Quellen dargestellt. Neue Ausg.
Berlin. Schlesier. 1863. baar n. 2$\frac{1}{2}$ Sgr.

Kriegsminister, der, in der letzten Krisis. Von e. preuss. Patrioten. 1—3. Aufl. gr. 8. Leipzig. Weidmann. 1851. 3 Sgr.

Kriegsoperationen, d. in Nordamerika I. gr. 8. Naumburg. Leipzig. Gerhard. 1863. n. 18 Sgr.

Kriegsschauplatz, illustrirter in Italien 1859. Mit 3 Post- u. 3 Detailkarten. gr. 8. Wien. (Klemm.) 1860. n. 12 Sgr.

— — der russisch-türkische, topographisch-strategisch beleuchtet. Mit topogr. Karte. gr. 8. Wien. Wallishauser. 1854. $\frac{1}{2}$ Rthlr.

— — an der Erft u. Roer im Sommer 1758. Nebst e. Uebersichtskarte. gr. 8. Düsseldorf. (Schaub). 1861. baar n. $\frac{1}{3}$ Rthlr.

Kriegsscenen aus dem Feldzug 1859 in Italien. Der österreich. Soldat im Felde. 16. Ludwigsburg. Neubert. 1864. cart. n. $\frac{1}{6}$ Rthl.

Kriegswesen, das, des heil. röm. Reiches deutscher Nation unter Maximilian I. u. Carl V. Histor. Entwurf u. Durchführung v. Oberlieut. A. Leitner. Componirt u. gezeichnet von A. Reumann. 7 Blätter mit entsprech. Notizen. Imp. Fol. Leipzig. Schrags Verl. 1860. In engl. Mappen n. $10^2/_3$ Rthlr.

Kriegerzeitung, deutsche. Red. von Oberlieut. F. v. Wilucki. 1. Jahrg. 1848. Septb.—Decb. 17 Nummern. Imp. 4. Leipzig. G. Wigand. 1848. n. $^2/_3$ Rthlr.

— — dieselbe. 2. Jahrg. 1849. Jän.—März. 13 Nummern. Imp. 4. Ebendas. 1849. n. $^2/_3$ Rthlr.

Krone, Th., Uebungsstücke zum Planzeichnen. 3. Aufl. gr. 4. Goslar. Brückner. 1853. n. $^3/_4$ Rthlr.

Krtschek, *Oberlieut.,* *Prof.,* **Eman.,** der italienische und ungarische Krieg 1848—1849. Im Auszug aus den besten Werken. Mit 6 Plänen. gr. 8. Olmütz. Hölzel. 1853. n. 1 Rthlr. 6 Sgr.

Kruge, *Rittm.,* der Kavallerie-Unteroffizier als Reiter, Reitlehrer u. Zugführer. Ein Taschenbuch f. jüngere Kavallerie-Offiziere. Ein Leitfaden zu Selbstbelehr. für Kavallerie-Unteroffiziere der Linie und Landwehr, sowie für einjähr. Freiwillige der Kavallerie. br. 8. Berlin. Mittler u. Sohn. 1856. 1 Rthlr.

— — Reiterwesen. Ein Handbuch f. berittene Offiziere der Infanterie. Enth. Pferde-Kenntniss, Reit-Instruktion, Adjustement des Pferdes mit Sattel u. Zaum etc. Mit 2 Taf. Abbildgen. gr. 8. Ebendas. 1860. 24 Sgr.

Krüger, Adph., neuer praktischer Reitunterricht oder 25 Anweisungen in kurzer Zeit ohne fremde Anleitung ein Pferdekenner und guter Reiter zu werden etc. Zum Selbstunterricht f. Reitlustige. 4. Aufl. 8. Quedlinburg. Ernst. 1857. $\frac{1}{2}$ Rthlr.

Kuchenbäcker, Ed., Vorlesungen über Kriegskunst und Kriegswissenschaft. Reine und angewandte Taktik aller Waffen. 1

Bd.: Vergleichende Taktik aller Waffen. gr. 8. Leipzig. Weber.
1852.   n. 3 Rthr.

Kühnelt, Ant. P., der Militär-Stenograf. Kurzgefasstes Lehrbuch
der deutschen Stenographie. (Nach Gabelsberg. System). Zum
Gebrauch für k. k. Militärs. gr. 8. Wien. Rospini. 1862.
                                                         n. $^2/_3$ Rthlr.

Küntzel, *Hptm.,* **H.,** die taktischen Elemente der neuen Fortifica-
tionen. Für Offiziere aller Waffen. gr. 8. Potsdam. Riegel. 1851.
                                                         18 Sgr.

Kutzen, *Prof., Dr.,* **Jos.,** Friedrich d. Grosse u. sein Heer in
den Tagen der Schlacht bei Leuthen, nebst e. umfass. Darstellung d. letzteren. Mit Beilagen u. Plänen. 8. Breslau. Hirt.
1851.   n. 1 $^1/_3$ Rthlr.

— — Vor hundert Jahren, zwei Gedenktage deutscher Geschichte.
In 2 Abthlgen: der Tag von Kolin u. der Tag von Leuthen.
8. Breslau. Hirt's Verl. 1857.   2 $^1/_2$ Rthlr.

L.

La Barre Duparcq, *Capit.,* **Ed.** de , Etudes historiques et
militaires sur la Prusse gr. 8. Paris. Berlin. Schneider & Co.
1854.   n. 2 Rthlr.

— — historisch und militärische Studien über Preussen. Deutsch
bearb. von Lieut. C. von Reinhard. gr. 8. Leipzig. Remmelmann. (jetzt Kaiserslaut. Meuth.) 1854.   n. 1 Rthlr.

— — Histoire militaire de la Prusse avant 1756 ou introduction
à la guerre de sept ans. gr. 8. Paris. Berlin. F. Schneider.
1858.   n. 2 $^1/_2$ Rth.

Lager, das, von Châlons und die Kampfweise u. Ausbildung der
französ. Infanterie. Von A. v. D. 1. und 2. unveränd. Aufl.
gr. 8. Darmstadt. Zernin. 1863.   n. $^2/_3$ Rthlr.

Laisné, J., Handbuch der Geniewaffe. Uebersetz. d. neuesten Aufl.
d. Aide mémoire à l'usage des officiers du génie, bearb. v. Hptm.
Ig. Körbeing. Mit in den Text eingedr. Holzschn. 2 Bde. 8.
Braunschweig. Vieweg & Sohn. 1863,64. cpl. n. 4 Rth. 12 Sgr.

Landes - Vertheidigungs - Ordnung, Tiroler und Voralberger,
genehm. m. a. h. Handbillet Sr. k. k. apost. Majestät vom 17.
Mai 1859. 8. Innsbruck. Wagner. 1859.   1 $^1/_2$ Sgr.

— — **System,** das preussische und die Befestigung v. Berlin.
Eine politisch-milit. Denkschrift. Vom Verfasser der „Politik
der Zukunft vom preuss. Standpunkte." gr. 8. Berlin. Springer's Verlag 1859.   n. $^2/_3$ Rthlr.

Landgestüte und Landespferdezucht. Aphoristische Bemerkungen mit besonderer Berücksichtigung der mittleren Provinzen des preussischen Staates. br. 8. Berlin. Wiegandt & Hempel. 1863. n. 8 Sgr.

Landwehr, die preussische und ihre Bedeutung. gr. 12. Koblenz. Bädecker. 1852. 3 Sgr.

Landwehr-Institut, das, in Bayern. Seine Entstehung, Geschichte und jetziger Zustand. Eine Abtheilung über dasselbe. 16. Ingolstadt. Krüll. 1863. 3 Sgr.

Landwehr-System, neues. Dem deutschen Volke gewidmet v. e. Veteranen v. 1813—14. (Von Mettlerkamp.) 2. Auflage. Mit 4 Plänen. gr. 8. Hamburg. Hoffmann u. Campe. 1848. $^2|_3$ Rthlr.

Lang, Anton, k. k. *Feldkriegs-Commissär*, Oesterreichs Militär-Bau- und Bequartirungswesen. Eine system. geordnete Sammlung der in d. Militär-Laufbahn und den damit zunächst verzweigten Gegenständen im Allgemeinen etc. erschienenen Normal - Verordnungen und Direktiven. gr. 8. Wien. Braumüller. 1845. 2 Bde. 4 Rthlr.

Lange, *Lieut.*, **Ed.,** die Soldaten Friedrich's des Grossen. hoch 4. Leipzig. Avenarius. 1851—53. n. 8 Rthlr. Pracht - Ausg. 16 Rthlr.

— — Heerschau der Soldaten Friedrich's des Grossen. Mit 31 Orig. Zeichn., von Ad. Menzel. In Holzschn. ausgef. v. Fr. Kretzschmar. 12 Lieferungen hoch 4. Leipzig. Mendelsohn. 1856. cpl. n. 2 $^1/_3$ Rthlr. im engl. Einbd. n. 2 $^5/_6$ Rthlr. color. n. 4 $^2/_3$ Rthlr. im engl. Einbd. n. 5 $^1/_2$ Rthlr.

— — Geschichte der preussischen Landwehr seit Entstehung derselben bis zum Jahre 1856. Historisch dargestellt. gr. 8. Berlin. Allgemeine deutsche Verlags - Anstalt. 1856—1857. 1 Rthlr. 18 Sgr.

— — Rückblick auf die Stammgeschichte des 20. Landwehr-Regiments. Ein Beitrag zur Feier d. 45. Landwehr - Stiftungsfestes am 17. März. 1858. gr. 8. Berlin, Jonas Verlag. 1858. n. $^1/_3$ Rthlr.

— — II. Geschichte der zweiten 12pfündigen Batterie des kön. preuss. 3. Artill.-Reg. von ihrer im J. 1797 als 45. Art.-Comp. bewerkstelligten Formation bis auf die neueste Zeit. gr. 8. Berlin. Hayn in Commiss. 1856. n. $^1/_3$ Rthlr.

Lapinski, *Hptm.*, **Theophil,** Feldzug der ungarischen Haupt-

armee im Jahre 1849. Selbsterlebtes. 8. Hamburg. Hoffmann
u. Campe. 1850. 1 Rthlr.

Laube, *Prem.-Lieut.*, die Katastrophe v. Landeshut in Schl. am
23. Juni 1760. Nebst 6 Beilagen und 1 Plan. Hrsg. v. Land-
rath v. Klützar. gr. 8. Landeshut. (Berlin. Mittler & Sohn.)
1861. n. n. ¹/₂ Rthlr.

Leben, das im Felde. Ein Lehr- und Lesebuch für junge Offiziere u. Unteroffiziere der Infanterie. Bearb. v. E. v. St. 1—2
Bd. br. 8. Leipzig. Schrader. 1860—1862. n. 1 Rthlr. 12 Sgr.

Lebensbilder aus den Befreiungskriegen I. Ernst Friedr. Her-
bert, Graf von Münster. 1. Abthlg. 2. Aufl. gr. 8. Jena. From-
mann. 1845. n. 2 Rthlr.
(1—3. n. 7 ¹/₃ Rthlr.)

Lebensfragen der Landwehr. gross 8. Berlin. v. Decker. 1851.
n. ¹/₆ Rthlr.

— — die, der Armee. gr. 8. Ebendas. 1860. 1 ¹/₂ Sgr.

Leber, Fr. von, Wiens kaiserliches Zeughaus zum erstenmale
aus histor.-kritischem Gesichtspunkte betrachtet, für Alterthums-
freunde und Waffenkenner beschrieben. 2 Thle. gr. 8. Leipzig.
Köhler. 1846. n. 3 ¹/₃ Rthlr.

Lebret, *Audit.*, über die Militär-Gerichts-Verfassung in Würtemberg, nebst dem preuss. und grossherzogl. hessischen Militär-
Straf-Prozess. gr. 8. Stuttgart. Neff. 1848. 18 ³/₄ Sgr.

Ledebur, *General*, **Aug., Ludw.** *Frh.*, von, Erlebnisse aus den
Kriegsjahren 1806 u. 1807. Ein Zeit- und Lebensbild zusammengestellt aus hinterlassenen Papieren. Nebst einigen kurzen
Notizen über das Leben des Verewigten gr. 8. Berlin A. Duncker. 1855. 2 Rthlr.

Leemann, H., die Milizeinrichtungen der Schweiz als Vorbild d.
Volksbewaffnung mit besond. Hinsicht auf Deutschland. gr. 8.
Bern. Zürich. Schulthess. 1848. 21 Sgr.

— — das Cadettenbuch. Darstellungen aus dem Kriegs- und
Soldatenwesen von den ältesten bis auf die neuesten Zeiten.
Mit 24. Abbild. u. Tondruck. 8. Leipzig. Weber. cart. 1854.
n. 2 ¹/₂ Rthlr.

— — Bürger und Soldat. Allgem. schweizer. Militär-Lesebuch
zur Belehrung und Unterhaltung über Gegenstände des vaterl.
Kriegs- und Soldatenwesens. 2 wohlf. (Titel-) Ausg. 8. St.
Gallen. Scheitlin u. Zollikofer. 1859. 9 Sgr.

Lehmann, F. W., *Major*, Grundzüge zur Bildung einer deutschen
Bürgerwehr u. e. deutschen Heerwesens mit Rücksicht auf die
preuss. Heerverfassung. gross. 8. Bonn. Wittmann. 1848.
2 ¹/₂ Sgr.

Lehmann, F. W., *Gen.-Maj.*, Beleuchtung der Schrift: „Die Festungsbaukunst, gegenüber den neuen Verbesser. im Geschützwesen. Von e. alten Militär. Stettin 1862." Ein Wort zur Beruhigung. 8. Berlin. Janke. 1863.   n. ⅓ Rthlr.

Leiler, *Hptm.*, **Ant.**, Geschichte des k. k. Infanterie-Regimentes Erzherzog Rainer Nr. 59 seit seiner Errichtung 1682 bis zum Schlusse d. J. 1855. gr. 8. Salzburg. Mayr. 1862.
                          baar nn. 24 Sgr.

Leisering, *Prof.,. Dr.*, **A. G. J.**, Atlas der Anatomie d. Pferdes u. der übrigen Hausthiere f. Thierärzte u. Studirende der Thierarzneikunde. Mit erl. Text. 1—2. Lfg. Fol. Leipzig. Teubner. 1861.   In Mappe à n. 1⅔ Rthlr.

— — *u. Lehrer* **H. M.** Hartmann, der Fuss des Pferdes in Rücksicht auf Bau, Verrichtungen u. Hufbeschlag. Gemeinfasslich in Wort und Bild dargestellt. gr. 8. Dresden. Schönfeld. 1861.
                              n. 1½ Rthlr.

Leitfaden beim Unterricht des Infanteristen der schleswig-holsteinisch. Armee. 8. Schleswig. Bruhn. cart. 1849. n. n. ⅓ Rthlr.

— — für den Militär-Geschäfts-Styl nach den Vorschriften in d. k. preuss. Armee bearb. v. E. K. 8. Berlin. Mittler's Sort. (A. Bath). 1850.   n. ¼ Rthlr.

— — zu den Waffenübungen der königl. bayerischen Landwehr-Infanterie. Eine kurzgefasste Anweisung, wie alle in der Compagnie vorkommenden Stellungen und Bewegungen nach dem neuen Exercier-Reglement zu kommandiren und auszuführen sind. Mit 19 lith. Plänen. 8. München. Rieger. 1850.   n. 8 Sgr.

— — zum Unterricht der k. sächs. Infanteristen. Bearb. in Fragen u. Antworten v. e. königl. sächs. Offizier. 16. Leipzig. Reichenbach. 1853.   n. ⅓ Rthlr.

— — für die Unterweisung der Infanteristen im Garnison-Wachdienst u. im Sicherheitsdienste, 8. Stuttgart. Metzler's Verlag. 1861.   3 Sgr.

— — kurzer, zur Terrainlehre für Anfänger in dieser Wissenschaft. Zum Gebrauche in den k. k. Kadettenschulen. Entworfen v. e. k. k. Offiziere. gr. 8. Gratz. Kienreich in Commiss. 1850.   14 Sgr.

— — zum Unterricht für die Kanoniere der preussischen Artillerie in dienstl. u. artillerist. Beziehung. Auf Veranlassung der königl. General-Inspektion der Artillerie dienstlich zusammengestellt. 8. Berlin. Mittler's Sort. (A. Bath). 1856.   ¼ Rthlr.

— — zum Unterricht und zur Selbstbelehrung f. Unteroffiziere und Soldaten in der Kenntniss, Behandlung u. dem Gebrauche

d. gezogenen Infanterie-Gewehrs. M./39. Hierzu 11 lith. Zeichnungen. 4. Aufl. 8. Mainz. v. Zabern. 1856.   n. 4 Sgr.

Leitfaden z. Unterricht in d. Artillerie für die k. preuss. Regimentsschulen dieser Waffe. 3. Ausg. Mit 127 Holzsch. gr. 8.
Berlin. Vossische Sort.-Buchh. 1859.   baar n. 3¹/₃ Rthlr.

Leitner v. Leitnertreu, *Major*, Th. **Ign.**, ausführliche Geschichte
der Wiener-Neustädter Militär-Akademie. Nebst Anh. über die
Leistungen derselben durch ihre Zöglinge in der Armee und
vor dem Feinde. gr. 8. Hermannstadt. Steinhaussen. 1853.
n. 1²/₃ Rthlr.

Leszczynski, *Hptm.*, **R. v.**, 50 Jahr Geschichte d. königl. preuss.
2. Posenschen Infanterie-Regiments Nr. 19 1813—1863. Lex.
8. Luxemburg. Brück in Commiss. 1863.   n. 2 Rthlr.

Leuthy, J. J., die neuesten Kriegsereignisse in der Schweiz veranlasst durch die Berufung der Jesuiten nach Luzern etc. Mit
den Bildnissen v. Dufour, Frei, Herose u. Ochsenbein. gr. 8.
Zürich. Leuthy. 1849.   1 Rthlr. 6 Sgr.

Liebeherr, *Major*, **v.**, Instruktion f. Infanteristen in Feldwacht-
u. Patrouillendienst, mit Zugrundelegung der Allerhöchsten Verordnungen über die grössern Truppenübungen vom 1861. 2.
Aufl. 8. Danzig. Ziemssen. 1862.   n. n. 1¹/₂ Sgr.

Liborius, Konr., über das Militär, besonders das sächsische. Ein
Beitrag zur Aufklärung, allen Freunden des Fortschrittes, sowie
allen noch unentschiedenen Deutschen gewidmet. gr 8. Leipzig.
Schreck. 1848.   n. ¹/₃ Rthlr.

Liederbuch für die preuss. Armee im Felde u. auf dem Marsche,
im Bivouac u. in der Garnison, gesammelt v. e. Freiwilligen.
gr. 16. Halle. Schmidt. 1848. n. ¹/₄ Rthlr. Ausg. ohne Noten
2 ¹/₂ Sgr.

— — für die sächsische Armee im Felde etc. Gesammelt von
e. Freiwilligen. gr. 16. Halle. Schmidt. 1848. ¹/₄ Rthlr. Ausg.
ohne Noten 2 ¹/₂ Sgr.

Lienau, *Hauptm.*, **J. F.**, meine Erlebnisse in der schleswig-holsteinischen Armee. br. 8. Altona. Hammerich. 1852. ²/₃ Rthlr.

Lindau, Frdr., Erinnerungen eines Soldaten aus den Feldzügen
der königl. deutschen Legion. Mit e. Vorw. v. Past. prim. Frz.
Geo. Ferd. Schläger. 8. Hannover. Helwing in Com. 1846. geb.
n. ²/₃ Rthlr.

Linsingen, *Prem.-Lieut.*, **Alph.**, **v.**, Handbuch zur Anweisung des
Soldaten in der Gymnastik und im Bajonettfechten. Mit 30 Abb.
auf 5 Tafeln. gr. 8. Hannover. Hahn. 1854.   ²/₃ Rthlr.

Lippe, *Rittmstr. a. D.*, **Ernst**, *Graf* zur, Husaren-Buch. Mit 12

farb. Bildern gez. v. Arnold und Burger. Lex. 8. Potsdam.
Döring. 1863. geb. n. 7 Rthlr.

Lippe-Weissenfels, *Rittmstr. a. D.*, **Ernst**, *Graf* zur, Geschichte
des königl. preuss. sechsten Husaren-Regimentes (ehed. 2. Schle-
sischen). hoch. 4. Berlin. v. Decker. 1860. In engl. Einbd. n. 4 Rthl.

Lisch, *Dr.*, **G. C. F.**, zur Geschichte der Pferdezucht in Meklenburg. gr. Lex. 8. Schwerin. Stiller. 1856. n. 12 Sgr.

Löbe, *Dr.*, **Will.**, das Pferd, seine Zucht, Haltung u. Ernährung,
seine Pflege und Nutzung. Nebst e. Anweisung zum Zähmen
widerspenstiger Pferde. Mit 15 Abbildg. 2. (Titel-) Aufl. 8.
Berlin. Schotte & Co. 1863. ¹/₂ Rthlr.

Loën, **A.**, *Frh.* v., die Kriegsverfassung des deutschen Reiches
u. des deutschen Bundes (1668—1860). gr. 8. Dessau. Aue's
Verlag. 1860. n. 16 Sgr.

Löffler, *Oberstabsarzt Dr.*, **F.**, Grundsätze und Regeln für die
Behandlung der Schusswunden im Kriege. Ein Beitrag zur
Kriegsbereitschaft. gr. 8. Berlin. Hirschwald. 1859. n. 1 ¹/₁₂ Rthlr.

— — *Oberlieut.*, **Fr.**, die österreich. Pferde-Ankaufs-Mission
unter dem k. k. Obersten Ritter Rud. v. Brudermann in Syrien,
Palästina u. d. Wüste in d. J. 1856 u. 57. gr. 8. Troppau.
Schüler. 1860. n. 1 ¹/₃ Rthlr.

— — *Dr.*, **Carl**, Encyclopädie für Pferdefreunde, Pferdebesitzer
u. Pferdezüchter. 1. Abth. Lex. 8. Berlin. v. Warnsdorff. (jetzt
Schlesier.) 1863. 3 Rthlr.

Löhr, *Hptm.*, **Carl Ad.**, Geschäftshilfe f. Compagnie u. Eskadrons-
Commandanten der k. bayer. Armee. 2. Aufl. gr. 16. München.
Franz. 1849. n. 24 Sgr.

— — grosses Kriegswörterbuch. 2. Bde. gr. 8. Mannheim. Bensheimer. 1845—51. cpl. 6 ¹/₄ Rthlr.

Lohbauer, **Rud.**, der Feldzug in Russland 1812, nach den 100
Bildern Faber du Faur's historisch und ästhetisch erläutert. Mit
einem Plan des Schlachtfeldes von Borodino und einer Karte
des Kriegsschauplatzes. gr. Lex. 8. Stuttgart. (Leipzig. Kum-
mer) 1845. baar 1 Rthlr. 3 ³/₄ Sgr.

Lommatzsch, **Gfrd. Leber.**, Aphorismen über Pferdezucht, den
sächsischen Landwirthen gewidmet. gr. 8. Meissner. Klinckicht
& Sohn. 1855. n. ¹/₆ Rthlr.

Longridge, **James Atkinson**, über die Construktion der Ge-
schützröhre und anderer hohler Körper, d. e. grossen innern
Druck widerstehen sollen. Nebst e. Auszug aus den Verhand-
lungen über diesen Gegenstand. (Aus den Excerpt minutes of
proceedings of the institution of civil engineers). Mit Genehmi-

gung des Vereins in's Deutsche übertragen v. Hptm. **J. Hartmann.** gr. 8. Hannover. Helwing. 1861.   n. 1 Rthlr. 6 Sgr.

Lorenz, *Dr.*, ärztliche Militär-Untersuchung. Uebersicht der Krankheiten, Fehler und Gebrechen, welche beim Rekrutirungs - Geschäft zu beachten sind. Ein Blatt gr. Fol. Neustrelitz. Bar-
newitz 1846.   n. ¹/₃ Rthlr.

Lossau, *Gen.-Lieut.*, **von,** Charakteristik der Kriege Napoleons.
1—10. gr. 8. Freiburg. Herder. 1845—47.   n. 14 Rthlr.

Lossberg, *General-Lieut.*, **von,** Briefe in die Heimath geschrieben
während des Feldzuges 1812 in Russland. Ein Beitrag zur Geschichte dieses Feldzuges. gross. 8. Cassel. Hotop. 1844.
                                                   2 Rthlr.

Lösung, die der Militärfrage im Sinne der Volksthümlichkeit u.
Schlagfertigkeit. In e. Skizze. Von e. Abgeordneten gr. 8. Berlin. Springer's Verl. 1862.   2¹/₂ Sgr.

Lotze, A., Zur Selbstbelehrung f. Reiter sowohl v. der Bürger-
wehr-Cavallerie, als f. Reit-Liebhaber, enth. die Commando's u.
Exercitien, Regeln und Vorschriften über den Sitz. etc. gr. 16.
Weimar. Voigt. 1849.   ¹/₃ Rthlr.

— — Wegweiser beim Pferdekauf oder Rath und Hülfe zur Beurtheilung des Pferdes, Enthüllung der Geheimnisse u. Handels-
vortheile der Pferdehändler etc. Mit 6 lithog. Tafeln. gr. 8.
Weimar. Landes-Ind.-Comptoir. 1851.   1 Rth. 9 Sgr.

Luck, *Major a. D.,* **W** v., Hohenfriedberg. — Der Kreuzberg.
Ansichten über Reiterei und Manoeuvre. 2. Auflage. 8. Berlin.
Schneider & Comp. 1854.   n. ²/₃ Rthlr.

— — Wo liegt der Haase im Pfeffer? Militärisches Sendschreiben an alle freisinnigen Abgeordneten. 1. und 2. Aufl. gr. 8.
Berlin. Wagner. 1862.   n. ²/₃ Rth.

Luckner und seine Husaren. Ein Blatt aus der Geschichte des
Krieges im nordwestl. Deutschland in d. J. 1757 bis 1763. gr.
8. Verden. Tressan. 1863.   6 Sgr.

Lüders, Th., *General-Lieuten.,* v. Willisen u. seine Zeit. Acht
Kriegsmonate in Schleswig-Holstein. Mit 1 Karte des Schlachtfeldes v. Idstedt. 3. Auflage. 8. Stuttgart. Metzler. 1853.
                                                   n. 1 Rthlr.

Lüdinghausen, gen. Wolff, *Hptm.,* **Ferd.** *Baron von,* Organisation u. Dienst der k. preussischen Kriegsmacht. Zum Gebrauch
als Leitfaden der „Dienstkenntniss" an den Kriegsschulen und
dem Cadetten-Corps. Lex. 8. Berlin. Mittler's Sort. (A. Bath).
in Comm. 1863.   n. 1 Rthlr.

Ludwig, *Obrist,* Studien über Ballistik. Mit 20. Taf. - Abbildgn.
gr. 4. Carlsruhe. Gutsch cart. 1854.   n. ²/₃ Rthlr.

Ludwiger, Fürchtegott, der vollkommenen Pferdekenner oder
die Kunst den Gesundheitszustand und die gewöhnlich verheim-
lichten Gebrechen des Pferdes sofort zu erkennen etc. 16.
Grimma. Verlags-Comptoir. 1850. n. 4 Sgr.

Lütgen, *Major*, **A.,** Feldzug der schleswig-holsteinischen Armee
und Marine im J. 1850. gr. 8. Kiel. Schröder & Co. 1852.
n. 2 ½ Rthlr.
mit 3 Karten n. 5 Rthlr.

Lüttichau, *Generallieut. z. D.*, *Graf*, Betrachtungen aus Anlass
der Militärvorlage u. insbesondere über die Frage der dreijäh-
rigen Dienstzeit. 2. Aufl. gr. 8. Berlin. H. Quaas. n. 2 ½ Sgr.
— — Preussen u. Oesterreich und die Militär-Vorlagen. Eine
historische Anmerkung. gr. 8. Berlin. (Heinicke). 1862. 3 Sgr.

Lützow, Leo, *Freih.* von, General-Lieut., die Schlacht von Hohen-
Friedberg oder Striegau am 4. Juni 1745. Ein Beitrag zur Geschichte des 2. schlesisch. Krieges. Mit 9 Beilagen u. 2 Plänen.
gr. 8. Potsdam. Riegel. 1845. n. 1 ⅓ Rthlr.

Lyautey, *Oberstlieut.*, der Rikoschettschuss. In seiner prakt. Anschauung. Eine artiller. Studie. Nach e. von dem französ. Ar-
tillerie-Comité preisgekrönten Denkschrift in's Deutsche übertragen, vom Artill.-Major Jos. Schmölzl. gr. 8. München, lit.
art. Anstalt. 1855. n. 12 Sgr.

Lyncker, *Ingen.-Hauptm.*, **C. v.,** Beschreibung der portativen
Jochbrücke. Mit 28 Figuren. gr. 8. Berlin. Mittler & Sohn in
Commiss. 1850. n. 16 Sgr.

M.

Mc. Clellan, *Capit.*, **Geo. B.,** offizieller Bericht über die Ope-
rationen in der Krim v. e. in den J. 1855 und 1856 auf den
Kriegsschauplatz in Europa gesendeten Offizier. gr. 8. Stuttgart.
Aue. 1859. n. 8 Sgr.

Machtstellung und Streitkraft der im gegenwärtigen europäisch-
orientalischen Kampfe betheiligten Staaten. Nebst einer grossen
Karte Scandinaviens und der Ostsee und 2 Specialkarten der
Hafen von Kronstadt und Reval. gr. 8. Wien. Hof- & Staatsdruckerei. 1854. 27 Sgr.

Machtverhältnisse, die militärischen, der sechs europäischen
Grossstaaten in ihrer neuesten Gestalt. Eine gedrängte Ueber-
sicht; nach den besten Quellen zusammengestellt. gr. 8. Berlin.
Mittler & Sohn. 1863. ½ Rthlr.

Macintosh, *General-Major*, **A. F.,** militärische Reise durch die

europäische Türkei, die Krim und an den östlichen Ufern des schwarzen Meeres. Mit strateg. Bemerkungen über den Schauplatz der Operationen der verbündeten Expeditionsarmee. Aus dem Engl. Mit Karten. gr. 8. Riga. v. Boetticher. 1855.
2 Rthlr.

Mackeldey, *Prem.-Lieut.*, **F.,** das praktische Aufnehmen mit dem Croquirtische, sowie die zu einem Croquis nöthige Terrainbeschreibung. Ein Hilfsbuch für Offiziers-Aspiranten. gr. 16. Cassel. (Krieger.) 1854. n. $\frac{1}{2}$ Rth.

Magne, *Prof.*, **J. H.,** die Wahl des Pferdes. Würdigung aller Kennzeichen zur Ermittlung der Tüchtigkeit der Pferde. 2. unverän. (Titel-) Aufl. Nebst e. Anhang: die Kunst d. Hufbeschlages. Nach Anleitung des Prof. Ritters M. Brogniez. Mit 30 in den Text gedruckt. Abbild. br. 8. Hamm. Grote. 1859. n. $\frac{1}{2}$ Rth.

Magnus, **G.,** über die Abweichung der Geschosse. 2. Aufl. Mit 2 Taf. gr. 8. Berlin. Dümmlers Verlag. 1860. n. 24 Sgr.

Maillinger, *Hptm.*, **J. M.,** der Felddienst. 3. Aufl. 16. München. Kaiser. 1850. 2 Rthlr. 10 Sgr.
— — Feldtaschenbuch zunächst für k. bayer. Militärs. Der Felddienst in kriegsgeschicht. Beispielen nebst wissenschaft. Notizen. Mit Karten und Plänen. 12. München, Kaiser. 1854. n. 2 Rth. 2 Sgr.
— — der Garnisonsdienst. 16. München. Kaiser. n. 9 Sgr.
— — Taschenbuch für die Garnison und den Marsch. 16. Passau. Elsässer & Waldbauer in Commiss. 1864. n. $\frac{1}{3}$ Rth.

Mainz, gr. 8. Berlin. Springer's Verlag. 1861. n. $\frac{2}{3}$ Rth.
— — und die deutsche Westgränze. gr. 8. Mainz. v. Zabern. 1861. n. $\frac{1}{6}$ Rth.
— — das Bollwerk Deutschlands und die französ. Invasion. Zwei militärisch. Gutachten. gr. 8. Ebendas. 1860. n. $\frac{1}{6}$ Rth.
— — das Bollwerk Deutschlands, noch einmal, und die französ. Invasion. gr. 8. Mainz. Ebendas. 1860. n. $\frac{1}{6}$ Rth.
— — die Bundesfestung. Eine Beleuchtung der Schrift: Mainz, das Bollwerk Deutschlands und die französ. Invasion. 1. und 2. Aufl. gr. 8. Darmstadt. Zernin. 1860. n. 4 Sgr.

Maistre, *Graf* **Josef de,** Gespräch über den Krieg. Aus den Petersburger Abenden. Hrsg. von Eug. v. Breza. gr. 8. Berlin, Rocca. 1851. n. $\frac{1}{4}$ Rth.

Mändler, *Hauptm.*, **Friedrich,** Erinnerungen aus meinen Feldzügen in Österreich, Tyrol, Russland, Sachsen und Frankreich in den Jahren 1809—1815 und Episoden aus meinem Garnisonleben. Nach dessen Tode herausg. von Prof. Dr. Fr. Jos. Ad. Schneidawind. 8. Nürnberg. Lotzbeck. 1854.   18 Sgr.

Mängel und Gebrechen, die äussern, des Pferdes. Ein Taschenbuch für Pferdekäufer und Pferdeliebhaber. 16. Stuttgart. Metzler. 1850.   2 Sgr.

Mangin, *Genie-Hptm.*, **A.**, Abhandlung über Polygonal-Befestigung, welche seit dem J. 1815 in Deutschland angewendet wird. Deutsch vom Hauptm. F. Symon de Carneville. Mit 4 lith. Plänen. gr. 8. München. 1855.   n. 2 Rth. 4 Sgr.

— — die Polygonal-Befestigung, welche seit dem J. 1815 in Deutschland zur Anwendung gekommen ist. Deutsch u. m. einem Anhang v. Artill.-Hptm. J. Coster. Mit 4 Plänen. gr. 8. Leipzig. Remmelmann (jetzt Meuth in Kaiserslautern). 1855.   n. 1 ¹/₂ Rthlr.

Manoeuvrir- und Gefechtstechnik der selbstständig u. in Verbindung mit den andern Waffen auftretenden Cavallerie. Von Oberst J. Gallina. Mit Holzschnitten. gr. Lex. 8. Wien. Gerold Sohn in Commiss. 1860.   n. ²/₃ Rthlr.

— — Reglement für die k. k. Infanterie. gr. 8. Wien. 1863. (Leipzig. Denicke).   nn. ¹/₃ Rthlr.

Manuel pour l'enseignement de la gymnastique aux troupes fédérales. I. Exercises libres. 16. Zürich. Schulthess. 1863.
                                              cart. n. ¹/₃ Rthlr.

Marquardt, *Prof.*, **Thdr.**, Wahrnehmungen über die Rotzkrankheit der Pferde, ihre Ursachen u. Verbannung. 12. Olmütz. Neugebauer (jetzt Grosse). 1852.   6 Sgr.

Martens, Hdb. d. Milit.-Verpfleg. im Frieden u. Krieg. Nach den besten Quellen neu bearbeitet von Hptm. Wundt etc. gr. 8. Stuttgart. Rieger. 1864.   3 Rthlr. 6 Sgr.

— — *Oberst*, **Karl von,** Geschichte der innerhalb der gegenwärtigen Gränzen des Königreichs Würtemberg vorgefallenen kriegerischen Ereignisse vom Jahre 15 vor Christi Geburt bis zum Friedensschlusse 1815. gr. 8. Stuttgart. Zu Guttenberg 1847.
                                              3 ¹/₂ Rthlr.

— — Denkwürdigkeiten aus dem kriegerischen u. politischen Leben eines alten Offiziers. Ein Beitrag zur Geschichte der letzten 40 Jahre. br. 8. Leipzig. Arnold. 1848.   2 Rthlr.

— — **G. L.,** Tagebuch eines Freiwilligen des v. d. Tann'schen Corps. Mit Plänen u. dem Portr. d. Oberstlieut. v. d. Tann. gr. 4. Hamburg. Hoffmann u. Campe. 1848.   n. 1 ¹/₃ Rthlr.

— — *Obristlieut.* **Chrn.,** v., Vor 50 Jahren. I. u. II. gr. 8. Stuttgart. Schaber. 1862—63.   à 1 Rthlr.

Märztage, die Berliner. Vom militärischen Standpunkte aus geschildert. gr. 8. Berlin. Mittler & Sohn. 1850.   18 Sgr.

Mascher, H. A., Handbuch f. die preuss. Civil- u. Militärbeamten u. Staatsbürger bei e. Mobilmachung der Armee. 8. Merseburg. Garcke. 1854. n. $\frac{1}{3}$ Rthlr.

— — Handbuch f. die preussischen Offiziere und für die Militär- u. Civilbeamten bei e. Mobilmachung der Armee. Syst. Zusammenst. 3. Aufl. 8. Potsdam. Döring. 1859. n. $\frac{1}{2}$ Rthlr.

Massenbach, *Oberlieut. Prof.* **Frz. Frh. Gemmingen v.**, Elemente der Befestigung im Allgemeinen und der Feldbefestigung insbesondere. Ein Leitfaden f. den Unterricht. gr. 8. München. Lit. art. Anst. 1855. n. 14 Sgr.

— — Leitfaden, siehe Gemmingen.

— — Deutschland, siehe Gemmingen.

Matthieu, J. C., Darstellung des Land- und Seekrieges f. Dilett. bearbeitet. Neue (Titel-) Ausg. Mit 99 Abbild. gr. 8. Weimar. Landes-Industrie-Comptoir. 1854. 1$\frac{1}{2}$ Rthlr. geb. 1$\frac{3}{4}$ Rthlr.

Mauch, *Major* **v.**, die Ausbildung der Compagnie im Felddienst. Auf e. zweijähr. Präsenzzeit des Infanteristen berechnet. In e. Reihe von Uebungen dargestellt. 12. Stuttgart. Aue. 1860. n. 14 Sgr.

Mauschwitz, *Oberstlieut.* **C. v.**, Handbuch über Oekonomie-Verwaltungen bei der königl. preuss. Armee. gr. 8. Posen. 1849. (Berlin. Mittler & Sohn). 1855 n. 1$\frac{1}{3}$ Rthlr.

Mayerhofer, E., das Militär-Einquartierungs-Gesetz. System. dargestellt u. praktisch erläutert. 16. Wien. Tendler & Co. 1852. 12 Sgr.

— — das Bequartierungs-System der k. k. Landes-Gendarmerie nach dem a. h. Bequartierungsnormale v. 25. Juli 1851 etc. gr. 8. Wien. Tendler & C. 1854. n. $\frac{1}{3}$ Rthlr.

Mayern, *Oberst*, **Frz. Ferd. von**, über den Geist der Befestigungskunst in den verschiedenen Geschichtsepochen. Mit 1 Plane. gr. 8. Wien. Gerold. 1848. 1$\frac{1}{2}$ Rthlr.

Mebes, *Oberst z. D.*, **Jul.**, Beiträge zur Geschichte d. Brandenb. preuss. Staates u. Heeres. 1. Bd. Mit geneal. Tabellen, Plänen u. Uebersichtskarten. gr. 8. Berlin. Lüderitz Verlag in Comm. 1861. n. 3 Rthlr.

Meerheim, Richard von, Soldatenwelt. 16. Dresden. Meinhold & Söhne. 1857. n. 1 Rthlr.
In engl. Einbd. n. 1$\frac{1}{3}$ Rthlr.

Meier, *Quartiermstr.*, **Frdr.**, Handbuch über das Heeresergänzungs-Gesetz. Eine system. geordnete vollständ. Sammlung aller über das Konskriptionswesen in Bayern bestehenden Gesetze u. Verordnungen, nämlich das Gesetz vom 15. Aug. 1828 über die Ergänzung des stehenden Heeres, der Vollzugs-Vorschriften zu diesem Gesetze vom 13. März 1830, u. alle seit

Einführung des Gesetzes — 1. Mai 1829 — bis jetzt erschienenen auf dasselbe Gesetz bezüglichen Gesetze, Normen u. Verordnungen — im vollständ. Abdr. Mit e. vollständigen Repertorium versehen u. hersg. gr. 8. München (Franz) 1859.
n. 2 ⅓ Rthlr.

Meineke's *Artill.-Maj. a. D.*, **L. W.**, militärisch-historisch-geographische Uebersicht v. Europa. 2. v. L. Thomas umgearb. u. verb. Aufl. gr. 8. Leipzig u. Magdeburg. Gebr. Baensch. 1858. ¾ Rthlr.

Meitzendorff, *Garnison-Audit., Justizrath,* Formularbuch für den untersuchungsführenden Offizier der preuss. Armee. gr. 8. Berlin. v. Decker. 1860. n. ⅔ Rthlr.

Melczer v. Kellemes, *Feldmarsch.-Lieut.,* **A.,** d. Unterricht d. Interie-Gemeinen in dessen Dienstpflichten, der Kenntniss u. Behandlung des Feuergewehrs, dem Plänkeln u. dem Felddienste. 2. Aufl. gr. 8. Wien. Pest. Geibel. 1850. n. 1 ⅓ Rthlr.

— — die Kenntniss des glatten Infanterie-Gewehrs und der Kammerbüchse. Garnisons- und Wachverhaltungen. Die Kasern-Zimmer u. Zugs-Ordnung. Aus dem Unterricht des Infanterie-Gemeinen. gr. 8. Wien. Hof- & Staatsdruckerei. 1852. n. ⅓ Rthlr.

— — die Verwendung der Adjudanten beim Exerciren in der Brigade. gr. 8. Wien. Ebendas. 1854. n. 8 Sgr.

— — Grundzüge über den Gebrauch der Artillerie im Felde u. der Kriegswaffen überhaupt. Mit Rückblick auf die in der k. k. österr. Artillerie bestehenden neuen Einrichtungen. Für Offiziere zur Selbstbelehrung. Lex. 8. Wien. Sommer. (Leipzig. Steinacker). 1857. n. 2 ⅔ Rthlr.

— — Anleitung zur Verfassung v. Dispositionen zu Marschmanoeuvren m. Uebergang in den gesicherten Halt; oder aus dem Marsch in ein offensives od. defensives Gefechtsverhältniss u. umgekehrt. Lex. 8. Wien. Sommer. (Wien. Klemm). 1859. n. ⅓ Rthlr.

Mente, *Oberst a. D.,* **W.,** Von der Pieke auf. Erinnerungen an eine 49jähr. Dienstzeit in der königl. preuss. Artillerie. Lex. 8. Berlin. A. Duncker. 1861. 1 ½ Rthlr.

Mentzel, E. O., *wirkl. Geh. Kriegsrath,* die Remontirung der preuss. Armee in ihrer histor. Entwickelung u. jetzigen Gestaltung als Beitrag zur Geschichte der preuss. Militär-Verfassung. gr. 8. Berlin. A. Duncker. 1845. 2 Rthlr.

Messerschmidt G., die Militär-Oeconomie, e. Handbuch für Militär-Verwaltungsbeamte, Militärs u. diejen., welche sich mit der

Militär-Oeconomie vertraut machen wollen. 1—8. Lfg. gr. 8
Berlin. Bahn & Faudel. 1854.   Prän. Pr. à n. 12 $^1/_2$ Sgr.

Messerschmidt G., die Verwaltung des Militär-Haushaltes in
Preussen. 8. Berlin. Bergemann. 1853.   n. 24 Sgr.

Metz, Alex., *Hauptm.*, *Edler* v., Fechtbuch für die Prim-Auslage.
br. 8. Wien. Braumüller's Sort. 1864.   n. 1 Rthlr.

Meyer, *Gen.-Major a. D.*, die Befestigung grosser Landes-Haupt-
städte. gr. Lex. 8. Berlin. Mittler & Sohn. 1859. n. 3 $^1/_3$ Rthlr.

— — *Prem.-Lieut.*, **Oscar**, das Voltigiren als Vorbereitung u.
in Verbindung des Waffengebrauches zu Pferde. Ein Leitfaden
zur Ertheilung d. Unterrichtes f. Lehrer der Gymnastik, sowie
insbesondere f. Kavallerie-Offiziere. Mit erläut. Zeichnungen.
2. verb. Aufl. 8. Koblenz. Bädeker. 1863. $^1/_4$ Rthlr.

— — das Stoss- u. Hiebfechten zu Fuss u. zu Pferde. Ein Leitfaden bei der Ertheilung des Unterrichtes in der Fechtkunst.
Mit erläut. Zeichng. 2. verb. Aufl. 8. Ebendas. 1863. $^1/_4$ Rth.

— — *Oberlieut. a. D.*, **F.**, Anleitung zum taktischen, topographischen od. strategischen u. statistischen Recognosciren des Terrains sowohl im Kriege als im Frieden. Ein Leitfaden für den
Unterricht in Militär-Bildungs-Anstalten und zum Selbstunterricht
f. Offiziere. gr. 8. Leipzig. A. Winter. 1863.   18 Sgr.

Meynert, *Dr.*, **Herm.**, Geschichte der k. k. österr. Armee, ihrer
Heranbildung und Organisation, sowie ihrer Schicksale, Thaten
u. Feldzüge. 1/4. Bd. 8. Wien. Gerold in Commiss. 1854.
à. n. 1 Rthlr.

Mezler von Andelberg, *Dr.*, **Fr. Jos.**, der ärztliche Rathgeber
für den Soldaten. Eine leichtfassliche Belehrung. Mit besonderer
Rücksicht auf die Einrichtung u. Verhältnisse der k. k. österreich. Armee. 8. Prag. Scheib (jetzt Reinitzer.) 1846. 1$^2/_3$ Rthlr.

Michailowski-Danilewski, *Gen.-Lieut.* u. *Oberst* **Miliutin**, Geschichte des Krieges Russlands mit Frankreich unter der Regierung Kaiser Paul's I. im J. 1799. Nach dem russ. Original
in's Deutsche übertragen v. Lieut. Chr. Schmidt. Lex. 8. München. Lindauer in Comiss. 1856—58.   n. 17$^2/_3$ Rthlr.

Michälis, *Prem.-Lieut.*, ein Stück Kriegsgeschichte aus den An-
fängen des preussischen Königthums u. e. Blick in die militär.
Gegenwart unter Hinweis auf die Bedeutung stehender Uebungslager. gr. 8. Soest. (Nasse). 1863.   n. $^1/_3$ Rthlr.

Middelboe, *Capit.-Lieut.* **St.**, Handbuch f. den Navigateur. 4.
Flensburg. Herzbruch. 1854.   cart. n. 2 Rthlr.

Mieg, A., u. **F. Schulz**, *Lieut.*, Leitfaden für den Turnunterricht
in den deutchen Heeren u. an Lehranstalten. Mit 2 Taf. 8.
Ingolstadt. Krüll in Commiss. 1861.   n. $^1/_2$ Rthlr.

Mieroslawski, Ludw. v., kritische Darstellung des Feldzuges von 1831 u. hieraus abgeleitete Regeln für Nationalkriege. Aus dem Polnischen übersetzt u. m. Anmerkungen versehen v. e. preuss. Offizier R. v. K. 2 Bde. Lex. 8. Berlin. Behr. 1848. 4 ¹/₂ Rthlr.

— — *General*, Bericht über den Feldzug in Baden. 2. Aufl. gr. 12. Bern. Jenni. 1849.   8 Sgr.

Miles, William, praktische Belehrungen über den Hufbeschlag. Aus dem Engl. Mit 8 erläut. Tafeln. 8. Frankf. a. M. Jügel's Verl. 1855.   cart. 17 Sgr.

— — der Pferdestall; seine Construction, innere Einrichtung u. zweckmässigste Ausstattung. Aus dem Engl. übersetzt u. mit 20 Taf. erläutert. Lex. 8. Ebendas. 1862.   cart. 1³/₄ Rthlr.

— — **Esq.**, der Huf des Pferdes und dessen fehlerfreie Erhaltung. Nebst e. Anhang über den Beschlag im Allgemeinen und den der Jagdpferde insbesondere. Aus dem Engl. nach der 7. Aufl. in's Deutsche übertragen v. Lieut. Guitard. Mit 12 erläut. Tafeln. 2. Aufl. gr. 8. Ebendas. 1860.   cart. 1 ¹/₄ Rthlr.

Militär, das bayerische vom religiösen Standpunkte aus betrachtet. gr. 8. Weissenburg. Meyer in Commiss. 1861.   n. 3 Sgr.

Militär-Almanach, schweizerischer, auf das Jahr 1854. Von Heinr. Leemann. Eingeleitet durch die Redaktion der schweizerischen Militärzeitschrift. 8. Basel. Schweighausers Verlag. 1854. 1 ¹/₂ Rthl.

— — f. 1856—59. Von e. bayerischen Offizier. 1—4. Jhrg. (Von Oberlieut. J. Würdiger). gr. 16. München. Fleischmann. 1856 bis 1859.   à Jahrg. cart. n. 18 Sgr.

— — bayerischer, f. 1856 v. e. deutschen Militär. gr. 16. Ebendas. 1856.   In engl. Einbd. m. Goldschn. n. ⁵/₆ Rthlr.

— — österreichischer, f. 1853/54. Von Ob.-Lieut. Aug. Dub. 16. Wien. 1853/54.   à n. 12 Sgr.

— — illustr. f. Oesterreich 1855/56. Von Lieut. Max. v. Riewald. 16. Wien. Gress.   cart. à n. 16 Sgr.

— — preussischer, f. 1852/53. Herausgeg. v. e. preuss. Offiziere. 1—2. Jhrg. gr. 16. Berlin. Hempel. 1852/53. In engl. Einbd.   à n. ²/₃ Rthlr.

— — -Bibliothek, österreichische. Red. u. herausg. v. Hptm. Jul. Künell. 1—39. Lfg. gr. 8. Wien. (Nürnberg. W. Schmid). 1863/64.   à n. ¹/₃ Rthlr.

— — -Bildungs-Anstalten, die kais. königl., mit besond. Rücksicht auf die Vorschriften f. den Eintritt in dieselben. Zusammengestellt aus den allerh. sanctionirten Reglements der Militär-Bildungs-Anstalten. gr. 8. Wien. Seidel. 1854.   n. 8 Sgr.

— — -Convention, die zwischen Preussen u. Coburg-Gotha. Vom

nationalen Standpunkte aus beurtheilt. gr. 8. Leipzig. Ernst
Jul. Günther. 1862.   n. 8 Sgr.

Militär-Conversations-Lexikon, österreichisches. Unter Mitw. mehrerer Offiziere der k. k. Armee. Lfg. 1—41. Lex. 8. Wien.
Gerold Sohn in Commiss. 1852/53.   à n. 7 Sgr.

— — -Dienst-Styl, der, im untergeordneten Verhältniss. Ein Leitfaden zur Verfassung von Aufsätzen d. untergeordneten Ver-
hältnisses u. v. vermischten Aufsätzen. Von e. k. k. Offizier.
2. Aufl. gr. 16. Wien. Dirnböck. 1862.   ½ Rthlr.

— — -Encyclopädie, allgemeine. Unter Mitwirkung der H. H.
Major Blesson, Hofrath Louis Schneider, Hptm. Jordan etc.
herausg. v. Major Frh. Heinr. v. Hausen. 3 Bde. in 19 Lfg.
Lex. 8. Leipzig. Schäfer. 1856—59. (Unvollendet.) à Lfg. ⅓ Rth.

— — -Ersatz-Instruktion für die preussischen Staaten. Vom 9.
Decb. 1858. 8. Berlin. v. Decker. 1859.   baar n. 5 ½ Sgr.

— — -Erziehungs-Anstalten, die kaiserl. königl. mit besond. Rücksicht auf die Vorschriften für den Eintritt in dieselben. gr. 8.
Wien. Seidel in Commiss. 1859.   baar n. n. ½ Rthlr.

— — -Frage, die, und der Landtag in d. J. 1860—62. 8. Berlin.
v. Decker. 1862.   n. ¹⁄₁₆ Rthlr.

— — die, im Januar 1864. gr. 8. Berlin. Springer's Verlag.
1864.   n. ⅙ Rthlr.

— — -Gesetz, das hannover'sche. Eine Zusammenstellung der
neuesten und hauptsächlichsten, auf die Verpflichtung der Unter-
thanen zum Militärdienst u. die Verhältnisse der im Militärdienste stehenden Mannschaften sich beziehenden gesetzlichen
u. reglementar. Vorschriften. gr. 8. Hannover. Meyer. 1862.
                                              n. ½ Rthlr.

— — -Gesetz-Codex für das preussische Heer. Herausg. v. H. J.
Kattner. 1—2. Bd. 2. Aufl. 12. Frankfurt a. O. Kosky. 1854
bis 1860.   n. 1 ½ Rthlr.
(Der 2. Bd. ist zusammengestellt v. R. Voss).

— — Gesetzsammlung, preus. 1—7. Bd. 1 Hft. Hrsg. v. General-
Audit. Dr. Carl Friccius. gr. 4. Berlin. Nicolais. Verlag 1851,
1864.   n. 17 ¹⁄₆ Rthlr.

Militär-Handbuch des Königreiches Bayern. Verfasst nach dem
Stande von 13. April 1853.

— — dasselbe. Verfasst nach dem Stande vom 1. Juli 1855. —

— — dasselbe. Verfasst nach dem Stande vom 22. Mai 1857. —

— — dasselbe. Verfasst nach dem Stande vom 20. Februar
1859. —

— — dasselbe. Verfasst nach dem Stande von 17. Februar
1860. —

Militär-Handbuch. Verfasst nach dem Stande vom 17. März 1862. —

— — dasselbe. Verfasst nach dem Stande vom 17. Juni 1864. gr. 8. München (Grubert.) à Jhrg. cart. baar n. 1²/₃ Rthl.

— — des Königreichs Würtemberg. Amtliche Ausgabe. gr. 8. Stuttgart. (Neff). 1862. n. n. 1¹/₂ Rthlr.

— — -Intendantur- und Administrationsbeamte, der, mobil n. im Kriege. gr. 8. Posen. Scherk. 1848. n. ¹/₆ Rthlr.

— — -Kalender, bayerischer f. 1854. 12. München. Lindauer. 1854. baar n. ²/₃ Rthlr.

— — österreichischer, f. 1849—1865. Hrsg. von J. Hirtenfeld. 1—16. Jahrg. 8. Wien. Geitler in Commiss. 1848—1864. à Jhrg. n. 16 Sgr.

— — für 1852—1858. 1—7. Jahrgang. 8. Prag. Bellmann. à n. 12 Sgr.

— — -Liter. Ztg. Gegründet von C. v. Decker und L. Blesson. Red. Oberst z. D. Borbsstädt, Oberlieutenant z. D. Pochhammer, 26—45 Jahrg. 1845—1864 à 12 Hfte. gr. 4. Berlin. Mittler & Sohn. 1845—1864. à Jahrg. n. 4 Rthlr.

— — -Meuterei, die in Baden. Aus authent. Quellen zusammengetragen v. e. bad. Offizier. 2. Aufl. Mit e. Plane d. Schlosses und d. Fort. B. in Rastatt. 8. Karlsruhe. Bielefeld. 1849. ¹/₃ Rthlr.

— — -Notiz-Kalender, preuss. f. 1856—65. 1—9. Jahrg. 16. Berlin. Trowitzsch & Sohn. 1856—65. Im englischen Einband à n. ²/₃ Rthlr.

— — -Organisation, die, social und deutsch beleuchtet. 8. Berlin. Haude & Spener. 1862. n. ¹/₆ Rth.

— — -Pensions-Reglement, das k. preuss., vom 13. Juni 1825, mit Allegirung der dass. erläut. Allerh. Cabinets-Ordres etc. Zusammengestellt resp. erläutert durch Frdr. Bechstein. gr. 8. Eilenburg. Offenhauer. 1847. n. ¹/₄ Rthlr.

— — -Privatrecht, das preussische. Zum Gebrauch für Offiziere, Militärbeamte und Juristen. Nach amtlichen Quellen gr. 8. Berlin. Schlesier. 1862. n. 1¹/₆ Rthlr.

. — — -Schematismus des österr. Kaiserthums. gr. 8.
1846—52. (Wien. Gerold). baar à n. n. 2 Rthlr. 15 Sgr.
1853—60 (Wien. Braumüller). baar à n. n. 2 Rthlr.
1861—62 (Wien. Tendler & Comp.) Seidel & Sohn). baar n. 2¹/₂ Rthlr.
1863—64. (Wien. Tendler & Comp. à n. 2 Rthlr. 24 Sgr.
(Wird ausgegeben von der k. k. Hof- & Staats-Druckerei)

Militär-Schule, die, d. oldenburgisch - hanseatischen Brigade in Oldenburg. gr. 8. Oldenburg, Schulze. 1846.   n. 5 Sgr.

— — -Sprachlehre, kurzgefasste, f. Regiments- und Compagnie-Schulen der k. k. Armee. 8. Wien. Sommer. (Wien Klemm). 1859.   cart. n. 6 Sgr.

— — -Staat, der. 2. Auflage. Berlin. F. Schneider. 1859.   n. $^2/_3$ Rthlr.

— — -Strafgesetzbuch f. d. Schleswig-Holsteinische Armee. Enth.: I. Strafgesetze nebst Anhang A—D. II. Strafgerichts- u. Prozessordnung. III. Gesetz betr. die Klagbarkeit der Schulden von Unteroffizieren und Gemeinen. gr. 8. Kiel. akad. Buchhandlung. 1850.   n. $^1/_2$ Rthlr.

— — dasselbe für das Königreich Sachsen v. 11. August 1855 nebst Beidruck d. allgem. Strafgesetzbuches u. zweier damit in Vrbd. stehen. Strafges. von dems. Tage u. e. Sachregister. 8. Dresden. Meinhold Söhne. 1856.   18 Sgr.

— — dasselbe und bürgerliche Rechtsverhältnisse der Militärpersonen betreffenden Bestimmungen d. Grossherzogthum Oldenburg, nebst der Einführungsverordnung. Mit e. Alphab. Sachregister z. Militärstrafgesetzbuche u. Bemerkungen versehen v. Geh. Staatsrath Hayessen. gr. 8. Oldenburg. Schulze. 1862.   n. 28 Sgr.

— — -Straf-Prozess-Ordnung für das Königreich Hannover. gr. 8. Hannover. Helwing. 1861.   n. $^2/_3$ Rthlr.

— — -Strafrecht, preussisches. 16. Trier. Troschel. 1845.   n. 8 Sgr.

— — -Telegraphie. Nach dem telegr. System d. M. J. Swaim für die k. bayerische Armee bearb. 16. München. (Kaiser). 1862.   geb. n. 16 Sgr.

— — -Vorlagen, die, ihre Gegner und ihre Freunde. gr. 8. Berlin. Fr. Schulze. 1860.   n. 2 $^1/_2$ Sgr.

— — -Wochenblatt für das deutsche Bundesheer. 1—4. Jahrg. 1860. Juli — Decb. — 1863 gr. 4. Darmstadt. Zernin.   pr. Jahrg. n. 4$^2/_3$ Rthlr.   Velinpapier n. 7 Rthlr.

— — dasselbe. Red. v., der histor. Abthlg. d. Generalstabs. 29—48. Jahrg. 1845—1864. à 52 Nummern. Mit Plänen und Beilagen. 4. Berlin. Mittler & Sohn in Commiss. à Jahrg. n. 3$^1/_3$ Rthlr.

— — -Zeitschrift für Nord-Deutschland. 1. Jahrg. 12 Hfte. gr. 8. Kiel. Schröder & Comp. 1852.   n. 4 Rthlr.   Einzelne Hefte à n. 12 $^1/_2$ Sgr.

— — demokratische. Redig. v. A. C. Wiesner. 1. Jahrg. 1850.

12 Nrn. Mit Karten und Plänen. gr. 8. Zürich. Meyer und Hanisch. 1850. Halbjährig n. 1 Rthlr. 2 Sgr.

Militär-Zeitschrift, schweizerische. Red. H. Leemann. Jahrg. 1845—1849 à 4 Quartalhefte. gr. 8. Bern. Walthard.
à Jahrg. 1 ⁵/₆ Rthlr.

— — dieselbe. Jahrg. 1862—1854 à 26 Nummern. gr. 8. Basel. Schweighauser. à Jhg. 1 ¹/₂ Rthlr.

— — dieselbe. Redigirt v. Oberst Kurz. Neue Folge 1—2. Bd. Jhg. 1850—51. à 4 Hfte. gr. 8. Zürich. Schulthess.
à Jhg. 1 ¹/₂ Rthlr.

— — -Zeitung. Red. Dr. I. Hirtenfeld, 1—17. Jahrg. 1847—1864. à 104 Nummern. Mit Beilagen. gr. 4. Wien. (Geitler)
p. Quartal n. 2 Rth.

— — neue. Hrsg. v. e. Gesellschaft deutscher Offiziere. Red. Hptm. Fr. Scholl. 1 Jahg. Juli — Decb. 1856. 2 und 3. Jhrg. 1857—58. à Jahg. 52 Nrn. gr. 4. Darmstadt. Diehl.
p. Semest. n. 2 ¹/₃ Rthlr.

(Der 4. Jahrgang wurde mit den Blättern für Kriegswesen vereint.)

— — allgemeine. Herausgegeben von e. Gesellschaft deutscher Offiziere und Militärbeamten. 20—29. Jahg. 1845—1854. à 12 Hfte. Mit Beilagen. gr. 4. Darmstadt. Leske. à Jahrgang
7 Rthlr.

— — dieselbe 30.—33. Jhg. 1855—58. Ebendas. à Jahrgang
4 ²/₃ Rthlr.

32. & 33. Jahrg. Velinp. à n. 7 Rthlr.

— — dieselbe. 34. Jhg. 1859. Darmstadt. Zernin. 4 ²/₃ Rthlr.
Velinp. 7 Rthlr.

— — dieselbe. 35. 36. Jhg. 1860—61. Ebendas. à 7 Rthlr.
Velinp. 10 ¹/₂ Rth.

— — dieselbe. 37.—39. Jhg. 1862—1864. Ebendas. à n. 8 Rthlr.
Velinp. à n. 12 Rthlr.

— — allgemeine, schweizerische. Organ der schweizer. Armee. Red. von Major Hans Wieland, 1. u. 2. Jhg. 1855—1856 (Der. schweiz. milit. Ztschr. 20. u. 21. Jhg.) Fol. Basel. Schweighauser. à n. 2 Rth.

-— — illustrirte. Militärisch - belletr. Wochenblatt. Red. Ritter von Hack. Jahg. 1863 Octob. — Decmb. 13 Nrn. Fol. Wien. Markgraf. 1863. n. 1 ²/₃ Rth.

— — und Marine - Zeitung, allgemeine, deutsche. (Mit Illust.) Red. Frh. F. von Biedenfeld, H. Kreisler. 1—2. Jahg. 1857—1858. à 52 Nrn. Imp. 4. Weimar. Kühn. à n. 6 Rthlr.

Militärische Briefe eines Lebenden an seinen Freund Clausewitz

⸴ im Olymp. 2. Ausg. mit einem Nachtrag. gr. 8. Leipzig. O. Wigand. 1854. 1 ¹/₆ Rthlr.

Militärisches, Altes und Neues. Von dem Verfasser der „militärischen Betrachtungen aus den Erfahrungen eines alten preuss. Offiziers. 3 Thle. gr. 8. Berlin. Mittler & Sohn. 1854. 2 Rthlr. 6 Sgr.

Miliutin, *Oberst,* Geschichte des Krieges Russlands mit Frankreich unter der Regierung Kaiser Paul I. im J. 1799. 1—4. Bd. München. Lindauer. 1857—58. à n. 3 Rthlr. 16 Sgr.

Milizen-Spiegel, worin zu sehen, was dem republikanischen Wehrmanne gut oder übel ansteht. Mit dem Portrait des Generals Dufour. 2. (Titel-) Ausg. gr. 8. Bern. Blom. 1857. n. 8 Sgr.

Miller, *Hptm.,* **A. v.,** Felddienst f. Infanterie. 16. Ulm. Krick. 1857. n. 21 Sgr.

Mills, Jac., praktisches Handbuch f. Pferdefreunde. Gründliche Anleitung zur Kenntniss, zum Ankauf u. zur Behandlung der Pferde, sowie zur Stallwirthschaft. Nach dem Engl. Mit Holzschn. 2. (Titel-) Ausg. Leipzig. Haendel. 1865. ¹/₂ Rthlr.

Minutoli, *Generallieut.,* **von,** der Feldzug der Verbündeten in Frankreich im Jahre 1792. Mit 1 Plane der Kanonade von Valmy. gr. 8. Berlin. Schneider & Co. 1847. n. 1²/₃ Rthlr.

Mirus, *Rittmstr.,* Hilfsbuch beim theoret. Unterricht des Kavalleristen f. jüngere Offiziere u. Unteroffiziere. Zugleich zur Selbstbelehrung. Nach den neuesten Verordnungen zusammengestellt u. bearb. gr. 8. Berlin. Mittler & S. 1855. 1¹/₂ Rthlr.

— — Leitfaden für den Cavalleristen bei seinem Verhalten in u. ausser dem Dienste. Zum Gebrauch in den Instruktionsstunden. Zugleich zur Selbstbelehrung. Nach den neuesten Verordnungen zusammengestellt und bearb. 3. Aufl. 16. Ebendas. 1863. ¹/₄ Rthlr.

— — *Oberstlieut.,* **R.,** das Treffen bei Wartenburg, am 3. Octb. 1813. Mit 1 Plane. gr. 8. Ebendas. in Commiss. 1863. n. ²/₃ Rthlr.

Mittheilungen, höchst wichtige, für alle Pferdebesitzer. 6. Aufl. qu. 8. Naumburg. Garcke. 1858. Versiegelt baar 1 Rthlr.

Molitor, *Landesger.-Rath,* **Ign. Ortwein v.,** österreich. Militär-Gesetze und das Militär-Richter-Amt. Zeitgemäss besprochen. gr. 8. Wien. Gerold. 1850. ²/₃ Rthlr.

— — die Kriegsgerichte und Militärstrafen im 19. Jahrh. mit einem Rückblick auf die Kriegsstrafen der Römer, die Kriegsgewohnheiten der alten Deutschen u. die Kriegsgesetze bis zum Beginn dieses Jahrhunderts, mit besond. Berücksichtigung der Kriegsgesetze Oesterreichs, Preussens, Sachsens, Würtembergs,

Badens, dann Frankreichs, Sardiniens und der Eidgenossenschaft. gr. 8. Wien. Hof- & Staatsdruckerei. 1855. n. 1 $\frac{1}{3}$ Rthlr.

Molitor, Juridisch-praktisches Handbuch f. k. k. Offiziere, insbesondere Kompagnie- u. Eskadronskommandanten, mit e. Anhang der den Offizier besonders betreff. Vorschriften u. Gesetze nebst e. Erläuterung über den Wirkungskreis d. Gendarmerie m. besond. Rücksicht auf ihre Dienstleist. in gerichtlichen Angelegenheiten. 3. Aufl. gr. 8. Ebendas. 1855. n. $\frac{2}{3}$ Rthlr.

Mollinary, *Ritter* v. **Monte Pastello,** *Gen.-Major,* **A.,** Studien über die Operationen u. Tactique der Franzosen im Feldzuge 1859 in Italien. gr. 8. Wien. Braumüller. 1864. n. 1 Rthlr.

Moltke, *Major Freih.,* **von,** der russisch-türkische Feldzug in der europäischen Türkei 1828 u. 1829. gr. 8. Berlin. Reimer. 1845. 3 $\frac{1}{2}$ Rthlr.

Monate, vier, der Belagerung von Sebastopol. Von ***. Mit Ansicht u. Plan v. Sebastopol, den Portraits v. Mentschikoff, Raglan u. Canrobert, den Karten der Krim u. d. schwarzen Meeres. 8. Leipzig. Weber. 1855. cart. n. $\frac{1}{3}$ Rthlr.

Mondo, *Art.-Maj.,* **C.,** über die Derivation der Langgeschosse aus gezogenen Röhren. Eine Denkschrift. Ins Deutsche übertragen v. Oberstlieut. J. Schmoelzl. gr. 8. München. Lit. art. Anstalt. 1860. n. 8 Sgr.

Montag, J. B., allgemeiner Militär-Briefsteller nach Vorschriften in der k. preuss. Armee f. Alle, welche ihre Benachrichtigungs-, Bitt-, Bewerbungs- etc. Schreiben selbst aufs Beste abfassen wollen, aufgestellt. 16. Erfurt. Bornemann. 1854. n. $\frac{1}{6}$ Rthlr.

Montbé, *Hauptm.,* **A. v.,** der Mai-Aufstand in Dresden. Auszugsweise bearb. nach offiz. Quellen. Mit 1 Plane. gr. 8. Dresden. Höckner. 1850. n. 1 $\frac{1}{2}$ Rthlr.

— — die chursächs. Truppen im Feldzuge 1806 mit besond. Bezugnahme auf das Höpfner'sche Werk: „Der Krieg von 1806 u. 1807." Nach officiellen Quellen bearb. 2 Bde. gr. 8. Dresden. Kuntze. 1860. 4 Rthlr.

Monteton, *Prem.-Lieut.,* **Dijon,** *Frh.* **v.,** populäre Vorlesungen über Reiterei. Zur Unterhaltung u. z. Selbst-Unterrichte. gr. 8. Magdeburg u. Leipz. Gebr. Baensch. 1857. n. $\frac{2}{3}$ Rthlr.

Monument, das, bei St. Jacob. Bild und Dichtung als Erinnerungsgabe zur 9. Säcularfeier der Schlacht bei St. Jacob im Jahre 1444. Nebst Plan des Schlachtfeldes. 4. Basel. Schabelitz. 1845. 11 $\frac{1}{4}$ Sgr.

Mordtmann, *Dr.,* **A. D.,** Belagerung u. Eroberung Constantinopels durch die Türken im Jahre 1453. Nach den Originalquellen bearb. gr. 8. Stuttgart. Cotta. 1858. n. 1 Rthlr.

Morell, Karl, die Schweizerregimenter in Frankreich 1789—1792. Episoden aus d. Revolutionsgeschichte Frankreichs u. d. Schweiz. gr. 8. St. Gallen. Scheitlin u. Zollikofer. 1858. 24 Sgr.

Moriggl, Alois, d. Feldzug d. J. 1805 u. seine Folgen für Österreich überhaupt u. f. Tirol insbesondere. 1—3. Bd. gr. 8. Innsbruck. Wagner. 1860, 1861. compl. n. 3 Rthlr.

Moering, *Oberst*, **Karl,** Armee und Flotte der Vereinsstaaten. bezüglich einiger technischen Einrichtungen. Mit 18 Kpfrtaf. gr. 8. Wien. Gerold Sohn. 1 ¹/₃ Rthlr.

— — der Dienst des k. k. Genie-Stabes im Felde. Lex. 8. Ebendas. 1862. n. 5 ¹/₃ Rthlr.

Morris, *General*, Versuch über das Exterieur des Pferdes. Aus dem Französ. übers. v. Hptm. Graefe. Mit 7 Taf. Abbildg. gr. 8. Berlin. Wiegandt & Hempel. 1860. n. ⁵/₆ Rthlr.

Mortgens enthüllte Geheimnisse der Pferdehändler. 4. v. d. Landthierarzte Dr. C. F. Lentin rev. Aufl. gr. 8. Weimar. Voigt. 1856. 1 Rthlr.

Mortier gen. Mortgen. Abr. u. **Dr. C. F. Lentin.** Taschenbuch für Pferdekenner u. Pferdeliebhaber. Erlebnisse e. mehr als 70jähr. Ausübg. d. Pferdehandels. 8. Dessau. Neubürger. 1857. 1 Rthlr.

Mr., *Oberstlieut.*, die Cavallerie der Jetztzeit, ihre Bedeutung, ihr Gebrauch u. Stärkeverhältniss zu andern Waffen. gr. 8. Leipzig. Geibel. 1860. n. 1 Rthlr.

— — Frankreichs natürliche und künstl. Vertheidigungsmittel, mit Anwendg. der neuern Grundsätze über Fortification, bei einem Kriege Deutschlands gegen Frankreich. gr. 8. Ebendas. 1860. n. 26 Sgr.

Aus meinem Leben. 2 Thle. in 1 Bde. 2. Aufl. gr. 8. Berlin. Mittler & Sohn. 1855. 1 ¹/₂ Rthlr.

Mühlbauer, *Militärarzt*, *Dr.*, **Frz. Xav.,** das Militär-Medicinalwesen Bayerns in zweckmäss. Umgestaltung. gr. 8. Erlangen. Enke. 1849. n. 4 Sgr.

Müller, Adam, über Reiten u. Fahren. Mit Holzschn. gr. 16. Mainz. Kunze. 1858. 9 Sgr.

— — *Prof.*, *Dr.*, **Frz.,** Lehre vom Exterieur des Pferdes oder von der äussern Pferdekenntniss. gr. 8. Wien. Braumüller. 1854. n. 24 Sgr.

— — *Oberlieut.*, *Prof.* **Frdr.**, Waffenlehre, vorzugsweise zum Gebrauch für Infanterie- u. Cavallerie-Offiziere der k. k. österr. Armee. Mit einem Atlas von 17 Tafeln. Lex. 8. Wien. Gerold Sohn. 1859. n. 4²/₃ Rthlr.

— — *Hptm.*, **Frdr.,** das österr. Feld- u. Gebirgs-Artillerie-Ma-

terial vom J. 1863. Mit 2 lith. Tafeln. 8. Wien. Gerold Sohn
in Commiss. 1864.   n. 1 Rthlr. 14 Sgr.

Müller, Herm., die militärische Bedeutung der projektirten Schwei-
zer-Eisenbahnen. Aus der allgem. Wichtigkeit d. Eisenbahnen
f. d. Kriegsführung entwickelt u. durch Beispiele erläutert. gr. 8.
Leipzig. Weber. 1852.   n. 24 Sgr.

— — II. *Prem.-Lieut.*, **H.**, die Grundsätze der neueren Befestigung und Widerlegung Mangins. Antwort auf die Abhandlung
über Polygonal-Befestigung vom k. franz. Genie-Hauptm. Mangin. Mit 2 Taf. 8. Berlin. v. Decker. 1856. $\frac{3}{4}$ Rth.

— — die Rotation der runden Artillerie - Geschosse. Geschichtliche Entwickelung der Rotationsfrage seit dem J. 1737 u.
ihr gegenwärt. Standpunkt. gr. 8. Berlin. Mittler's Sort. (A.
Bath.) 1862.   n. 1$\frac{1}{3}$ Rthlr.

— — *Lieut.*, Bestimmungen über die Geld-Verpflegung der k.
preuss. Truppen im Frieden, incl. Reise- u. Vorspannkosten,
sowie über Servis u. Einquartierung. Zusammengetragen bis
Mitte December 1849. gr. 8. Posen. Gebr. Scherck in Comm.
1850.   n. n. 1 Rthlr.

Münich, *Hptm.*, **Frdr.**, Geschichte d. königl. bayerischen I. Che-
vaulegers-Regiments Kaiser Alexander v. Russland. 1. Th. Die
Stämme des Regiments 1645 — 1682. Gleichzeitig ein Beitrag
zur ältesten bayerischen Heeres-Geschichte v. 1611 — 1682. gr. 8.
München. (Lindauer). 1862.   n. 1 Rthlr.

— — Geschichte der Entwickelung der bayerischen Armee seit
2 Jahrhunderten. gr. 8. Ebend. 1863, -64. cpl. 3 Rthlr. 24 Sgr.

— — u. Lehrer **L. Behringer**, die Uniformen der bayerischen
Armee von 1682—1848. 1. u. 2. Ld. 4. München. Mey & Widmayer. 1863.   à n. 1 Rthlr.

Mussgnug, *Militär- u. Veterinärarzt*. **Chrph.**, der praktische Huf-
beschlag nach einer neuen, äusserst vortheilhaften Methode.
Das Resultat vieljähriger Erfahrungen. Mit 2 lith. Tafeln. gr. 8.
Augsburg. Rieger. 1856.   18 Sgr.

Mussinau, Ferd. J. B., *k. bayer. Kriegs-Kommissär*, Entwurf
einer allgemein verpflichtenden und angemessen schonenden Heerverfassung. Ein neues System zu erfolgreichster Lösung schwe-
bender Fragen mit besond. Berücksichtigung der deutschen Zustände d. Industrie, sowie der Erziehung u. Volksbildung. gr. 8.
München. Franz. 1846.   1 Rthlr. 12 Sgr.

Musterblätter zum topographischen Zeichnen, nach d. neuesten
Bestimmungen des königl. preuss. Generalstabes nebst e. Tafel
m. den Signaturen f. Bezeichn. d. Truppen auf Schlachtplänen.
4. Berlin. Mittler's Sort. (A. Bath.) 1863.   cart. n. 1 Rthlr.
                                                   col. n. 1$\frac{1}{3}$ Rthlr.

N.

Nach Remonte. Ein cavalleristisches Vademecum. Zusammengestellt von einem königl. preuss. Rittmeister a. D. 8. Berlin. v. Decker. 1860. $^1/_3$ Rthlr.

Nachrichten, einige, über das Invaliden-Verpflegungswesen des Königr. Hannover. gr. 8. Helwing. Hannover. 1860. n. 2 Sgr.

— — und Betrachtungen über die Thaten und Schicksale der Reiterei in den Feldzügen Friedrichs II. und in denen neuerer Zeit. 1740—1813. 2. Aufl. in 1 Bde. gr. 8. Berlin. Mittler & Sohn. 1861. 2 Rthlr.

Nachweisung der Freiwilligen, Jäger und Volontairs, sowie der freiwilligen Soldaten aus den Jahren 1813—15, welche 50 Jahre nach der Erhebung Preussens (ihrer schriftl. Anzeige zufolge) am 15. Decb. 1862 noch am Leben waren. Zusammengestellt durch das Comité d. ältesten Berliner Vereines der freiwilligen Jäger aus den J. 1813—15. gr. 4. Ebendaselbst. 1863. n. n. 1 Rthlr.

Nádosy, *Oberstlieut.*, **Alex.**, **von**, Equitations-Studien. Mit besonderer Rücksicht auf den Unterricht in den Artillerie-Equitationen. 2 Bde. Mit 223 Abbildg. 3. Aufl. 8. Wien. Gerold's Sohn. 1859. n. 3 $^1/_3$ Rthlr.

Nanne, St., die Militärfrage Preussens vom militär.-politischen Standpunkte. gr. 8. Hannover. C. Rümpler. 1863. n. $^1/_2$ Rth.

Napoleons Maximen der Kriegführung. Mit Anmerkungen von d. russ. General Burnos und dem französ. Generale Husson, und verglichen mit den Grundsätzen anderer grossen Feldherrn, Strategen und Taktiker als: Montecuculi, Turenne, Condé etc. Parallelisirt durch einen kön. preuss. Artillerie-Offizier. gr. 8. Weimar. Voigt. 1852. $^2/_3$ Rthlr.

Napoleon III., Kaiser, über die Vergangenheit und Zukunft der Artillerie. 1—2. Thl. Aus dem Französ. von Artill.-Lieutenant H. Müller. II. 8. Berlin. v. Decker. 1856—57. 2 $^1/_4$ Rthlr

Napoleons III. Werke. Aus dem Französ. übersetzt von Pfr. Aug. Vict. Richard. 1—18. Lfg. Lex. 8. Leipzig. E. J. Günther. 1857—58. à n. $^1/_2$ Rthlr.

Naschelsky, J., Memoiren eines einjährigen Freiwilligen. Humoristisch satyr. Gedenkbuch an das Militärjahr. Mit Illustr. von Raymond de Baux. 3. Aufl. 8. Berlin. Schlingmann. 1859. n. $^1/_3$ Rthlr.

Nationalbewaffnung, die deutsche. Als Beitrag zur Lösung einer der wichtigsten Fragen in den Reformbestrebungen unsers deutschen Vaterlandes. Von Pz. gr. 8. Stuttgart. Cotta. 1848. $^1/_4$ Rthlr.

Neander von Pettershaiden, *Hptm.*, **J. F.**, Instruktionsbuch zur Bildung von Lehrern für den theoret. Unterricht, sowie f. Offizier-Aspiranten, einjährige Freiwillige und zum Selbstunterricht. In zwanglosen Heften. 1 Heft. gr. 8. Berlin. Mittler & Sohn. 1855. n. 1 Rthlr.

Nedbál, Fr. Ig., kritische Bemerkungen zur Broschüre: Feldzug der Ungarischen Hauptarmee v. Theoph. Lapinsky. 8. Hamburg. Nestler und Melle. 1850. n. 12 Sgr.

Neidl, *Lieut.*, **Jos.**, theoretisch-prakt. Unterricht im Lesen und Schreiben, zunächst für Unteroffiziere und Gendarmen. 2. Aufl. 8. Neuburg a. D. Prechter. 1862. n. $^1/_2$ Rth.

Nemedy, Jos., die Belagerungen der Festung Ofen in den Jah. 1686 und 1849. Nach authent. Berichten und Tagebüchern herausgegeben. Mit Fontana's und Juvigni's Plänen der alten und e. Situationsplane der neuen Belagerung. gr. 8. Pest. Emich in Comm. 1853. n. $2^2/_3$ Rthlr.

Neubert, Carl, die Kunst, passende und fehlerfreie Pferde zu kaufen. 8. Rosswein. (Leipzig. Hunger.) 1854. baar n. n. 3 Sgr.

— — *Dr.*, **Fr. Jul.**, *Bataillonsarzt*, Darstellung d. ärztlichen Bildung der Militärärzte d. königl. sächs. Armee, zugleich als Erwiederung auf die von Herrn Hofrath Prof. Dr. Joerg gegen dieselben gerichteten Angriffe in dessen Schrift: Welche Reform der Medicinalverfassung des Königreiches Sachsen fordern die Humanität u. d. jetzige Standpunkt der Wissenschaft? gr. 8. Dresden. Arnoldi. 1846. n. 4 Sgr.

Neudörffer, E., Gesetz betr. die militärische Einquartierung und ähnliche Leistungen für die königl. Truppen von 11. Juni 1864. Hand-Ausg. mit Erläut. Nebst Inhaltsübersicht und Sachregister. gr. 8. Stuttgart. Nitzsche. 1864. n. 12 Sgr.

Neumann, Robert, Katechismus für d. Feld-Pionnierdienst. Ein prakt. Hilfs- und Notizbüchlein für die Unteroffiziere der Infanterie. Mit 133 Abbildungen. 8. Weimar. Jansen & Comp. (jetzt Deckmann in Leipzig). 1856. 24 Sgr.

— — **W. A.**, der Kriegsschauplatz in Oberitalien. Strategisch beschrieben. Mit 1 Karte die ganze Po-Linie enth., von den Alpenpässen bis zur Mündung des Po. Nach der französisch-piemont. Generalkarte reduzirt und rektificirt nach den besten

Originalquellen. Gez. v. J. J. Pauliny. gr. 8. Wien. Lechner. 1859.   n. 12 Sgr.

Neumann, R., über den Angriff auf die Düppeler Schanzen in der Zeit vom 15. März bis zum 18. April 1864. gr. 8. Berlin. Mittler & Sohn. 1865.   12 Sgr.

Neutze, C. Ph., theoretisch-praktische Schule des Situationszeichnens mit besonderer Berücksichtigung der Terraindarstellungen nach Modellen. Für Militär und polytechn. Schulen. gr. 8. Cassel. Fischer. 1857.   n. 12 Rthlr.

Nobis, R., Handbuch über Anzucht, Pflege und gesammte Behandlung des Pferdes zur Belehrung der Wirthschafts-Eleven etc. und d. Unteroffiziere der preuss. Artillerie und Reiterei. gr. 8. Danzig. Kafemann. 1861.   ¹/₂ Rthlr.

Noch ein Wort zur Verständigung über das Ingenieur-Corps der preussischen Armee. gr. 8. Neuwied. van der Beeck. 1853.
                                                          ¹/₄ Rthlr.

— — ein Wort zum näheren Verständniss der Brochüre: „Wo liegt der Hase im Pfeffer? Militärisches Sendschreiben an alle freisinnigen Abgeordneten v. Major a. D. W. v. Luck." Von e. ältern Offizier. gr. 8. Berlin. Heinicke. 1862.   n. ¹/₆ Rth.

Normalien der k. k. Gendarmerie. Zusammengestellt und mit Bewilligung. d. h. Landes-Gendarmerie-Commandos hrsg. vom Oberlieut. Alois v. Pilat. 1. Bd. Lex. 8. Wien. (Leipzig. Steinacker.) 1856.   n. 1¹/₃ Rthlr.

Nothwendigkeit, die, der neuen Militär-Organisation, hergeleitet aus den Ereignissen d. J. 1848 und 49. Nach den Papieren eines verstorb. preuss. Offiziers. gr. 8. Magdeburg. Baensch. 1862.   6 Sgr.

— — die, einer Modification der Grundformen der preussischen Heeres-Organisation. Aus den Erfahrungen der jüngsten Mobilmachung und rationellen Principien hergeleitet von XXXIX. gr. 8. Berlin. Mittler's Sort. (jetzt Bath.) in Commission. 1851.   n. ¹/₆ Rth.

Notizen über Taktik, Strategie und Generalstabsdienst, ges. in der eidgenöss. Militärschule in Thun, von einem Offizier d. eidgenöss. Generalstabes, zum Gebrauch f. Offiziere aller Waffen, m. Berücksichtigung der geogr. Lage und der Kriegführung d. schweizerischen Eidgenossenschaft. 16. Zürich. Höhr in Comm. 1850.   n. 12 Sgr.

— — über die erste academische Feldcompagnie der k. k. Universität in Innsbruck 1848. Für die Mitglieder der Compagnie,

deren Verwandte und Freunde zusammengestellt. gr. 8. Innsbruck.
Wagner in Comm. 1854.   n. ¹/₆ Rthlr.

Notizen über Aufstellung der Geschütze im Felde. Von L. S. Artillerie-Major. 16. Basel. Schabelitz. 1855.   n. 6 Sgr.

— — über die bei Privat-Correspondenzen zu beobachtende Courtoisie. Mit 30 Schemas für angehende Offiziere. gr. 8. München. (Lindauer.) 1857.   n. 4 Sgr.

Novák, *Lieut.*, **Adf.**, der Rechnungsleger im Kriege und Frieden. Ein erklärendes Handbuch zur Verfassung sämmtl. bei den verschiedenen Truppenkörpern vorkommenden Verpflegs-, Monturs-, Armaturs-, Munitions- und sonstigen Rechnungen. gr. 8. Brünn. Buschak und Irrgang. 1852.   n. 1 ¹/₃ Rth.

— — die militärische Geschäftsführung. Vollständige alphabet. geordnete Sammlung aller Formularien und Tabellen zu milit. Diensteingaben für Werbbezirks-, Spitals-, Transporthaus- und alle selbständige Commanden, Adjutanten etc. etc. Enth. 300 Tabellen Formul. nach den neuesten Vorschriften. gr. 8. Ebend. 1855.   n. 28 Sgr.

— — das Oekonomie-System und die Gebühren der kais. kön. öster. Armee. 2 Thle. gr. 4 Wien. Helf. 1859. n. 3²/₃ Rthlr.

— — *Hptm.*, **J. N.**, der Feld- u. Vorpostendienst in Fragen u. Antw. für die k. k. Infanterie und Jäger, nebst Marschordnung aus der Feld-Instruktion vom J. 1847. 8. Olmütz. (Brünn. Buschak & Irrgang.) 1851.   n. 12 Sgr.

— — Feldvorschriften für den Gemeinen. Im Sinne und Wortlaute der prov. Feld-Instruktion zergliedert in Fragen u. Antworten. 8. Ebend. 1858.   n. 4 Sgr.

— — Der Sicherheits- u. Beobachtungs-Dienst vor dem Feinde. Im Sinne und im Wortlaute der prov. Feld-Instruktion zergliedert in Fragen u. Antworten zum Behelfe der Unteroffiziers-Schulen. 8. Ebend. 1858.   n. 8 Sgr.

— — Dienstes-Vorschriften für den Gemeinen, Gefreiten, Korporal und Zugsführer in Fragen und Antworten zum Behufe des Kompagnie-Unterrichtes zusammengetragen. 16. Ebend. 1859.
                                                      n. 12 Sgr.

Nürnberg, *Lehrer*, **A.**, kleines theoret. prakt. Rechnenbuch zum Selbstgebrauch für das Militär. Mit Facta. 8. Potsdam. Stuhr. 1848.   3³/₄ Sgr.

O.

Oberbauer, *Oberlieut.*, **Ludw. Carl**, Anleitung zum deutschen Militärstyle für jüngere Waffengefährten der k. k. österr. Armee,

mit besond. Rücksicht auf den Gebrauch in Cadettenschulen. 2.
Aufl. gr. 8. Gratz. Kienreich in Commiss. 1849.   1 $^5/_6$ Rthlr.

Oberleitner Carl, österreichische Finanzen u. Kriegswesen unter
Ferdinand I. vom Jahre 1522—1564. Nach den Quellen des
k. k. Finanz-Ministerial-Archivs. Lex. 8. Wien. (Gerold). 1859.
                            n. 1 Rthlr. 14 Sgr.

Obliegenheiten, die wichtigsten des Unteroffiziers und seiner
Untergebenen, für die k. k. Infanterie und Kavallerie in Fragen
und Antworten bearb. 16. Wien. Heubner. 1862.   6 Sgr.

Observations relatives à la brochure de Mr. le Général Jomini
intitulée sur la formation des troupes pour le combat. Des pa-
piers d'un ancien Officier-Général de l'armée de S. M. le Roi
de Prusse. gr. 8. Berlin. C. Heymann. 1858.   n. $^1/_2$ Rthlr.

Ochsenbein de Nydau, Ulrich, *capit.*, second rapport sur le
combat des réfugiés Lucernois et de leurs amis, le 31. mars
et avril 1845. gr. 8. Bern. Jenni & Sohn. 1846. n. $^1/_3$ Rthlr.

Offizier, der, und sein Stand in Praxis u. Theorie, od. Nachweis
über das Wesentliche, was den Offizier und seinen Stand an-
geht. 2. Aufl. gr. 8. Quedlinburg. Ernst. 1846. $^1/_3$ Rthlr.

Offizier-Corps, das, der schleswig-holsteinischen Armee u. Marine
in den J. 1848 u. 1849. Nebst den Anciennitäts-Listen d. Generale, Stabs- u. Subaltern-Offiziere. Herausg. v. e. schleswig-
holsteinischen Offizier a. D. 1. Buch. 12. Lübeck. Aschenfeldt.
1858.   n. 1 Rthlr.

— — dasselbe in den J. 1850—51 sowie d. herzogl. holstein'schen
Bundescontingents in J. 1851. 2. Buch. 8. Lübeck. v. Rohden.
1865.   n. 1 Rthlr.

Ohm, *Prof.*, *Dr.*, **Mart.,** Lehrbuch für den gesammten mathem.
Element.-Unterricht. 5. Aufl. gr. 8. Leipzig. Graul. (Fries.) 1856.
                                           1 Rthlr.

Ohm-Januschowsky, Georg, *Ritter* v. **Wissegrad,** *k. k. Ober-
Lieut.,* militärisch. politisches Gemälde von Europa nach Balbi,
Müller, Schnabel, Rutdorfer, nach der allgem. Militär-Zeitung
1845 und anderen Quellen (10 Blatt in Fol.) Olmütz. Hölzel.
1846.   n. $^2/_3$ Rthlr.

Olberg, *Major*, **E.** v., Anleitung zur Militär-Gymnastik. 8. Berlin.
Mittler. 1845. $^1/_2$ Rthlr.

Ollech, *Hptm.*, **R.,** historische Entwickelung der taktischen Uebungen der preuss. Infanterie. gr. 8. Berlin. Springer. 1848.
                                           $^1/_2$ Rthlr.

Oelsnitz, II. v., d. Ideen zur Errichtung einer k. preuss. Kriegs-
marine. gr. 8. Neisse. Hennings. 1847.   12 Sgr.

— — *Hptm.*, **A. C.,** v., d. Geschichte des königl. preuss. ersten

Infanterie-Regimentes seit seiner Stiftung im J. 1619 bis zur Gegenwart. Nach urkundlichen Quellen im Auftr. des Regimentes verfasst. Mit dem in Stahl gestoch. Portr. Sr. Maj. d. Königs. gr. 8. Berlin. Mittler & Sohn. 1855. n. 4½ Rthlr.

Oelze, *Sec. Lieut.*, **F.,** die Artillerie, für Infanterie- u. Kavallerie-Offiziere. Mit 1 Figurentaf. 8. Berlin. Mittler's Sort. (A. Bath.) 1847. n. 1 Rthlr.
Herabgesetz. Preis 20 Sgr.

— — Lehrbuch der Artillerie, für preuss. Avancirte dieser Waffe, mit 5 Figuren-Taf. nach den neuest. Vorschriften bearb. 4. Aufl., nach dem Tode der Verf. herausg. v. Lieut. H. Schinckel. 8. Berlin. Voss. 1853. n. 1⅓ Rthlr.
(Von Baensch in Magdeburg zu beziehen z. herabg. Preis von 25 Sgr.)

Operationen und Gefechts-Berichte aus dem Feldzuge in der Rheinpfalz und im Grossherzogthum Baden im Jahre 1849. Mit 2 Uebersichtskarten und 9 Plänen. Berlin. Mittler und Sohn in Commiss. 1850—51. cpl. baar 2 Rthlr. 18¾ Sgr.

— — der schleswig-holsteinischen Truppen in der Landschaft Stapelholm u. der Sturm auf Friedrichstadt, in den Monaten September und Oktober 1850. Ein Beitrag z. neuen Kriegsgeschichte v. Oberstlieut. v. Gagern. Mit Karte u. Plan. gr. 8. Kiel. Schröder u. Co. 1852. n. 1¼ Rthlr.

Oppeln-Bronikowski I., *Sec.-Lieut.*, **v.,** Leitfaden der Ernstfeuerwerkerei. Ein Handbuch für d. Offiziere jeder Waffe, für d. Feuerwerker u. angehenden Feuerwerker. 8. Berlin. Vossische Buchh. in Commiss. 1847. (Herabgesetzter Preis 15 Sgr.) n. ¾ Rthlr.

Ordens-Almanach f. die k. k. österreich. Armee 1861. gr. 8. Wien (Klemm). 1861. n. 26 Sgr.

Ordre de bataille u. Dislocation d. königl. preuss. Armee nebst e. alphabet. Verzeichniss d. Quartierstandes desselben zu Pfingsten 1860. Eine Ergänzung der Rang- u. Quartierliste. gr. 8. Berlin. Wagner. 1860. n. ¼ Rthlr.

Orff, Carl v., tabellarische Uebersicht für den Waffen-Unterricht der k. bayer. Landwehr. 2 Bdchen. gr. 16. München. Rieger. 1854. n. 19 Sgr.

Organisation u. Formation, die, der bayerischen Armee u. das Militär-Budget. gr. 8. München. Liter.-artist. Anstalt. 1851.

— — des deutschen Bundesheeres, der k. k. österr. Armee, der k. bayerischen Armee, der k. russischen Armee, der k. franz. Armee etc. (Zu den Vorträgen in der Taktik an der k. preuss. allgem. Kriegsschule bestimmt.) 4. Berlin. Mittler u. Sohn. 1853. 1½ Rthlr.

— — die, u. die Leistungen der Feldartillerie. Eine Zeitfrage

für alle Heere. Von einem süddeutschen Artillerie-Offizier. gr. 8.
Leipzig. Fr. Fleischer. 1853.   1 Rth.

Organisation, die, der Orient-Armee. Offizieller Bericht an Sr.
Maj. den Kaiser Napoleon III. durch den Kriegsminister Vail-
lant, aktengetreu veröffentlicht von L. Hombourg. hoch 4.
Paris. Hombourg. 1856.   n. 12 Sgr.

— — des Transportes grosser Truppenmassen auf Eisenbahnen.
gr. 8. Berlin. v. Decker. 1861.   2 ½ Sgr.

Organisations-Entwurf für die österr. Armee von A. v. M. gr. 8.
Wien. Bartelmus. 1862.   n. ⅓ Rthlr.

Orphal, Karl, *Aktuar,* militärische Wanderungen eines preuss.
Ulanen-Unteroffiziers aus dem Pfaffenthale z. Luxemburg nach
Spanien oder Erinnerungen an meine Militärdienstzeit in Sachsen,
Preussen, Belgien, Algerien u. Spanien, mit besond. Rücksicht
auf die französ. Fremdenlegion u. den spanischen Bürgerkrieg.
gr. 12. Gotha. Gläser in Commiss. 1846.   n. ¾ Rthlr.

Österreichs tapfere Söhne. Erinnerungen aus Italien u. Ungarn
v. 1848 u. 1849 eines Veteranen. Verf. d. Aphorismen in der
ästhet. Weltanschauung. 8. Klagenfurt. Leon. 1857. 1 Rth. 18 Sgr.

— — Heerwesen in neuester Zeit. Von einem österreich. Offizier.
8. Leipzig. Thomas. 1846.   1 ½ Rthlr.

Österreich und seine Wehrkraft. Kritische Beleuchtung des Werkes: „Entwurf einer Reorganisation der österreich. Armee."
Von J. N. hoch 4. Wien. (Leipzig. Rob. Hoffmann). 1862.
                                                         n. 12 Sgr.

Osthoff, *Hauptmann,* **A.,** Handbuch der Feldbefestigungskunst,
mit Hinblick auf die bei den jüngsten Kriegsereignissen statt-
gefundene Anwendung derselben bearb. 2 Hälften. gr. 8. Braunschweig. Schwetschke u. Sohn. 1853.   à n. 1 ⅓ Rth.

— — Handbuch f. Unteroffiziere d. Infanterie. Nebst e. Anh.:
Kurze Erklärung d. gebräuchlichsten beim Kriegswesen vorkom-
menden Fremdwörter m. Angabe d. Aussprache. gr. 8. Cassel,
Bertram. 1858.   n. ½ Rthlr.

Ott, *Oberlieutenant,* **Jos.,** Geschichte des Zweikampfes aller Völker u. Zeiten, nebst der Schilderung der nationalen Kampf-
spiele u. bezüglichen gymnast. Uebungen. gr. 8. Olmütz. Hölzel. 1855.   n. 1 ⅓ Rthlr.

— — das System der Fechtkunst à la contrepointe für d. Stoss
u. Hieb. Zum Unterricht in Fechtschulen, sowie z. Selbstbildung,
nebst dem Verhalten im Zweikampfe etc. (In 3 Büchern.) 2.
(Titel-) Aufl. gr. 8. Olmütz. (Hölzel). 1855.   n. 2 ⅚ Rthlr.

Otto, F., *Hauptmann,* Bemerkungen über den Einfluss der Umdrehung der Artillerie-Geschosse auf ihre Bahn. Nachtrag 4. Neisse. Hennings. 1846. n. ⅓ Rth.

Otto, *Oberstlieut.*, **J. C. F.**, Hilfsmittel für ballistische Rechnungen. 1—4. Lf. gr. 8. Berlin. Mittler u. Sohn. 1855—57. .1 Rth. 13 ½ Sgr.

— — neue ballistische Tafeln. 2 Abthlgen. 4. Berlin. v. Decker. 1857. 2 Rthlr.

Overbeck, Otto, das königl. preuss. Kriegsheer. Seine Eintheilg., Uniformirung und Geschichte. Nach amtlichen Quellen. gr. 8. Berlin. Beck. 1862. n. ¼ Rthlr.

Oeynhausen, *Major*, **B. v.**, Einiges aus dem Gebiete der Reitkunst u. Pferdekenntniss. 2. Aufl. Wien. Gerold. 1861. n. ⅔ Rthlr.

— — Leitfaden zur Abrichtung von Reiter und Pferd, nebst Zäumungslehre und einem Anhange über Schulreiterei. 3. Aufl. gr. 8. Wien. Heubner in Commiss. 1852. n. 1 ⅓ Rthlr.

P.

Packordnung f. Mannschaft und Pferde d. königl. würtembg. Artillerie. 16. Ludwigsburg. Riehm. 1864. n. 4 Sgr.

Page, *Prof.*, **C. E.**, théorie du pointage, à l'usage des sousofficiers d'artillerie. gr. 12. Strasbourg. Vve. Levrault. 1848. n. 24 Sgr.

Paixhans, Franz, *General*, **H. J.**, militärische Stärke und Schwäche von Frankreich. Ein Versuch über die Frage der Vertheidigung der Staaten und über den Defensiv-Krieg. Frei in's Deutsche übertragen von F. von Kausler, Oberst. Neue (Titel-) Auflage. gr. 8. Stuttgart. Cast. 1848. 21 Sgr.

Pannasch, Anton, k. k. *Oberstlieut.*, Vorpostendienst. Zum Unterricht f. Unteroffiziere und Gemeine. 2. wohlf. Ausg. Mit 2 Abbild. 16. Wien. Heubner. 1847. n. ⅓ Rth.

— — gesammelte militärische Schriften. Mit 6 Kupfst. gr. 8. Wien. Gerold. 1848. 2 Rthl.

— — Exercier-Reglement für die Nationalgarde. Nebst e. Anhang über die Benützung des Bodens und seiner Bedeckungen. Mit 4 Tafeln. 8. Wien. Braumüller. 1849. 1 Rth.

— — über die Art des Vortrages der Terrainlehre und Terrainbenützung. Mit 6 lith. Taf. gr. 8. Wien. Hof & Staatsdruckr. 1852. n. 1 ⅓ Rthlr.

— — Terrainlehre und Terrainbenützung, nebst einem Anhang über die Terrain-Abschnitte beim Tirailliren, und e. damit verbundenen Besprechung, hinsichtlich e. neuen Aufstellung u.

Eintheilung der Infanterie. 2. Auflage. Mit 25 lithogr. Tafeln. gr. 8. Ebendas. 1852. n. 2 Rth. 24 Sgr.

Paris, *Major,* **Frdr. August,** Handbuch zum Gebrauche f. die Subaltern-Offiziere der Linien- und Landwehr-Infanterie nach dienstl. u. andern Quellen zusammengestellt und bearbeitet. 1 Lfg. 8. Mainz. (Stettin. Saunier) 1853. baar n. ⁵/₆ Rthlr.

— — die Ausbildung des Infanteristen mit dem gezogenen Infanterie-Gewehr. Nebst einem Anhang enth. die Griffe m. d. Gewehr der Unteroffiziere u. m. d. Degen der Offiziere, nach dem Exercier-Reglement vom J. 1847 und sämmtlichen f. die Griffe m. d. gezogenen Gewehr M/39 erlassenen abändernden Bestimmungen. Neuwied. Köln, Assenheimer & Comp. Verl. in Comm. 1858. n. ¹/₆ Rthlr.

— — Compendium des Schützendienstes. Mit besonderer Rücksicht auf die Führung der Schützenabtheilungen auf den Exercierplätzen nach dem Exercier-Reglement für die Infanterie v. J. 1847 bearb. durch die neuesten Bestimmungen erläutert u. mit Erläuterungen versehen. Hierzu 10 lithogr. Zeichnungen. 2. Ausg. gr. 12. Mainz v. Zabern. 1860. n. 8 Sgr.

Parton, James, General Buttler in New-Orleans. Nach der engl. Ausg. bearb. v. Herm. Raster und Edm. Remak. gr. 8. New-York. (Leipzig. Foerster & Findel) 1864. n. 1 Rth.

Pasquall y Rubio, gewesen. Offizier. S. Abhandlung über den Gebirgskrieg. Nach d. Span. durch kriegsgeschtl. Beispiele vermehrt von H. Leemann. gr. 8. Zürich, Meyer u. Zeller's Verl. 1858. n. 24 Sgr.

Passardi v. Pellérd u. Aranyos, *Prem.-Rittmeister,* **Carl.,** Bruchstücke über Pferdezucht und Pferdewesen, über Abrichtung d. Pferde zum Reit- und Wagendienst, sowie über die Anwendung dieser Methode bei verdorbenen, böse gemachten, selbst stätigen Pferden. gr. 8. Wien. Geitler. Leipzig. R. Hoffmann. 1864. n. ²/₃ Rth.

Patrouillendienst, der, für sämmtliche k. k. Fusstruppen u. Reiterei. Nach den neuesten Vorschr. 6. Aufl. gr. 12. Troppau. Kolk. 1855. n. 8 Sgr.

— — der, f. sämmtliche k. k. Fusstruppen und Reiterei. In deutschem und böhm. Text. — Služba patrolní pro celé cís. král. pěší a jízdecké vojsko v řeči německé a české. gr. 16. Brünn. Buschak & Irrgang. 1856. n. ¹/₃ Rth.

— — etc. In deutschem und italienischem Texte. — Il servizio delle pattuglie per l'imp. r. fanteria e cavalleria. gr. 16. Ebend. 1856. n. ¹/₃ Rth.

Patrouillendienst, derselbe. In deutschem und polnischen Text. Służba patrolón dla cały ces. król. piechoty i konnicy. gr. 16. Ebend. 1856. n. ¹/₃ Rth.

— — In deutschem u. ungarischen Text. — Orjárói szolgálat az egész cs. k. gyalogság — s'lovasságnak. gr. 16. Ebend. 1856. n. ¹/₃ Rth.

Pauli, *Thierarzt*, **O. A.,** die rationelle Pferdezucht. Prakt. Leitfaden für die Zucht des Pferdes, insbes. d. grossen, starken sogen. engl. Halbblutpferdes. gr. 8. Marienwerder Levysohn. 1848. n. 16 Sgr.

Pedigree der Vollblut - Hengste, welche in Deutschland bis einschliesslich 1857 zur Zucht benutzt worden sind. (Von Artill.-Lieut. Gräfe) Lex. 8. Berlin. Ascher & Comp. 1857. In engl. Einbd. n. 2 Rth.

Pelchrzim, Th. von, *Major*, wie schreibt und spricht man die im gewöhnlichen Leben, namentlich beim Militär und in der Gerichtssprache am häufigsten vorkomm. Fremdwörterb. richtig, u. was bedeuten sie? Für Militär- und Bureaubeamten. 8. Potsdam. Döring. 1846. n. 5 Sgr.

— — Instruction im Artilleriedienst, wie er im Felde für jeden Soldaten vorkommen kann. Fasslich für jeden Nicht-Artilleristen zusammengestellt und durch 27 Abb. erläut. 8. Ebendas. 1856. n. ¹/₄ Rth.

— — die wissenschaftliche Ausbildung des Soldaten. Enthaltend Alles, was der Soldat (Unteroff.) in wissenschaftlicher Beziehung lernen muss, um sowohl seine jetzige Stellung tüchtig ausfüllen, als auch jedem spätern Examen, wenn er versorgt zu werden wünscht, gewachsen zu sein. Mit 2 lith. Tafeln. 13. Aufl. gr. 8. Ebendas. in Comm. 1864. ¹/₂ Rth.

Pelzel *Lieut.*, **W.,** Bericht über die Expedition des Marschalls Bugeaud, Herzogs von Isly gegen die Kabylen von Dellys. Im Herbste 1844. 8. Berlin. Stuhr. 1845. n. ¹/₂ Rthlr.

Perchoron, der, sein Ursprung, seine Geschichte und seine Befähigung zur Verbesserung anderer Raçen. (Vom Prem.-Lieut. Graefe) 8. Leipzig Friese. 1859. ¹/₄ Rth.

Perigrinus, *Hauptm.*, **H.,** Taktik-Heft zum Gebrauch auf den königlichen Kriegsschulen, für das königl. Kadetten - Corps zu Berlin u. zum Privat-Studium bearbeitet. 1 Thl. formelle Taktik. Fol. Berlin. Mittler & Sohn. 1864. n. 1 ¹/₃ Rth.

Pertz, G. H., das Leben des Feldmarschalls Grafen Neithardt v. Gneisenau. 1. Band. gross 8. Berlin. G. Reimer. 1864. n. 3 ¹/₃ Rthlr. In engl. Einbd. n. 3 ²/₃ Rthlr.

Peschel, *Hptm.,* **C. F.,** die Kriegsbaukunst im Felde. Ein Leitfaden für den Unterricht in Militärschulen und als Handbuch
für die Offiziere aller Waffen. 2. Aufl. umgearb. v. Ingen.-
Oberlieut. Lehrer *Otto* Andrée. Mit 12 Steintaf. gr. 8. Leipzig. Arnold. 1855. n. 4²/₃ Rthlr.

Pettenkosser A. u. A. Strassgschwandtner. Die k. k. österreichische Armee nach der neuesten Adjustirung gezeichnet u.
lith. Imp. Fol. Wien. Leykum. 1854. baar 36 Rth.

Peters jun. Fr., Katechismus der Hufbeschlagkunst. Anleitung z.
Selbst-Unterricht im Hufbeschlag. Mit 18 in den Text gedruckten Holzschn. 8. Schwerin. Stiller. 1856. cart. n. ¹/₃ Rth.

Petrossi, *Hauptm.,* die Wehrkraft Frankreichs in ihrem Verhältniss zu den Hilfsquellen des Landes. Mit 20 Karten auf 4
Taf. gr. Lex. 8. Wien. Gerold's Sohn in Commiss. 1861.
n. 24 Sgr.

— — Vademecum für den militärischen Recognoscenten. Organisatorische und taktische Notizen über das Heerwesen der grösseren europäischen Staaten. 1—4 Lfg. 16. Wien. Geitler. Leipzig. R. Hoffmann. 1863. à n. ¹/₃ Rth.

— — Dänemark's Land- und Seemacht. Nach auth. Quellen bearbeitet. Suppl. zum Vademecum für den milit. Recognoscenten.
16. Wien. Geitler. 1864. n. ¹/₃ Rth.

Petsch, Wilh. der Feldzug gegen Dänemark. 1864. Mit eingedruckten Holzschn. 16. Berlin. Schlesier. 1864. n. 4 Sgr.

Petzhold, J., Uebersicht der gesammten militär. Bibliographie.
(Abdruck aus dem neuen Anzeiger f. Bibliogr. 1857) gr. 8.
Dresden. Schönfeld. 1857. n. ¹/₃ Rthlr.

Peucker, *General* von, Beiträge zur Beleuchtung einiger Grundlagen f. die künftige Wehrverfassung Deutschland's. 2. Aufl.
gr. Frankfurt a/M. (Leipzig, Fleischer) 1848. ¹/₄ Rthlr.

— — das deutsche Kriegswesen der Urzeiten in seinen Verbindungen und Wechselwirkungen mit dem gleichzeitigen Staats-
und Volksleben. 3 Theile. gr. 8. Berlin. v. Decker. 1860. 1864.
n. 6 Rthlr.

Pfeiffer, Carl, Lehrbuch zum Selbst-Unterricht über Berufs-
und Dienstpflichten für die Unteroffiziere, welche Land - Gendarmen werden wollen. gr. 8. Breslau. 1845. n. ²/₃ Rthlr.

Pferde-Drossur, einfachste und rationellste, für alle diejenigen,
welche einen schnellen Gehorsam erzielen wollen etc. Von L.
v. Sch., e. alten Reiteroffizier. 8. Mannheim. Bensheimer 1863.
¹/₄ Rthlr.

Pferdefreund, der. Österreich. Zeitschrift f. Pferdewesen, Sport,
Jagd etc. Red. Aloys Franz Perger. 1—2. Jahrg. 1863—1864.

à 52 Nrn. Mit Beilagen. gr. 4. Wien (Hoffmann & Ludwig).
p. Semstr baar nn. 2 Rthlr.

Pferdezucht, die Würtembergs. Abbildungen ausgezeichneter
Zuchtpferde aus den Privat-Gestüten S. Maj. d. Königs u. dem
königl. Landgestüte. Hrsg. unter Mitwirkung der königl. Lan-
des-Gestüts-Commission. 15 Tafeln. Nebst e. col. Uebersichtskarte. gr. Imp. 4. Stuttgart. Ebner & Seubert. 1857. cart.
n. 2 Rthlr. 12 Sgr.

Pfister, F., *Major a. D.,* der Krieg von Morea in den Jahren
1687—88. Zur Erinnerung an deutsche Thaten, besonders als
Beitrag zu hessisch. Kriegsgeschichte bearbeitet. gr. 8. Kassel.
Krieger. 1845. n. 27 Sgr.

— — der nordamerikanische Unabhängigkeits-Krieg. Als Beitrag
zur Heeresgeschichte deutscher Truppen. 1. Bd. gr. 8. Ebendas. 1864. n. 1 ⅓ Rthlr.

— — vorm. *Lieut.,* **Rud.,** die Rotationen der Geschosse, die
durch sie erzeugten Abweichungen, sowie die Mittel, letztere
zu beherrschen u. zu benutzen. Für Offiziere aller Waffen. gr.
8. Cassel. C. Luckhardt. 1864. n. ⅔ Rthlr.

Pflug, Ford., Von Auerstädt bis Belle-Alliance. Nach den Erinnerungen e. preuss. Veter. bearb. 3. (Titel-) Aufl. Berlin.
Wiegandt & Hempel. 1859. n. ⅓ Rth.

Pfnor, *Oberstlieut.,* **C. F. C.,** der Krieg, seine Mittel und Wege,
sowie sein Verhältniss zum Frieden, in den Erlebnissen e. Ve-
teranen, gleichwie in ihren Principien betrachtet. (Kehrseite d.
Schrift: „Das Leben, die Natur und die Wissenschaften. 2.
Aufl.) Mit e. Anh. die Instruktion e. Feldlagers enth. gr. 8.
Tübingen. Fue's Sort. 1864. n. 1 Rthlr. 21 Sgr.

Phull, C. Ludw., *Freih.* **von,** Versuch e. system. Anleitung für
das Studium der Kriegs-Operationen unter Hinweisung auf die
gedrängte Uebersicht der Kriegsgeschichte Frankreichs seit der
Regierung Philipps von Valois bis z. Frieden von Fontaine-
blau im Jahre 1762. Nach der französ. Urschrift erstmals veröffentlicht d. Oberst Friedr. Freih. von Batz. Mit Beilagen.
gr. 8. Stuttgart. Cotta 1852. n 1 Rthlr. 6 Sgr.

— — — Essai d'un système pour servir de guide dans l'étude
des opérations militaires, suivi d'un précis de l'histoire militaire de la France depuis le règne de Philippe de Valois jusqu'à
la paix de Fontainebleau en 1762. Original français publié pour
la première fois par le Baron F. de Batz. gr. 8. Leipzig. Brockhaus 1853. n. 2 Rthlr.

Pidoll zu **Quintenbach Carl,** *Freih.* **von,** *k. k. Hofrath,* einige
Worte über die russischen Militär-Kolonien im Vergleiche mit

der k. k. österr. Militärgrenze u. mit allgem. Betrachtungen
darüber. gr. 8. Wien Gerold 1847. $^2/_3$ Rhlr.

Pilat, *Oberlieutenant,* **Alois von,** das Strafgesetz über Verbrechen,
mit Hinblick auf die Paragr. 28 u. 29. d. Dienstinstruktion
zum Unterricht f. Gendarmen. gr. 8. Wien. Sommer. (Wien.
Klemm.) 1858. n. 8 Sgr.

Pillersdorf *Hptm..* **Alb., Frh.,** das 57. Infanterie-Regiment Fürst
Jablonowski, und die Kriege seiner Zeit. Im Auftr. d. Regi-
ments nach den Quellen des k. k. Kriegs - Archivs. Lex. 8.
Wien. (Seidel.) 1851. n. 4 Rthlr.

Pillwax, *Prof., Dr.,* **Joh.,** Lehrbuch der Hufbeschlagslehre m.
Inbegriff d. Lehre vom Klauenbeschlage gr. 8. Wien. Braumüller. 1855. n. 1 Rthlr. 6 Sgr.

Pimodan, *General, Marquis* **von,** Erinnerungen aus den Feldzügen in Italien und Ungarn 1848 und 1849. Nach der 2.
französ. Aufl. übers. v. Jul. Seybt. 8. Leipzig. Gerhard. 1861.
$^2/_3$ Rthlr.

Pinelli, *Major a. D.,* **Ferd.,** Piemonts Militär - Geschichte vom
Frieden von Aachen bis auf unsere Tage. Mit Karten u. Plä-
nen. Aus dem Ital. v. Hptm. Aug. Riese. 4 Bände. gr. 8.
Leipzig. O. Wigand. 1856. 57. cpl. n. $8^2/_3$ Rthlr.

Piron, F. P. J., Betrachtungen über die Anwendung des Eisens
in der Kriegsbaukunst. Deutsch bearb. v. Hptm. Ig. Körbling.
Mit 3 Taf. gr. 8. Braunschweig. Vieweg & Sohn. 1863. n. $^5/_6$ Rthlr.

— — Vorschläge zu gepanzerten Drehkugeln und transportablen
Panzerbatterien, sowie zu e. artillerist. Anordg. für die Eisen-
thürme im Allgem. Deutsch bearb. v. Hptm. J. Körbling. Ebend.
Mit 2 Tafeln. gr. 8. 1863. n. $^2/_3$ Rthlr.

— — Projecte beweglicher Festungsbrücken für die grossen
Ausgänge grosser Kriegsplätze mit allgem. Bemerkungen über
die Brücken, 2 Projecten für Rollbrücken, 2 Projecten f. Hub-
brücken u. 1 Project für Zugbrücken-Escarpen aus Erde oder
mit Verkleidg. aus Mauerwerk. Zwei Abhandlgen. Deutsch
bearb. v. Hptm. J. Körbling. Mit 7 Tafeln. gr. 8. Ebend. 1864.
n. 1 Rthlr.

Pisance, Carlo, der Krieg in Italien 1848—49. Aus d. Italienischen v. A. Clossmann. Mit 2 lith. Karten. 12. Chur. Hitz. 1852.
27 Sgr.

Plänkeln, das, der französ. Jäger u. Zouaven. — Instruction pour
les tirailleurs. (Ordonnance sur l'exercise et les manoeuvres des
bataillons de chasseurs à pied de l' année 1858). Ins Deutsche
übertragen v. Hptm. F. Schneider. gr. 8. Stuttgart. Aue. 1860.
n. $^1/_2$ Rthlr.

Plänkeln, der k. k. Infanterie und Jäger. Nach den Bestimmungen des neuen Abrichtungs-Reglem. dargestellt von e. k. k. Hauptmann. 16. Wien. Pichlers Wwe. & Sohn. 1861. n. ¹/₆ Rthlr.

Plehwe, *Major*, **Herm.** v., Leitfaden für den Unterricht im militärischen Aufnehmen. Nach dem gegenw. Bedürfniss bearbeitet. Mit 6 Figurentaf. 4. Aufl. gr. 8. Berlin. Jonas Verlag. 1859. n. 1 Rthlr. 2 Sgr.

— — Leitfaden für den theoretischen Unterricht im Planzeichnen. Bearb. für das königl. Cadettencorps. 4. Aufl. gr. 8. Ebend. 1860. n. ¹/₃ Rthlr.

Plessner, *Prem.-Lieut.*, **M.,** Gymnastik u. Instruction als Hebel d. moralischen Elements. 8. Berlin. Reichardt & Zander. 1864. n. ¹/₃ Rthlr.

Ploennies, *Hauptm.*,, **W.** v., neue Studien über die gezogene Feuerwaffe der Infanterie. Mit 88 in den Text gedr. Holzschn., vielen Tabellen u. 1 Tafel. gr. 8. 2 Bde. Darmstadt. Zernin. 1864. cpl. 3 ¹/₂ Rthlr.
Supplementband. Das Zündnadelgewehr mit 47 Holzschn. Ebend. 1 Rthlr.

Pochhammer, *Oberstlieut. z. D.,* **C.,** Beleuchtung der preuss. Heeres-Organisation für deutsche Patrioten. gr. 8. Berlin. Mittler & Sohn. 1862. ¹/₄ Rthlr.

Podewils-Gewehr, das, in Versen dargestellt von e. bayer. Infanteristen. 11. Aufl. 32. München. Lindauer. 1862. n. 1 ¹/₃ Sgr.

Polewoi, N. A., Geschichte des Fürsten Italiiski, Grafen Suworoff-Rimnikski, Generalissimus der russ. Armee. Mit dem Portrait des Helden, seinem Facsimile u. 95 aus seinem Leben geschöpften, in Holzschn. durch vaterländische Künstler dargestellten Scenen illustrirt u. in freier deutscher Uebertragung herausg. v. J. de la Croix. gr. Lex. 8. Riga. Mitau Reyher. 1850. n. 3 Rthlr.

Poli's, Camillo von, *Hauptm.,* Memoiren. Aus dem Französ. v. Dr. Aug. Theod. Peucker. 2 Thle. gr. 8. Breslau. Schulz & Co. (jetzt Morgenstern) 1846. n. 1 ¹/₂ Rthlr.

Pollatschek, militärisch-geographische Studien über die Schweiz. gr. 8. Wien. (Hölzl). 1862. n. 16 Sgr.

Pöllnitz, *Prem.-Lieut.*, **K. L. von,** Reitschule für Militär- u. Civil-Personen. Enth. das Wissenswürdigste f. Kavallerie-Unteroff. zum Reit-Unterricht f. junge Soldaten. 3. (Titel-) Aufl. 8. Bautzen. Reichel. 1849. ¹/₂ Rthlr.

Pontonnier-Reglement für das Ingenieur-Corps der königl. hannov. Armee. 12. Hannover. Helwing. 1861. n. 1 ¹/₃ Rthlr.

Potevin, *Prof.*, **P. L.**, kurzer Abriss der Grundbegriffe der graphischen Defilements. Aus dem Französ. übersetzt. Mit 6 Taf. gr. 8. Darmstadt. Jonghaus. 1856.   12 Sgr.

Prehn, Mart., die Ballistik der gezogenen Geschütze. In elementaren Formeln und Zeichnungen ohne Tafeln dargestellt u. an den Ergebnissen der königl. preuss. Präcisions-Waffe geprüft. gr. 8. Berlin. Mittler & Sohn in Commiss. 1864.   n. 16 Sgr.

Preussen als Militärstaat. Ueberblick seiner Heeres-Verfassung u. Nothwendigkeit d. Vermehrung des Offizier-Corps etc. v. XXXX. gr. 8. Berlin. Nauck. 1852.   n. $\frac{1}{3}$ Rthlr.

Preussische Armee, die, ohne Landwehr. Von Hr. gr. 8. Glogau. Reisner. 1853.   9 Sgr.

Preussens Armee-Reorganisation und ihre Gegnerschaft im J. 1862. Eine (jedem wahren Preussen naheliegende) patriot. Betrachtung. gr. 8. Magdeburg. Heinrichshofen in Commiss. 1863. $\frac{3}{4}$ Rthlr.

— — Kriegsruf, od. die Kunst, sich mit den Franzosen zu schlagen ist nicht die, sie zu schlagen. Französ. Antwort auf · Eine militär. Denkschrift von P. F. C. Aus dem Französ. 8. Naumburg. Leipzig. Gerhard. 1861.   6 Sgr.

— — Reiter bei Hainau am 26. Mai 1813. gr. 8. Berlin. Duncker & Humblot. 1853.   n. 8 Sgr.

— — Waffenruhm in der Geschichte der Feldzüge des preuss. Heeres seit d. J. 1640 f. Preussens Heer u. Volk dargestellt. 2. Aufl. 1. Hft. gr. 16. Erfurt. Müller. 1853.   3 Sgr.

Prinz, Aug., der russisch-türkische Krieg nach brieflichen Mittheilungen u. Originalberichten. 2 Bde. 8. Altona. Verlagsbureau. 1856.   1 $\frac{1}{4}$ Rthlr.

Prinzhausen, Frdr., der Schein-Krieg mit Dänemark im J. 1848. Ein Zeitbild. Deutschen Soldaten u. Diplomaten gewidmet zum neuen Kriege. 8. Hamburg. Hoffmann u. Campe. 1849. 1 $\frac{1}{2}$ Rthlr.

Prittwitz, *Oberstlieut.*, **Mor.,** v., über allgemeine Landesbewaffnung, insbesondere in Beziehung auf Würtemberg. gr. 8. Ulm. Stettin. In Commiss. 1848. $\frac{1}{6}$ Rthlr.

— — u. **Gafron,** *Gen.-Lieut.*, *Ingen.-Insp.*, **M. v.**, üb. die Verwendung der Infanterie bei Vertheidigung der Festungen. Mit Plan. gr. 8. Berlin. Mittler's Sort. (A. Bath.) 1858. n. 24 Sgr.

— — über die Leitung grosser Bauten mit besonder. Beziehung auf die Festungsbauten von Posen u. Ulm. gr. 8. Ebendas. 1860.   n. 24 Sgr.

— ·— **W. v.** u. **Geo v. Viebahn I.,** *Lieuts.*, Geschichte d. königl. preussischen Kaiser Alexander Garde-Grenadier-Regiments Nr. 1 u. seiner Stammtruppen. gr. 16. Berlin. v. Decker. 1864. $\frac{1}{4}$ Rthlr.

Prokesch, A., Denkwürdigkeiten aus dem Leben des Feldmarschalls Fürsten Carl zu Schwarzenberg. Neue Ausg. gr. 8. Wien. Braumüller. 1861.   n. 1 Rthlr. 10 Sgr.

Proudzynski, *Hptm.*, **Ferd.,** von, Theorie des Krieges mit besonderer Berücksichtigung des Standpunktes e. Subaltern-Offiziers. 2. Aufl. gr. 8. Bielefeld. Velhagen u. Klasing. 1848. 1 ½ Rthlr.

Pütter, *Hauptmann a. D.*, **G. L.,** die preussische Landwehr, ihre Bedeutung und ihre Stellung im Heere. Ein Vortrag. gr. 8. Berlin. A. Jonas. 1863.   n. ⅙ Rthlr.

Putzek, Entgegnung auf die Broschüre des H. Radnizka: Die Militär-Verwaltung in Oesterreich mit ihren Gebrechen, nebst Vorschlägen zur Hebung derselben, wie ohne Reduzirung u. ohne Verkürzung des Heeres, jährlich wenigstens 6 Millionen Gulden zu ersparen sind. gr. 8. Wien. (Pfautsch u. Voss) (jetzt J. W. Pfautsch) 1851.   ⅓ Rthlr.

Q.

Quartierliste der preussischen Armee f. d. J. 1863 nebst Hinzufüg. sämmtl. Commandeure u. der etatsmäss. Stabsoffiziere. Als Anh.: die Uniformirungen und Auszeichnungen der Regimenter. Lex. 8. Berlin. Schlesier. 1863.   cart. ¼ Rthlr.

Quellen zur deutschen Kriegsgeschichte v. 1793. Urkundlicher Beitrag zu Ludw. Häusser's deutscher Geschichte vom Tode Friedrich's Grossen bis zur Gründung des deutschen Bundes. Herausg. v. Carl Frhrn. v. Reitzenstein. gr. 8. Weimar, Landes-Industrie-Comptoir. 1858.   n. 24 Sgr.

Quistorp, *Hauptm.*, **B. v.,** Grundzüge der Taktik mit Beziehung auf die preuss. Armee-Verhältnisse. Mit 2 lith. Taf. br. 8. Berlin. Schlesier. 1860.   n. 12 ½ Sgr.

— — die kaiserl. russisch-deutsche Legion. Ein Beitrag zur preuss. Armee-Geschichte. Mit 1 Karte u. 2 Plänen. gr. 8. Berlin. C. Heymann. 1860.   1 Rthlr. 24 Sgr.

Quitzmann, *Dr.*, **Ernst. Ant.,** über Sanitätscompagnien u. militärische Krankentransporte. Nebst e. vollständ. Krankenträger-Unterrichte u. e. Instruktion f. Krankentransporte auf Eisenbahnen. 16. Nürnberg. Stein. 1864.   n. 12 Sgr.

R.

Raaslöff, W. Rückblick auf die militär. u. polit. Verhältnisse der Algérie in den Jahren 1840 u. 1841, nebst einer geschichtl. Einleitung. Lex. 8. Altona. Hammerich. 1845.   n. 2⅔ Rthlr.

Raaslöff, Skildring af de politiske og militaire Forhold i Algéri i Aarene 1840 og 1841. 1/2u. Afdeling, med 2 Staalstik. Lex. 8. Kopenhagen. Reitzel. 1846—47.   cpl. 2 Rthlr. 13 Sgr.

Rabe, Edm., Uniformen des preuss. Heeres. In ihren Hauptveränderungen bis auf die Gegenwart. qu. Fol. Berlin. Sachse & Comp. 1847.   n. 8 Rthlr.

Rabenau, *Sec.-Lieut.*, **A. v.**, Leitfaden f. Kavalleristen u. Pferdebesitzer. Ein Rathgeber in der prakt. Pferdekenntniss, sowie Anleitung alle vorkommenden Krankheiten des Pferdes, wo thierärztliche Hülfe im Augenblick nicht zu erlangen, selbst zu heilen. Zusammengestellt u. bearb. nach den Vorträgen auf der königl. Thierarzneischule zu Berlin. 16. Berlin. Mittler's Sort. (A. Bath.) 1859.   n. $\frac{1}{4}$ Rthlr.

Radetzky, *Graf*, Feld-Instruktion für die Infanterie, Kavallerie u. Artillerie. 6. Aufl. Mit dem Porträt des Feldmarschalls. Mit 8 Plänen. gr. 8. Wien. Braumüller. 1861.   n. 2 Rthlr.

— — *der k. k. österreichische Feldmarschall Graf.* Eine biographische Skizze nach den eigenen Diktaten u. der Correspondenz d. Feldmarschalls v. e. österreich. Veteranen. Mit 1. Facs. 1. u. 2. unveränd. Abdr. gr. 8. Stuttgart, Cotta. 1858. n. 2 $\frac{1}{3}$ Rthlr.

— — Denkschriften militärisch-politischen Inhalts aus dem handschriftlichen Nachlass desselben. gr. 8. Ebendas. 1858.
n. 2 Rthlr. 26 Sgr.

Radnizka, H., die Militär-Verwaltung in Oesterreich mit ihren Gebrechen, nebst Vorschlägen zur Hebung derselben, wie ohne Reduzirung u. ohne Verkürzung des Heeres jährlich wenigstens 6 Millionen Gulden zu ersparen sind, in Verbindung mit einer kurzen Geschichte d. Bequartierungs- u. Vorspann-Reglements. 2. Aufl. gr. 8. Wien. Gerold in Kommiss. 1850. n. $\frac{1}{2}$ Rthlr.

Ragusa *Herzog* von (*Marschall* Marmont), über den Geist des Militärwesens. Nach den franz. Orig.-Manuscr. übersetzt vom Oberlieut. Joh. Stäger von Waldburg. gr. 8. Berlin. Mittler. 1845.   n. 1 $\frac{1}{2}$ Rthlr.

Rahden, Wilh., *Baron* von, Wanderungen eines alten Soldaten. 1|3. Thl. Befreiungskrieg v. 1813—15. gr. 8. Berlin. v. Decker. 1846—51.   cpl. 8 $\frac{1}{4}$ Rthlr.

— — Miguel Gomez. Ein Lebenslichtbild. A. u. d. T. Supplement zu Wanderungen e. alten Soldaten. 3. Thl. Aus Spaniens Bürgerkrieg. 1833—1840. Lex. 8. Ebend. 1859. $\frac{1}{2}$ Rthlr.

Rampacher, *Hptm.*, **H.**, Militär-Normal-Index, enth. sämmtl. noch in Geltung befindliche Normalien, welche das k. würtemb. Militär betreffen, v. 1817—1856. 8. Stuttgart. Ed. Hallberger. 1856.   n. 1 Rthlr.

Rang- u. Quartier-Liste, allgemeine, für das VIII., IX. und X. Armeecorps u. die Reserve-Infanterie-Division des deutschen Bundesheeres f. 1859. Zusammengestellt u. herausgeg. mit Mitwirk. v. Lieut. a. D. C. Fachinger u. Lieut. H. Kreisler. 8. Arolsen. (Speyer). 1859.   n. 1 $\frac{1}{2}$ Rthlr.

— — f. 1860. Lübeck. Dittmer.   n. 1 $\frac{1}{4}$ Rthlr.

— — f. 1861. Lübeck. Rohden.   n. 1 $\frac{1}{3}$ Rthlr.

— — der k. preuss. Armee für 1845—64. Nebst den Anciennitäts-Listen der Generalität, Stabs- u. Subaltern-Offiziere. Redakteur: Kriegsrath Müller. gr. 12. Berlin. Mittler & S. 1845—64.   baar à n. n. 1 Rthlr.

— — Nachtrag enth. die seit Erscheinen d. Liste eingetr. Veränd. Ebendas. 1860.   baar n. n. 6 Sgr.

— — u. Anciennitätsliste der Offiziere und Offizier-Aspiranten in der königl. preuss. activen Armee u. Marine. (Mit Einschluss d. Veränderungen bis z. April 1863). gr. 8. Berlin. Vossische Buchh. 1863.   cart. baar n. $\frac{2}{3}$ Rthlr.

Rangliste der k. sächsischen Armee vom J. 1850—1864. 8. Dresden. (Leipzig. Fr. Fleischer.)   baar n. n. $\frac{3}{4}$ Rthlr.

— — der grossherzogl. Meklenburg Schwerin'schen Offiziere. 1 Tab. in gr. Fol. Wismar. Gundlach. 1864.   n. $\frac{1}{3}$ Rthlr.

Rapport über die Schlacht bei Idstedt den 24. u. 25. Juli 1850. Eine Uebersetzung des dänischen officiellen Rapports, nebst einer Uebersichtskarte der Gegend zwischen Flensburg und Schleswig. gr. 8. Copenhagen. Reitzel. 1851.   n. 11 $\frac{1}{4}$ Sgr.

Rarey's Herrn, Pferde-Bändigung im Lichte ihres praktischen Werthes. Hippologische Betrachtungen über Zähmen u. Thätigmachen überhaupt, nebst specieller Anleitg. zur Longe-Arbeit u. zum Einführen in dem lebendigen Wagen. Von e. höhern k. k. Offizier. 8. Wien. Gerold's Sohn. 1859. $\frac{1}{2}$ Rthlr.

Rarey, J. S., die moderne Kunst der Pferdezähmung. Nach der amerikan. Orig.-Ausg. br. 8. Berlin. Sacco. 1858. $\frac{1}{3}$ Rthlr.

— — die Kunst der Pferdezähmung. Aus d. Engl. übers. v. J. Schönemann. 8. Berlin. Besser's Verl. 1858.   n. $\frac{1}{6}$ Rthlr.

— — die Kunst d. Pferdebändigung u. Pferdedressur. Aus dem Engl. Mit 33 Originalzeichn. v. A. Beck. 16. Leipzig. Weber. 1859.   n. $\frac{1}{3}$ Rthlr.

— — die Kunst des Pferdebändigens u. d. Pferdedressur nebst Anleitg. zum Fahren u. zum Zureiten d. Pferde. 4. Aufl. Mit ausführl. Erläuterungen u. Zusätzen nach den mündl. Unterweisungen Rarey's durch den Secretär d. ersten Rarey-Subscription. Aus d. Engl. Mit 8 grösseren u. 14 in den Text

gedr. Abbildungen. 8. Braunschweig. Vieweg u. Sohn. 1858.
n. ²/₃ Rthlr.

Rarey, J. S., d. amerikan. Rossebändiger, Geheimniss die wildesten
und bösartigsten Pferde sofort zu bändigen. Von C. v. II. 3. Aufl.
16. Berlin. Streerath & Comp. 1859. n. 1 Rthlr.

— — die Kunst die wildesten u. bösartigen Pferde sofort zu
bändigen. Aus d. Engl. 1—3. Aufl. 12. Braunschweig. Vieweg
u. Sohn. 1858. n. ¹/₃ Rthlr.

— — die Kunst wilde Pferde zu bändigen. 1. u. 2. Aufl. 8.
Wien. Gerold's Sohn. 1858. n. ¹/₃ Rthlr.

Rath, *Ober-Lieut.*, **A. G.**, Lehrbuch für Kompagnie-Schulen der
k. k. österr. Infanterie-Regimenter. In deutsch u. polnischer
Sprache verf. u. herausgeg. 2. Aufl. gr. 16. Lemberg. Winiarz.
1853. n. 18 Sgr.

Rathgeber beim Pferdekauf. 16. Stuttgart. Hoffmann. 1847.
geb. ¹/₂ Rthlr.

Rätzsch, *Prof.*, **H.**, der Militär-Stenograph. Eine Sammlung milit.
techn. Ausdr. nach Gabelsb. System. 2. Aufl. 8. Dresden. Adler.
1860. n. 6 Sgr.

Raumer, *Prof.*, **Karl, v.**, Erinnerungen aus den Jahren 1813 u.
1814. 8. Stuttgart. Liesching. 1850. ³/₄ Rthlr.

Rauschnick, *Dr.*, Marschall Vorwärts! oder: Leben, Thaten u.
Charakter des Fürsten Blücher von Wahlstadt. Ein Buch für
Deutschland's Volk u. Heer. 2. Aufl. mit 4 Stahlst. 6 Lfgen.
gr. 8. Barmen. Langewiesche. 1845. à n. ¹/₆ Rthlr.
In Leinwd. geb. n. 1 ¹/₃ Rthlr.

Raven, W., von, kavalleristische Aphorismen. gr. 8. Berlin.
Mittler & Sohn in Commiss. 1864. n. ¹/₃ Rthlr.

Rayongesetz, das preussische, (Abdr. aus d. Archiv f. Offiziere
der k. preuss. Artillerie.) gr. 8. Berlin. Mittler & Sohn. 1862.
3 Sgr.

Rechenbuch für Regiments- u. Compagnieschulen und für den
Selbstunterricht. 8. Wien. Sommer. (Wien. Klemm.) 1859.
cart. n. 6 Sgr.

Reden, *Frh.. Dr.*, **v.**, Frankreichs Staatshaushalt u. Wehrkraft unter den vier letzten Regierungsformen. Eine statist. Skizze. gr. 8.
Darmstadt. Jonghaus. 1853. ¹/₄ Rthlr.

Reform, die, der Militär-Sanität nach den Anforderungen der Gegenwart. Eine Denkschrift von dem Central-Vereine bayer.
Militär-Aerzte hersg. gr. 8. Erlangen. Enke. 1849. ¹/₄ Rthlr.

Regimentsschule, die. Ein Leitfaden zur Einrichtung u. für das
Unterrichtsbedürfniss preussischer Regiments- u. Bataillonsschu-

len. Von e. activen Offizier. 2. Aufl. gr. 8. Berlin. Schindler.
1861. n. ⁵/₆ Rthlr.

Reglement für die Feldgeschützschule. Auszug aus dem Excercier-Reglem. f. die eidgenöss. Artillerie. 8. Zürich. Orell, Füssli
& Co. 1851. cart. n. 12 Sgr.

— — für die Friedens-Lazarethe der königl. preuss. Armee. gr. 8.
Berlin. v. Decker. 1852. baar n. ²/₃ Rthlr.

— — über die zur Kriegsausrüstung der Offiziere u. Beamten
gehörigen Pferde u. die Beutepferde betreffend. gr. 8. Ebend.
1853. n. 1 Sgr.

— — über die Geld-Verpflegung der Truppen im Frieden. gr. 8.
Berlin. Mittler's Sort. (A. Bath.) 1853. baar ¹/₂ Rthlr.

— — über die Geld-Verpflegung der Armee im Kriege. gr. 8.
Berlin. Ebendas. 1854. n. ²/₃ Rthlr.

— — über Verpflegung der Rekruten, Reservisten, Invaliden u.
Landwehrmänner bei Einziehungen resp. Entlassungen. gr. 8.
Berlin. A. Duncker. 1854. baar ¹/₄ Rthlr.

— — über die Bekleidung der Truppen im Frieden. Nebst 2
Anhängen enth. die Instruktion über den Ersatz an Bekleidung
u. Ausrüstung bei der mobilen Armee u. die Bestimmung über
die Organisation der Handwerksstätten für die Bekleidg. u. Ausrüstg. d. Armee im Kriege. gr. 8. Berlin. v. Decker. 1855.
baar n. 1 Rthlr.

— — über die Natural-Verpflegung der Truppen im Frieden.
gr. 8. Ebendas. 1858. baar n. ¹/₃ Rthlr.

— — über die Natural-Verpflegung der Armee im Kriege. gr. 8.
Berlin. Mittler's Sort. (A. Bath.) 1859. baar n. n. ¹/₆ Rthlr.

— — über die Servis-Competenz der Truppen im Frieden. (Vom
4. Novb. 1859.) gr. 8. Berlin. v. Decker. 1859. baar n. 7 Sgr.

— — für die Beförderung von Truppen, Militär-Effekten und
sonstigen Armee-Bedürfnissen auf den Staats-Eisenbahnen. gr. 8.
Ebendas. 1861. n. 2 Sgr.

Reglements, provisorische, für die Militär-Aerzte der schleswigholstein'schen Armee. gr. 16. Schleswig. Bruhn. 1850. geb. n. 6 Sgr.

Reiche, *k. preuss. Generals d. Infanterie,* **Ludw.** v., Memoiren.
Hrsg. von seinem Neffen Hptm. Louis v. Weltzien. 2 Thle.
gr. 8. Leipzig. Brockhaus. 1857. n. 4²/₃ Rth.

Reihenfolge der Kommandowörter für das Bayonnet-Fechten der
kön. bayer. Infanterie. gr. 16. München. Kaiser. 1850. 1 Sgr.

Reinhard, *Hauptm.,* **C.,** von, „Ich dien'!“ (Schildspruch des
Prinzen von Wales.) Der Armee gewidmet. 3 Aufl. 16. Potsdam.
Riegel. 1856. n. ¹/₂ Rthlr.

— — Geschichte des königl. preuss. ersten Garde-Regiments zu

Fuss zurückgeführt auf die historische Abstammung des Regiments vom 1. Bataillon Leibgarde, dem Regiment Garde und dem Grenadier-Garde-Bataillon. 1710—1857. Im Auftrage des Regiments verfasst. Mit dem Portrait Sr. Maj. d. Königs und 8 illum. Kupfern. 4. Ebendas. 1858. n. 5²/₃ Rthlr.

Ausg. in gr. 4. geb. n. 14 Rthlr.

Reinhard, *Hauptm.,* **C., von,** Bemerkungen zur Brochüre: „Die Wahrheit über den preuss. Wehrgesetz-Entwurf v. W. Rüstow. gr. 8. Berlin. Wagner. 1860. n. 4 Sgr.

Reisekosten-Regulativ für die königl. preuss. Staatsbeamten und für die Armee, nach den Allerhöchsten Bestimmungen vom 10. Juni und 28. Dezb. 1848 u. 29. Juni 1850. gr. 16. Berlin. v. Decker. 1850. 2 ¹/₂ Sgr.

Reiter-Regimenter, die, der k. k. österreich. Armee. Historische Skizzen, chronologisch geordnete Bruchstücke. Regimenterweise bearbeitet von e. ehemal. Cavallerie-Offizier. 3 Bde. Lex. 8. Wien. Geitler. Leipzig. R. Hoffmann. 1862-63. n. 4 ¹/₃ Rthlr.

Einz. Bde. à n. 1²/₃ Rthlr.

Reitzenstein, siehe Quellen.

Rekruten-Unterricht f. die Unteroffiziere der königl. bayerischen Armee. 8. Regensburg. Pustet. 1850. 3 Sgr.

Renard, *General,* Betrachtungen üb. die Taktik der Infanterie. Uebersetzt v. e. deutschen Offizier. Deutsche, vom Verf. autorisirte Ausg. gr. 8. Brüssel. Muquardt. 1858. n. 1 Rthlr.

Renouard, *Hptm.,* **C.,** die Kurhessen im Feldzuge von 1814. Ein Beitrag zur hessischen Kriegsgeschichte. Nach handschr. Originalien u. anderen Quellen bearb. Mit 18 Beilagen u. 1 Uebersichtskarte. gr. 8. Nordhausen. Förstemann. 1857.

n. 1 ¹/₃ Rthlr.

(Herabgesetzter Preis n. 20 Sgr.)

— — aus d. Leben d. Offiziers. Anschauungen u. Urtheile betreffs militär. Verhältnisse und Leistungen. gr. 8. Hannover. Rümpler. 1859. n. 24 Sgr.

— — das norddeutsche Bundes-Corps im Feldzuge v. 1815, m. besond. Rücksicht auf die kurhessischen Truppen. Nach handschriftl. Originalien u. anderen Quellen bearb. Mit 10 Beilagen u. 1. Uebersichtskarte. gr. 8. Ebendas. 1859. n. 1²/₃ Rth.

— — Geschichte des Krieges in Hannover, Hessen u. Westfalen v. 1757—1763. Nach bisher unbenützten handschr. Originalien u. andern Quellen politisch-milit. beleuchtet. 1—3. Bd. gr. 8. Cassel. Fischer. 1863-64. cpl. n. 9²/₃ Rthlr.

— — Geschichte des französischen Revolutionskrieges im J. 1792. Grossentheils nach bisher unbenützten handschriftl. Originalien.

sowie andern Quellen politisch-militärisch bearb. Mit 6 Beil.
u. 1. Uebersichtsk. gr. 8. Ebendas. 1865.　　　2 ¹/₂ Rthlr.

Reorganisation, die, der Armee u. ihre Wechselbeziehungen zur
Nationalgarde u. Constitution. Eine Denkschrift, dem constituir.
österr. Reichstage gewidmet von J. V. gr. 8. Wien. Sallmayer
u. Co. 1848.　　　8 Sgr.

— — die, der preuss. Armee nach dem Tilsiter Frieden. Mit
Beilagen. Redig. v. d. histor. Abtheilg. d. Generalstabes. gr. 8.
Berlin. Mittler u. S. in Commiss. 1855-57. baar n. n. 1 ⁵/₆ Rthlr.

— — gründliche, der schweizerischen Armee, od. einfache und
wenig kostspielige Vertheidigungsmittel, welche die Schweiz im
Falle e. Angriffs dem Feinde entgegensetzen kann. Aus dem
Französ. übersetzt von e. alten Soldaten. gr. 8. Schaffhausen.
Brodtmann. 1854.　　　6 Sgr.

Reska, *Rittmstr. a. D.,* **Ign.,** Programm d. Reitkunst. Zur Uebersicht u. Beurtheilung d. bisherigen Grundsätze dieser Kunst.
gr. 8. Prag. Tempsky in Comm. 1858.　　　n. ¹/₃ Rthlr.

Restorff, *Hptm.,* **C. v.,** die Theorie des Schiessens mit besond.
Beziehung auf die gezogenen Handfeuerwaffen. Mit 2 Taf. u.
1 Tab. gr. 8. Berlin. Mittler's Sort. (A. Bath.) 1855. n. ²/₃ Rthlr.

Retzen, **T. v.,** Aufgaben u. Musterarbeiten zum Portepeé-Fähn-
richs-Examen. Ein Hilfsbuch f. junge Leute, welche sich zu diesem Examen vorbereiten. 8. Ebendas.　　　1858. n. ⁵/₆ Rth.

Revolutionskrieg, der, in Siebenbürgen in den J. 1848 u. 49.
Von e. österr. Veteranen. 2 Abthlgn. gr. 8. Leipzig. Schrags Verlag. 1863.　　　2 ¹/₄ Rthlr.

Rhein, der, Frankreich und Venetien. Militärische Skizze v. A. S.
gr. 8. Wien. Typ. lit. art. Anstalt. 1861.　　　n. ²/₃ Rthlr.

Richelot, F. J., Ueber das Problem der Rotation eines festen
Körpers, auf welche beliebige Kräfte wirken. 8. Berlin. Dümmlers Verlag. 1851.　　　n. 24 Sgr.

Richter, *Generalarzt, Dr.,* **A. L.,** Welche Maassregeln hat
Preussen in militärärztl. Beziehung in diesem Augenblicke zu
ergreifen. gr. 8. Düsseldorf. Buddeus. 1848.　　　n. 4 Sgr.

— — über Organisation d. Feld-Lazareth-Wesens u. v. Trans-
port-Compagnien für Verwundete. gr. 8. Bonn. Marcus. 1854.
　　　n. 16 Sgr.

— — *Hptm.,* **Friedrich, Nobile v.,** Geschichte der österreich-
slawischen u. deutschen Freiwilligen u. ihrer Kämpfe im Kir-
chenstaat im J. 1860. Nebst 2 Plänen. gr. 8. Mainz. Kirch-
heim. 1861.　　　17 ¹/₂ Sgr.

— — u. **O. Bucher, I.,** *Lieuts.,* Sammlung arithmetischer Aufgaben nebst Auflösungen. Zum Gebrauch in Regimentsschulen.

2 Thlc. gr. 8. Dresden. Adler & Dietze (jetzt G. Dietze). 1858.
n. ¹/₂ Rthlr.

Richter, *Generalarzt, Dr.,* **A. L.,** Unterricht im Zahlenrechnen mit
Rücksicht auf den Stand des Unteroffiziers. 2 Thlc. gr. 8.
Ebendas. 1859. n. ²/₃ Rthlr.

Riecke, *Regimentsarzt, Dr.,* **C. F.,** der Kriegs- u. Friedens-Typhus
in den Armeen. Ein Beitrag zu e. künftigen Gesundheitspflege
in den Kriegsheeren, mit besond. Rücksicht auf die k. preuss.
Armee. gr. 8. Potsdam. Stuhr. 1848. 2 Rthlr.

Riedel, *Oberlieut.,* **A.,** der technische Dienst d. Genietruppen.
Uebersichtl. Darstellung für die Offiziere aller Waffen. Mit besond. Berücksichtigung des Dienstes der Regiments-Pionniere
bearb. Mit 160 Figuren. Ulm. Gebr. Nübling. 1859. 1²/₃ Rth.

Riege, *Hptm.,* Beurtheilung des Pferdes in Bezug seiner Brauch-
barkeit für den Reit- oder Zug-Dienst. Mit 14 Abbildg. 3. Aufl.
Neu bearb. u. verm. mit e. Vorworte v. Major z. D. C. Baer.
8. Berlin. Springer's Verl. 1851. n. 12 Sgr.

Riehle, **C.,** der Militär-Geschäfts-Styl. Anleitg. z. Abfassung dienst-
licher Schreiben. Zum Gebrauch für die Brigadeschulen bearbeitet. 8. Berlin. Mittler & Sohn. 1863. n. ¹/₆ Rthlr.

Riemer, **G. A.,** militär. Eisenbahn-Reglement oder system. Zu-
sammenstellung sämmtl. Vorträge, welche Seitens des königl.
Kriegsministerii wegen Beförderung von Truppen, Pferden,
Fahrzeugen etc. mit den resp. Bahnverwaltgn. abgeschlossen
sind etc. Bearb. zum ausschliesslichen Gebrauch f. die k. preuss.
Armee. Fol. Halle. Hendel. 1863. n. 2 Rthlr.

Riese, *Major,* **Aug.,** d. Kampf in u. um Dörfer u. Wälder. Nach
den besten takt. Werken und d. Kriegsgeschichte bearb. gr. 8.
Mainz, v. Zabern. 1858. n. 1 Rth. 6 Sgr.

— — Carl X., Gustav's von Schweden Kriegszug über das Eis
gegen Copenhagen im Jahre 1658 mit einem Rückblick auf die
damalige Kriegsverfassung Schwedens. Eine Episode aus der
frühern Kriegsgeschichte. Mit Karten, Plänen u. Beilagen. Lex. 8.
Berlin. Vossische Buchh. 1861. n. 1 Rth.

— — Friedrich Wilhelm's des grossen Churfürsten Winterfeldzug in Preussen u. Samopition gegen die Schweden im Jahre
1778—79. Ein Beitrag z. brandenb. Kriegsgeschichte. Mit 1
Karte des Kriegsschauplatzes. gr. 8. Berlin. v. Decker. 1864.
³/₄ Rthlr.

Rilliet de Constant, *Colonel,* **L.,** Novembre et décembre 1847.
Fribourg, Valais et la première division. Avec le plan des en-
virons de Fribourg. gr. 8. Berne. Zürich. Schulthess 1848. ³/₄ Rth.

Rittinghausen M., die Vervollständigung des preussischen Vertheidigungs-Systems oder die Nothwendigkeit eines verschanzten Lagers in Nord-Deutschland 8. Leipzig. E. H. Mayer. 1862. 4 Sgr.

Rocher le de Bronze. Betrachtungen über das preuss. Heer bei dessen bevorstehender neuer Organisation. gr. 8. Hirschberg. Rosenthal in Commiss. 1859. n. 4 Sgr.

Röder, Carl Chr. von, Geschichte des Regimentes. S. H. D. des Prinzen Georg von Hessen-Darmstadt 1688 u. 1689. Nach archival. Quellen bearbeitet. gr. 8. Darmstadt. Jonghaus. 1855. n. $\frac{1}{3}$ Rthlr.

Röder, *Oberst*, Frz., der Kriegszug Napoleons gegen Russland im J. 1812. Nach d. besten Quellen u. s. eigen. Tagebüchern dargestellt nach der Zeitfolge der Begebenheiten. Nach d. Verf. Tode herausgeg. v. dessen Sohne Prof. Karl Röder. Mit Plänen. gr. 8. Leipzig. Engelmann. 1848. 4$\frac{1}{2}$ Rthlr.

Rodowicz, T., das Exercitium der preuss. Infanterie nach d. neuen Reglement v. J. 1843 bildlich dargestellt. Neue nach dem Regl. v. 1847 bearb. Aufl. gr. 8. Berlin. G. Reimer. 1847. n. $\frac{2}{3}$ Rthlr.

— — Handbuch für Führer u. Mannschaften d. Bürgerwehr. Nach den für die preuss. Infanterie bestehenden Vorschriften bearb. und mit bildl. Darstellungen versehen. gr. 8. Ebendas. 1848. n. $\frac{1}{3}$ Rthlr.

Rodowicz-Oswiecinski, über Militär-Transporte insbesondere d. Schwerverwundeten auf Eisenbahnen u. von den Schlachtfeldern 2. Aufl. gr. 8. Frankfurt a. M. Hermann's Verl. 1864. n. 8 Sgr.

— — praktische Anweisung zum militärischen Croquiren für Offiziere im Felde, nach neuen erprobten Prinzipien bearb. gr. 8. Frankf. a. M. Jügel's B. in Commiss. 1859. baar n. 18 Sgr.

— — die eiserne Portion, Mittheilungen von Erfahrungen auf dem Gebiete der Beköstigungen im Frieden und im Kriege. Allen Freunden und Feinden der comprimirten und conservirten Nahrungsmittel gewidmet gr. 8. Frankfurt. a. M. Auffarth. 1859. n. 6 Sgr.

— — die deutsche Wehr, Leitfaden f. d. Bestrebgn. des deutschen Volkes zur Einigung behufs der Vertheidigung des Vaterlandes in Gemeinschaft mit den stehenden Heeren. gr. 8. Frankfurt a. M. Hermann's Verl. 1861. n. 8 Sgr.

— — Was und Wie? oder die Fundamente der Strategie und Taktik an Beispielen aus der Gegenwart erläutert. 2 Thle. gr. 8. Kiel. akadem. Buchh. 1864. 3 Rth. 18 Sgr.

Roguet, *Brigade-General*, die Zukunft der europäischen Armeen oder Bekämpfungssystem der Aufstände in grossen Städten.

Nach d. Französ. des „Avenir des armées européennes ou le citoyen - soldat" v. J. Heilmann, Oberlieut. u. Brigade-Adjud. 8. Meissen. Goedsche. 1850. 1 Rthlr. 6 Sgr.

Romang, *Lieut.*, Joh. Jak., die englische Schweizerlegion und ihr Aufenthalt im Orient. 8. Langenau (Bern. Blom.) 1857. n. 16 Sgr.

Romershausen, *Dr.*, **Elard**, Militär-Fernrohr zur Distanzmessg. u. Militär-Aufnahme. Nebst Zeichnungen. gr. 16. Halle. Heyne-mann. 1848. $\frac{1}{4}$ Rthlr.

Roerdansz *Hptm.*, **R.**, Ballistik, abgeleitet aus der graphischen Darstellung der Schuss- und Wurftafeln. Hierzu c. Atlas in gr. Fol. mit 14 grav. Tafeln. gr. 8. Berlin. Vossische Buchh. 1863. n. 1 Rthlr. 12 $\frac{1}{2}$ Rthlr.

-— — Theorie der Kriegsfuhrwerke. gr. 8. Ebendas. 1863. n. $\frac{3}{4}$ Rthlr.

Roos, Carl, ein Wort über die deutsche Schützenwaffe nebst Be-merkungen u. Einwendungen gegen einige Bestimmungen in den Satzungen des deutschen Schützenbundes. 8. Stuttgart. Kröner. 1862. 3 Sgr.

Ross, das. Unterhaltende und belehr. Wochenschrift unter Mit-wirkung renommirter Stallmeister, Thierärzte, Vereine etc. red. von Willh. Lampert. Mai 1864 — April. 1865. 52 Nrn. gr. 4. Leipzig. Leiner. 1864. baar n. 1 Rthlr.

Ross, *Dr.*, **G.**, Militärärztliches aus dem ersten Schleswig'schen Feldzuge im Sommer 1848. gr. 8. Altona. Schlüter. 1850. n. $\frac{1}{3}$ Rthlr.

Roth von Schreckenstein, *Generallieut.*, *Freih.*, Betrachtungen über Pferdezucht im Allgemeinen u. m. besond. Rücksicht auf die Provinz Westphalen. gr. 8. Karlsruhe. (Berlin. Schneider & Comp.) 1851. n. $\frac{1}{2}$ Rthlr.

— — die Kavallerie in der Schlacht an der Moskwa am 7. Septmb. 1812. Nebst einigen ausführl. Nachrichten über die Leistungen des 4. Kavallerie-Corps unter Anführg. des Gene-rals Latour - Maubourg. Mit 1 Plane. gr. 8. Münster, Aschen-dorff. 1858. 1 Rthlr.

— — Vorlesungen über den Sicherheitsdienst im Felde nebst Betrachtungen über Taktik und Strategie etc. Mit 6 Plänen. 2. (Titel-) Ausg. gr. 8. Ebend. 1861. 1 Rthlr.

Rothauscher, *Hptm.*, **F. J. K.**, d. Soldat im Felde. Beispiele aus d. Kriegsgeschichte aller Heere, sowie Schilderungen der Grosstha-ten einzelner Krieger jeden Grades, als auch kleinerer und grösserer Abbtheilgn. überhaupt. Zur Anwendg. als Beispiele des Felddienstes u. z. Belebg. u. Steigerung des krieger. Geistes. gr. 8. Olmütz 1851. (Wien. Heubner) n. 2 Rtl.

Rothenburg, *Prem.-Lieut.*, **F. R.**, **von**, die Schlachten von 1848 —1849. Nach den besten und ausführlichsten Quellen: dienstl. Berichten, Mitth. v. Augenzeugen etc. bearb. u. herausg. Lex. 8. Berlin. Rothenburg. 1850—51. 2 Rthlr. 27 Sgr.

Rothstein Hg., Anleitung zum Betriebe der gymnastischen Freiübungen bei den Truppen der k. preuss. Armee. 2. Aufl. Mit 1 Figurentaf. 8. Berlin. Schroeder. 1857. n. ¹/₆ Rthlr.

— — Anleitung zum Bajonnetfechten. 3. Abdr. Mit 11 erläut. Figuren. Ebendas. 1857. n. 3 Sgr.

— — das Bajonnetfechten nach dem System P. II. Ling's reglementarisch dargestellt. 2. Aufl. Mit 32 erläut. Figuren. 8. Ebendas. 1860. n. 8 Sgr.

— — das Stoss- und Hiebfechten mit Degen u. Säbel. Mit 40 in den Text gedr. Figuren. 8. Berlin. Ebendas. 1863. n. ¹/₃ Rthlr.

Rouvroy, *Generallieut. a. D.*, **W. H. v.**, dynamische Vorstudien zu e. Theorie der gezogenen Feuerwaffen 8. Dresden. Adler u. Dietze (jetzt G. Dietze) 1858. n. ¹/₃ Rthlr.

— — Theorie der Bewegung der Spitzgeschosse gezogener Feuerwaffen. Nebst e. lithogr. Taf. gr. 8. Ebendas. 1862. n. ²/₃ Rthlr.

Roux, *Fechtlehrer*, **F. A. W. L.**, Anweisung zum Hiebfechten mit geraden u. krummen Klingen. 2. Aufl. Mit 36 Abbildgen. gr. 8. Jena. Mauke. 1849. 18 Sgr.

— — die Kresslersche Stossfechtschule. Zum Gebrauch f. Akademien u. Militärschulen nach mathem. Grundsätzen bearb. Mit 120 nach der Natur gez. Abbildg. Imp. 4. Jena. Mauke. 1849. n. 2 Rth.

Royalismus, der, d. preuss. Offiziercorps in seiner politischen u. historischen Bedeutung. Von e. Standesgenossen. gr. 8. Berlin. Mittler's Sort. (A. Bath) in Commiss. 1852. n. 6 Sgr.

Rückblick auf Preussens Gewehrumänderung nach Minié'schem System. gr. 8. Ebendas. 1857. ¹/₄ Rth.

— — auf den Krieg gegen Rosas und die Schicksale der deutschen Truppen im Dienste Brasiliens. Von e. Augenzeugen. gr. 8. Berlin. Veit & Comp. 1854. ³/₄ Rthlr.

Rückblicke auf die Belagerung von Bilbao unter den Generalen Villareal u. Eguja vom 23. Octob. bis 25. Decb. 1836. gr. 8. Darmstadt. Leske. 1853. n 1¹/₃ Rthlr.

Rudolf, *Major*, **J. M.**, Leitfaden für den Unterricht in d. Militäradministration u. im Rapportwesen. In Fragen u. Antworten. Zum Gebrauch der Offiziere und Unteroffiziere d. eidgenöss. Armee. 2. Aufl. kl. 8. Baden. Zehnder. 1846. 12 Sgr.

Rudolf, *Major*, **J. M.,** Geschichte der Feldzüge u. des Kriegsdienstes der Schweizer im Auslande. Seit Beendigung des Burgunderkrieges bis auf die jetzige Zeit. Als Beitrag z. Geschichte d. schweizer. Eidgenossenschaft, aus den zuverläss. Quellen bearb. I. Bd. 1—8 Lfg. Schluss, Mit Titel in Farbendr. Portrait u. Plänen. Lex. 8. Ebendas. 1845—47. à 9 Sgr.

— — der Freischaarenzug gegen Luzern am 31. März, 1. 2. April 1845 und seine nächsten Folgen etc. Nebst e. Beschreibung der seither. Ereignisse und Dr. Jac. Rob. Steigers Leben, Prozess und Befreiung von J. J. Leuthy. gr. 8. Zürich. Leuthy. 1846. 1 Rthlr. 3 Sgr.

— — u. J. J. Leuthy, die Hülfs- u. Freischaarenzüge d. Schweizer seit d. Gründg. der Eidgenossenschaft bis zum Einfall in den Kanton Luzern im März 1845. Mit geschichtl. Erörterg. u. biogr. Notizen. (2. Hft. des Werkes „der Freischaarenzug gegen Luzern.") gr. 8. Ebendas. 1846. ⅓ Rthlr.

— — die Freiheitskriege der Eidgenossen seit Gründung des Schweizerbundes bis zum Ende des Burgunderkrieges. Mit Schlachtenplänen und Beilagen. gross 8. Baden. Zehnder. 1847. n. 16 Sgr.

— — der Parteigängerkrieg im Geiste der neueren Kriegführung. Mit besonderer Rücksicht auf die Militärverhältn. der Schweiz. Nebst e. Anhang als Schluss „des kleinen Krieges." Nach dem System des General von Decker bearbeitet. gr. 8. Zürich. Leuthy. 1847. 24 Sgr.

Ruf, der, nach einer verbesserten Truppen-Ausbildung. Ein Wort für beide Theile von e. deutschen Offizier. gr. 8. Darmstadt. Zernin. 1859. ½ Rthlr.

Rufener, Fréd. Alex., nouvelle bride dite à voile pour arrêter à volonté les chevaux emportés ou qui ont pris le mors aux dents. — Neuer Schleierzaum, um die ungestümen oder durchgehenden wilden Pferde nach Belieben aufzuhalten. gr. 8. Fribourg en Suisse. Bern. Blom. 1860. n. 8 Sgr.

Runge, H., nöthige Kenntnisse beim Pferdekauf, als Alter, Fehler, Gesundheitszustand etc. für Pferdehändler etc. Nebst e. Anhang betr. die Gewährleistung verschiedener Staaten. 16. Heiligenhafen. 1860. Flensburg. Herzbruch. 1863. n. 8 Sgr.

Runstedt, R.. v., die griechische Armee u. die Revolution. Lex. 8. Berlin. Hempel. 1863. n. ½ Rthlr.

Rüppel, *Major a. D.,* Lehrbuch der Befestigungskunst als Leitfaden zur Vorbereitung f. d. Offiziers-Examen. Mit 102 Holzschn. u. 1 lith. Taf. 2. Aufl. gr. 8. Berlin. Mittler's Sort. (A. Bath.) 1862. 1¾ Rthlr.

Russland, historisch u. strategisch beleuchtet v. einem deutschen Offizier. gr. 8. 2. Aufl. Leipzig. Remmelmann. (jetzt Meuth in K.) 1854.   n. $^2/_3$ Rthlr.

Russlands Politik u. Heer in den letzten Jahren. gr. 8. Berlin. Herbig. 1852.   n. $^1/_2$ Rthlr.

Rüstow, *Lieut.*, **Alex.**, der Küstenkrieg. gr. 8. Berlin. Springer. 1849.   n. 8 Sgr.

— — *Major*, **Cäsar**, Leitfaden durch die Waffenlehre. Nach den über den Unterricht an den königl. Divisionsschulen gegeb. Allerh. Bestimmungen bearb. 2. Aufl. gr. 8. Erfurt. Weingart. 1855.   n. $^5/_6$ Rthlr.

— — das Minié-Gewehr u. seine Bedeutung für den Kriegsgebrauch. Mit Holzschnitten. gr. 8. Berlin. Mittler's Sort. (A. Bath.) 1855.   n. $^1/_2$ Rthlr.

— — die neueren gezogenen Infanterie - Gewehre. Ihre wahre Leistungsfähigkeit u. die Mittel, dieselbe zu sichern. 1. u. 2. unveränd. Aufl. gr. 8. Darmstadt. Zernin. 1862.   12 $^1/_2$ Sgr.

— — die Kriegshandfeuerwaffen. Eine genaue Darstellung ihrer Einrichtung in den europ. Armeen, ihrer Anfertigung, ihres Gebrauchs u. ihrer allmäligen Entwickelung. Mit 201 in den Text eingedr. Holzschn. 2 Bde. gr. 8. Berlin. A. Bath. 1864.   n. 4 Rthlr.

— — **W.**, *Oberst-Brigadier*, der deutsche Militärstaat vor u. während d. Revolution. 2. Aufl. 8. Zürich. Kiessling. 1851. 24 Sgr.

— — die Lehre v. d. Anwendung der Verschanzungen nach den allgemeinen Grundsätzen der Kriegskunst für Offiziere aller Waffen bearbeitet. Mit in den Text gedr. Holzschnitten. gr. 8. Frauenfeld. Verlags-Comptoir. 1853.   n. 1 $^1/_3$ Rthlr.

— — Taktik der verbundenen Waffen für die schweizer. Bundesarmee. 8. Düsseldorf. Scheller's Verl. 1855.   n. 1 $^1/_2$ Rthlr.

— — der Angriff auf die Krimm und der Kampf um Sebastopol. Uebersichtlich dargestellt. gr. 8. Frauenfeld. Verlags-Comptoir. 1855.   n. 8 Sgr.

— — Anleitung zu den Dienstverrichtungen im Felde f. den Generalstab der eidgenöss. Armee. Mit 9 Plänen. gr. 16. Basel. Schweighauser. 1855.   27 Sgr.

— — Untersuchungen über die Reorganisation der Heere. gr. 8. Ebendas. 1855.   3 $^1/_2$ Rthlr.

— — der Krieg gegen Russland. Politisch. milit. bearb. 2 Bde. gr. 8. Zürich. Schulthess. 1856.   3 Rthlr.

— — der Krieg u. seine Mittel. Eine allgem. fassliche Darstellung der ganzen Kriegskunst. Mit 12 Taf. u. ausführl. Sach-

u. Namenreg. 1—10. Lfg. gr. 8. Leipzig. G. Mayer. 1856.
à n. ¹/₃ Rthlr.

Rüstow, W., *Oberst-Brigadier*, die Feldherrnkunst des 19. Jahrhunderts. Zum Selbststudium u. f. d. Unterricht an den höheren
Militärschulen. gr. 8. Zürich. Schulthess. 1857. 3 Rthlr. 6 Sgr.

— — militärische Biographieen. (I. Bd.) David, Xenophon, Mon-
luc. gr. 8. Zürich. Meyer und Zeller's Verl. 1858.
n. 2 Rthlr. 12 Sgr.

— — Allgemeine Taktik, nach dem gegenwärtigen Standpunkt
der Kriegskunst bearb. Mit erläuternden Beispielen. gr. 8. Zürich. Schulthess. 1858. n. 2 Rthlr. 8 Sgr.

— — die Reform des eidgenössischen Generalstabes. gr. 8. Zürich. (Orell, Füssli & Co.) 1859. ¹/₄ Rthlr.

— — Militärisches Handwörterbuch nach dem Standpunkte der
neuesten Literatur und mit Unterstützung von Fachmännern
bearbeitet u. redigirt. 2 Bde. Lex. 8. Zürich. Schulthess. 1859.
n. 4 ¹/₃ Rthlr.

— — der Krieg v. 1805 in Deutschland u. Italien. Als Anleitg.
histor. Studien bearb. 2. (Titel-) Aufl. Mit 30 in den Text gedr.
Holzsch. gr. 8. Zürich. Meyer & Zeller. 1859. n. 2 Rthlr.

— — der italienische Krieg 1859 politisch-militärisch beschrieben.
Mit 3 Kriegskarten. 3. Aufl. gr. 8. Zürich. Schulthess. 1860.
2 ¹/₄ Rthlr.

— — die Lehre vom neueren Festungskriege für Offiziere aller
Waffen bearb. 2 Bde. Mit 9 Tafeln. gr. 8. Leipzig. Förstner.
(jetzt Felix.) 1860. n. 4 ¹/₃ Rthlr.

— — die Wahrheit über den preussischen Wehr-Gesetz-Entwurf.
gr. 8. Nördlingen. Beck. 1860. 6 Sgr.

— — Geschichte des ungarischen Insurrectionskrieges in d. J.
1848 u. 1849 m. Karten u. Plänen. 1—4. Abth. gr. 8. Zürich. Schulthess. 1860/61. à n. 1 ¹/₂ Rthlr.

— — Erinnerungen aus dem italien. Feldzuge v. 1860. 2 Thle.
Mit 1 Briefe Garibaldi's in Facs. gr. 8. Leipzig. Brockhaus.
1861. n. 3 ¹/₃ Rthlr.

— — das preussische Militärbudget f. 1862. Ein Hülfsbüchlein
f. die preuss. Wahlversammlungen u. das neue Abgeordneten-
haus. br. 8. Berlin. Janke. 1862. n. ¹/₂ Rthlr.

— — die preussische Armee und die Junker. br. 8. Hamburg.
O. Meissner. 1862. n. ¹/₃ Rthlr.

— — der italienische Krieg von 1848 u. 49. Mit einer kurzen
Kriegstheorie in kritischen Bemerkungen über die Ereignisse.
Mit 6 Blättern, Karten u. Plänen. gr. 8. Zürich. Schulthess.
1862. n. 3¹/₃ Rthlr.

Rüstow, W., *Oberst-Brigadier*, der italienische Krieg 1860 politisch und militärisch beschrieben. Mit Karten und Plänen. gr. 8. Ebendas. 1862. 3 Rthlr.

— — Heerwesen und Kriegführung C. Julius Cäsars. Mit dem Portr. Cäsars nach e. antiken Büste in königl. Museum in Berlin. 3 lith. Taf. 2. Aufl. Lex. 8. Nordhausen. Förstemann. 1862. n. 1 Rthlr.

— — Von den Hindernissen e. zweckmässigen Heeresbildung u. erfolgreichen Kriegsführung. Militärische Blätter für das Volk. Complet in 12 Liefergen. Lex. 8. Coburg. Streit. 1862—t63. à ¼ Rrhlr.

— — zur Militärfrage. 6 Briefe an einen Abgeordneten. g. 8. Hamburg. O. Meissner's Verlag. 1863. n. ⅓ Rthlr.

— — zur Warnung vor den Compensationen in der preuss. Militärfrage. 6 Briefe an einen Abgeordneten. gr. 8. Ebendas. 1863. n. ½ Rthlr.

— — Geschichte der Infanterie. 2 Bde. Mit 132 Holzschn. 2. (Titel-) Ausg. Nordhausen. Förstemann. 1864. 2 Rthlr.

— — die Lehre vom Gefecht aus den Elementen neu entwickelt für die Gegenwart u. nächste Zukunft. (In 3 Lfgen.) 1/2. Lfg. gr. 8. Zürich. Meyer & Zeller's Verl. 1864. 1. Lfg. n. 24 Sgr. 2. Lfg. n. 28 Sgr.

— — der deutsch-dänische Krieg 1864 politisch-militärisch beschrieben. Mit Kriegskarten u. Plänen. gr. 8. Zürich. Schulthess. 1864. 3 Rthlr. 9 Sgr.

— — die Lehre vom kleinen Kriege. gr. 8. Zürich. Schulthess. 1864. 1 Rthlr. 24 Sgr.

— — u. *Prof. Dr.* **H. Köchly,** Geschichte d. griechischen Kriegswesens von der ältesten Zeit bis auf Pyrrhos. Nach den Quellen bearb. Mit viel Holzschnitten. gr. 8. Aarau. Verlags-Comptoir. 1852. n. 2 Rthlr. 24 Sgr.

Rutzky, *Oberlieut.*, **Andr.,** Bewegung und Abweichung der Spitzgeschosse, Einfluss der gegenseit. Stellung d. Mittelpunktes, d. Luftwiderstandes u. d. Schwerpunktes auf die Lageänderung d. Rotations-Axe u. daraus abgeleitete Folgerungen f. Geschoss- u. Geschütz-Construction. Mit 2 lith. Taf. Lex. 8. Wien. Gerold Sohn. 1861. n. ⅔ Rthlr.

— — die Einrichtung und die Construktion der gezogenen Geschütze. Mit 7 Taf. gr. 8. Wien. Markgraf. 1863. n. 2⅔ Rthlr.

— — u. *Lieut.* **Otto v. Grahl,** das gezogene Schiesswoll-, Feld- u. Gebirgs-Geschütz (nach Lenk's System) in seiner Eintheilung, Einrichtung, Ausrüstung, Bedienung und Verwendung.

Mit 9 lith. Tafeln u. mehreren Holzschnitten. gr. 8. Wien.
Leipzig. R. Hoffmann. 1862. n. 1 ¹/₃ Rthlr.

Rutzky, *Oberlieut.*, **Andr.**, das Schiesspulver u. seine Mängel. Ein
Beleg für die Nothwendigkeit e. neuen Schiesspräparats. Lex. 8.
Wien. Typogr. liter. art. Anstalt. 1863. n. 1 ¹/₆ Rthlr.

S.

Sabel, *Sec.-Lieut.*, Leitfaden in der Pferde-Kenntniss für Unteroffiziere der Kavallerie u. Artillerie. Mit erläut. Abbildgen.
gr. 8. Berlin. Mittler & Sohn. 1855. ¹/₂ Rthlr.

Sainte-Hilaire, Em. Marco, de, Geschichte der Kaisergarde. Mit
Illustr. v. Hippolyt Bellangé, E. Lami, Ch. Vernics, Gagniet u.
Th. Guerin. Garde-Märsche u. Fanfaren v. Alex. Goria. 1—20. Lfg.
Lex. 8. Leipzig. Weber. 1846—48. à n. ¹/₃ Rthlr.

— — populäre Geschichte Napoleons u. der grossen Armee. Nach
dem Französ. von J. A. Streitfeld. gr. 16. Leipzig. Volkmar.
1848. 1 ¹/₂ Rthlr.

Sammlung von Aufsätzen aus dem Gebiete des Kriegswesens.
1. Bd. gr. 8. Darmstadt. Leske. 1853. n. 28 Sgr.

— — der Bequartierungs-Vorschriften der k. k. Landes-Gendarmerie, seit der Errichtung dieses Instituts bis in die neueste
Zeit. Zusammengestellt mit hoher Bewilligung v. Joh. Hangely.
gr. 8. (In deutscher u. ungar. Sprache). Oedenburg. Seyring.
1858. n. 1 ²/₃ Rthlr.

— — praktischer Fälle als Rathgeber bei Ausarbeitung militärischer Themas für k. k. Offiziere. Von e. Offizier unter Mitwirkung mehrerer II. II. Kameraden. gr. 12. Brünn. Buschak u.
Irrgang in Comm. 1852. n. 24 Sgr.

— — der in Kraft bestehenden Gesetze, Beschlüsse, Verordnungen u. Vorschriften des Bundes über das schweizer. Militärwesen bis z. 30. Juli 1860. Hrsg. u. zusammengest. unter Mit-
wirkg. schweizer. Militärverwltgen. gr. 16. Bern. (Dalp). 1860.
n. 1 Rthlr. 16 Sgr.

— — aller auf die Haupt-Momente des Krieges der Oesterreicher
gegen Piemont u. dessen Verbündete in den Jahren 1848 u. 49
Bezug habenden Armeebefehle, Bülletins, Berichte etc. In chronol. Reihenfolge. Vom Hptm. A. B. Gavenda. 3. Aufl. gr. 8.
Prag. Bellmann. 1856. n. 12 Sgr.

— — der würtembergischen Kriegsgesetze von 1360—1800. V.
Auditor Dr. Kapff. gr. 8. Tübingen. Fues. 1849. n. n. 2 Rth. 26 Sgr.

— — und Zusammenstellung aller seit Einführung der Dienstvorschriften f. die königl. bayer. Truppen aller Waffengattungen erschienenen und darauf bezüglichen Aenderungen bis Schluss d. J. 1862. Als Supplement bearb. von L. v. W. gr. 8. Bayreuth. Giessel. 1863. n. 24 Sgr.

San Roberto, *Major, Graf* **di,** über Bereitung des Schiesspulvers. Betrachtungen und Vorschläge. Aus dem Ital. übers. von Oberst-Lieut. Teichert. gr. 8. Berlin. Behr. 1853. n. ⅓ Rthlr.

Sander, *Hptm.*, **Const.**, der amerikanische Bürgerkrieg von seinem Beginn bis zum Schluss d. J. 1862. Nebst einleitenden Betrachtungen über seine socialen, ökonomischen u. politischen Ursachen. Nach den besten Quellen bearb. gr. 8. Frankfurt a/M. Küchler. 1863. n. ⅔ Rthlr.

Sanson, **A.**, Denkschrift über die Verwaltung in den activen Divisionen während der Kriege im Orient und in Italien. Aus dem Französ. vom Ingen. Hptm. A. v. Gaisberg. Für Geschichtsfreunde, besonders aber für Offiziere etc. Ein Supplement zu jedem Werke über Verpflegung. gr. 8. Stuttgart. Lindemann. 1862. n. ⅓ Rthlr.

Sattel, der. Eine beurtheilende Zusammenstellung älterer u. neuerer Konstruktionen mit besonderer Rücksicht auf die militärische Ausrüstung. Von e. Stabsoffizier der k. würtembergischen Armee. 8. Stuttgart. Roth. 1862. n. 24 Sgr.

Sattelhülfe, kleine, oder kurze Reitanweisung sowie prakt. Regeln f. die Behandlung der Pferde. 3. Aufl. 12. Halle. Schmidt. 1851. n. ⅙ Rthlr.

Schachtmeyer, *Rittmstr. a. D.*, **Ferd. v.,** die Vorposten und ihre Verrichtungen. Ein Taschenbuch zum Gebrauch im Kriege f. Landwehr-Offiziere u. Landwehrmänner aller Waffen, sowie für d. Landsturm fasslich vorgetragen u. durch lith. Fig. erläutert. gr. 8. Berlin. C. Heymann. 1854. n. ½ Rthlr.

— — die Schlacht bei Preussisch-Eylau u. das Gefecht bei Waltersdorf im J. 1807, sowie meine Theilnahme an den beiden Actionen. Nach noch unbekannten Thatsachen u. hinterbliebenen Orig.-Handschriften. Ein Beitrag zur 50jähr. Gedächtnissfeier dargestellt u. hersg. gr. 8. Berlin. (Geelhaar.) 1857.
 baar n. ⅔ Rthlr.

Schaede, *Marine-Secr.*, **W.,** Liste der königl. preuss. Marine. (Alter u. Dienstzeit sind bis 1. Jan. 1855 berechnet.) 8. Berlin. Schneider & Co. 1855. n. ⅙ Rthlr.

Schall, *Oberkriegsrath*, **Fr. W.,** das Gesetz über die Verpflichtung zum Kriegsdienste im Königreich Würtemberg vom 22. Mai 1843, u. die Vollziehungsinstruction vom 30. Decb. 1843 mit

den darauf Bezug habenden neueren Gesetzen etc. 1. u. 2. Aufl.
gr. 8. Stuttgart. Nitzschke. 1863. n. 1 Rthlr. 12 Sgr.

Schaller, Jul., denkwürdige Momente aus dem thatenreichen Leben Sr. königl. Hoh. des hochsel. Prinzen August v. Preussen. Erinnerungsschrift dem preuss. Heere und allen Vaterlandsfreunden gewidmet. 16. Berlin. Enslin in Comm. 1846. n. ²/₃ Rthlr.

Schallhammer, Hptm., Ant. *Ritter* v., kriegerische Ereignisse im Herzogthum Salzburg in den Jahren 1800, 1805 u. 1809. Mit 1 Schlachtplane, e. Karte des Herzogthums Salzburg, e. Specialk. der Lofer-Pässe u. 2 Stahlst. 5 Hfte. Lex. 8. Salzburg. Mayr in Commiss. 1853. Subscr.-Pr. n. 2 Rthlr. 12 Sgr.
Ladenpreis n. 3 Rthlr. 16 Sgr.

Scharnhorst, G. v., die Vertheidigung der Stadt Menin u. die Selbstbefreiung der Garnison unter dem General-Major von Hammerstein. Neuer veränd. Abdr. Mit 1 Plane. gr. 8. Hannover. Helwing. 1856. ¹/₂ Rthlr.

Schauplatz der Künste u. Handwerke. Bd. 113. enth.: Handbuch der Pulverfabrikation u. Schiessheede-Bereitung. Nach den besten in- u. ausländ. Hilfsmitteln unt. Beistand e. Artill.-Offiziers ausgearb. v. e. deutschen Techniker. 2. Aufl. Mit 7 lith. Taf. 8. Weimar. Voigt. 1847. 1¹/₆ Rthlr.

Scheel., Ingen.-Oberst a. D., v., Gedanken üb. die Theorie u. Praxis der Befestigungen aus dem Standpunkte der 2. Hälfte d. 19. Jahrh. gr. 8. Berlin. Mittlers Sort.(A. Bath.)1859. n. ⁵/₆ Rth.

— — der Schnell- u. Schutz-Bau für die Kriegsschauplätze. Juni 1859. gr. 8. Neuwied. Heuser. 1859. ¹/₄ Rthlr.

— — neue Hilfsmittel für die Vertheidigung befestigter Orte, begründet auf Arbeitsamkeit u. Bewegung gr. 8. Berlin. Mittlers Sort. (A. Bath.) 1861. n. 1¹/₃ Rthlr.

— — der Bewegungs-Eisenschutz und die eisenfeste Treue als Trutz u. Schutz f. jedwedes Vaterland. gr. 8. Neuwied. van d. Beeck. 1862. n. 24 Sgr.

— — Betrachtungen über den Werth der preuss. Festungen für die zweite Hälfte dieses Jahrhunderts. Nebst 2 Anlagen u. 3 lith. Zeichg. 2. (Titel-) Aufl. gr. 8. Neuwied. Heuser. 1862.
n. 24 Sgr.

Scheibert, Prem.-Lieut., J., Einfluss der neuesten Taktik u. der gezogenen Waffen auf den Festungskrieg. Mit Benützung der vor Sebastopol gemachten Erfahrungen. 8. Berlin. F. Schneider. 1861. n. ¹/₆ Rthlr.

Scheil, Friedr., Beitrag zur angemessenen Vermehrung der Wehrkraft Preussens als Grossmacht nach dem Plane des weiland General von Scharnhorst u. auf Grund der gegenwärtigen Bevölkerung u. der Finanzkraft des Landes nebst specieller Berechnung sämmtl. zeitgemässen Kosten. gr. 8. Schweidnitz. Heege in Commiss. 1862. n. 6 Sgr.

Schele, *Oberstlieut.*, **Aug. v.**, das Aufnehmen des Terrains und dessen Darstellung durch Projektion horizontaler Flächen, zunächst für den Unterricht an Militär-Bildungs-Anstalten. Mit 18 lith. Tafeln. 2. Ausg. gr. 8. Stuttgart. Schweizerbart. 1852. 1 Rthlr. 18 Sgr.

Scheller, *Stabsarzt*, **Chr. Frdr.**, die amtlichen Circuläre der Chefs d. Militär-Medicinal-Wesens der königl. preuss. Armee, nach ihrem Inhalte alphabetisch geordnet. 3 Thle gross 8. Berlin. Hirschwald in Commiss. 1856. n. 6 ¹/₂ Rthlr.

Schels, **Joh. Bapt.**, *k. österr. Oberstlieut.*, Kriegsgeschichte der Oesterreicher. gr. 8. Wien. Heubner. 1845. cpl. 6 Rthlr.

— — der kleine Krieg. Zeitgemässes Handbuch für Offiziere aller Waffengattungen. 2 Bde. 2. (Titel-) Ausg. des Felddienstes. 16. Wien. Braumüller. 1848. 1 Rthlr. 12 Sgr.

— — der Felddienst. Handbuch für Offiziere aller Waffen. 2 Bde. Neue (Titel-) Ausg. 16. Ebendas. 1859. n. 1 ¹/₃ Rthlr.

Schema der k. k. österreichischen Armee f. d. J. 1850. Herausg. v. d. Redaction d. österr. Soldatenfreundes: Hirtenfeld u. Meynert. 8. Wien. Gerold in Kommiss. 1850. baar n. ¹/₂ Rthlr.

Schematismus der pensionirten u. mit Charakter quittirten k. k. Generale, Stabs- u. Oberoffiziere der österreich. Armee 1863. Nach offiziellen Daten zusammengestellt u. herausg. v. Heinrich Aug. Müller u. Hptm. Frz. Grüll. gr. 8. Wien. (Gerold's Sohn.) 1863. n. 1 ²/₃ Rthlr.

Scherzer, **Jos.**, *Oberlieut.*, Lehrbuch der Militär-Chemie, als Leitfaden für die Vorlesungen im k. k. Bombardier-Corps. Mit 5 lith. Taf. gr. 8. Wien. Tendler. & Co. 1846. n. 3 ¹/₂ Rthlr.

Scheuerlein, **F. W.**, *Prem.-Lieut.* etc., Grundzüge der allgem. Artilleriewissenschaft. 2 Thle. gr. 8. Berlin. G. Reimer. 1846 bis 1854. 3 ⁵/₆ Rthlr.

Schiller, *Bat.-Arzt*, **Dr.**, **Carl**, Verband- u. Transportlehre für die königl. Sanitäts-Compagnie. 3. Aufl. 4. Würzburg. (Stahel.) 1856. n. ¹/₂ Rthlr.

Schilling, *Oberst-Lieut.*, **L.**, **v.**, einfachste u. rationellste Pferdedressur nebst Laufen an der Leine u. schnelles Frommachen zum Beschlagen. 2. Aufl. gr. 8. Karlsruhe. Bielefeld in Commis. 1864. n. ¹/₂ Rthr.

Schimmel, *Major*, **Frdr.**, Compendium des kleinen Krieges für Infanterie- u. Cavallerie-Offiziere. Zum Gebrauche im Felde, bei Truppenübungen u. bei Anfertigung der darüber einzureichenden Relationen etc. Mit e. Croquis der Gegend bei Drevenack. 2. Aufl. 8. Düsseldorf. Kaulen. 1854.   n. $^2/_3$ Rthlr.

Schimmelpfennig, Frdr., Gust., Handbuch für den materiellen Inhalt der preuss. Militär-Wochenblattes v. 1816—1859. Lex. 8. Berlin. Mittler & Sohn in Commiss. 1860.   n. 2 $^1/_6$ Rthlr.

Schimmer, Carl, Aug., Wien's Belagerungen durch d. Türken, u. ihre Einfälle in Ungarn u. Oesterreich. Mit einer kurzen aber vollständ. Geschichte der Osmanen. 2. Ausg. mit Plänen. 12. Wien. Heubner. 1847. $^2/_3$ Rthlr.

Schirrmann, *Hptm.*, **J. W. C**, von, Versuch zu einem System der Artillerie-Wissenschaft. 1. Bd. Mit 4 Figurentaf. Lex. 8. Berlin. v. Decker. 1860.   n. 2 $^5/_6$ Rthlr.

Schiessbaumwolle, die. Eine vollst. Zusammenstellung aller bisher gemachten Erfahrungen in Bezug auf Wirkungen, Vorzüge und Bereitung der Schiessbaumwolle. 8. Halberstadt. 1847. $^1/_4$ Rthlr.

Schiessschule, die St. Otmersche, oder das Militärschiessgewehr in seiner wichtigen Bedeutung für den Soldaten u. Bürgerwehrmann. Eine umfassende Abhandlung über die Schiesskunst, nebst e. instruktiven Anweisung über die zweckmäss. Behandlung d. Schiessgewehrs u. den dienstl. Gebrauch desselben nach den Vorträgen des Lieut. Panot. Ins Deutsche übtr. v. Dr. Chr. Heinr. Schmidt. Mit 9 Figurentaf. 8. Weimar. Voigt. 1850.   1 $^1/_3$ Rthlr.
Herabges. Preis 12 $^1/_2$ Sgr.

Schill, Ferdinand, v., ein militärisch-politisches Charakterbild. 16. Potsdam. Riegel. 1860.   n. $^1/_2$ Rthlr.

Schintling, *Oberstlieut.*, **H. v.**, die Terrain-Aufnahme rationell aus der Lehmann'schen Theorie der Terraindarstellung entwickelt. Mit 1 lith. Tafel. gr. 8. München. Franz in Commiss. 1855.   n. 1 Rthlr.

Schlacht, die, bei Aspern am 21. u. 22. Mai d. J. 1809. Mit e. biograph. Skizze d. Erzherzog Carl von Oesterreich etc. br. 8. Wien. Dirnböck. 1860.   6 Sgr.

— — bei Fredericia am 6. Juli 1849. Hauptsächlich nach den beiderseitigen officiellen Rapporten dargestellt v. e. dän. Offizier. gr. 8. Kopenhagen. Reitzel. 1849.   n. $^1/_2$ Rthlr.

— — bei Hanau am 30. u. 31. Oktober 1831 in allgemeiner Darstellung u. Einzelbildern. Nach geschichtlichen Quellen und mündlichen Ueberlieferungen. Mit 1 Plane der Stadt. gr. 8. Hanau. König. 1864.   18 Sgr.

Schlacht, v. Inkerman am 24. Okt. (5 Novb.) 1854. Eine kriegsgeschichtl. Skizze, geschrieben im Dezb. 1854. Mit e. in Farbendruck ausgeführten Plan der Schlacht. gr. 8. Berlin. Schneider & Co. 1855. n. ³/₄ Rthlr.

— — bei Kunersdorf am 12. Aug. 1759. Nach Archival-Quellen bearb. Nebst 5 lith. Beilagen. gr. 8. Berlin. Mittler & Sohn in Commiss. 1859. baar n. ¹/₃ Rthlr.

— — bei Torgau am 3. Novb. 1760. Nach Archival-Quellen bearbeit. Nebst 5 Beilagen. gr. 8. Ebend. 1860. n. ¹/₃ Rthlr.

Schlachtenführung, die rationelle taktische, unserer Zeit. Eine militärische Betrachtungen von C. F. gr. 8. Darmstadt. Jonghaus. 1849. n. ¹/₄ Rthlr.

Schlagintweit, *Oberlieut.,* **Ed.,** der spanisch-marokanische Krieg in den J. 1859 u. 1860. Mit Benützung d. vorhand. Quellen u. nach eigener Beobachtg. dargestellt. Mit 1 lith. Terrainkarte. gr. 8. Leipzig. Brockhaus Sort. 1863. n. 3¹/₂ Rthlr.

Schlemüller, *Oberst-Lieut.,* **F.,** Auszug aus der Belehrung über die Standes-, Geld- u. Naturalien-Verrechnung sämmtlicher Partikular-Rechnungsleger der k. k. österr. Armee etc. Ein Handbuch für die manipulirenden Unteroffiziere, Transportführer etc. gr. 8. Wien. (Hof- & Staatsdruck.) 1854. n. 16 Sgr.

Schmalz, *russ. Staatsrath, Prof., Dr.,* **Frdr.,** neue Ansichten und Erfahrungen über Raçébildung. Nach des Verf. Tode herausg. gr. 8. Königsberg. Gebr. Bornträger. 1848. 18 Sgr.

Schmarda, *Haupt., Prof.,* **Carl, Joh.,** über die geometr. Vorbedingungen der trefflichern Fernwirkung. gr. 8. Prag. Bellmann. 1862. n. ²/₃ Rthlr.

— — u. *Hptm.* **Mödorlcr,** vollständige Anleitung zur Feldbefestigungskunst. Nach den Grundsätzen der neueren Kriegsführung gemeinsam bearb. 2 Bde. Lex. 8. Wien. Gerold Sohn. 1856—57. n. 7 Rthlr.

Schmeling-Diringshofen, *Lieut.,* **A. v.,** das Perkussionsgewehr mit besonderer Rücksicht auf Büchse u. Schrotflinte. gr. 8. Berlin. Schröder's Verl. 1847. 2 Rthlr.

Schmertzing, *Oberstallmeister, Freih.* von, Rathschläge bei dem Ankauf und bei der Aufzucht der Fohlen mit Vorbem. über die gegenwärt. hervorgeruf. hohen Pferdepreise u. d. Mangel an volljähr. Pferden. 8. Gera. Kanitz. 1863. ¹/₄ Rthlr.

Schmid, *Dr.,* **L.,** das militärische Exercitium als Lehrgegenstand in den Schulen, die erste Grundlage zur Ausbildung der Wehrkraft eines Landes. gr. 8. Stuttgart. Gebr. Scheitlin. 1860. 6 Sgr.

— — *Major,* **J.,** alphabetisch geordnetes Handbuch der Geld- u. Natural-Gebühren in der k. k. österr. Armee, auf Grund des

Gebühren-Reglements vom 1. Septb. 1858. Verfasst zum Gebrauche der k. k. Offiziere etc. 8. (Wien. Klemm). 1859. n. ⅓ Rthlr.

Schmidt, H., *Kreis-Sekretär,* die Militärpflicht u. das Aushebungsgeschäft nach den allgemeinen Bestimmungen, nach den erlass. Special-Verfügungen geordnet. 8. Halberstadt. Frantz. 1846. n. ⅓ Rthlr.

— — *Oberstlieut.,* **F. W.,** Lokaluntersuchungen über den Pfahlgraben (limes transrhenanus), sowie über die alten Befestigungen zwischen Dahn u. Sieg. Aus den Papieren des Verstorb. zusammengest. v. Major a. D. F. Schmidt. 8. Kreuznach. Voigtländer in Commiss. 1859. n. 17 ½ Sgr.

— — *Hptm.,* **A.,** Vorlesungen aus dem Gebiete der Kriegswissenschaften für Offiziers-Theorien. gr. 8. Brünn. Buschak & Irrgang. 1859. n. 1 Rthlr. 24 Sgr.

Schmolke, *Prem.-Lieut.,* **E.,** Erörterungen über die verschiedenen Zündersysteme der Artillerie und ihre Anwendung auf die beiden preuss. Geschützsysteme. gr. 8. Berlin. Mittler & Sohn. 1864. n. 16 Sgr.

Schmoelzl, *Oberstlieut.,* **Jos.,** der Feldzug der Bayern v. 1806-7 in Schlesien und Polen. Ein Beitrag zur Geschichte des k. bayer. Heeres. Nach vaterl. Quellen bearb. Mit 11 Gefechts- u. Belag.-Plänen. gr. 8. München. (Lindauer.) 1856. n. 3 Rthlr. 16 Sgr.

— — Ergänzungs-Waffenlehre. Ein Lehrbuch zur Kenntniss und zum Studium der Feuerwaffen d. Neuzeit. 2. verm. Aufl. gr. 8. München. Lit. artist. Anstalt. 1857. n. 1 Rthlr. 14 Sgr.

— — der kleine Krieg in Oberschlesien im J. 1807. Ein Beitrag zur Gesch. des bayer. Heeres. Nach vaterl. Quellen bearb. Mit 4 Gefechtsplänen. gr. 8. Leipzig. Fr. Fleischer. 1854. 1 Rthlr.

— — die gezogene Kanone. Deren geschichtliche Entwickelung u. gegenwärtige Vervollkommnung. Eine militär. Zeitstudie. Mit 4 Steintaf. gr. 8. München. Liter. art. Anst. 1860. cart. n. 28 Sgr.

— — Nachträge dazu. Mit 1. Steintaf. gr. 8. Ebendas. 1860. n. 6 Sgr.

— — das System La Hitte f. die gezogene Vier-Pfünder-Kanone der französ. Feldartillerie. Deren Constr., Ausrüst., Bedienung u. Versuchsergebnisse. Nach verlässl. Quellen bearbeitet. Mit 1. Steintaf. gr. 8. Ebendas. 1860. n. 14 Sgr.

Schneidawind, Fr. Jos. Ad., der Krieg Oesterreichs gegen Frankreich, dessen Aliirte und den Rheinbund im Jahre 1809. 2. Ausg. gr. 8. Schaffhausen. Hurter. 1845. 4 Rthlr.

— — der siebenjährige Krieg in Deutschland. Ein Volksbuch z. Unterhaltung u. Belehrung. 13 Hfte. gr. 8. Neuhaldensleben. Eyraud. 1845—48. à 3 Sgr.

Schneidawind, Fr. Jos. Ad., der Reiterkampf u. Sieg bei Haynau
am 26. Mai 1813. 8. Ebendas. 1845.   2 Sgr.

— — Geschichte der Belagerung Wiens durch die Türken. 16.
Hamburg. Berendsohn. 1846.   ¹/₃ Rthlr.

— — der Krieg im Jahre 1805 auf dem Festlande Europas.
gr. 8. Augsburg. Schmid. 1848.   1³/₄ Rthlr.

— — der Feldzug des Herzog's Friedrich Wilhelm v. Braunschweig u. seines schwarzen Corps im Jahre 1809. gr. 8.
Darmstadt. Leske. 1851.   n. ³/₄ Rth.

— — Feldmarschall Graf Radetzky, sein kriegerisches Leben u.
seine Feldzüge v. Jahre 1784—1850. gr. 8. Augsburg. Schmid.
1851.   2 Rth.

— — der letzte Feldzug und der Heldentod des Herzogs Friedrich Wilhelm zu Braunschweig - Lüneburg im Jahre 1815. gr.
8. Darmstadt. Leske. 1852.   n. ³/₄ Rth.

— — das Regiment der Herzoge von Sachsen in den blutigen
Tagen des 4. 5. August 1809 bei Ober- und Unter-Au in d.
Kriege in Tyrol. gross 8. Aschaffenburg. (Pergay.) 1852.
                                                                    6 Sgr.

— — der Feldzug der k. k. österr. Armee unter Anführung d.
Feldmarschalls Grafen Radetzky in Italien in den Jahr. 1848
und 1849. 3 Theile. Lex. 8. Innsbruck. Witting. 1853.
                                                                2²/₃ Rthlr.

— — Aus dem Hauptquartier und Feldleben des Vater Radetzky.
Scenen u. Erzählungen aus den Feldzügen der k. k. österr.
Armee in Italien in den J. 1848—49. 3. Aufl. gr. 8. Stutt-
gart. Ed. Hallberger 1854.   n. ²/₃ Rthlr.

— — das Gefecht am 21. October bei Baumeroda. Eine Recht-
fertigungschrift für das ehem. königl. sächs. Uhlanen-Regiment.
8. Dresden. Höckner. 1855.   6 Sgr.

— — Prinz Louis von Preussen und der Tag von Saalfeld
am 10. Octob. 1806. 8. Neuhaldensleben. Eyraud. 1856.
                                                                 3³/₄ Sgr.

— — Prinz Wilhelm von Preussen in den Kriegen seiner Zeit.
Auch ein Lebensbild aus den Befreiungskriegen. Mit dem Bild-
nisse und Facs. d. Prinzen. gr. 8. Berlin. v. Decker. 1856.
                                                                 1¹/₂ Rthlr.

Schneider, *Dr.*, **K. F. R.**, Husarengeschichten aus der Geschichte des Blücher - Husaren - Regimentes. gr. 8. Stolp. Stein
(jetzt Eschenhagen). 1859.   ⁵/₆ Rthlr.

Schnelllade-Methoden, vier neue, für gewöhnliche Percussions-
gewehre (ohne Holzeinsatz.) Mit 8. Abbildgn. 8. Berlin. H.
Müller in Commiss. 1864.   Verklebt n. ¹/₂ Rthlr.

Schön, *Hptm.,* **Jul.** das gezogene Infanterie-Gewehr. Kurze Darstellung der Waffensysteme der Neuzeit u. ihrer Anwendung in den Armeen Europas. Mit 10 erläut. Tafeln. 2. Aufl. gr. 8. Dresden. Höckner. 1855. 1 $^1/_2$ Rthlr.

— — Geschichte der Handfeuerwaffen. Eine Darstellung d. Entwickelungsganges der Handfeuerwaffen von ihrem Entstehen bis auf die Neuzeit. Mit 32 erläuternden Taf. gr. 4. Dresden. Kuntze. 1858. cart. n. 6 Rthlr.

Schöne, Ludw., praktische Anleitung zum Kriegsfeldbrükkenbau. Mit 23 Tafeln. gr. 16. Mainz. Kunze. 1850. 1 Rthlr. 12 Sgr.

Schönebeck, *Oberlieut.,* **H.,** kurzgefasste Beschreibung der Waffen der k. k. österr. Armee m. Berücksichtigung der letzten Veränderungen für Kadetten-Schulen zusammengestellt. 2. Aufl. Lex. 8. Gratz. Kienreich. 1848. $^2/_3$ Rthlr.

Schönhüb, *Hptm.,* **Ant. J. J.** *Freih.* **v.** Geschichte des königl. bayer. Cadetten-Corps. Aus Original-Quellen verf. zur 100jähr. Jubelfeier. gr. 8. München. (Lindauer.) 1856. n. 1$^2/_3$ Rthlr.

— — Theorie des Tragens mit besond. Berücksichtigung des Infanterie - Gepäcks. Mit 2 Figur. Taf. gr. 8. München. Franz. 1860. $^1/_2$ Rthlr.

Schöning, Rud. Wolfgang v., histor.-biogr. Nachrichten zur Geschichte der Brandenb.-Preuss. Artillerie. Aus den Original-Rapporten zusammengestellt. 3. Thl. Mit dem Bildniss des Prinzen Adalbert von Preussen. gr. 8. Berlin. Mittler. (In Kommiss.) 1845. n. 2$^2/_3$ Rthlr.
(Das complete Werk besteht aus 3 Bden. u. kostet n. 8 Rthlr.)

— — der siebenjährige Krieg. Unter allerhöchster königl. Bewilligung nach der Original-Correspondenz Friedr. d. Grossen mit dem Prinzen Heinrich u. seinen Generalen aus den Staats-Archiven bearbeitet. 3 Bde. gr. 8. Potsdam. Riegel. 1851, -52. n. 6 Rthlr.

— — der Bayerische Erbfolgekrieg. Unter Allerhöchst königl. Bewilligung nach der Original-Correspond. Friedrich d. Grossen mit dem Prinzen Heinrich u. seinen Generalen nach den Staats-Archiven bearbeitet. (A. u. d. T. Militärische Correspondenz des Königs Friedrich d. Grossen mit dem Prinzen Heinrich von Preussen. 4. Bd.) gr. 8. Ebendas. 1854. n. 2$^2/_3$ Rthlr.
(Der siebenj. Krieg bildet. Bd. 1—3. der militärischen Correspondenz.)

— — die fünf ersten Jahre der Regierung Friedrich d. Grossen bis zum Schluss des zweiten schles. Krieges. Volks- (Titel-) Ausgabe. 8. Berlin. Bosselmann (jetzt Wiegandt & Hempel). 1859. n. $^2/_3$ Rthlr.

Schopf, F. J., der Soldat in der kais. österreich. Armee und seine Pflichten, sowie Rechte und Vorzüge, dargestellt zur Belehrung der Mannschaft aller Land- und Seetruppen. gr. 16. Pesth. Heckenast. 1856. n. 8 Sgr.

— — praktische Darstellung der den politischen Justiz- u. Finanz-Behörden, auch den Gemeinde-Organen obliegenden Amtshandlungen in den sämmtlichen Militär - Angelegenheiten. 2. Aufl. 1. Bd. Lex. 8. Gratz. Kienreich. (Leipzig. Hässel) 1855. n. 1 Rthlr. 6 Sgr.

— — der kaiserl.- österr. Militär-Dienst und die damit verbundenen Pflichten, Rechte u. Vorzüge. Ein Handb. z. Gebrauche der k. k. Offiziere und der Beamten sämmtl. Milit. Verwalt.-Zweige. 2. Aufl. Lex. 8. Pest. Heckenast. 1859. n. 1²/₃ Rthlr.

Schopp, Phil. Felddienst für Infanterie und Kavallerie, Dienst des Soldaten u. Unteroffiziers. Nach den besten Quellen für d. deutschen Freiwilligen bearbeitet. gr. 16. Philadelphia. (Schäfer & Koradi.) 1861. n. ½ Rthlr.

Schröder., *Hptm.*, **O. v.**, Entwurf einer vereinfachten Exercier-Vorschrift für die Infanterie, mit Beseitigung der bis jetzt bestehenden Normalordnung und mit Berücksichtigung der in den neuesten Kriegen gemachten Erfahrungen. Mit 2 lith. Taf. gr. 8. Stuttgart. Aue. 1861. n. 8 Sgr.

Schuberg, *Art.-Hptm.*, **A.**, Handbuch der Artillerie-Wissenschaft mit besond. Rücksicht auf das Materielle der grossherz. badischen Artillerie. Mit 100 Zeichnungen. Lex. 8. Karlsruhe. Malsch u. Vogel. 1856. n. 4 Rthlr.

Schultes, *Obercurschmid*, **F. Jos.**, Anleitung zur möglichst genauen Erkenntniss d. Pferdealters aus den Veränderungen der Zähne von der Geburt bis zum 30. Lebensjahre. Mit 21 Taf. Abbildgn. (Neue Titel-Ausg.) gr. 8. Salzburg. Mayr. 1848. n. 1 Rthlr. 24 Sgr.

Schultze, *Hptm.*, **Ed.**, das neue chem. Schiesspulver und seine Vorzüge vor dem schwarzen Schiesspulver u. dessen Surrogaten. gr. 8. Berlin. Janke. 1865. n. 12 Sgr.

Schulz-Bodmer, Wilh., Militärpolitik. Mit besond. Beziehg. auf die Widerstandskraft der Schweiz und den Kampf eines Milizheeres gegen stehende Heere. gr. 8. Leipzig. Weber. 1855. n. 3 Rthlr.

Schunck, *Hptm.*, **Rich.**, das Sapeur - Pompier - Corps der Stadt Strassburg. Ein Beitrag zur Kenntniss des Dienstes der franz. Municipal-Feuerwehrcorps. Nach offiziellen Quellen bearb. gr. 8. München. Fleischmann's Sep. Conto. 1863. n. 12 Sgr.

Schuster *Major*, **G. H.**, Lehr- und Handbuch der milit. Stylistik, umfassend den milit. Brief-, Geschäfts- und Lehrstyl, d. kriegsgeschichtl. Schreibart und die militärische Beredsamkeit. 8. Aufl. gr. 8. Wien. Braumüller. 1862. n. 1 ¹/₃ Rthlr.

Schützen- u. leichte Infanterie-Taktik. Enth. d. Schule d. Soldaten u. d. Compagnie nach W. J. Harder's System. 16. New-York. (Philadelphia. Schäfer & Koradi.) 1861. cart. n. ²/₃ Rthlr.

— — -Freiwilligen-Bataillone, die steiermärkischen, und ihre Leistungen in den Jahren 1848 und 49. Hrsg. v. d. Ausschusse d. histor. Vereins f. Steiermark. gr. 8. Gratz. (Hesse). 1857. n. 8 Sgr.

Schwab, Dr., K. L., Prof. Anleitung zur äussern Pferdekenntniss. Ein Handbuch zum Selbst-Unterricht u. f. Vorlesungen. 4. Aufl. München. Finsterlin. 1846. n. 1 Rthlr. 18 Sgr.

— — Katechismus der Hufbeschlagkunst od. theor.-prakt. Unterricht über den Hufbeschlag. Mit 20 Abbild. 9. verb. Aufl. gr. 8. Stuttgart. Ebner & Seubert. 1847. 1 Rthlr. 3 Sgr.

Schwarmgefecht, das (Zerstreute Fechtart). Nach den Bestimmungen des neuen Abrichtungs-Reglements f. die k. k. Infanterie und Jäger dargestellt von e. k. k. Hauptmann. 16. Wien. Leo. 1861. n. 4 Sgr.

Schwartz, *Oberarzt*, *Dr.*, **H.** Beiträge zur Lehre von den Schusswunden. Gesammelt in den Feldzügen 1848, 49 und 50. Lex. 8. Schleswig. Bruhn. 1854. n. 1¹/₃ Rthlr.

Schwartze, R., Handbuch f. die mit dem Militär-Versorgungs-Schein versehenen Militär-Personen. Nachweis sämmtl. f. sie zu erlangenden Stellen, mit Angabe des Einkommens, d. Obliegenheiten etc. nebst einem Leitfaden z. Vorbereitung f. jedes von den Militär-Versorgungsberechtigten zu bestehende Examen. 8. Berlin. Schlesier. 1862. n. 12 Sgr.

Schwarzer, Edler v. Heldenstamm, Ad., Militär-, Lager- u. Feldlexikon. Ein Hilfs- und Nachschlagebuch für Offiziere aller Waffen. Lex. 8. Graz. Kienreich. 1855. n. 2 Rthlr.

Schweigerd, C. A., Oesterreichs Helden und Heerführer v. Maximilian I. bis auf die neueste Zeit, in Biographien u. Charakterskizzen aus und nach den besten Quellen geschildert. Mit vielen Stahlstichen. gr. 8. 3 Bde. Wurzen. Verlags-Comptoir. 1856. cpl. 13 ¹/₃ Rthlr.

Schweinitz, *Rittmstr.*, *Graf*, **J.,** Entwurf e. Reorganisation d. österreich. Armee. gr. 8. Wien. Leipzig. Rob. Hoffmann. 1862. n. 1¹/₃ Rthlr.

Schwencke, *Hptm.*, **Alex.,** Geschichte der Hannoverschen Truppen in Griechenland 1685—89. Zugleich als Beitrag zur Geschichte

d. Türkenkriege. Nach archival. Quellen. gr. 8. Hannover. Hahn. 1854. 1 ¹/₃ Rthlr.

Schwencke, *Hptm.,* **Alex.,** Geschichte d. Hannoverschen Truppen im spanischen Erbfolgekriege 1701—1714. Nach archivalischen Quellen. Mit e. Uebersichtskarte u. 4 Schlachtskizzen. gr. 8. Hannover. Helwing. 1862. n. 1²/₃ Rthlr.

Schwertlieb, Huldreich, der deutschen Festungs-Vertheidiger Stellungs- und Gefechtskunst. gr. 8. Leipzig. Köhler. 1845. ¹/₂ Rthlr.

— — d. Krieg d. Zukunft. Einige Worte an die junge Generation. gr. 8. Leipzig. Biedermann. 1848. n. ¹/₃ Rthlr.

Schwinck, *Major,* **G.,** die Anfangsgründe d. Befestigungskunst. Ein Leitfaden f. Vorträge auf Militärschulen und zum Selbst-Unt. 2. Aufl. Mit 18 Steindrucktaf. gr. 8. Leipzig. A. Winter. 1856. 3 Rthlr.

Seeger, Louis, praktische Rathgeber f. die Stalldienerschaft. Anweisung zur Wartung u. Ausbildung des Pferdes. gr. 8. Berlin. Herbig. 1850. 1³/₄ Rthlr.

— — Herr Baucher und seine Künste. Ein ernstes Wort an Deutschlands Reiter. gr. 8. Ebendas. 1852. ³/₄ Rthlr.

— — Züchtung, Erziehung, Ausbildung des Pferdes in system. Zusammenhange. Vorschläge zu e. rationellen Reorganisation d. Gestüte. gr. 8. Ebendas. ¹/₂ Rthlr.

Seelhorst, *Prem.-Lieut.,* **A. v.,** Deutschlands Militär-Literatur im letzten Jahrzehnt. 1850—1860, nebst e. Zusammenstellung d. wichtigsten Karten und Pläne Europas. gr. 8. Berlin. Mittler's Sort. (A. Bath.) 1862. n. 1 Rthlr.

Seemann, Jos., Erklärung d. Kriegs-Artikel. Ein Leitfaden zu den wöchentlichen Vorlesungen üb. die Kriegs-Artikel, für die Mannschaft vom Feldwebel abwärts. 8. Wien. Seidel. 1850. ¹/₄ Rthlr.

Ségur, *General, Graf* **v.,** Geschichte Napoleons und der grossen Armee im Jahre 1812. Nach d. 10. Aufl. aus dem Französ. übersetzt von Dr. Kottenkamp. 3. Aufl. 1 Lfg. 8. Mannheim. Hoff. 1846. 5 Sgr.

Seidler, *Garnisons-Auditeur,* **B.,** Katechismus d. preuss. Militär-Strafrechtes. Ein Leitfaden f. Unteroffiziere u. Soldaten etc. 2. Aufl. gr. 12. Coblenz. Hergt. 1848. 6 Sgr.

— — C. **F.,** die Dressur d. Pferdes f. Kavallerie-Offiziere etc. 1. Thl. A. u. d. T. die system. Dressur des Campagne- u. Gebrauchs-Pferdes. 3. Aufl. M. 50 Abbild. gr. 8. Berlin. Mittler & Sohn. 1860. n. 2 Rthlr.

Seidler, C. F., dasselbe 2. Thl. A. u. d. T. Die Dressur difficiler
Pferde, d. Correction verdorbener u. böser Pferde. gr. 8. Ebend.
1846. n. 2²/₃ Rthlr.

— — Einiges über die Ausbildung der Reiter und Pferde bei d.
königl. milit. Reitschule mit Bezug auf die Brochüre: „Auch
e. Wort über die Ausbildung d. Kavallerie von S. v. C., Stabsoffizier d. Cavallerie." gr. 8. Ebendas. 1863. 3 Sgr.

Selbsthülfe, die, auf dem Schlachtfelde. Den Offizieren deutscher
Heere gewidmet von e. Militär-Arzte. 12. Würzburg. Stahel.
1855. n. 4 Sgr.

Semper, Gtfrd., Ueber die bleiernen Schleudergeschosse d. Alten
und über zweckmässige Gestaltung d. Wurfkörper im Allgemeinen. gr. 8. Frankfurt a. M. Verl. f. Kunst u. W. 1859. 3 Rthlr.

Servis-Tarif für sämmtliche Garnison - Orte der königl. preuss.
Armee. (Vom 30. Juni 1852.) gr. 8. Berlin. v. Decker. 1852.
baar n. ¹/₃ Rthlr.

Šestak, Hptm., **J. F.** u. **F. v. Scherb,** militärische Beschreibung
d. Paschaliks Hercegowina u. des Fürstenthums Crnagora sammt
Karte. gr. 8. Wien. (Dirnböck). 1862. 1 Rthlr.

Seubert, Hptm., **A.,** die Taktik in Beispielen m. besond. Berücksicht. der Ortsgefechte u. angelehnt an „Berneck's Elemente der Taktik." gr. 12. Stuttgart. Aue. 1857.
n. 2 Rthlr. 8 Sgr.

— — die Elementartaktik der Infanterie in ihrer Anwendung.
gr. 8. Ebendas. 1860. 18 Sgr.

— — die Kriegführung der Dänen in Jütland, dargestellt an General Rye's Rückzug im J. 1849. Nach den Vorträgen d. kgl.
dänischen Majors im Generalstab Karl Beck bearb. Mit e. Specialkarte. 8. Darmstadt. Zernin. 1864. 27 Sgr.

Seydlitz, Wrangel und der Major von Luck. 8. Berlin. Mittler
u. Sohn. 1854. n. ¹/₆ Rthlr.

Siborne, W., Capitän, Geschichte des Krieges in Frankreich u.
Belgien im Jahre 1815. Mit einer genauen Darstellung der
Schlachten von Quatrebras, Ligny, Wavre u. Waterloo. Nach
der 2. Ausg. aus dem Engl. v. Lieut. E. Siber. 2 Bde. Mit Plänen. gr. 8. Ebendas. 1847. 4 Rthlr.

Sichart, Major, **L. v.,** Tagebuch d. zehnten deutschen Bundes-
Armee-Corps unter dem Befehle des königl. hannov. Generals
Halkett während d. Feldzugs in Schleswig-Holstein im J. 1848.
Mit Karten u. Plänen. gr. 8. Hannover. Hahn. 1851. 3 ¹/₃ Rthlr.

Siebigk, Ferd., das Anhaltische Reichscontingent in den Türken-
kriegen von 1684—1689. Ein Beitrag z. Geschichte des anhalt.

Militärs aus archivalischen Quellen. gr. 8. Dessau. Baumgarten & Co. 1854. u. ¹/₃ Rthlr.

Siegmann, *Oberst,* **W.**, die Elementartaktik der Reiterei. Nebst 29 Tafeln Abbildungen. gr. 8. Leipzig. Hinrich's Verl. 1854. u. 2 Rthlr. 26 Sgr.

— — Taschenbuch für den Dienst im Felde, bearb. für d. Subalternoffiziere der k. sächs. Reiterei. Nebst 6 Taf. mit Abbildg. 8. Leipzig. Teubner. 1857. 1 Rthlr.

— — Taschenbuch für Pferdebesitzer u. Reiter aller Stände, enth. e. Anleitg. zur Kenntniss d. Pferdes; z. Fütterg., Wartung u. sonst. Behandlung desselben etc. Mit 5 Abbildgen. gr. 16. Dresden. Kuntze. 1861. 1¹/₃ Rthlr.

Siemens, *Prem.-Lieut.,* **L.**, neue Schiessmethode f. Infanterist n. Jäger. 1. Hft. 8. Braunschweig. Vieweg & Sohn. 1863. u. ¹/₃ Rthlr.

— — dasselbe. 2. Heft. 8. Berlin. Mittler & Sohn. 1863. u. ¹/₃ Rthlr.

Simon, *Militärarzt,* *Dr.* **G.**, über Schusswunden, verbunden mit einem Berichte über die im grossherz. Militär-Lazareth zu Darmstadt behandelten Verwundeten im Sommer 1849. Mit 2 lith. Tafeln. gr. 8. Giessen. Heinemann. 1851. 1 Rthlr.

— — *Artill.-Hptm.,* **J.**, von der Polygonal- u. Caponier-Befestigung. Ein Beitrag z. Wissenschaft des Festungskrieges wie auch der Befestigung, vorzugsweise vom artillerist. Standpunkte aus. Lex. 8. Berlin. v. Decker. 1856. 3 Rthlr.

Skizze der Ereignisse an der untern Donau in den J. 1848—49, mit besonderer Beziehung auf das Peterwardeiner Regiment. Mit 1. Plane. gr. 4. Wien. Manz. 1852. 16 Sgr.

— — des Feldzuges 1859 in Italien. Von e. süddeutschen Offizier. 2. Aufl. Lex. 8. Wien. Gerolds Sohn. 1859. 18 Sgr.

— — eines Vortrags über Generalstabs-Wissenschaft v. Oberst J. v. Hardegg. gr. 8. Stuttgart. Aue. 1854. u. 1¹/₂ Rthlr.

— — genetische, d. Lehrstoffs f. d. Unterricht in der Dienstkenntniss auf den königl. Kriegsschulen nach der Vorschrift vom 21. Mai 1859 über die Methode, den Umfang u. d. Eintheil. d. Unterr. auf den genannten Anstalten. gr. 8. Berlin. v. Decker. 1860. 3 Sgr.

— — dieselbe f. d. Unterricht in der Fortification. gr. 8. Ebendas. 1860. 6 Sgr.

— — dieselbe für d. Unterricht in der Taktik. gr. 8. Ebendas. 1860. 3 Sgr.

— — dieselbe f. d. Unterricht in der Terrainlehre, der Terraindarstellung, dem militärischen Aufnehmen. gr. 8. Ebendas. 1860. 3 Sgr.

Skizze, genetische etc., für den Unterricht in der Waffenlehre
gr. 8. Ebendas. 1861. 6 Sgr.

— — über Pferdezucht und Pferdewesen. Gesammelt auf e. Reise
in England und Frankreich im J. 1852. 8. Wien. Gerold. 1853.
n. 16 Sgr.

— — politische u. militärische, aus dem Orient. I. Omer Pascha
u. die türkische Armee. Aus dem Französ. gr. 8. Berlin. Springer. 1856. ¹/₃ Rthlr.

Sluka, *Ober-Lieut.*, *Prof.*, **Aug.**, Leitfaden zur scientifischen Bildung slavischer Rekruten zu verwendbaren Unteroffizieren. Ein
theor. prakt. Lehrbuch in böhm. u. deutscher Sprache, m. e.
gründl. Anweisung etc. gr. 8. Budweis. Hansen. 1856. n. ⁵/₆ Rthr.

Smitt, Frdr. v., Feldherrn-Stimmen aus u. über den polnischen
Krieg v J. 1831. gr. 8. Leipzig. C. F. Winter. 1858. n. 2 Rthlr.

— — zur nähern Aufklärung über den Krieg von 1812. Nach
archiv. Quellen. Mit 1 Karte. gr. 8. Ebendas. 1861. n. 3 Rthlr.

— — Geschichte des polnischen Aufstandes u. Krieges in den
Jahren 1830 u. 31. Nach authent. Quellen dargestellt. 3 Thle.
2. verb. Aufl. Mit Schlachtenplänen u. Tabellen. gr. 8. Berlin.
Duncker u. Humblot. 1848. 12 Rth.

Smola, *Major*, **Karl**, *Freih. v.*, das Leben des Feldmarschalls
Prinzen Friedr. Franz Xavier von Hohenzollern-Hechingen. gr.
8. Wien. Schaumburg. 1845. 1 Rthlr.

— — das Leben des Feldmarschalls Grafen Heinrich von Belle-
garde. gr. 8. Wien. Heubner. 1847. 2 Rthlr.

Soldat, der, u. s. Pflichten. Eine Erzählungen von P—z. Als
Lesebuch in Regimentsschulen zu gebrauchen. 12. Leipzig.
Volckmar. 1848. ¹/₂ Rthlr.

— — in der kaiserl. österr. Armee und seine Pflichten, sowie
Rechte u. Vorzüge dargestellt zur Belehrung der Mannschaft
aller Land- und Seetruppen von F. J. Schopf. gr. 16. Pest.
Heckenast. 1856. n. 8 Sgr.

Soldaten-Bibliothek, illustrirte, für Krieg u. Frieden. Herausg.
unter Mitwirkung mehrerer Offiziere u. anerkannter Militär-
schriftsteller v. Dr. H. Tietzen. br. 8. Leipzig. (E. H. Mayer.)
1854. n. 1 Rthlr.

Soldatenblatt für Jung u. Alt. Herausgeg. v. mehreren Offizieren.
Jahrg. 1862 April—Decb. gr. 8. Berlin. Schlesier. 1862.
p. Q. n. 12 ¹/₂ Sgr.

Soldatenbuch. Ein wohlmeinender Rathgeber. (Vom Prem.-Lieut.
L. v. d. Oelsnitz.) 16. Berlin. (Beck). 1864. cart. n. ¹/₃ Rth.

Soldatenfreund, österreichischer, Zeitschrift f. militärische Interessen. Red. v. J. Hirtenfeld u. Dr. H. Meynert. 1—8. Jahrg. 1848—1854. à 52 Nummer. Imp. 4. Wien. Gerold. 1848—54. 1848 Juli—Decb. n. 2 Rthlr. 1849 n. 5 ¹/₃ Rthlr. 1850—53 à n. 5 Rthlr. 1854 n. 4 Rthlr. 27 Sgr.

— der. Zeitschrift für fass. Belehrung u. Unterhaltung des preuss. Soldaten. Red. Herausg. u. Verl. L. Schneider. 13—25. Jahrg. 1845—1858 à J. 12 Hfte. gr. 4. Berlin. Hayn in Com.
à Jahrg. n. 4 Rthlr.

— — derselbe. 26—29. Jahrg. Ebendas. 1859—62. à Jahrg. n. 3 Rthlr.

Soldaten-Geschichten, nicht illustrirte. Ein Jahrbuch für das Militär u. seine Freunde. 1854. Von F. W. Hackländer. gr. 8. Stuttgart. Ed. Hallberger. 1853. n. ¹/₂ Rthlr.

— — dieselben illustrirte. 16. Leipzig. Schlicke. 1856. ¹/₃ Rthlr.

Soldaten-Kalender f. d. J. 1862. Mit Beiträgen von Friedrich Fürsten Schwarzenberg. (Lanzknecht), Hackländer etc. 8. Wien. Dirnböck. 1862. ¹/₃ Rthlr.

— — derselbe f. d. Jahr 1850—54. v. Dr. Joh. N. Vogl. gr. 8. Wien. Sollinger. 1850—54. à ¹/₂ Rthlr.

— — -Leben, ein. Erinnerungen aus den napoleon., südamerikan., griech., polu., span. u. algerischen Feldzügen. Herausg. v. Jul. Wickede. 3 Thle. 2. (Titel-) Aufl. gr. 8. Stuttgart. Ed. Hallberger. 1854. 3 Rthlr.

Soldaten-Lieder, gesammelt v. Herm. v. Scharff-Scharffenstein. 3. Aufl. 24. Leipzig. Gebr. Baensch. 1857. 12 Sgr.

Soldenstern, *Hptm.*, Arth. v., die Schlacht bei Bergen am 13. April 1759. Auf Grund des bisher noch nicht veröffentlichten Tagebuches des landgräfl. hess. Generallieut. v. Wutginau, sowie anderer Quellen u. genauer Kenntniss des Terrain's dargestellt u. kritisch besprochen. Mit 1 Plane. gr. 8. Cassel. Freyschmidt. 1864. n. ⁵/₆ Rthlr.

Soll die Militärkraft in Preussen nicht erhöht werden? 8. Berlin. Wagner. 1860. ¹/₂ Rthlr.

— — die Militärlast in Preussen erhöht werden? 8. Berlin. Haude & Spener. 1860. 1 Sgr.

Sommer, **Frz.**, die Völkerschlacht bei Leipzig im Jahre 1813. Nach den besten Quellen bearb. Mit Holzschnitten u. Karten u. e. Plane der Stadt Leipzig im Jahre 1813. hoch 4. Lpzg. Krctzschmar. 1847. n. 1 ¹/₂ Rthlr.
In Lwd. geb. n. 2 Rthlr.

Sommer, *Regim.-Arzt, Dr.,* **F.,** über die äusseren Standes-Verhältnisse der Militär-Ärzte, insbesondere in Bayern. gr. 8. Erlangen. Enke. 1848. n. 16 Sgr.

Sommerfeldzug, der, d. Revolutionskrieges in Siebenbürgen im J. 1859. Von e. Veteranen. Vollst. Ausg. gr. 8. Prag. Credner's Verlag. 1864. 24 Sgr.

Sonklar, Edl. v. Innstädten, Karl, A., *Lieut.,* Abhandlung über die Heeresverwaltung der alten Römer im Frieden und Kriege, in der besond. Beziehung auf die beiden Hauptzweige der Heerversorgung: Besoldung u. Verpflegung. gr. 8. Innsbruck. Wagner. 1847. $^3/_4$ Rthlr.

Specht, *Hauptm.,* **F. A. K. v.,** das Königreich Westphalen und s. Armee im Jahre 1813, sowie die Auflösung desselben durch den kaiserl. russ. General Graf A. Czernischeff. gr. 8. Cassel. Luckhardt. 1848. 2 Rthlr.

Specialvorschriften zu den Grundzügen der Verfassung u. Einrichtung der vereinigten Artillerie und Ingenieur-Schule. gr. 8. Mittler's Sort. (A. Bath.) Berlin. 1854. n. $^1/_2$ Rthlr.

Sporn, der. Red.: F. André. für 1863 April—Decb. 39 Num. gr. 4. Berlin. Wagner. p. Q. n. 2 Rthlr.

— — derselbe. Jahrg. 1864—65. Ebendas. p. Q. n. 2 Rthlr.

Sporschil, Joh., Feldzug der Engländer, Spanier u. Portugiesen gegen die französ. Armeen der Pyrenäen u. v. Aragonien im J. 1814. Lex. 8. Braunschweig. Westermann. 1844. n. 24 Sgr.

— — Feldzug d. Österreicher gegen Joachim Murat im Jahre 1815. Lex. 8. Ebendas. 1844. n. $^2/_3$ Rthlr.

— — die Freiheitskriege der Deutschen von 1813—15. 7. Aufl. 9 Bde. 8. Ebendas. 1860. cpl. n. 5 Rthlr.

Sport. Oesterreich. Blätter über Pferde u. Jagd. Red. Ant. Blaschke. 1/2. Jahrg. 1863—64. 52 Nummern mit Beilagen. Lex. 8. Wien. Pfautsch Sort. baar n. n. 8 Rthlr.

derselbe. pro 1865. Wien. Beck's Univ. Buchhdlg. in Com. baar n. n. 8 Rthlr.

Stadlinger, L. J. von, Militärhandbuch d. Königr. Würtemberg. gr. 8. Stuttgart. Hallberger. 1845. 1 $^1/_2$ Rthlr.

— — Geschichte des würtembergischen Kriegswesens v. d. frühesten bis zur neuesten Zeit gr. 8. Stuttgart. Zu Guttenberg. 1856. n. 4 Rthlr. 18 Sgr.

Stammliste der königl. preussischen Armee für den Zeitraum v. 1840—1852. Fortsetz. d. Stammliste vom 16. Jahrh. bis 1840. Mit 2 Tafeln Abbildungen. 8. Berlin. Mittler & Sohn. 1852. n. 24 Sgr.

Stammliste tabellarische, des königl. preuss. stehenden Heeres. gr. 8. Berlin. Schlesier. 1862. n. 12 Sgr.

Pr. Ausg. m. Goldschn. n. $^2/_3$ Rthlr.

Stamm-, Rang- u. Quartierliste, illustrirte, der k. preuss. Armee v. L. Schneider. 1/2. Lfg. Imp. Fol. Lex. 8. Berlin. A. Duncker. 1854. à n. 5 $^1/_3$ Rth. col. à n. 7 $^2/_3$ Rth. gemalt à n. 9 $^1/_2$ Rth. Einzelne Blätt. m. Text n. 2 Rthlr. color. n. 3 Rthlr.

Text apart. à n. $^2/_3$ Rthlr.

Stamm-Rolle, der grossherzogl. hessisch. activen u. pensionirten Offiziere u. Militärbeamten. 4. Darmstadt. 1851. baar 1 $^1/_4$ Rth.

Standespflichten, die, n. allgemeine Vorschriften für den Soldaten, Untergebenen u. Vorgesetzten überhaupt, f. den Unter- u. Oberkanonier. Nach den Bestimmungen d. k. k. Dienst-Reglements von e. k. k. Hauptmann. 16. Wien. Leo. 1861. n. 4 Sgr.

Stärke, Commando's, Dislocationen u. Ordres de Bataille der gesammten russischen, sowie der englischen u. französ. Orient-Armee zu Anfang d. J. 1855, nach den besten Quellen zusammengestellt v. e. Offizier. gr. Lex. 8. Potsdam. Riegel. 1855. n. $^1/_6$ Rthlr.

Starklof, *Rittmstr.,* Geschichte des königl. würtemberg. 2. Reiter-Regiments, ehemal. Jäger-Regiments zu Pferde Herzog Louis. Mit 2 col. Abbildgen. u. 1 lith. Plane der Schlacht bei Linz. 8. Darmstadt. Zernin. 1862. n. 4 Rthlr.

Staroste, *Oberst-Lieut.,* Tagebuch üb. die Ereignisse in d. Pfalz u. in Baden im J. 1849. Ein Erinnerungsbuch für die Zeitgenossen u. Alle, welche Theil nahmen an der Unterdrückung seines Aufstandes. Mit 20 Beil. u. Uebersichtskarten. 2 Bde. gr. 8. Potsdam. Riegel. 1852. n. 4 Rth.

— — Erzählungen in d. Wachstube u. im Bivouak. Eine Sammlg. charakter. Züge u. ausgezeich. Heldenthaten aus den Feldzügen v. 1813-15. Zusammengestellt u. dem preuss. Heere gewidmet. 2 Bde. 12. Ebend. 1850—52. n. 1 $^1/_4$ Rthlr.

Stawitzky, *Hptm.,* **E. H. Ludw.,** Geschichte d. königl. preuss. 2. Infant.-Reg. u. seines Stammes, d. Infanterie d. v. Lützow'schen Frei-Corps. Mit Benützung amtlicher Quellen bearb. Nebst 6 Bildern in Farbendruck. gr. 8. Koblenz. Bädeker. 1857. n. 2 $^2/_3$ Rthlr.

Steger, Frdr., der Feldzug des Jahres 1812. 16 Lfgen. Lex. 8. Braunschweig. Oehme u. Müller. 1845. à n. $^1/_6$ Rthlr.

Steiger, *Oberlieutenant,* **Rud.** von, die Schweizer-Regimenter in königl. neapolitanischen Diensten in d. J. 1848 u. 49. 2. Ausg.

mit 5 Plänen. gr. 8. Bern. Huber u. Co. in Kommiss. 1851.
n. 1 ⁵/₆ Rthlr.

Stein, Carl Ed., die Kunst, in kurzer Zeit durch Selbst-Unterricht ein ferner Reiter zu werden etc. 8. Quedlinburg. Basse. 1847. 12 ¹/₂ Sgr.

— — *Prof. Dr.*, **E.**, Volkswirthschaftliche Studie über stehende Heere. gr. Lex. 8. Wien. Gerold's Sohn in Commiss. 1861.
n. 4 Sgr.

Steinbach, H. v., der Geist der preuss. Armee od. das liberale Princip in der Militärinstitution. gr. 8. Leipzig. O. Wigand. 1861. ¹/₄ Sgr.

Steiner, *Reg.-Arzt, Dr.,* **Frz.**, Handbuch für die Feldärzte der k. k. Armee, enth. die Organisation der Armee in Bezug auf d. Sanitätsbranchen nebst e. Anleitung zum schriftlichen Dienstverkehr. gr. 8. Wien. Braumüller. 1858. n. 1¹/₃ Rthlr.

— — die Feldärzte, Spitals-Anstalten, das Medicamentenwesen und die Sanitätstruppe der k. k. österr. Armee. Suppl.-Heft zum Handbuch für Feldärzte. gr. 8. Ebendaselbst. 1860.
n. 1 Rthlr.

— — *ehemal. Auditor, Dr.,* **F.**, Geschichte d. k. k. Prinz Hohenlohe-Langenburg Infanterie-Regiments Nr. 17, seit dessen Errichtung 1632 bis 1851, m. kurzen Andeutungen aus der Geschichte d. österreichischen Kaiserstaates in dieser Epoche. gr. 8. Graz. (Damian u. Sorge.) 1858. baar n. n. 1¹/₂ Rthlr.

Steinle, N., die russisch-türkischen Kriege in Europa u. Asien, verglichen mit jenen in den J. 1828 und 29, nebst Erörterungen über die auf den Schauplätzen dieser Kriege zu erwartenden militär. Ereignisse. Populär dargestellt. gr. 12. Ulm. F. Ebner. 1854. 16 Sgr.

— — die Spitzgeschosse und ihr Einfluss auf das Kriegswesen mit besond. Beziehung auf Schweizer Waffen. Mit 1 Taf. gr. 8. Landau. Kausler 1857. n. 1 Rthlr.

— — der Kampf eines Infanterie-Bataillons od. dessen Abtheilgn. in Wäldern und um den Besitz derselben. gr. 8. Kempten. Koesel. 1860. ¹/₆ Rthlr.

Steinmann, *Lieut.,* die Rekruten-Ausbildung d. Infanterie. Nach der Praxis bearb. br. 8. Berlin. Schlesier. 1863. ¹/₄ Rth.

Stempfer, Ed., das Schiesspulver u. d. Schiess-Baumwolle in ihrer Geschichte, Eigenschaften, Anwendung und Warnung bei ihrer Bereitung u. Gebrauch. Gratz. Ludewig. 1847. n. 8 Sgr.

Stenglein, M., das militärische Strafverfahren im Königreich Bayern nach der Verordnung vom 14. April 1856. Bearbeitet

und erläutert. In 6 Liefgcn. gr. 8. München. Kaiser. 1856.
                                                    à n. 8 Sgr.
                          Schreibpap. à n. ¹/₃ Rthlr.

Storn-Gwiazdowski, *Oberstl.*, **von**, über Partikularbedeckungen
der Batterien. Eine auf Erfahrungen d. Krieges u. d. Friedens-
manoeuvre gegründete Abhandlung. gr. 8. Altenburg. Pierer.
1849.   6 Sgr.

— — *Gen.-Major, z. D.,* **C. B. v.**, das Gefecht bei Goldberg-
Niederau am 23. August 1813. Zur 50jähr. Jubelfeier desselben. Nebst 2 Plänen. gr. 8. Berlin. Mittler & Sohn. 1864.
                                                      18 Sgr.

Stouror, *Oberlieut.*, **Gotth.**, praktische Anleitung z. militärischen
Aufnahme nach dem Augenmaasse, zunächst f. d. Unterricht an
Regimentsschulen u. z. Selbstbelehrung. Mit 4 lith. Taf. gr. 8.
München. (Kaiser.) 1856.   n. 22 Sgr.

— — Pläne zum Taschenbuche des Waffen-Unterrichts d. königl.
bayer. Infanterie. gr. 16. Ebend. 1857.   n. ²/₃ Rth.

Stillfried - Rattonitz, *Lieut.*, **Heinr.**, *Freih.* v.. Beiträge zu e.
Gestütbuch von Trakehnen. Lex. 8. Berlin. v. Decker. 1859.
                                                      1 Rthlr.

Stocken, *Hauptm.*, Uebungstabellen für den system. Betrieb der
Gymnastik u. d. Bajonettfechtens bei d. Infanterie. 3. Aufl. 8.
Berlin. Schroeder's Verlag. 1864.   n. ¹/₆ Rthlr.

Stopfer, *Hptm., Prof.*, **Matth.**, Lehrbuch über die Militär-Grenz-
verwaltung des österreich. Kaiserthums. Zum Gebrauch bei d.
Vorlesungen f. d. Grenzzöglinge in Grätz. gr. 8. Gratz. (Agram.
Suppan.) 1851.   1¹/₃ Rthlr.

Strack, *Capitain-Lieut.*, **J.**, Graf Radetzky, k. k. Feldmarschall,
während seiner 64jährigen Dienstzeit. Nach österr. Feldakten.
Lex. 8. Wien. Keck u. Sohn. 1849.   1 Rthlr.

— — *Hptm.*, die Generale d. oesterreich. Armee. Nach k. k.
Feldakten u. andern gedruckten Quellen. gr. Lex. 8. Wien.
1850.   2 Rthlr.

— — dasselbe. Tasch.-Ausg. 8. Ebendas.   1 Rthlr. 10 Sgr.

— — das Tiroler Jäger-Regiment Kaiser Franz Josef I., in den
J. 1848, 49. Nach den Eingaben d. Regimentes zusammengestellt. gr. 8. Wien. Hof- & Staatsdruckerei. 1853.   1¹/₂ Rthlr.

— — das Tiroler-Jäger-Regiment Kaiser Franz Josef I. in dem
Feldzuge 1859, als Fortsetz. zu d. Werke: das Tiroler Jäger-
Regiment Kaiser Franz Josef I. in den J. 1848, 49. Nach d.
Eingaben d. Regimentes zusammengest. gr. 8. Wien. Sommer.
(F. Klemm.) 1864.   n. 1 Rthlr. 6 Sgr.

— — Beitrag z. Geschichte des Winterfeldzuges in Ungarn v.

1848 u. 49. Nach authent. Quellen zusammengest. gr. 8. Wien.
Seidel. 1858. n. ²/₃ Rthlr.

Strack, *Capitain-Lieut.,* **J.,** das Kopal-Denkmal in Znaim u. das
k. k. 10. Feld-Jäger Bataillon von d. Errichtung bis zur 50jähr.
Jubelfeier. Ein nach authent. Urkunden u. den Feldacten d.
k. k. Kriegsarchivs zusammengestelltes Geschichtswerk. Lex. 8.
Wien. Braumüller's Sort. in Commiss. 1864. n. n. 1¹/₃ Rthlr.

Strafgesetzbuch für das preuss. Heer. gr. 8. Berlin. Reimarus
(jetzt Ernst & Korn). 1845. n. ²/₃ Rthlr.

— — für das preussische Heer. 8. Grünberg. Levysohn. 1845.
n. ¹/₃ Rthlr.

— — das, f. d. französ. Landheer v. 9. Juni 1857. In's Deutsche
übertragen durch Auditeur-Justizrath Voss. Mit e. Vorwort d.
Uebersetzers. gr. 8. Frankf. a./O. Trowitzsch & Sohn in Comm.
1859. n. ²/₃ Rthlr.

Strafgesetze, die militärischen, f. d. k. würtembergischen Truppen vom 20. Juli 1818, mit den dieselben abänd. u. ergänz.
Gesetzen, Verordnungen u. Dienstvorschriften etc. Hrsg. vom
Kriegsrath W. Schall. gr. 8. Stuttgart. Metzler's Verlag. 1860.
n. 16 Sgr.

Strähle, v., *Major a. D.,* **A.,** Handbuch zum praktischen Gebr.
f. sämmtliche Offiziere, Militär-Beamte etc. d. königl. preuss.
Armee etc. 2. Ausg. 8. Neuwied. v. d. Beeck in Commiss.
1852. n. 27 Sgr.

— — Lexikon der Schlachten, Treffen, Gefechte, Scharmützel,
Rencontres, Belagerungen etc., an denen seit der Mitte des
17. Jahrh. kurbrandenburgische u. preuss. Truppen Theil genom-
men. Mit kurzen geogr., statist. u. kriegsgeschichtl. Notizen,
auch Angabe d. dabei aktiv gewesenen noch vorhandenen Truppentheile, sowie mit einem übersichtl. chronol. Tages-Kalender.
2. (Titel-) Ausg. gr. 8. Ebend. 1853. n. 2 Rthlr.

Strantz, *Prem.-Lieut.,* **Gustav v.,** Leitfaden zum Stossfechten,
Schlagen u. Turnen f. d. königl. Militär-Reitschule z. Schwedt.
gr. 8. Berlin. Springer's Sort. in Commiss. 1861. n. 8 Sgr.

Strassenkampf, der, mit Barrikaden, ein geschichtl. Rückblick
nebst Betrachtungen üb. die Verhältnisse des Angriffs und der
Vertheidigung dabei. Mit Abbilddgen. gr. 8. Berlin. Mittler u.
Sohn. 1849. n. 24 Sgr.

Streffleur, *Major, Prof.,* **V.,** Die Dienst-Vorschriften sämmtlicher
Waffengattungen und Branchen der k. k. österreich. Armee.
1—6., 8—10. Abtheilung. gr. 8. Wien. Gress. 1843—51.
n. 5 Rthlr. 5 Sgr.

Streifzug, ein, der Lützow'schen Reiterschaar u. der Ueberfall bei Kitzen. Geschildert von e. alten Lützower. gr. 8. Berlin. Schlesier. 1863.   n. 17 ½ Sgr.

Stronner, *Oberstlieut.*, ein Generalstab. Im prakt. Einklange m. d. Armee. gr. 8. Wien. Schaumburg. 1849   27 Sgr.

— — zur angewandten Taktik der leichten Truppen. 16. Wien. Hügel. 1852.   ⅓ Rthlr.

— — praktische Grundsätze zur höheren taktischen Führung d. Reiterei, nebst geschichtl. Angaben. gr. 8. Wien. (Hof- & Staatsdruckerei.) 1855.   1 ½ Rthlr.

Streubel, *Art.-Lieut.*, **Woldem.**, die 12pfündige Granatkanone u. ihr Verhältniss zur Taktik der Neuzeit. Artiller.-takt. Untersuchungen. gr. 8. Kaiserslautern. Meuth. 1857. n. 1 ⅓ Rthlr.

— — die militärische Schwäche Frankreichs Deutschland gegenüber. (Aus d. deutschen Vierteljahrschrift abgedr.) gr. 8. Stuttgart. Cotta. 1859.   6 Sgr.

— — Ueber den Mangel an genialen Feldherren in der Gegenwart. 8. Dresden. Kuntze. 1860.   n. ⅔ Rthlr.

— — die Panzerschiffe ein nautischer u. artillerist. Rückschritt. 2. Aufl. 8. Darmstadt. Zernin.   ⅓ Rthlr.

Stroh, Wilh., praktischer Reitunterricht nebst Anleitung z. Wartung, Pflege, Zäumung u. Sattelung des Pferdes. 2. (Titel-) Ausg. 8. Frankfurt a. M. Jäger. 1856.   cart. ⅓ Rthlr.

Strohmeyer, *Gen.-Arzt, Dr.*, **L.**, Maximen der Kriegsheilkunst. 2. illustr. Aufl. Lex. 8. Hannover. Hahn. 1861. n. 4 ½ Rthlr.

— — dasselbe. Grössere Zusätze und Illustrationen der 2. Aufl. Abdruck f. Besitzer der 1. Aufl. Lex. 8. Ebendas. 1861. n. 1 Rthlr.

Struensee, *Ingen.-Hauptm.*, v., der Infanterie-Pionier-Dienst, für Offiziere u. Unteroffiziere d. Infanterie zusammengestellt u. bearb. Mit 27 Figuren-Taf. 2. unveränd. Aufl. 12. Erfurt. Bartholomäus. 1859.   18 Sgr.

Strzelecki, *Hauptm.*, St v., Instruktion vom J. 1861 für das Exerciren u. Manoeuvriren der französ. Infanterie. Nach dem französ. Reglement im Auszuge deutsch bearb. br. 8 Lemberg. (Wien. Gerold Sohn). 1862.   n. ⅔ Rthlr.

Studien, taktische, auf den Gefechtsfeldern der letzten Jahre. Mit 1 Terrainskizze. 8. Darmstadt. Leske. 1852.   n. ½ Rthlr.

— — und Skizzen, fortificatorische. Mit 9 Taf. gr. 8. Leipzig. Felix. 1863.   ⅚ Rthlr.

— — aus den Reglements für die k. k. Fusstruppen. Bildliche Darstellung der Instructionen in 8 Tafeln. 8. Wien. Braumüller. 1864.   cart. n. 1 Rthlr.

Studzieniecki, *Dr.*, **Felix von,** das Ei des Columbus, oder wie kann man scheu gewordene Pferde aufhalten? gr. 8. Wien. (Beck.) 1845. n. ²/₃ Rthlr.

Sturmfelder, *Oberstlieut.*, **W. v.,** Repertorium der deutschen Militär-Journalistik. gr. 8. Cassel. Bertram. 1859. n. 2 Rthlr.

Sturz, J. D., Deutschlands Küstenschutz, Vorschläge c. neuen Befestigungsweise der deutschen Nordseeküste besond. auf Neuwerk. gr. 4. Berlin. Lemke. 1864. n. 2 ¹/₂ Sgr. col. n. ¹/₆ Rthlr.

Stutterheim, R. v., Kriegszüge in Spanien während der Jahre 1835—38. Mit Plänen. gr. 8. Braunschweig. J. H. Meyer. 1847. n. 1 ¹/₃ Rthlr.

Succinto del servizio di sicurezza e d'osservazione per l' i. r. Armata. Estrado dall'istruzione provvisoria per gli esercisj del servizio di campo. Traduzione di G. F. 16. Prag. Bellmann. 1857. n. ¹/₆ Rthlr.

Suchet *Herzog* v. **Albufera,** *Marschall*, Blokade, Belagerung u. Eroberung v. Tortosa durch d. 3. franz. Armeecorps im Jahre 1810-11 u. Vertheid. v. Monzon durch die Franzosen 1813-14. Aus dessen Memoiren in's Deutsche übersetzt vom Oberstlieut. Franz X. Rigel. Mit 2 Plänen. Lex. 8. Mannheim. Schwan u. Götz. 1847. n. ⁵/₆ Rthlr.

Suckow, *Oberst*, **Carl v.,** aus meinem Soldatenleben. br. 8. Stuttgart. Krabbe. 1862. 1 Rthlr.

Sunstenau v. Schützenthal, *Feldmarsch.-Lieut.*, **Heinr.,** *Freih.* v., Gedanken über d. jetzigen Leistungen der Kavallerie, sowohl in Bezug auf den einzelnen Reiter, als auf die Bestimmungen der Reiterei überhaupt u. ihrem Geschütz. gr. 8. Olmütz. Neugebauer (jetzt Grosse). 1850. 9 Sgr.

— — Grundsätze der Strategie. Mit c. Blick auf feste Lager u. Befestigung überhaupt. 2. Aufl. 8. Ebendas. 1852. n. ¹/₃ Rthlr.

— — analytische Uebersicht der Kriegsoperationen der kais. kgl. österr. Armee in Italien im Jahre 1848. 8. Ebendas. 1853. n. ¹/₃ Rthlr.

Supplement-Band zu den königl. preuss. Militär-Wochenblättern v. 1848— incl. 1854. Hrsg. v. Dr. G. M. Kletke. gr. 4. Berlin. Huber. 1855. n. 1 Rthlr.

Sutor's Jac., künstliches Fechtbuch zum Nutzen des Soldaten etc. Neu hersg. wort- u. bildgetreu nach dem Original v. J. Scheible. Mit 89 Holzschn. 4. Stuttgart. Scheible. 1849. 2 Rthlr.

Szillányi, Komorn im J. 1849 mit besond. Hinblick auf d. Operat. der ungarischen Armee an der oberen Donau u. Waag. Mit c.

Uebersichtskarte der Umgebung von Komorn. gr. 8. Leipzig. Grunow. 1851. n. 1 $\frac{1}{2}$ Sgr.

Szymanowitz, v., *Premier-Lieut. a. D.*, Ideen über die Formation der Feld-Artillerie. Eine Denkschrift. gr. 8. Leipzig. O. Wigand. 1846. $\frac{1}{4}$ Rthlr.

T.

Tabellen über das Material des königl. preuss. Trains. gr. 8. Berlin. Vossische Buchh. 1863. 3 Sgr.

Taborsky v. Hirschfeld, *Lieut.*, Pet., der Manipulant, enth. die in der Kompagnie vorkommenden u. f. e. Transportführer nothwend. tabell. Eingaben u. Formularien. Für Unteroffiziere der k. k. Fusstruppen. 8. Olmütz. (Wien. Prandel.) 1852. n. $\frac{2}{3}$ Rthlr.

Tagebuch der Belagerung v. Colberg im J. 1801 u. Tagebuch der Geschichte des Schill'schen Corps. Nach Handschriften v. mitthätigen Offizieren. 12. Berlin. Vereins-Buchh. 1857. n. $\frac{1}{3}$ Rthlr.

— — des Generals Patrick Gordon, während seiner Kriegsdienste unter den Schweden u. Polen v. J. 1655 bis 1661 u. s. Aufenth. in Russland vom J. 1661—1669. 2 Bde. Mit Plänen u. Zeichng. Lex. 8. St. Petersburg. (Leipzig. Köhler). 1851. n. 8 $\frac{1}{2}$ Rthlr.

Täglichsbeck, Joh. Frdr., Beiträge zur Geschichte des Turnwesens, Versuch einer Darstellung der geschichtl. Entwickelung desselben. 4. Brandenburg. Wiesike. 1845. $\frac{1}{3}$ Rthlr.

Taktik der Infanterie u. Cavallerie zum Gebrauche f. Offiziere aller Grade u. Waffen. Bearb. v. Pz. (Oberpost-R. Carl Ed. Pönitz). 2 Bde. 4. unveränd. Ausg. gr. 8. Adorf. Verlags-Bureau. 1859. n. 3 $\frac{1}{4}$ Rthlr.

— — der Reiterei. 12. Straubing. Schorner. 1847. $\frac{1}{6}$ Rthlr.

Taschenbuch des Waffen-Unterrichts der königl. bayer. Infanterie. 2. Aufl. gr. 16. München. Kaiser. 1859. n. 13 Sgr.

— — für preussische Soldaten zur Unterhaltung u. Erinnerung. 16. Erfurt (Villaret). 1855. cart. baar n. u. 3 Sgr.

— — für den Artilleristen. gr. 16. Berlin. Vossische Buchh. 1864. cart. n. $\frac{1}{2}$ Rth. in engl. Einbd. n. $\frac{2}{3}$ Rthlr.

Taschen-Almanach für die k. k. österreich. Armee auf d. J. 1855. Vom Hptm. Jos. Strack. 16. Wien. 1855. n. 12 Sgr.

Taubert, *Oberst*, Grundzüge für den taktischen Gebrauch der reitenden Artillerie in ihrer Verbindung mit Kavallerie. gr. 8. Berlin. Mittler. 1845. $\frac{1}{2}$ Rth.

— — Gefechtslehre der Feld-Artillerie, mit besond. Anwendung

12*

auf den taktischen Gebrauch der Batterien c. Armeecorps. Für
Offiziere aller Waffen. 8. Berlin. v. Decker. 1855.   1 Rthlr.

Taubert, *Oberst.*, das Verhalten und die Verwendung d. Feld-
Artillerie bei Manoeuvren und im Gefecht. 2. Aufl. gr. 16.
Berlin. Vossische Buchh. 1864. $^{1}/_{4}$ Rthlr.

Taylor, Fred., Pferdehandel und Pferdezucht in England. Erinnerungen e. Pferdehändlers. Aus dem Engl. 12. Berlin. Bosselmann (jetzt Wiegand & Hempel). 1861.   n. $^{5}/_{6}$ Rthlr.

Tchitchagoff, *Admiral,* Mémoires inédits. Campagnes de la Russie
en 1812 contre la Turquie, l'Autriche et la France. gr. 8. Berlin. Schneider & Co. 1855.   n. 12 Sgr.

Teichmann-Logischen, *Hptm.,* **v.**, über die Anlage von Küsten-
batterien, den artilleristischen Dienst in denselben und ihr Gefecht geg. Schiffe. 8. Berlin. Vossische Buchh. 1864. $^{1}/_{2}$ Rthlr.

Teichmüller, *Lieut.*, **W.**, Geschichte d. herzoglich braunschwei-
gischen Leibbattaillons u. seines Stammes, der Infanterie des
Corps, in welchem der hochsel. Herzog Friedrich Wilhelm im
J. 1809 den ruhmvollen Zug durch Deutschland ausführte. gr. 8.
Braunschweig. Schwetschke u. Sohn. 1858.   n. 12 Sgr.

Temple, E. H. v., Anleitung zum praktischen Reiten, z. Pferdekenntniss und zum Umgang mit Pferden. 12. Leipzig. Klinkhardt in Commiss. 1846.   n. $^{1}/_{3}$ Rthlr.

Terrainlehre, die u. das Rekognosciren, in katech. Form vorgetragen
Mit 2 Steindrucktafeln. 16. Straubing. Schorner. 1846. $3^{3}/_{4}$ Sgr.

— — für Offiziere aller Waffen. Zum Selbststudium sowie zum
Gebrauche für Militär - Schulen. Bearb. v. Hptm. d. Artill. A.
v. E. gr. 8. Halle. Hendel. 1847. $^{1}/_{2}$ Rthlr.

— — u. à la vue Aufnahme mit vielen Xylographien, Tabellen und Plänen. gr. 8. Pressburg. Harms. 1862.
baar nn. 1 Rthlr. 6 Sgr.

Torssen, *Major,* **E.**, gezogene Geschütze. Abhandlung über das
Gesetz zwischen dem Drall der Züge und dem Kaliber gezo-
gener Röhre. Aus dem Französ. übers. u. mit Genehm. des
Verf. hrsgeb. 8. Berlin. Vossische Buchh. 1861.   n. 4 Sgr.

Terstyanszky, *Major,* **Aug.**, Militär-Geographie von Italien. In
2 Thlen. gr. 8. Lemberg. (Wien. Klemm.) 1861. n. $2^{1}/_{3}$ Rthlr.

Teucher, *Kriegsrath,* **G.**, Erläuterung der Bestimmungen über d.
Disciplinargewalt in der königl. sächs. Armee nebst tabell.
Uebersichten der verschied. Disciplinarstrafen, ihres Geltungsver-
hältnisses u. ihrer Vollstreckung 8. Dresden. Höckner. 1856.
cart. n. $^{1}/_{3}$ Rthlr.

Tivorek, *Ob. Lazar. Insp.* **M.**, Gesundheitsregeln für den Soldaten. 8. Erfurt. Villaret. 1856.   n. 2 Sgr.

Theinert, A. *Prem.-Lieut.*, praktische Geometrie u. Anweisung über den Gebrauch d. Kanal- und Setz-Waage. Ein Anhang zu dem Handbuch des Pionierdienstes. Mit 80 lith. Abbildgn. 8. Glogau. Flemming. 1846. ½ Rthlr.

Thematik, militärische, für Offiziere der kais. kön. österreichischen Armee. gr. 8. Brünn. Buschak & Irrgang. 1857. n. 1 Rthlr. 6 Sgr.

Theorie-Büchlein f. Schweizersoldaten, enth. diejenigen Regeln u. Vorschriften, deren Beobachtung für den Wehrmann am nothwendigsten sind. Nach d. neuesten Reglements bearbeitet u. herausgeg. 2 Aufl. 16. Bern. Blom. 1854. 4 Sgr.

Thiel, *Lehrer,* Ed., die Navigations-Schule. Eine theoret. prakt. Zusammenstellung d. Steuermannskunst. gr. 8. Leipzig. Gerhard. 1857. n. ¾ Rthlr. geb. n. 1 Rhlr.

Thielen, *Major,* **Max Friedr.,** der Uebergang über den Rhein der verbündeten Hauptarmee unter dem Oberbefehle des Feldmarschalls Fürsten Karl von Schwarzenberg am 21. December 1813, nebst e. Bericht über die Ereignisse bis zum 2. Febr. 1814 in Frankreich. Ein Beitrag z. Gesch. d. Befreiungskrieges d. Jahre 1813 u. 1814. gr. Wien. (Hof- u. Staatsdruckerei.) 1853. n. 1 Rthlr.

— — der Feldzug der verbündeten Heere Europa's 1814 in Frankreich unter dem Oberbefehle des k. k. Feldmarschalls Fürsten Karl zu Schwarzenberg. Nach authent. österr. Quellen dargestellt. Mit 2 Uebersichtskarten. gr. 8. Wien. (Leipzig. Brockhaus.) 1856. n. 2 Rth.

— — *Ritter* von, Erinnerungen aus dem Kriegerleben e. 82jähr. Veteranen der österr. Armee, mit besond. Bezugnahme auf die Feldzüge der J. 1805, 1809, 1813, 1814, 1815; nebst e. Anhang die Politik Oesterreichs v. J. 1809—1814 betr. Mit dem Portrait d. Feldmarschalls Fürsten Karl zu Schwarzenberg. gr. 8. Wien. Braumüller. 1863. n. 2⅓ Rth.

Thomson, Aug., *Stallmstr.,* die Reitkunst in ihrer allgemeinen praktischen Anwendung, nebst einer Lehre über die Verpflegg. und Abwartung des Pferdes. gr. 12. Berlin. Herbig. 1846. 1¼ Rthlr.

Thümen *Prem.-Lieut.* **K.** von, Instruktion für den militärischen Schwimm-Unterricht nach d. Pfuel'schen Methode, nebst Nachwsg. u. Vortheile dieser Methode vor der d'Argyschen. 8. Berlin. Schlesier. 1861. n. ⅙ Rth.

Thumser, *Lieutenant,* Grundzüge der kleinen u. grossen Befestigungskunst mit Flussübergängen, dann Angriff u. Vertheidigung der Feldwerke u. Festungen für alle Waffengattungen. 8. Bamberg. (Erlangen. Enke.) 1845.   n. 28 Sgr.

Tirailliren, das. Vollständige Anleitung z. Ausbildung und Verwendung der Infanterie in geöffneter Schlachtordnung. Von e. österr. Offiziere. 2. Auflage. 16. Troppau. Trassler (jetzt Kolk). 1852.   n. 1 Rth. 4 Sgr.
illum. n. 1 Rthlr. 8 Sgr.

Todleben, *Gen.-Lieut.*, **Ed. v.**, die Vertheidigung von Sebastopol. Nach authent. Quellen dargestellt. Uebersetz. aus dem Russ. I. Thl. 2. Bde. gr. 4. St. Petersburg. (Berlin. Mittler & Sohn.) 1864.   baar nn. 40 Rthlr.

Tollin, *Fechtmeister*, **F.**, neue illustrirte Fechtschule. Nach der neuen und naturgemässen Methode des Prof. Heinr. Ling. dargestellt und m. zahlreichen nach der Natur gezeichneten Holzschn. versehen. 8. Grimma. Verlags - Comptoir. 1851.
$^5/_6$ Rthltr.

Torri, Thom. v., *Hauptm.*, der gemeine Infanterist als Schildwache in der Garnison, im Felde u. als Ordonnanz. In Fragen u. Antworten. 16. Wien. Heubner. 1846.   n. $^1/_3$ Rthlr.

Träger, *Oberrossarzt*, **Th.**, Studien u. Erfahrungen im Bereiche der Pferdekunde. gr. 8. Sondershausen. Eupel. 1851. $^2/_3$ Rthlr.

Träumereien, militärische, e. gewesenen Kavallerie - Offiziers. 8. Zürich. Schulthess. 1851.   n. 6 Sgr.

— — kriegerische u. friedliche, über Vergangenes, Gegenwärtiges u. Zukünftiges. Von Pz. (Pönitz) gr. 8. Leipzig. Teubner. 1857.   n. 2 Rth.

Trautvetter, J. P., das Pferd. Erfahrungen aus meinem Leben über den Einkauf, die Pflege, den Hufbeschlag etc. des Pferdes. Für alle Pferdefreunde in gereimten u. ungereimten Versen. Aus dem Nachlass des Verstorbenen hrsg. v. Hptm. Rich. v. Meerheimb. 8. Dresden. Burdach 1864..   n. $^1/_2$ Rthlr.

Trotha, *Hauptm.* von, Leitfaden zum Unterricht der Infanterie. gr. 8. Magdeburg. Heinrichshofen. 1851.   1 Rthlr.

— — Beitrag zur Erörterung der Frage: Welchen nothwendigen Einfluss haben die jetzt gebräuchlichen weittragenden Feuerwaffen auf das Gefecht der Infanterie? gr. 8. Grossenhain. Pieper. 1858.   n. $^1/_3$ Rthlr.

— — *Oberstlieut.*, **v.**, Grundzüge für den Dienst der Infanterie. Zur Benützung beim Unterricht der Soldaten vor dem Einziehen in das Einzelne der verschiedenen Dienstzweige. 8. Köln. Assenheimer & Co. Verl. in Comm. 1862.   n. $^1/_2$ Rthlr.

Trott, *Hptm. a. D.*, **C. C.**, über die Wichtigkeit e. gerechten u. angemessenen Invaliden-Versorgung im Angesicht der für Deutsch-

land drohenden Zeitverhältnisse. gr. 8. Hannover. (Schmorl &
v. Seefeld.) 1860. n. 2 Sgr.

Trotta gen. **Treyden,** *Rittmstr.* **v.**, kurze Anleitung zur Ertheilung des Reit-Unterrichts, sowie zum Selbst-Unterr. für Kaval-
lerie- u. Infanterie-Offiziere. Mit erläut. Zeichn. gr. 8. Berlin.
Mittler & Sohn. 1861. 12 Sgr.

Tschierschky, *Major a. D.*, **A.**, Anleitung zum Feld-Pionier-
Dienst, bearb. z. Gebrauch f. alle Waffen. Mit 282 in den
Text gedr. Holzschn. u. 9 lith. Taf. gr. 8. Berlin. Mittler's Sort.
(A. Bath.) 1863. n. 1 1/3 Rthlr.

Tschischwitz, *Premierlieutenant*, **W. v.**, Anleitung zum Kriegsspiel. gr. 8. Neisse. Graveur. 1862. n. 1/3 Rthlr.

Turnen, das, der k. k. Infanterie und Jäger. Nach den Bestimmungen der neuen Abrichtungs-Reglements dargestellt v. e. k. k.
Hauptmann. 16. Wien. Leo. 1861. n. 1/6 Rth.

Tuxen, E. F. u. *Lehrer* **J. C.**, Lehrbuch der Navigation mit zu-
gehörigen Tafeln. Lex. 8. Kopenhagen. (Altona. Mentzel). 1855.
n. 8 Rthlr.

— — Navigationslehr. A. O., Vorbereitung zur praktischen Navigation. Lex. 8. Flensburg. (Altona. Mentzel). 1858. n. 1 Rthlr. 18 Sgr.

U.

Uebel, Bruno, Kurs der Taktik u. Strategie u. Plan zur Vertheidigung der Schweiz gegen Frankreich im Jahre 1838. A.
dem schriftl. Nachlass. gr. 8. Leipzig. Verlagsbureau. 1847.
n. 1 Rthlr.

Ueber Ausbildung und Gebrauch der Kavallerie. Unter Berücksichtig. der preuss. Verhältnisse. Nach den Ansichten des Generals von Wrangel. 4. Berlin. Mittler u. Sohn in Commiss.
1851. 1/2 Rthlr.

— — Bivouaks u. Lager der Infanterie im Felde. Eine gedrängte
Uebersicht der am meisten gebräuchlichen Lagerungsarten, ihrer
Einrichtung u. s. w. zusammengest. und bearb. v. E. v. St. 8.
Braunschweig. Vieweg & Sohn. 1857. n. 1/2 Rthlr.

— — den Einfluss der neuen Feuerwaffen auf die Taktik im
Allgemeinen u. die Organisation u. Ausbildung der Infanterie
im Speciellen. Von e. preuss. Infanterie-Offizier. gr. 8. Berlin.
Mittler's Sort. (A. Bath.) 1857. n. 1/3 Rthlr.

— — die rationelle Ernährung d. Soldaten, so wie überhaupt
über die physiologisch-chemische Wirkung der gewöhnlichsten
Nahrungsmittel auf den menschlichen Organismus. Allen Militär-

Menagen gewidmet v. e. königl. preuss. Offizier der Artillerie.
gr. 8. Potsdam. Riegel'sche Buchh. 1858.　　　n. ¹/₃ Rthlr.

Ueber Erziehung zum Offizier u. über Militärstaaten. Vom Verfasser: „Einiges über die nothw. Veränd. in der Organis. etc.
der Heere." gr. 8. Schweidnitz. Heege. 1860.　　n. ¹/₃ Rthlr.

— — die Freiwilligen-Kavallerie-Regimenter. gr. 16. Nürnberg.
W. Schmid. 1862.　　　　　　　　　　　n. 4 Sgr.

— — Führung u. Gebrauch der Feld-Artillerie. gr. 8. Berlin.
v. Decker. 1851.　　　　　　　　　　　¹/₆ Rthlr.

— — den militärischen Geist, mit besond. Rücksicht auf die
preuss. Armee. Ein Vortrag gehalten in e. Kreise v. Offizieren.
8. Berlin. F. Schneider. 1860.　　　　　n. ¹/₆ Rthlr.

— ·— den militärischen Geist. Zum Besten der preussischen Flotte
von einem Preussen. gr. 8. Erfurt. Keyser. 1861.　n. 2 Sgr.

— — die Generalität der französ. Armee v. 1792 bis 1815. Vortrag in der militär. Gesellschaft in Berlin, am 11. April 1855.
gr. 8. Berlin. G. Reimer. 1855.　　　　　¹/₃ Rthlr.

—— — die militärischen und technischen Grundlagen der Truppen-
transporte auf Eisenbahnen. Von Hauptm. H. v. A. gr. 8.
Darmstadt. Zernin. 1861.　　　　　　　n. ¹/₃ Rthlr.

— — den Krieg mit Russland. Ausgangs April 1848. gr. 8. Berlin. v. Decker. 1848.　　　　　　　　　1 ¹/₂ Rthlr.

— — die Kriegführung im Orient. Krim-Expedition. Denkschrift
an die Regierung Sr. Majest. des Kaiser Napoleon III. Von
e. General. Aus dem Französ. vom Grafen v. O**. 1. u. 2. Aufl.
gr. 8. Dresden. R. Schäfers Verl. 1855.　　n. ¹/₃ Rthlr.

— — grosse Landesvertheidigung oder über Festungsbau und
Heerbildung in Preussen von dem Verfasser der Theorie des
grossen Krieges. gr. 8. Berlin. Duncker und Humblot. 1860.
　　　　　　　　　　　　　　　　　　n. ²/₃ Rthlr.

— — u. f. die Landwehr. gr. 8. Berlin. Mittlers Sort. (A. Bath.)
1851.　　　　　　　　　　　　　　　n. ¹/₆ Rthlr.

— — die Neubildung der vaterländischen Landesvertheidigung,
Vorschläge u. Bemerkungen eines Tiroler Schützen. gr. 8. Innsbruck. Wagner. 1860.　　　　　　　　n. 16 Sgr.

— — die Stellung, die Pflichten und das Benehmen der Mili-
tär-Vorgesetzten. In 20 Abschnitten seinen Kameraden gewidmet von einem hess. Offiziere. 2. Ausg. 12. Quedlinburg.
Ernst. 1846.　　　　　　　　　　　　²/₃ Rthlr.

—— — die Stellung des Militär-Gesundheitswesens bei der eidgenöss. Armee nebst einigen anderen kurzen Bemerkungen zu
dem Entwurfe einer eidgenöss. Militärorganisation. Von einem

schweiz. Militärarzte. gr. 8. Zürich. Orell, Füssli & Co. 1850.
3 Sgr.

Ueber Streifcommanden u. Parteien. Von A. Z. II. gr. 8. Prag. Credner's Verlag. 1861. n. 1 Rthlr. 18 Sgr.

— — d. Wünsche einer veränderten deutschen Heeresverfassung. Von e. deutsch. Offizier. gr. 8. Stuttgart. Aue. 1862. n. $\frac{1}{3}$ Rth.

Uebergabe der Festung Esseg an die k. k. Truppen am 13. u. 14. Febr. 1849. gr. 8. (Pest. Geibel). 1852. baar n. $\frac{1}{3}$ Rthlr.

Ueberlegenheit, die, der französ. Waffen, beseitigt durch das stehende Lager. Eine milit. Denkschrift von ***. gr. 8. Wittenberg. Herrosé. 1861. n. 6 Sgr.

Uebersicht, beurtheilende, derjenigen durch den Druck vervielfältigten Karten, Situations- u. Festungspläne v. Europa, welche für deutsche Militärs von praktischem Interesse sind. 1. Thl. Central-Europa. gr. 4. Berlin. Schropp. 1849. n. n. 1 $\frac{1}{3}$ Rthlr.

— — statistische, der Kriegsereignisse zur Erinnerung an den Feldzug gegen Dänemark 1864 für das 2. westphäl. Infant.-Regim. No. 15 (Prinz Friedrich d. Niederlande). gr. 8. Minden. Volkening. 1864. baar n. 3 $\frac{1}{3}$ Sgr.

Uebungs-Vorschriften für freiwillige Wehrvereine. gr. 16. Coburg. Exp. d. Wochensch. d. National-Ver. 1861. 4 Sgr.

Uhlig v. Uhlenau, *Oberstlieut.*, **Gottfrd.**, Erinnerungen an die Schlacht von Kolin u. die damalige Zeit. Nach authent. Quellen bearb. und zur Säcularfeier am 18. Juni 1857 hersg. 2 Bde. gr. 8. Wien. Braumüllers Sort. 1857. n. 1 $\frac{1}{3}$ Rthlr.

— — das Kriegsjahr 1813 mit besonderer Berücksichtigung der Schlacht bei Kulm. Nach authent. Quellen bearbeitet. Mit 1 Schlachtenplane u. 3 Ansichten d. Monumente bei Kulm. gr. 8. Dresden. Türk. 1863. n. 1 Rthlr.

Unserer Armee. Vom Verfasser des „deutschen Soldaten" (Oberstlieut. Grafen N. Quintin). 8. Wien. Gerold. 1850. 2 Rthlr.

Unter dem Doppeladler. Geschichte des Feldzugs in der Krim, nach Mittheilungen aus dem Tagebuche eines deutschen Arztes in russ. Diensten. Hrsg. v. Ferd. Pflug. Mit 1 Karte d. Krim, Plänen von Sebastopol, Balaklava u. der Schlacht an der Alma. 2 Thle. in 1. Bd. 3. (Titel-) Aufl. 8. Berlin. Rauh. 1856. n. 1 Rthlr.

Unterhaltungsbibliothek, militärische. 1.—7. Bdchn. 2. Aufl. 8. Berlin. Bosselmann (jetzt Wiegandt & Hempel). 1858—60. n. 5 Rth.

Unteroffiziere, die und ihre Stellung in der preuss. Armee im Hinblick auf ihre Besoldung; ihr Civilversorgungsrecht u. ihre Behandlung v. e. Veteran-Offizier. gr. 8. Berlin. Geelhaar in Commiss. 1859. baar n. n. $\frac{1}{3}$ Rthlr.

Unter-Offizier, der, im Lager, Bivouac, auf Märschen und vor

dem Feinde. Ein kurz gedrängter Auszug aus bestehenden
Vorschriften. Zusammengestellt und herausg. v. e. altgedienten
Offizier. 12. Gratz. Kienreich. 1855.   n. ⅓ Rthlr.

Unterricht, der, über Feuerwaffen, in katechet. Form vorgetragen den Unteroffizieren und Soldaten der k. bayerschen Infanterie. 2. Aufl. Mit 6 Abbildg. kl. 16. Straubing. Schorner. 1846.
                                                        6 Sgr.

— — methodischer, in Fragen u. Antworten zum Gebrauche für
die Mannschafts-Schulen der k. k. Fusstruppen. 1. Thl. Pflichten
der Gemeinen. Pflichten d. Gefreiten. gr. 16. Brünn. Buschak
& Irrgang. 1863.   n. 8 Sgr.

— — in der Transportführung in Fragen u. Antworten zum Schulgebrauch für Unteroffiziere der k. k. Armee. Basirt auf die v.
1. Novb. 1858 an geltenden Normal-Vorschriften. 8. (Wien.
Klemm). 1859.   n. ⅓ Rthlr.

Unterrichts-Plan für den Betrieb des gymnastischen Unterrichts
auf den königl. Kriegsschulen. gr. 8. Berlin. Decker. 1863. 3 Sgr.

— — -Punkte über Vorposten u. Marschsicherungsdienst f. leichte
Reiter u. Unteroffiziere. Anhang zu „Ansichten üb. den Soldatenstand" u. s. w. V. e. inval. Stabsoff. d. königl. sächs. Reiterei. gr. 8. Gotha. Thienemann. 1856.   n. 9 Sgr.

— — -Schriften für die Regimentsschulen der grossherzogl. ba-
denschen Truppen. Anleitung zur Landeskenntniss. Mit 1 Über-
sichtskarte des Grossherzogthums. 8. Karlsruhe. Braun. 1845.
                                                        n. 2 ½ Sgr.

— — dieselben. Anleitung zum richtigen Schreiben. 8. Ebendas.
1845.   n. 2 ½ Sgr.

— — dieselben. Anleitung zum Schönschreiben u. Ausfertigen v.
Dienstschreiben. Mit 5 Schreibmustern u. 1 Linienbl. 8. Ebendas. 1845.   n. 2 ½ Sgr.

— — dieselben. Anleitung zum Zahlenrechnen. 8. Ebendas. 1845.
                                                        n. 2 ½ Sgr.

— — -Vorschriften für die vereinigte Artillerie- u. Ingenieur-
schule. gr. 8. Berlin. Mittler's Sort. (A. Bath.) 1854. n. ½ Rthlr.

Untersuchungen über die Kriegführung der Römer gegen die
Deutschen in den Feldzügen d. Caesar, Drusus, Germanicus u.
Tiberius. Von K. F., e. alten Soldaten. Mit 1 Karte d. Kriegs-
feldes. gr. 8. Mainz. Le Roux. 1862.   n. ⅔ Rthlr.

Ursachen des Satteldruckes und die geeigneten Mittel dagegen,
sowie Art u. Weise der zweckmäss. Packung u. Sattlung des
Offiziers-Packpferdes. br. 8. Pest. (Geibel.) 1860. n. ⅓ Rthlr.

Ustrjalow, Nikolaj. Die Schlachten Russlands v. 1700—1831.
Mit 45 Schlachtenplänen u. 1 Karte des russ. Reichs. gr. 8.
Riga. v. Boetticher. 1857.   1 ½ Rthlr.

V.

Vademecum, militärisches. Zur Erheiterung u. Unterhaltung im Garnisonsquartiere, im Lager, in der Caserne etc. Gesammelt von Wo. 8. Pest. Lauffer. 1858. n. $^2/_3$ Rthlr.

Varenkamp, Frd., der Huf des Pferdes oder die Behandlung d. Hufes in der Schmiede. 2. Aufl. Mit 10 Abbildgn. gr. 8. Düsseldorf. Hacu in Commiss. 1862. n. $^1/_2$ Rthlr.

Vauchelle's Lehrgang der französ. Militärverwaltung (Cours d'administration militaire.) Deutsch bearb. v. Geh. Secr. K. Rühl. gr. 8. Berlin. v. Decker. 1857. 2 $^1/_2$ Rthlr.

Vega, *Oberstlieut.,* G. *Freih.* v., Vorlesungen über die Mathematik sowohl überhaupt zu mehrerer Verbreitung mathemat. Kenntnisse in den k. k. Staaten, als auch insbesondere zum Gebrauch des k. k. Artillerie - Corps. 2. Bd. Mit 16 Kupftaf. 8. Aufl. gr. 8. Wien. Tendler u. Co. 1848. 4 $^1/_3$ Rthlr.

— — dasselbe. I. Bd. 7. Aufl. Verbess. u. durchgesch. v. Prof. Dr. Matzka. Lex. 8. Wien. Beck. 1850. 3 Rthlr.

Venedig's militärische Bedeutung für Oesterreich und Deutschland. Mit 1 Uebersichtskarte. gr. 8. Wien. Seidel u. Sohn. 1861. n. 8 Sgr.

Venedig u. der europäische Friede. Widerlegung d. in e. Londoner Journal erschienenen Aufsatzes: „Venetia and the peace of Europe." By R. Macdonell. Lex. 8. Wien. Gerold Sohn in Commiss. 1861. n. 4 Sgr.

Vergleichung der früheren Perioden der preuss. Armee m. ihrem heutigen Bestande im Hinblick auf die neueste Organisation v. e. Veteranen. gr. 8. Bromberg. Fischer. 1862. $^1/_4$ Rth.

Verhalten der Kavallerie auf Vorposten, nach den Bestimmungen d. k. k. Dienst-Reglements. Von e. k. k. Offizier. 16. Wien. Leo. 1861. n. $^1/_6$ Rth.

Verordnung über die Anwendung der Kriegsartikel u. insbes. d. darin vorgesch. Militärstrafen. 8. Grünberg. Levysohn. 1845. 3 $^1/_4$ Sgr.

— — über die Ergänzung der Offizier-Corps der königl. Flotte nebst Allerhöchst. Kabinets - Ordre. v. 16. Juni. 1864. gr. 8. Berlin. v. Decker. 1864. 2 $^1/_2$ Sgr.

— — den Transport von Pulver betreffend vom 15. März 1856. 8. Dresden. Meinhold & Söhne. 1856. n. 2 Sgr.

Verordnungen für die königl. preuss. Armee aus den Jahren 1848—1851. System. zusammengestellt aus dem Militär - Wochenblatte. gr. 8. Berlin. Bergemann 1852. n. 1²/₃ Rth.

— — allerhöchste, über I. die Ehrengerichte u. II. über das Verfahren bei Untersuchung der zwischen Offizieren vorfallenden Streitigkeiten u. Beleidigungen, sowie über die Bestrafung des Zweikampfes unter Offizieren. De dato Sanssouci 20. Juli 1843. gr. 8. Berlin. v. Decker. 1845. 4 Sgr.

— — allerhöchste, über die grösseren Truppenübungen. gr. 16. Ebendas. 1861. baar 1 Rthlr.

— — allgemeine, der Pioniere im Felde. In Fragen und Antworten eingerichtet für den Gebrauch in den Schulen der k. k. Linien-Infanterie- u. Grenz-Regim. u. d. Jäger. Mit 1 Figurentaf. 16. Wien. Dirnböck. 1861. 8 Sgr.

Versorgung, die, der Militärpersonen in Civildiensten, oder: Sammlung der gesetzlichen Vorschriften über die Erwerbung von Versorgungs- und Anstellungs-Ansprüchen aus geleisteten Militärdiensten etc. zusammengestellt vom Feldwebel W. Dittmar. gr. 8. Magdeburg. Baensch. 1845. n. ²/₃ Rth.

Versuch einer gedrängten Uebersicht des Dienstes der Infanterie in festen Plätzen beim gewaltsamen Angriff. Vom Verfasser der Gefechtslehre der drei Waffen, einzeln u. verbunden. Lex. 8. Coburg. Streit. 1863. n. ²/₃ Rthlr.

— — eine Elementartaktik der Infanterie u. deren Anwendung in verschiedenen Gefechts - Verhältnissen d. Bataillons, basirt auf das Compagnie-Colonnen-System. Von e. deutschen General. 2. Aufl. gr. 8. Darmstadt. Zernin. 1862. ¹/₂ Rthlr.

Vertheidigung des Brückenkopfes vor Pressburg im Jahre 1809. Herausgeg. von e. k. k. österr. Offizier (Feldmarschall - Lieut. Freih. v. Bianchi.) Mit 2 Plänen. 2. Aufl. 8. Prag. Calve. 1850. n. ¹/₃ Rthlr.

— — die von Cöln gegen den Angriff mit Präcisions - Geschütz. gr. 8. Leipzig. E. H. Mayer. 1861. n. ¹/₆ Rth.

Verzeichniss systematisches, der Militär-Literatur Deutschlands von 1850—1861. Lex. 8. Berlin. Schlesier. baar ¹/₄ Rthl.

Viel Feind' viel Ehr'! Ein Blick auf die militärische Lage Deutschlands und die Resultate der Würzburger Conferenz. Von dem Verfasser der „Militärischen Betrachtungen über einige Erfahrungen des letzten Feldzuges etc. 1. u. 2. Auflage. gr. 8. Darmstadt. Zernin. 1861. n. ¹/₃ Rth.

Vieth, *Major a. D.*, von, die Flugbahn der Geschosse nach ihrer eigenthümlichen Form u. nach ihren räumlichen u. zeitlichen Maassbestimmungen auf die bis jetzt gewonnenen Er-

fahrungen begründet. Mit 1 Taf. graphisch dargestellter Flug-
bahnen. gr. 8. Dresden. Kuntze. 1861. n. $^2/_3$ Rthlr.

Villeroy, F. u. Adam Müller, der Pferdezüchter. Anleitung
zur Kenntniss der gesammten Pferdewissenschaft. Ein Handbuch für Cavallerie - Offiziere etc. Mit Holzschnitten u. 20
lith. Taf. anf Tondr. Nach d. Natur gez. v. Aloys Bach. gr.
Lex.-8. Mainz. Kunze. 1858. n. $5^2/_3$ Rth.

Villeroy, F., kurze Belehrung üb. zweckmässige Pflege d. Pferde,
namentlich' für die richtige Führung u. Behandlung derselben in der Landwirthschaft. gr. 8. Ebendas. 1863. 4 Sgr.

Vincentius, W. von, der Krieg in Polen u. Ungarn. Eine strategische Skizze dem Kommando der künftigen deutschen Armee
gewidmet. gr. 8. Dresden. Kuntze. 1860. n. $^1/_6$ Rthlr.

Vincke-Olbendorf, C., *Freih.* v., die Reorganisation des preuss.
Heerwesens nach dem schleswig-holsteinschen Kriege. gr. 8.
Berlin. G. Reimer. 1864. n. $^1/_3$ Rth.

Vogel, J. L. *Major a. D.,* Theilnahme der k. preuss. Artillerie
an dem Kampfe der Befreiungskriege. In 15 der vorzügl. Batterien dargestellt. gr. 8. Berlin. Schneider & Comp. 1847.
n. $1^5/_6$ Rthlr.

Vogel, *Hptm., z. D.,* **W.,** das preuss. Zündnadelgewehr u. seine Vorzüge, sowie die verbesserten Handfeuerwaffen der Infanterie
überhaupt, nebst Beiträgen zur Theorie des Schiessens. gr. 8.
Potsdam. Döring. 1865. 18 Sgr.

Vogelmann, *geh. Kriegsrath, Dr.,* die badische Militär - Verwaltung. Als Handbuch für Offiziere u. Kriegsbeamte u. als Anleitung zu Vorlesungen für das Kadettencorps bearbeitet. gr. 8.
Karlsruhe. Braun. 1853. n. 1 Rthlr. 24 Sgr.

Vogler, C. H., Rennkalender f. Deutschland. Jahrg. 1844—63.
à Jg. 2 Thle. gr. 12. Berlin. Ascher & Co. à Thl. n. 1 Rthlr.

— — allgemeines Gestütbuch. Verzeichniss der Vollblut-Pferde,
nebst ihrer Abstammung, welche sich in allen deutschen Staaten, sowie in den nicht zum deutschen Bunde gehörigen Landestheilen der preuss. und dänischen Monarchie, desgl. in Ungarn u. seinen Nebenländern, Siebenbürgen und Galizien befinden. 4 Bde. gr. 8. Ebend. 1847—1862.
in engl. Leinwd. u. 18 Rth.

Voigt-Rhetz, *Major,* **C. von,** die strategische Bedeutung des
Grossherzogthums Posen bei e. Kriege Russlands gegen Preussen
u. Deutschland. Eine milit. Denkschrift. gr. 8. Berlin. Mittler.
1848 9 Sgr.

Voisin, M., *Oberst,* Militär-Reiterei. Die unrichtige Wirkung der
Kandarenzügel u. ein Mittel zur Beseitigung dieses Fehlers.

Aus d. Französ. übers. vom Prem.-Lieut. E. v. Block. 2. Aufl.
gr. 8. Erfurt. Körner in Commiss. 1847. n. ¹/₃ Rthlr.

Volk, das preuss., in Waffen u. die neue Militär-Organisation.
gr. 8. Berlin. Lüderitz Verlag. 1861. n. 17 ¹/₂ Sgr.

Volkmann, H., praktische Tabelle zur Berechnung, Erhebung u.
Vertheilung der Friedens-Rationen der preuss. Armee, zusammengestellt auf Grund d. Reglements üb. die Naturalverpflegung der Truppen im Frieden v. J. 1858. gr. 8. Bromberg.
(Aronsohn.) 1859. baar n. ¹/₆ Rth.

Volksbewaffnung, die allgemeine, im Sinne der Gegenwart. An
dem Beispiele der Volksbewaffnung des Grossherzogthums Oldenburg veranschaulicht. Von W. N. u. W. von W. gr. 8. Oldenburg. Schulze. 1848. n. 4 Sgr.

— — die deutsche. Von e. deutschen Bürger. 8. Leipzig. Breitkopf u. Härtel. 1848. ¹/₃ Rthlr.

— — die deutsche. Von A. R. gr. 8. Dresden. Adler u. Dietze
in Commiss. 1848. 3 Sgr.

Von einem deutschen Soldaten. 2. Aufl. 12. Leipzig. Brockhaus.
1847. 1 Rthlr. 18 Sgr.

Von der Eider bis Düppel. Eine Skizze v. Kriegstheater. Von
E. O. gr. 8. Hamburg. Perthes, Besser und Mauke. 1864.
n. 12 Sgr.

— — **Düppel bis zur Waffenruhe.** Eine Skizze v. Kriegstheater.
Von e. Offizier. gr. 8. Ebendaselbst. 1864. n. 18 Sgr.

— — **Alsen bis zum Frieden.** Eine Skizze vom Kriegstheater.
Von e. Offizier. gr. 8. Ebendas. 1865. n. 1 Rthlr.

Vor hundert Jahren! Erinnerung an Olmütz u. seine ruhmvollen Vertheidiger. Ein Beitrag z. vaterländischen Kriegsgeschichte.
gr. 8. Wien. (Gerold's Sohn.) 1858. n. ²/₃ Rthlr.

Vorberg, Karl, Auf Vorposten. Lebens- u. Campagnebilder aus
Schleswig-Holstein. gr. 16. Kreuznach. Voigtländer. 1859.
n. ¹/₃ Rthlr.

Vorbildung, die taktische, der Infanterie zum Kampfe u. deren
Stellung u. Bewegung im Kampfe; nach den heutigen rationellen Forderungen. Eine Ansicht m. deren nächsten Consequenzen von C. F. gr. 8. Darmstadt. Jonghaus. 1850.
n. ¹/₃ Rthlr.

Vorlesungen über Kriegsgeschichte, bezweckend e. Einführung
in die gesammte Kriegswissenschaft an der Hand d. Kriegsgeschichte, unter Zugrundelegung d. „Grundzüge e. Anleitung z.
Studium der Kriegsgeschichte etc." Mit vielen Holzschnitten,
Karten u. Plänen. Gehalten von Oberst von Hardegg. 3 Thle.
gr. 8. Stuttgart. Frz. Köhler. 1852—62. cpl. n. 11 ¹/₆ Rthlr.

Vorpostendienst, der, nach dem vierten Theile der Dienstvorschriften kurzgefasst für die Unteroffiziere u. Soldaten der k. bayerischen Infanterie und Kavallerie. 2. Aufl. 16. Straubing. Schorner. 1845. 1³⁄₄ Sgr.

— — u. Patrouillen-Dienst für alle Waffengattungen. Mit Bezieh. auf die diesfäll. Bestimmungen d. k. k. Dienst-Reglements. Von e. k. k. Hauptmann. Mit 1 Taf. Wien. Dirnböck. 1862. 6 Sgr.

— — u. Marschsicherungs-Dienst, der. Nach dem 4. Theil der Dienst-Vorschriften für die k. bayerischen Truppen aller Waffengattungen. 16. Passau. Elsässer & Waldbauer in Commiss. 1864. n. 6 Sgr.

Vorschläge zur Organisation der k. k. Armee. Von M. V. gr. 8. München. Franz. 1862. ¹⁄₃ Rthlr.

— — für die Abfassung e. vereinfachten Infanterie-Reglements verbunden mit der zweiglieder. Stellung. gr. 8. Carlsruhe. Bielefeld. 1860. n. 12 Sgr.

Vorschrift über die Methode, den Umfang u. die Eintheilung des Unterrichts auf d. kön. Kriegsschulen. gr. 8. Berlin. v. Decker. 1859. ¹⁄₄ Rthlr.

— — für die Berufs-Prüfung der ausseretatsmässigen Seconde-Lieutenants der Artillerie und des Ingenieurcorps. gr. 8. Berlin. Mittlers Sort. (A. Bath) 1854. n. ¹⁄₄ Rthlr.

— — für den innern Dienst der königl. würtemberg. Artillerie. gr. 8. Ludwigsburg. Riehm. 1861. n. 1 Rthlr. 6 Sgr.

Vorschriften für den Unterricht im Fechten und Voltigiren d. königl. bayer. Kavallerie. 16. Straubing. Schorner. 1845. 2¹⁄₂ Sgr.

— — f. d. Unterricht in den Waffenübungen d. königl. bayer. Kavallerie. 1. Thl. enth.: allgemeine Bestimmungen f. d. Unterricht e. Kavallerie-Regim. u. d. Unterricht d. Reiters zu Fuss. kl. 16. Straubing. Schorner. 1846. ¹⁄₄ Rthlr.

— — für topogr. Zeichnungen in der königl. bayerischen Armee. Mit 42 Taf. auf Leinwand gezogen. 8. München. Franz. 1845. In Futteral 5⁵⁄₆ Rthlr.

— — f. d. Unteroffiziere u. Mannschaft der k. k. Artillerie, in der Garnison, auf Wachen, im Lager, auf Vorposten u. Märschen. 2. Thl. Zusammengestellt von e. k. k. Hauptmann. 16. Wien. Leo. 1862. n. ¹⁄₆ Rthlr.

— — für den Unterricht im Bajonettfechten der k. bayerischen Infanterie. 32. Regensburg. Manz. 1845. 2¹⁄₂ Sgr.

— — für die Bekleidung u. Ausrüstung der Mannschaften, sowie der Reit- u. Zugpferde der Brandenb. Artill.-Brigade. (Nr. 3.) Nach den Bestimmungen der Dienstvorschrift f. die Unteroffiziere der königl. preuss. Artill. u. den hierauf bezügl. anderw.

höhern Verfüg. zusammengestellt im Juli 1860. Mit 3 Abbildungen. (Als Manuscr. gedruckt). gr. 16. Magdeburg. Baensch. 1860. baar n. ⅙ Rthlr.

Vorschriften des k. k. Dienst-Reglements d. Infanterie u. Cavallerie für den Soldaten, den Untergebenen u. den Vorgesetzten überhaupt, dann f. den Gemeinen, Tambour, Hornisten, Zimmermann etc. In deutscher, ungar., ital., böhm. u. poln. Sprache. gr. 16. Wien. Dirnböck. 1861. 12 Sgr.

— — d. k. k. Dienst-Reglements für die Mannschaft vom Feldwebel abwärts, in deutscher, ungar., ital., böhm. u. polnischer Sprache. 2 Thle. gr. 16. Wien. Dirnböck. 1862. 27 Sgr.

— — zur Gebahrung u. Verrechnung in den k. k. Militär-Heilanstalten, zur Verwaltung der Kasernen u. der übrigen Milit.-Gebäude und viele andere die Militär-Administr. betr. hohen Verordnungen, gesammelt u. hrsg. von e. k. k. Militär-Beamten. gr. 8. Brünn. Buschak & Irrgang. 1857. n. 1 Rthlr. 18 Sgr.

— — über die Verpflegung des königl. bayer. Heeres im Kriege. gr. 16. München. (Kaiser). 1859. geb. baar n. 16 Sgr.

Votum, ein, in der oldenburgischen Cavalleriefrage. 1856. gr. 8. Bremen. Heyse. 1856. n. ⅙ Rthlr.

W.

Wachenhusen, Hans, Tagebuch vom italienischen Kriegsschauplatze. Aus dem Hauptquartier. gr. 8. Berlin. Verlags-Comptoir (jetzt Dominé). 1859. 1 Rthlr.

Wachtstube, die, Illustr. Soldatenblatt. Herausg. v. Hans Wachenhusen. Red. Heinr. Mahler. Jahr 1864 Octob.--Decb. 13 Num. hoch 4. Ebend. 1864. baar ⅓ Rthlr.

Waffenlehre, allgemeine, mit besonderer Berücksichtigung der neuesten Erfindungen im Gebiete des Schützenwesens u. die in der k. k. österr. Armee bestehenden Waffen. Von e. k. k. Hauptmann, 3. Aufl. gr. 8. Wien. Markgraf. 1862. n. 17 Sgr.

Wagemann, *Hauptm.,* C., Vorträge über Fortification, gehalten in der königl. Militair-Akademie zu Hannover. Feldfortification. 4. Hannover. Helwing. 1862. baar n. 2 ⅓ Rthlr.

Wagenfeld, *Depart. Thierarzt, Dr.,* L., Anleitung zur Pferdekenntniss, oder die Beurtheilung des Pferdes auf seine Vorzüge u. seine Mängel, nebst Rathgeber für Pferdekäufer etc. Mit 12 Taf. Abbildg. gr. 8. Königsberg. Gebr. Bornträger. 1851. n. 3 Rthlr. 6 Sgr.

Wagenfeld, *Depart. Thierarzt, Dr.,* **L.,** dasselbe. 2. Aufl. (In 4 Lfgn.) 1 Lfg. Lex. 8. Leipzig. G. Mayer. 1855. n. ²/₃ Rth.

— — gründl. Anweisung die Krankheiten des Pferdes, innere wie äussere zu erkennen u. zu heilen. Ein nützliches Handbuch. f. Kavallerie-Offiziere etc. Mit 4 lith. Taf. 3. Aufl. Danzig. Anhuth. 1846. cart. 24 Sgr.

Wagner, Joh., Handbuch für die Artillerie der österreich. Volkswehr. 8. Wien. Leo. 1848. n. 16 Sgr.

— — **Herm.,** das Büchlein vom gesunden und kranken Pferde. Mit 2 Taf. Abbildg. gr. 8. Leipzig. Klinkhardt. 1858. n. ¹/₃ Rth.

Waldersee, *Gen.-Lieut. Graf v.,* der Kampf in Dresden im Mai 1849. Mit besond. Rücksicht auf die Mitwirkung der preuss. Truppen geschildert und militärisch beleuchtet. Mit 1 Plane. gr. 8. Berlin. Mittler & Sohn. 1849. 1 ¹/₂ Rthlr.

— — die Methode zur kriegsgem. Ausbildung der Infanterie für das zerstreute Gefecht, m. besond. Berücksichtigung der Verhältnisse des preuss. Heeres. 2. Aufl. gr. 8. Berlin. Mittler & Sohn. 1861. 1 Rthlr.

— — die Methode zur kriegsgemässen Ausbildung der Infanterie und ihrer Führer im Felddienste; mit besonderer Berücksichtigung der Verhältnisse des preuss. Heeres. 3. Aufl. gr. 8. Ebendas. 1861. 2 Rthlr.

— — Leitfaden bei der Instruktion des Infanteristen. 57. Aufl. 8. Berlin. Bergemann. 1863. n. n. ¹/₆ Rthlr.

— — der Dienst des preussischen Infanterie-Unteroffiziers. 9. Aufl. gr. 8. Berlin. Gärtner. 1864. n. ¹/₂ Rthlr.

Waldschmitt, *Major a. D.,* **J.,** rationelle Ausbildung des Reiters und Pferdes in der Kavallerie oder wie man schnell und gut reiten lernt u. sich jedes zum Reitdienste geeignete Pferd auf rationelle Weise am schnellsten u. sichersten thätig macht. hoch 4. Cöln. Frühbuss. 1864. n. ¹/₃ Rthlr.

Wallbrunn, *Hauptm.,* **M.,** *Frh. v.,* Betrachtungen über e. erhöhte Terrainbenützung durch die Infanterie. gr. 8. Berlin. Mittler u. Sohn. 1859. 9 Sgr.

Wallhauss, Feldzeugmeisters Gyulai's Kriegführung in der Lombardei vor dem Richterstuhle rationeller Kritik. Nebst Beantwortung der wichtigen Frage: „Wie ist jetzt Oesterreich vom doppelten Untergange zu retten?" 1—13. Aufl. gr. 8. Hersfeld. Wallhauss. 1859. n. ¹/₆ Rthlr.

Wangenheim, Udo, *Frh. v.,* die Reserve-Brigade im deutsch-dänischen Kriege 1849 unter dem Kommando Sr. Hoheit des

Herzogs v. S. Coburg-Gotha im besond. Hinblick auf den 5.
April. gr. 8. Hildburghausen. Kesselring. 1852. 3 Sgr.

Wangenheim, Bdo, *Frh.* **v.,** Erinnerungen an Schleswig-Holstein
aus d. Jahren 1850 u. 51 nebst einem Plan der Schlacht v.
Idstedt. gr. 8. Ebend. 1852. n. 24 Sgr.

Wanka, *Major,* **Jos. v.,** gemeinfassliche Theorie der Terrain-
Darstellung zum Gebrauche für die k. k. Militär-Bildungs-Anstalten. gr. 8. Wien. (Seidel & Sohn.) 1862. In engl. Einbd.
n. 2 Rthlr. 12 Sgr.

Warum unterlag Oesterreich? Ein Mahnruf bei erneut drohender
Gefahr. Milit. polit. Aphorismen über die Ereignisse d. J. 1859
in Italien v. A. d. A. gr. 8. München. Fleischmann. 1861. 9 Sgr.

Was sich die Offiziere im Büreau erzählten. Mitheilungen e. alten
Registrators. 8. Berlin. Mittler u. Sohn. 1853. 9 Sgr.

Was thut der preuss. Armee noth? Eine Skizze, allen Denen gewidmet, welche nächst der Nation auch das stehende Heer zu
vertreten haben. Von e. liberalen Offizier. 8. Trier. Lintz. 1848.
4 Sgr.

Was dem Heere noth thut. Ein Gedenkbüchlein f. das deutsche
Volk. gr. 8. Leipzig. Keil in Commiss. 1862. n. $\frac{1}{3}$ Rthlr.

Wasserfuhr, *Generalarzt, a. D., Dr.,* **A. F.,** Beiträge f. die Mi-
litär-Heilpflege im Kriege u. Frieden. gr. 8. Erlangen. Palm u.
Enke. 1857. n. 1 $\frac{1}{3}$ Rthlr.

Wasserthal, *Pionier - Hptm.,* **K.,** technischer Pionier-Dienst im
Felde. In 4 Abthlgen. 3. Aufl. gr. 8. Wien. Gerold. 1861.
n. 2 $\frac{2}{3}$ Rthlr.

Wedel-Jarlsberg, B. F., Anleitung zur Seewissenschaft. Mit 2
Kpfrtaf. gr. 8. Hamburg. Perthes, Besser & Mauke. 1855.
n. 1 Rthlr. 6 Sgr.

Wedell, *Hptm.,* **H. v.,** das militär. Aufnehmen. Mit 141 in den
Text gedr. Holzchn. gr. 8. Berlin. Mittler's Sort. 1860. n. 1 Rth.
— — Theorie des Planzeichnens. gr. 8. Ebendas. 1860. n. $\frac{1}{3}$ Rth.

Wehrpflicht, die als Staatskraft und Last des Individuums und
seiner Familie. Von einem k. k. Stabsoffizier. gr. 8. Raab.
(Pressburg. Schwaiger). 1856. n. 6 Sgr.

Wehr- u. Schützenwesen, das deutsche; nach den technischen An-
forderungen der Gegenwart. Ein militär. Gutachten für weitere
Kreise. Mit 10 in den Text gedr. Illustr. gr. 8. Darmstadt.
Zernin. 1862. $\frac{3}{4}$ Rthlr.

Wehrstand, der. Sein Werth, seine Geschichte u. sein Recht.

Anh.: Einige Soldatenlieder. 8. Zwickau. Buchhandl. d. Volks-
schriften Vereins. 1862. 3 Sgr.

Wehrverfassung, alte u. neue, Bürgerbewaffnung u. Volkswehr.
Von M. L. 8. Breslau. Aderholz in Commiss. 1848. 2½ Sgr.

Wehrverfassung, eine neue. gr. 8. Tübingen. Zu Guttenberg in
Commiss. 1860. 6 Sgr.

— — die, und die Stellvertretung. Ein Wort zur Verständigung
in der Militärfrage. Von e. Rheinländer. gr. 8. Elberfeld. Fri-
derichs. 1863. n. ⅓ Rthlr.

Wehrzeitung, deutsche. Militär-Wochenschrift herausgeg. von e.
Gesellschaft deutscher Offiziere und Militär-Beamten. 1. Jahrg.
1848. Juli — December und 1849. 1850. Berlin. Hayn.
p. Quartal n. 1 Rthlr.

— — deutsche. Herausg. v. e. Anzahl v. Offizieren unter Mitwirkung v. Oberstbrigadier Wilh. Rüstow. Jahrg. 1864. 52 Num.
gr. 4. Coburg. Streit. 1864. p. Quartal n. ⅔ Rthlr.

— — preussische. Milit. Zeitschrift red. v. E. R. Brandt. Jhrg.
1851-1854. Fol. Potsdam. Riegel in Commiss. à Jhg. n. 4 Rthlr.

Weigelt, *Hptm.*, **G.**, die Belagerung von Sebastopol 1854—56.
Mit besond. Berücksicht. der Thätigkeit der Artillerie bei derselben nach den officiellen, französ. u. engl. Quellen bearb. Mit
e. Plane der Umgegend u. e. Plane der Angriffsarbeiten vor
Sebastopol. Lex. 8. Berlin. Springer's Verl. 1861. n. 3½ Rth.

— — die Schiess- u. Brech-Versuche in Jülich im Septb. 1860.
Für Offiziere aller Waffen bearb. Mit 3 Plänen u. 7 Ansichten
nach photogr. Aufnahme. Lex. 8. Berlin. Vossische Buchh. 1861.
n. ¾ Rthlr.

Weiss, *Hptm.*, **Frz.**. Lehrbuch der Baukunst zum Gebrauche der
k. k. Ingenieur-Akademie. Auf höchsten Befehl verfasst 1820.
1. Bd. 2 Thle. gr. 4. Wien. (Seidel.) 1854. n. 6⅔ Rth.

Weldon, *Feldzeugmstr.* **Ludw.**, *Freih.* **von.** Episoden aus mei-
nem Leben. Beiträge zur Geschichte der Feldzüge der österr.
Armee in den Jahren 1848—49. 1. u. 2. Abdr. gr. 8. Gratz.
Damian. u. Sorge. 1853. n. 2 Rth.

— — der Krieg der Oesterreicher in Italien gegen die Franzosen in den J. 1813—1814. 2. (Titel-) Ausgabe. gr. 8. Gratz.
Damian u. Sorge 1855. n. 1 Rthlr.

Weldycz, **Sylvest**. der Antheil der Polen an dem ungarischen
Freiheitskampfe 1848—1849. gr. 12. Altona. Lange. 1850.
n. ⅓ Rth.

Welsersheimb. *Hauptm.*. **Z.**, *Graf.*, Uebersicht des französ.

Heerwesens im Anfang des Jahres 1861. Mit e. Druckbeilage. gr. Lex. 8. Wien. Gerold Sohn in Commiss. 1861.
n. n. ⅓ Rthlr.

Weltzien, Louis von, militär. Studien aus Oldenburgs Vorzeit u. Geschichte des Oldenburg. Contingents. gr. 8. Oldenburg. Schulze. 1858.
n. 1 ⅓ Rth.

Werkloin, *Oberst, Baron.* Auszüge aus e. grösseren Werke üb. Erfahrungen in den Gebieten des Kriegs- u. Staatsdienst. 1 Hft. gr. 8. Gratz. Damian u. Sorge. 1848.
n. ⅓ Rthlr.

Worne, Ferd., Feldzug v. Sennaar nach Taka, Basa u. Beni-Amer, mit besond. Hinblick auf die Völker v. Ballad-Sudan. gr. 8. Stuttgart. Zu Guttenberg. 1851.
1 Rth. 18 Sgr.

Werner, *Dir., Prof. Dr.,* Joh. Alph. Ludw., Militär-Gymnastik oder zweckmässige Leibesübungen, wie sie der Soldat jeder Truppengattung in seinem Berufsleben unbedingt nothwendig hat, erläut. durch beinahe 400 Figuren. Nebst 9 Kpftaf. 3. Ausg. für Militärschulen. gr. 8. Leipzig. Arnold. 1850. ¾ Rthlr.

Wichmann, chem. *Lieut., Dr.* **Rud.,** die britisch deutsche Legion 1855—1857. 8. Braunschweig. (Neuhoff & Co.) 1861.
n. 12 Sgr.

Wickede, Jul. v., die französische Armee im J. 1854—1855. Ergänzung der Schrift. „Die französische Armee in ihrem Verhältniss zu dem Kaiser Louis Napoleon u. den deutschen Heerestheilen." 8. Leipzig. Herbig. 1853. ⅔ Rthlr.

— — Bilder aus dem Kriegsleben. 2. Aufl. gr. 8. Stuttgart. Ed. Hallberger. 1854.
1 Rthlr.

— — preussische Husaren-Geschichten. 3 Thle. 2. billige (Titel-) Ausg. 8. Leipzig. Herbig. 1854.
2 Rhtlr.

— — Erzählungen eines österreich. Veteranen. 3 Bde. 2. (Titel-) Aufl. gr. 8. Stuttgart Ed. Hallberger. 1855.
3 Rthlr.

— — die militärischen Kräfte Deutschlands und ihre Fortschritte in d. neueren Zeit. 8. Ebendas. 1855.
½ Rthlr.

— — der Sohn des Regiments. Oesterreich. Soldatengeschichte. 3 Bde. gr. 8. Stuttgart. Ebendas. 1856.
2 Rth.

— — vergleichende Charakteristik der k. k. österreichischen, preussischen, englischen u. französ. Landarmee. gr. 8. Stuttgart. Ebendas. 1856.
2 Rth.

— — die Soldaten Friedrich des Grossen. Preussische Soldatengeschichten. 1—4. Bd. 8. Leipzig. Herbig. 1857. à 1 Rthlr.

— — die Rechte u. Pflichten des Offiziers. Leitfaden für junge Männer, welche sich dem Offizierstande gewidmet haben oder widmen wollen. gr. 8. Stuttgart. Ed. Hallberger. 1857. 1 Rthlr.

Wie bildet man gute Truppenführer? Von einem Veteranen. 8.
Leipzig. Jurany. 1848. $^1/_4$ Rthlr.

Wie muss man plänkeln, um die franz. Tirailleurs zu überwinden? Bearb. u. Hptm. F. Schneiders Uebersetzung der Instruction pour les tirailleurs (Von Hptm. A. Gavenda) gr. 8.
Prandel u. Ewald. 1861. n. 16 Sgr.

Wiebke, J. H. L., die ersten Jahre des nordamerikanischen Freiheitskrieges. Mit Plänen u. 1 Karte. 8. Hamburg. Hoffmann & Campe. in Commiss. 1860. 1 Rthlr.

— — System einer Befestigung in unabhängigen Werken. Veranlasst durch d. Ringler'sche Problem. Mit 2 Bgen. Plänen. gr. 8. Ebendas. 1848. n. $^1/_3$ Rth.

— — neue Lehre vom Vertheidigungs-Kriege, zugleich als Beweis für die Möglichkeit der Beseitigung des Krieges. Mit Bemerkgen über die Werke der berühmtesten neuen Kriegslehrer besonders über Willisen's Theorie des grossen Krieges u. über dessen Feldzug in Schleswig-Holstein. gr. 8. Ebendas. in Commiss. 1851. $^5/_6$ Rth.

Wiesner, Aloys Carl, d. Feldzug der Ungarn gegen die Oesterreicher u. Russen im J. 1848—1849. Mit 1. strateg. Uebersichtskarte. 1—2. Abtheilung. gr. 12. Chur. Hitz. 1854. cpl.
2 Rth. 6 Sgr.

Wiest, *Prem.-Lieut.,* **G.,** die Ortlichkeitsgefechte kleiner Infanterie-Abthlgn. mit kriegsgeschichtl. Beispielen. 2. Aufl. gr. 12.
Trier. Galls Verlag. 1860. n. $^1/_2$ Rth.

— — Vorlesungen über das zerstreute Gefecht mit kriegsgeschicht. Beispielen gr. 16. Ebendas. 1861. n. 12 Sgr.

Wilhelm von Baden. Denkwürdigkeiten des Generals der Infanterie Markgrafen Wilhelm v. Baden aus den Feldzügen von 1809—15. Nach dessen hinterlass. eigenen Aufzeichnungen. Mit Noten u. Beilagen herausgeg. v. Gen.-Lieut. a. D. Frhrn. Phil. Röder v. Diersburg. gr. 8. Karlsruhe. Bielefeld. 1864.
n. 1 Rth. 2 Sgr.

— — *Lehrer,* *F.,* das zerstreute Gefecht der Plänkler, Anhang zu den (Rüstowschen) Uebungsvorschriften f. freiwill. Wehrvereine bearb. f. die Turnvereine d. Mittelrhein - Kreises. 16.
Butzbach. (Friedberg. Scriba) 1864. n. 2 Sgr.

Wilcken, *Hptm.,* **P. J.,** deutsches Heer und deutsches Volk. Ein Wort f. Jedermann. gr. 8. Leipzig. O. Wigand. 1862. n. $^2/_3$ Rth.

Willisen, *General-Lieut.,* **W., v.,** Theorie des grossen Krieges.
3 Theile. gr. 8. Berlin. Duncker u. Humblot. 1849. 5 Rthlr.

Willisén, *General-Lieut.* **W. v.,** u. seine Zeit. Acht Kriegsmonate in Schleswig-Holstein. Von e. schlesw.-holst. Offizier a. D. 8. Stuttgart. Metzler. 1851. n. 1 Rthlr.

Wilson, *General,* **Sir Rob.,** geheime Geschichte des Feldzuges v. 1812 in Russland. Aus dem Engl. von Jul. Seybt. gr. 8. Leipzig. Gumprecht. 1861. n. 1 1/3 Rthlr.

Wiltsch, *Pastor,* **Joh. E. Theod.,** die Schlacht von nicht bei Rossbach od. die Schlacht auf den Feldern von und bei Reichardtswerben den 5. Novb. 1757 u. was ihr voranging u. ihr nachfolgte. Nach bisher noch unbenütztenQuellen. Mit 4 Beil. u. e. Schlachtplan. gr. 8. Reichardtswerben. Halle. Anton in Commiss. 1858. n. 2 Rthlr.

Wimmer, *Ober-Stabs-Auditor,* **Jac.,** Normalien-Sammlung für Militärgerichte. (Privat-Ausg.) cpl. u. Suppl. 1—8. gr. 8. Gratz. (Wien. Lechner.) 1864. n. 22 Rthlr. 3 Sgr.

Winterfeldt, Hans Carl von, u. der Tag v. Moys am 7. Sept. 1757. gr. 12. Görlitz. Heinze & Co. in Commission. 1857. n. 1/2 Rthlr.

— — **A. v.,** Soldaten Leid — Soldaten Lust. Federzeichnungen in Gedichten. 8. 2. (Titel-) Aufl. Berlin. A. Duncker. 1857. n. 12 Sgr.

— — Garnisonsgeschichten. Ein Bilderbuch (in Gedichten) 2. Aufl. 16. Berlin. O. Janke. 1857. n. 1/3 Rthl.

— — Manoevre-Geschichten. Dem Leben nacherzählt. gr. 16. Berlin. Hofmann & Co. 1858. 12 Sgr.

— — **C. von,** der schleswig-holsteinische Krieg v. 1864. gr. 8. Potsdam. Döring. 1864. n. 2 Rthlr. 7 1/2 Sgr.

Winter-Feldzug, d. 1848—49 in Ungarn. Unter dem Obercommando des Feldmarschalls Fürsten Windischgrätz. Im Auftrage Sr. Durchlaucht d. Feldmarschalls nach offiz. Quellen herausgegeb. Lex. 8. Wien. (Hof- & Staatsdr..) 1851. baar un. 3 Rth.

— — der, d. Revolutionskrieges in Siebenbürgen in den Jahren 1848 u. 49. Von e. österr. Veteranen. gr. 8. Leipzig. Schrag. 1861. 1 1/2 Rthlr.

Wirthmann, *Reg.-Auditor,* **Joach.,** Handbuch, über die Heiraths-Cautionen u. Ehen der Militär-Personen im Königreich Bayern. Mit e. Anhang über Siegelmässigkeit, Stempel, Taxen, etc., nebst Formularien. gr. 8. München. Grubert. 1859. n. 1 2/3 Rth.

Wischer, *Hptm.,* **R.,** über den Einfluss der Festungen auf die Kriegsführung mit speciell. Berücksichtigung e. Krieges in Norddeutschland. gr. 8, Berlin. Dümmler's Verl. 1860. 6 Sgr.

Wissel, Ludw. von, ruhmwürdige Thaten, welche in den letzten Kriegen von Unteroffizieren und Soldaten der engl.-deutschen Legion und der hannov. Armee verrichtet sind. 12. Hannover. Helwing. 1846. n. $^2/_3$ Rth.

— — Erlebnisse u. Betrachtungen in den Jahren 1848—51, besonders in Beziehung auf Schleswig-Holstein. (Aus seinem Tagebuche.) gr. 8. Hamburg. Perthes, Besser u. Mauke. 1851. n. $^2/_3$ Rthlr.

— — interessante Kriegs-Ereignisse d. Neuzeit. Beleuchtet u. m. kritischen Anmerkungen versehen. 3 Hfte. Mit 4 Plänen. Neue unveränd. Ausg. 8. Hannover. Helwing. 1852. cart. 1 $^1/_2$ Rthlr.

Witte, F., die regelrechte Fahrkunst, od. gründl. Anleitung zum prakt. Fahren und Einfahren junger Pferde. Sowohl f. Herrschaften und Equipagen-Besitzer, die sich selbst dafür interessiren, wie auch für Kutscher u. s. w. Nach engl. Grundsätzen u. engl. Methode, so wie nach 21 jähr. Erfahrung. 2. Ausg. 8. Berlin. Geelhaar. 1859. n. $^1/_3$ Rthlr.

Wittenburg, M. v., ballistische Studien. Untersuchungen über die Bewegung der Geschosse, ihre Ladungs-Liederungsweisen u. Formen f. gezogene Handfeuerwaffen, u. die Leistungsfähigkeit verschiedener Waffensysteme. Mit 5 Taf. Lex. 8. Görlitz. Remer. 1860. n. $^2/_3$ Rthlr.

Wittje, *Major z. D.,* **G.,** die wichtigsten Schlachten, Belagerungen u. verschanzten Lager von J. 1708—1855. Kritisch bearb. zum Studium f. Offiziere aller Waffen. 2. Bde. Lex. 8. Leipzig. C. F. Winter. 1861. 3 Rthlr. 18 Sgr.

Wittgenstein, *Oberst,* **Frnz.. Emil v.,** Cavallerie-Skizzen. gr. 8. Darmstadt. Zernin. 1859. n. 16 Sgr.

Wittich, *Oberst,* **C. A.,** über die Grundsätze der Befestigungskunst, namentlich in ihrer Anwendung auf grosse Städte. gr. 8. Berlin. Behr. 1852. n. $^2/_{13}$ Rthlr.

— — Hptm., das Fähnlein oder die Kompagnie als die wahre taktische Einheit. System takt. Formationen der Infanterie als Vorschlag zu e. allgem. deutschen Infanterie-Reglement. gr. 8. Wesel. Bagel in Commiss. 1849. n. $^1/_3$ Rthlr.

— — zur Taktik d. leichten Percussions-Gewehres nebst darauf bezüglichen Exercierübungen. Mit Zeichnungen. gr. 8. Düsseldorf. Schaub. 1853. n. $^5/_6$ Rth.

— — militärisches Vademecum oder: Nützliche Notizen für den Offizier ausserhalb der Garnison, besonders im Felde. 3. stark vermehrte Aufl. 16. Düsseldorf. Kaulen. 1854. n. $^1/_4$ Rth.

— — v., die Gymnastik in ihrer Anwendung als Erziehungsmittel der Soldaten. gr. 8. Berlin. v. Decker. 1861. n. $^1/_6$ Rth

Wittken, *Prem.-Lieut.,* **Paul v.,** Geschichte d. königl. preuss. Garde-Schützen-Bataillons. Auf Befehl für die Mannschaft des Bataillons verfasst. gr. 8. Berlin. v. Decker. 1864. ¼ Rthlr. *

Witzleben, *Oberst,* **A. v.,** Schützen - Instruction. Nach dem Exercier-Reglement vom Jahre 1847. 6. u. 7. Aufl. gr. 8. Berlin. Bergemann. 1847. n. 6 Sgr.

— — die Elementar-Taktik der Compagnie u. des Bataillons nach dem preuss. Exercier-Reglement. Mit vielen Holzschnitten. gr. 16. Ebend. 1850. n. 12 Sgr.

— — der Garnison-Wachtdienst nach den neuesten Bestimmungen v. 11. April u. 8. Aug. 1850. gr. 16. Ebendas. 1850. n. 4 Sgr.

— — Deutschlands Militär-Literatur im letzten Jahrzehnt und Uebersicht der wichtigsten Karten u. Pläne Central-Europas. gr. 8. Berlin. Mittlers Sort. (A. Bath.) 1850. n. 1 ½ Rthlr.

— — Aus alten Parolebüchern der Berliner Garnison zur Zeit Friedrichs des Grossen. gr. 8. Ebend. 1851.

n. ⅔ Rthlr.

— — Aus der Kriegsgeschichte der Herzogthümer Coburg und . Gotha. 1. Hft. A. u. d. T. Der Wasunger Krieg zwischen Sachsen-Gotha-Altenburg und Sachsen-Meiningen (1747 — 48). Mit 1 Karte des Kriegsschaupl. 8. Gotha. Scheube. 1855. 18 Sgr.

— — Prinz Friedrich Josias v. Coburg-Saalfeld, Herzog zu Sachsen, k. k. u. d. heil. röm. Reiches Feldmarschall. 3 Thle. Mit dem Brustbilde des Prinzen, e. Ansicht v. Chotin u. 17 Karten & Plänen. Lex. 8. Berlin. v. Decker. 1859. n. 13 ⅓ Rthlr.

— — Heerwesen u. Infanterie-Dienst der königl. preuss. Armee. 8. Aufl. Mit 76 Holzschn. u. 4 Tafeln. gr. 8. Berlin. A. Bath. 1864. n. 3 Rthlr.

— — Dienst-Unterricht für den preussischen Infanteristen. Mit 24 in den Text gedr. Holzschnitten. 2. Aufl. 8. Ebendaselbst. 1864. n. ¼ Rthlr.

Wo ist die Wurzel der Drillerei vornehmlich mit zu suchen? Eine Beleuchtung der Schrift: „Der Ruf nach einer verbess. Truppen-Ausbildung." Von e. deutschen Offizier. 12. Kaiserslautern. Menth. 1859. n. ⅙ Rthlr.

Wolff v. Gudenberg, *Oberstlieut. a. D.,* der Offizier als Schiesslehrer. Mit 1 lith. Taf. 8. Berlin. Stilke u. van Muyden. 1864. ¼ Rthlr.

Wollenhaupt, *Stabs- u. Reg.-Arzt, Dr.* **Rich. Luther,** die Beurtheilung der Militärsanität od. Militärrüstigkeit f. d. königl. preuss. Heer, mit Berücksichtigung aller vom Eintreten bis zum

Ausscheiden zu u. aus demselben in Friedens- wie Kriegszu-
ständen, in militär.- u. marine-ärztlicher, milit. u. rechtl. Hinsicht vorkommenden bezügl. Verhältnisse system. bearb. gr. 8.
Nordhausen. Büchting. 1861. 1 ½ Rthlr.

Wörl, J. E., Schlachten-Atlas zur Geschichte der Kriege v. 1792
bis 1815. 1/2. Lfg. gr. 4. Freiburg. Herder. 1847. à ½ Rthlr.

Wort, ein, über die Dienstzeit bei der preuss. Infanterie. 8.
Hamburg. Hoffmann & Campe. 1862. 4 Sgr.

— — über Organisation, Bekleidung, Ausrüstung und Bewaffnung
der Linien-Infanterie. Von e. alten Soldaten. gr. 8. Wien.
Dirnböck in Commiss. 1860. ⅙ Rthr.

— — über das Verhältniss unserer Landwehr nach der Reorganisation des Heeres. gr. 8. Berlin. Mittler & Sohn. 1862.
n. 4 Sgr.

— — auch ein ernstes, an Deutschlands Reiter. Entgegnung der
Seeger'schen Schrift: „Baucher und seine Künste." (Von Se-
conde-Lieuten. v. Sierakowski. gr. 8. Coblenz. Hergt. 1855.
6 Sgr.

— — noch ein, zur Verständigung über das Ingenieur-Corps d.
preuss. Armee. gr. 8. Neuwied van der Beck. 1853. ¼ Rthlr.

Wörz, *Med.-R.,* **J. J.**, die Pferdezucht oder praktische Anleitung
zur Verbesserung u. Veredlung der Pferde. gr. 8. Stuttgart.
Ebner & Seubert. 1863. 1 Rthlr. 3 Sgr.

Wunder, G. Chrn. E., Anleitung zum Vollzuge des Gesetzes v.
25. Juni 1850 über die Einquartierungs- und Vorspann-
lasten oder zur richtigen Uebernahme, Vertheilung u. Aus-
gleichung dieser Lasten in Friedenszeiten, sowie der Kriegslasten
im Königreich Bayern. 2. Ausg. 8. Bamberg. Buchner. 1859.
n. 18 Sgr.

Wurmb, *Oberst,* **J.**, Lehrbuch der Kriegsbaukunst, zum Gebrauch
der k. k. Genie - Akademie. gr. 8. Olmütz. Hölzel. 1852.
n. 8 Rthlr.

Wyhr, *Feldwebel,* Handbuch oder Instruktion f. Capitain d'armes
u. Fourier-Unteroffiziere der königl. preuss. Infanterie. 16.
Wesel. A. Bagel. 1851. 6 Sgr.

Wytlačil, *Hptm.,* **W. C.**, Lehrbuch für Kompagnie-Schulen der
k. k. österr. Linien-Infanterie-Regimenter, in deutscher u. ital.
Sprache in Fragen und Antworten. gr. 16. Brünn. Buschak u.
Irrgang. 1855. n. ⅔ Rthlr.

X.

Xylander, Max., *Ritter* v., *Hptm.*, das Heerwesen der Staaten des deutschen Bundes. Suppl. Band. 12. Augsburg. Kollmann. 1847. 1 Rthlr.
Hauptw. u. Suppl. zusamm. 2 Rthlr.

— — Lehrbuch der Taktik. 1. Thl. A. u. d. T. Waffenlehre. 4. Aufl. Umgearb. v. Oberst Klemens Schedel. Mit 3 Steintaf. 1858.

— — dasselbe. 2. Thl. A. u. d T. Truppenlehre der Infanterie, Cavallerie u. Artillerie. 3. Aufl. Mit 1 Steintaf. 1847.

— — dasselbe. 3. Thl. A. u. d. T. Terrainlehre. 3. Aufl. 1862.

— — dasselbe. 4. Thl. 3. Aufl. A. u. d. T.: Taktische Verbindungslehre. 3. Aufl. Verm. v. Hptm. Edm. Höfler. Mit 3 Taf. gr. 8. München. Lindauer. 1855. à Thl. 1 1/3 Rthlr.

Z.

Zähmung od. Dressur, die, der Pferde. Kritische Beleuchtung der Rarey'schen Zähmungsmethode m. Berücksicht. d. Verfahrens berühmter Vorgänger. Ein Buch f. alle Pferdeliebhaber, insbesond. f. Bereiter, Offiziere, Landwirthe u. s. w. Nach den besten Quellen u. eigenen Erfahrgen. herausg. v. e. ehemal. Cavallerie-Offizier. gr. 8. Hamm. Grote. 1859. n. 1/2 Rthlr.

Zastrow, A. v., Geschichte der beständigen Befestigung od. Handbuch der vorzüglichsten Systeme und Manieren der Befestigungskunst. Nach den besten Quellen bearb. und durch 20 Pläne erläutert. 3. Aufl. gr. 8. Leipzig. Winter. 1854. 4 Rthlr.

Zech, *Major*, **Ladislaus**, *Freih.* v., das Pferd im gesunden und kranken Zustande. Ein unentbehrl. Handbuch f. jeden Pferdebesitzer, insbesond. f. Offiziere der k. k. Armee. Mit mehreren Abbildgen. in Farbendr. Neue wohlfeile (Titel-) Ausg. gr. 8. Wien. Hartleben. 1864. 1 Rthlr. 6 Sgr.

Zeidler, L., der spanische Feldzug des Bataillons Anhalt im J. 1810. gr. 8. Zerbst. (Leipzig. Hunger). 1844. n. 2/3 Rthlr.

Zeitschrift, preussische, militärärztliche. Herausgeg. v. Dr. F.

Löffler u. Dr. L. Abel. Jahrg. 1860. 24 Nummern. gr. 4. Berlin.
Hirschwald. 1860. n. 2 Rthlr.

Zeitschrift f. Kunst, Wissenschaft und Geschichte des Krieges.
Jahrg.1846. Redig. v. L. Blesson. Mit Abbildgen. 9 Hfte. 8.
Berlin. Mittler & Sohn. n. 5 ¹/₃ Rthlr.

— — dieselbe. Jahrg. 1847—61. Ebendas. à n. n. 5 Rthlr.

— — österreich. militärische. Jahrg. 1845—48. à 12 Hfte. Mit
Karten u. Plänen. Red. v. Joh. Bapt. Schels. 8. Wien. Braumüller in Commiss. à n. 8 Rthlr.

— — dieselbe. Jahrg. 1849. Red. Oberst Pannasch & Heller.
à n. 6²/₃ Rthlr.

— — österreichisch-militärische. Red. und herausgeg. von Gen.
Kriegs-Kommissär V. Streffleur. 1 Jahrg. 1860 à Jahrg. 24
Hfte. April—Decb. Lex. 8. Wien. Gerold in Com. n. 5 ¹/₃ Rth.

— — dieselbe. 2—5. Jahrg. 1861—64. Ebendas. à n. 9 ¹/₃ Rth.

— — dieselbe. Jahrg. 1860. 2. Aufl. 3 Bde. Ebendas. n. 6²/₃ Rth.

— — allgemeine, militärische, herausg. v. Trützschler. 1. Jahrg.
1859. April—Decemb. 9 Hefte. Lex. 8. Leipzig. Schrader.
p. Q. 1 Rthlr. 6 Sgr.

— — für die schweizerische Artillerie. Herausg. von Dappler,
Bluntschi und Bleuler. Jahrg. 1865. Nr. 1. gr. 8. Frauenfeld.
Huber. 1864. p. cpl. 1 Rthlr. 18 Sgr.

Zeitung, militär. Red. J. Hirtenfeld. 8. u. 9. Jahrg. 1855—56.
Imp. 4. Wien. Gerold. à Jhg. n. 4 Rthlr. 27 Sgr.
(Gilt als Fortsetzung des österreich. Soldatenfreundes.)

Zeschwitz, *General* v., actenmässige Darstellung der k. preuss.
Decimation des seinem Eide treu gebliebenen sächsischen Heeres
im Jahre 1815. Der Geschichte des Wiener Congresses von
Capefigne 2. Abth. 8. Grimma. Verlags-Comptoir. 1850. ¹/₃ Rth.

Ziegler, *Hptm.,* Andr., das k. k. 56. Linien-Infanterie-Regiment.
Von seiner Errichtung bis zur Gegenwart. Im Auftrage des
Regiments nach den Quellen d. k. k. Kriegs-Archivs. gr. Lex.
8. Wien. (Braumüller's Sort.) 1861. n. 1 ¹/₃ Rthlr.

Zimmerli, *Oberst,* D., Blicke in das Bernersche Militärwesen.
gr. 8. Bern. Huber & Comp. in Commiss. 1850. n. ²/₃ Rthlr.

Zimmermann, *Dr.,* W., die Befreiungskämpfe der Deutschen
gegen Napoleon. 3. Aufl. Mit Portr. u. Abbildgen. gr. 8. Stuttgart. Rieger. 1859. 2 Rthlr. 18 Sgr.

— — Geschichte des grossen Bauernkrieges. Nach Urkunden u.

Augenzeugen. Neue umgearb. Aufl. gr. 8. Ebendaselbst. 1856.
2 Rthlr. 21 Sgr.

Zimmermann, *Dr.,* **W.,** über die v. Rohr'sche Ausbildungs-Methode der Rekruten der Infanterie u. den Geist dieses Systems. Winke für alle Waffen der deutschen Bundesstaaten. 2. Aufl. gr. 8. Danzig. Homann. 1853. n. ³/₄ Rthlr.

Züge aus dem Soldatenleben im Kriege, vorzüglich die Hessen betreffend. Ein Soldaten-Lesebuch. 8. Hanau. (König). 1855.
baar n. ¹/₃ Rthlr.

Zukunftstaktik der Massenkraft. Zukunftsflotten. Direkte arbeit der massenkraft. Zukunftswaffen. Umsetzung der massenarbeit in molekularkraft. gr. 8. Frankf. a. M. Küchler. 1863. n. ²/₃ Rth.

Zum Compromiss in der Militärfrage. Ideen über die Armee-Organisation. gr. 8. Berlin. F. Schneider. 1862. ¹/₄ Rth.

— — Säcular-Gedächtniss v. 1758. Der Feldzug in Mähren od. die Belagerung u. der Entsatz v. Olmütz. Nach Quellen u. anderen Schriften zusammengestellt u. bearb. von E. v. St. Mit 2 Plänen. gr. 8. Frankfurt a. M. Sauerländer's Verlag. 1858.
n. 1 Rthlr.

— — 50jährigen Stiftungsfest d. Kaiser Franz Garde-Grenadier-Regiments Nr. 2. Berlin den 14. December 1864. 8. Berlin. v. Decker. 1864. 3 Sgr.

Zündnadelgewehr, das. 20. Aufl. Frankfurt a./O. Trowitzsch & Sohn. 1862. 1¹/₂ Sgr.

— — das preuss., seine Bestimmung u. Bedeutung. Vom Verfasser: „Die preuss. Landwehr u. ihre Bedeutung." gr. 8. Berlin. Mittler u. Sohn. 1852. 12 Sgr.

Zur Geschichte des ehemal. ostpreussischen National-Kavallerie-Regimentes in den Feldzügen von 1813, 14. Mittheilungen a. d. Tagebüchern u. Erinnerungen eines Freiwilligen. 8. Leipzig. Jurany. 1846. 1 Rthlr.

— — Geschichte der höheren Militär-Bildunganstalten in Preussen. gr. 8. Berlin. Mittler u. Sohn. 1849. n. ¹/₆ Rthlr.

— — Heeres-Frage in Preussen. Von e. deutschen Offiziere. Lex. 8. Gotha. Thienemann. 1863. n. ²/₃ Rthlr.

— — Instruktion des Soldaten über das gezogene Infanterie-Gewehr. 8. Koblenz. Bädecker. 1856. 2 Sgr.

— — Militärfrage. Ein Vorschlag. gr. 8. Berlin. Springer's Verl. 1862. 2¹/₂ Sgr.

— — Orientirung in d. Militärfrage. Von einem alten Offizier. Lex. 8. Berlin. Besser's Verl. 1862. n. ¹/₆ Rthlr.

Zur Pferdekunde. Kritische u. didaktische Blätter über Pferde-Erziehung u. Bändigung, sowie über Reit- u. Fahrkunst. Mit Rücksicht auf die älteren u. neuesten Methoden. Mitgeth. von Pei. gr. 8. Wien. Wallishauser. 1860.   n. 1 ¹/₃ Rth.

— — financiellen Seite der Militärfrage. gr. 8. Berlin. v. Decker. 1862.   1 ¹/₂ Sgr.

— — Taktik der Gegenwart mit besond. Rücksicht auf d. Zündnadel - Infanterie von W. v. S. gr. 8. Berlin. F. Schneider. 1863.   n. 12 Sgr.

Zurkowski, *Generalstabs-Kap.*, **A.**, kurze Darstellung d. Feldzuges in Baden u. der Pfalz. gr. 12. Bern. Jenni. 1850. ¹/₄ Rth.

Zürn, Frdr. Ant., über die Betrügereien beim Pferdehandel, Anleitung für Pferdekäufer, um sich vor jeder Art von Rosstäuschern zu schützen u. die richtige Untersuchung e. Pferdes beim Ankauf zu ermöglichen. Zum Gebrauch f. Thierärzte, Landwirthe, Offiziere etc. 8. Leipzig. Willferodt. 1864. n. 24 Sgr.

Zusammenstellung der Gnadengehalts-Competenzen verabschiedeter Militärs vom Oberfeuerwerker abwärts. Zusammengestellt v. Frdr. Bechstein. gr. 8. Delitzsch. Eissner. 1851. n. ¹/₃ Rthlr.

— — der auf das Institut der würtembergischen Landwehr sich beziehenden gesetzlichen Bestimmungen. 8. Stuttgart. Fischhaber. 1859.   n. 2 Sgr.

— — aller Kommandoworte aus dem frühern u. jetzigen Reglement. Ein praktisches Notizbuch zur schnellen und sicheren Orientirung über die stattgehabten Aenderungen derselben für die Infanterie-Offiziere und Unteroffiziere der Landwehr. 16. Augsburg. Jenisch u. v. Stage. 1861.   3 Sgr.

Zweyer, *Hptm.*, **Karl**, Abhandlung über die Feldbefestigung, den Angriff u. die Vertheidigung der Feldschanzen und Verschanzungen, nebst e. kurzem Anhang über Kriegsbrücken. Für den Gebrauch der k. k. Kadettenschulen zusammengesetzt. Mit 8 lith. Tafeln. 2. Aufl. gr. 8. Gratz. Kienreich in Commiss. 1850.   1 ²/₃ Rthlr.

— — *Major*, die Feldbefestigungskunst. Handbuch zum Selbst-Studium u. Leitfaden für den theoret. u. prakt. Unterricht. Mit aus den Kriegsjahren der Neuzeit entnommenen, die Theorie erläuternden Beispielen. Mit 8 Plänen. Lex. 8. Wien. Braumüller. 1862.   n. 2 ²/₃ Rthlr.

Zweytinger, *Schiffsbaumstr.*, **G.**, die Seemacht Englands u. Frankreichs militärisch-statistisch. Nebst Unterscheidung der in den Kriegsmarinen beider Staaten gebräuchlichen Schiffe etc. gr. 8. Leipzig. Remmelmann (jetzt Meuth in K.) 1854.   n. ¹/₃ Rth.

Zwiedinck, Ferd., *Hauptmann*, Anwendung des Eisens zu den Erzeugnissen der Artillerie; enthaltend die Beschreibung eiserner Feld-, Festungs- und Küsten-Lafetten, eiserner Geschützrohre der Engländer, Schweden u. Franzosen etc. Nach der Beschreibung von A. Thierry, franz. Artill.-Capit., im Hinblick auf d. in Oesterreich ausgeführten Versuche. Mit 1 lith. Taf. gr. 8. Mainz. Kupferberg. 1846. n. 1 Rthlr.

Zwikol, *Capit.*, *Dr.* **Otto,** Tagebuch geschrieben während der nordamerik.-mexikan. Campagne im J. 1847, 1848, auf den beiden Operationslinien. gr. 8. Halle. Schmidt. 1849. ³/₄ Rth.

Zychlinski, *Major*, **Frz.** von, Geschichte des 24. Infanterie-Regimentes. 1—2. Thl. gr. 8. Berlin. Mittler's Sort. (A. Bath.) 1854, 57. à n. 2 Rth.

— — das preussische Offiziercorps als Erzieher d. Volkes. gr. 8. Berlin. Wagner. 1862. 3 Sgr.

Abtheilung B.

Systematische Uebersicht.

I. Literatur — Wörterbücher — Zeitschriften.

Archiv für Offiziere der k. preuss. Artillerie.
— für Offiziere aller Waffen.
Armee-Courier, der.
Beauvais, études françaises de litterature militaire.
Blätter über Pferde und Jagd.
— hippologische.
— militärische.
— für Kriegswesen.
Coster, dictionn. français — allemand de la technol. militaire.
Courbière, die Armee und die Zeit.
Handbuch der militärischen Fremdwörter.
Handwörterbuch, militärisches.
Hoynigg, alphabet. Repertorium.
Jahrbuch für Pferdezucht.
Kamerad, der.
Katalog der geschichtl., geogr. und militärischen Literatur.
Kletke, Repertorium zum Militär-Wochenblatt.
Kriegerzeitung, deutsche.
Löhr, grosses Kriegswörterbuch.
Militär-Conversations-Lexicon, österreichisches.
Militär-Encyclopädie, allgemeine.
Militär-Literatur-Zeitung.
Militär-Wochenblatt für das deutsche Bundesheer.
Militär-Zeitschrift f. Norddeutschl.
— — demokratische.
— — schweizerische.
Militär-Zeitung.
— — neue.
— — allgemeine.

Militär-Zeitung allgem. schweizer.
— — illustrirte.
Militär- und Marinezeitung.
Petzoldt, Uebersicht der gesammten militär. Bibliographie.
Pferdefreund, der.
Ross, das, Wochenschrift.
Rüstow, militär. Handwörterbuch.
Schimmelpfennig, Handbuch für den mater. Inhalt.
Schwarzer, Militär-Lager- und Feldlexikon.
Seelhorst, Deutschlands Militär-Literatur.
Soldatenblatt für Jung und Alt.
Soldatenfreund, österreichischer.
— — der, Zeitschrift.
Sporn, der.
Sport.
Sturmfelder, Repertorium der deutschen Militär-Journalistik.
Supplement-Band zu den Militär-Wochenblättern.
Verzeichniss, systematisches, der Militär-Literatur.
Wachtstube, die, Illustr. Soldatenbl.
Wehrzeitung, deutsche.
— preussische.
Witzleben, Deutschlands Militär-Literatur.
Zeitschrift, preuss., milit. ärztliche.
— österreich. militärische.
— für Kunst, Wissenschaft und Geschichte des Krieges.
Zeitschrift, allgemeine militärische.
— f. d. schweiz. Artillerie.
Zeitung, militärische.

II. Kriegskunst — Kriegswesen — Generalstabswissenschaft.

Aster, nachgelassene Schriften.
Auswahl aus den Schriften Napoleon III.
Barthold, Gesch. d. Kriegsverfassung.
Baldamus, Kriegswissenschaft.

Beleuchtung und Widerlegung.
Beogradez, der Krieg.
Berneck, Grundriss der Geschichte des Kriegswesens.

14

III. Heerwesen im Allgemeinen.

IV. Vorschriften, Reglements, Bestimmungen etc. überhaupt. Ausrüstung, Verwaltung, Verpflegung etc.

Reglement über die Bekleidung der
Truppen im Frieden.
— über die Natural-Verpflegung.
— — die Servis-Competenz.
— für die Beförderung v. Truppen.
Reisekosten-Regulativ.
Riemer, militärisches Eisenbahn-Reglement.
Rodowicz Osw., die eiserne Portion.
Rudolf, Leitfaden für den Unterricht
in der Militär-Administration.
Sammlung der Bequartierungs-Vorschriften.
— der in Kraft bestehenden Gesetze etc.
— und Zusammenstellung.
Schlemüller, Auszug aus d. Belehrung.
Schmid, alphab. geordnetes Handbuch.
Schmidt, d. Militärpflicht u. d. Aush.-
Geschäft.
Schopf, praktische Darstellung.
— der kais. österr. Militärdienst.
Schwartze, Handbuch für Militär-Versorgungs-Berechtigte.
Servistarif für sämmtliche Garnisonen.
Sonklar, Abhandlung über die Heeresverwaltung.
Standespflichten, die und allgemeine
Vorschriften.

Stopfer, Lehrbuch über die Militär-
Grenzverwaltung.
Streffleur, die Dienstvorschriften.
Taborsky, der Manipulant.
Ueber die rationelle Ernährung des
Soldaten.
— die militär. u. techn. Grundlagen
der Truppen-Transporte.
Vauchelle, Lehrgang der französ. Militär-Verwaltung.
Versorgung, die, der Militärpersonen.
Vogelmann, die badische Militär-Verwaltung.
Volkmann, praktische Tabelle.
Vorschriften für die Bekleidung und
Ausrüstung.
— des k. k. Dienst-Reglements.
— über die Verpflegung des königl.
bayerschen Heeres.
Wirthmann, Handbuch über die Heirathscautionen.
Wort, ein, über Organisation, Bekleidung ect.
Wunder, Anleitung.
Wyhr, Handbuch oder Instruktion.
Zusammenstellung der Gnadengehalts-
Competenzen.
— der auf das Institut der würtemb.
Landwehr etc.

V. Erziehung und Bildungswesen — Theoretische Ausbildung. Stylistik.

Anleitung zur Anfert. militär. wissenschaftl. Ausarbeitungen.
Ansichten über die theor., prakt. u.
moral. Heranbildung einer Armee.
Auszug aus den Regulativen für das
k. sächs. Cadettencorps.
— aus den Regulativen für die k.
sächs. Militär-Bildungs-Anstalten.
Baumann, die militärische Beredsamkeit.
Baxter, Handbuch der Freiwilligen.
Bentheim, die Erziehung und Ausbildung des preussischen Soldaten.
Berndt, Leitfaden für den Unterricht
des einjährigen Freiwilligen.
Berneck, Grundriss für Militär-Dienstschriften.
— Form und Fassung von Militär-
Dienstschriften.

Bestimmungen im Betreff d. Aufnahme
v. Knaben in d. k. Kadetten-Corps.
Bestimmungen über d. Aufnahme v.
Jünglingen in d. k. bayerschen Kadetten-Corps.
Blum, Mittheilungen für die Unterhaltungsstunde.
Centner, die ersten Vorkenntnisse d.
Militär-Geschäftsstyls.
Chursilchen, Blätter für Geist und
Herz.
Crousaz, Geschichte des kön. preuss.
Kadettencorps.
Decker, Lesebuch für Unterofficiere
und Soldaten.
Dienst-Unterricht des Soldaten.
Dossow, Anleitung z. Anfertigung d.
militär. schriftl. Arbeiten.
E. v St., das Leben im Felde.

Waldersee, Leitfaden bei der Instruktion d. Infanteristen.
Wickede, die Rechte und Pflichten d. Olliziers.
Wie bildet man gute Truppenführer.

Wytlačil. Lehrbuch für Compagnie-Schulen.
Zur Geschichte der höheren Militär-Bildungsanstalten.

VI. Ausbildung körperliche.

T u r n-, F e c h t-, S c h w i m m - K u n s t.

Albanesi, Theorie der Fechtkunst
Anleitung zum Betrieb d. Gymnastik.
— das Contraschlagen in kurzer Zeit zu erlernen.
— zum Turnunterricht für d. eidgenöss. Truppen.
d'Argy. Instruktion für d. Schwimm-Unterricht.
Badewitz, Uebungstafeln für den Unterricht in der Gymnastik.
Bajonettfechten, das.
Bajonettfechtschule, gründliche.
Balassa, Fechtmethode.
— die militärische Fechtkunst.
Böttcher, die reine deutsche Stoss-fechtschule.
Dierkes, Leitfaden d. Unterrichts im Säbelfechten.
Euler, über die Nothwendigkeit.
Fehn, die Fechtkunst.
Frankenberg-Ludwigsdorf, das Fleurettiren.
— die Gymnastik als Mittel z. Ausbildung des preuss. Soldaten.
— Betrachtungen über das Bajonettfechten.
— Winke für Vorfechter.
Gelenkübungen, die.
Görne, die Gymnastik und die Fechtkunst.
Gymnastik, die und die Fechtkunst.
Heinze, Katechismus der Bajonettfechtkunst.
Hermann, Grundzüge einer Anleitung zum Säbelfechten.
— Schlüssel zur Kunst des Säbelfechtens.
Instruktion für den Betrieb d. Gymnastik.
Keil, Wehr-Turn-Buch.
Kloss, die Turnschule des Soldaten.
Klnge, Kommando-Tafeln für d. Degen- und Bajonettfechten.

Kluge, Entwurf einer Instruktion.
Köthe, das Stossfechten.
Linsingen, Handbuch zur Anweis. d. Soldaten in der Gymnastik.
Manuel, pour l'enseignement de la gymnastique aux troupes fédérales.
Metz, Fechtbuch für die Prim-Auslage.
Meyer, das Stoss- und Hieb-Fechten.
Mieg und Schulz, Leitfaden für den Turn-Unterricht.
Olberg, Anleitung zur Militär-Gymnastik.
Ott, das System der Fechtkunst à la contrepointe.
Plessner, Gymnastik und Instruktion.
Reihenfolge der Kommandowörter.
Rothstein, Anleitung zum Betriebe der gymnast. Freiübungen.
— Anleitung zum Bajonettfechten
— das Bajonettfechten.
— das Stoss- und Hiebfechten.
Roux, Anweisung zum Hiebfechten.
— die Kresslersche Stossfechtschule.
Stocken, Uebungstabellen.
Strantz, Leitfaden zum Stossfechten.
Sutors künstl. Fechtbuch.
Täglichsbeck, Beiträge zur Geschichte des Turnwesens.
Thümen, Instruktion für den militär. Schwimmunterricht.
Tollin, neue illustr. Fechtschule.
Turnen, das, der k. k. Infanterie u. Jäger.
Unterrichtsplan für den Betrieb des gymnast. Unterrichts.
Vorschriften für den Unterricht im Fechten.
— für den Unterricht im Bajonettfechten.
Werner, Militärgymnastik.
Wittich, die Gymnastik.

VII. Disciplin. — Militärischer Geist. — Justiz.

VIII. Medizinal-Wesen.

Aust. systemat. Darstellung der k. k.
Österr. Militär-Spitäler-Verfassung.
Beck, Leitfaden beim Unterricht d.
Sanitäts-Mannschaft.
— die Schusswunden.
Bericht, der. vom Kriegsministerium
am 16. Aug. 1848.
Betschler. über den Bericht.
Betzel. Feldausrüstung der bayerschen
Militär-Sanität.
Beyer, Instruktion für Militärärzte.
Billruth. historische Studien über Be-
handlung v. Schusswunden.
Diätetik für Offiziere auf dem Mar-
sche und im Felde.
Eckart, Sammlung von Verordnun-
gen über das baiersche Militärsa-
nitätswesen.
Erismann. Armee- und Militärsani-
tätswesen.
Friedmann. über Arzneikunde.
Grauvogl. Diätetik.
Gruber, Entwurf zu Militärsanitäts-
wagen.
Gurlt, über den Transport Schwer-
verwundeter.
Hoffmann. Entwurf einer Medicinal-
ordnung
Jahresbericht über die Leistungen in
der Kriegsheilkunde.
Instruktion für Militär-Aerzte.
Kraus. system. Darstellung des Mili-
tär-Sanitätswesens.
Löffler, Grundsätze u. Regeln.
Lorenz. ärztl. Militär-Untersuchung.
Mezler v. Andelberg. der ärztliche
Rathgeber für den Soldaten.
Mühlbaner, das Militär-Medicinalwe-
wesen Bayerns.

Neubert, Darstellung der ärztlichen
Bildung.
Quitzmann, über Sanitätscompagnien.
Reform der Militär-Sanität.
Reglement für die Friedenslazarethe.
Reglements. provisorische, für Militär-
Aerzte.
Richter, welche Maassregeln.
— über Organisation des Feld-Laza-
reth-Wesens.
Riecke, Kriegs- und Friedenstyphus.
Rolowicz-Oswiecinski. über Militär-
Transporte.
Ross, Militärärztliches.
Scheller, die amtlichen Circuläre.
Schiller. Verband- und Transportlehre.
Schwartz. Beiträge zur Lehre von d.
Schusswunden.
Selbsthülfe auf dem Schlachtfelde.
Simon. über Schusswunden.
Sommer, über die äusseren Standes-
Verhältnisse.
Steiner. Handbuch für die Feldärzte
der k. k. Armee.
— die Feldärzte
Strohmeyer. Maximen der Kriegs-
heilkunst.
— grössere Zusätze.
Tivadek, Gesundheitsregeln für den
Soldaten.
Ueber die Stellung des Militär-Ge-
sundheitswesens.
Vorschriften zur Gebahrung d. Ver-
rechnung.
Wasserfuss. Beiträge für Militär-Heil-
pflege.
Wollenhaupt. die Beurtheilung der
Militärsanität.

IX. Taktik und Strategie im Allgemeinen. Manoeuvre und Truppenübungen.

Abhandlung über Kriegsmärsche.
Andeutungen für die Selbstausbildung
d. subalt. Offiziere.
Anleitung. praktische zur richtigen
Auffassung taktischer Aufgaben.
— kurze zum Felddienst.

Anleitung, erste des Soldaten in
der einzeln. zerstr Gefechtsart.
— zur Uebung des Felddienstes.
— zum Unterricht im Schätzen der
Entfernungen.

Ansichten über taktische Ausbildung des Soldaten.
— und Erfahrungen eines Füsilier-Offiziers.
Aphorismen und Ideen, taktische.
Ausbildung, die, der Truppenführer f. das Gefecht.
Auszug aus dem Abrichtungs-Regl.
Ausbildung d. Soldat. in geöffneter u. zerstreuter Fechtart.
d'Azemar, Betrachtungen über die gegenwärt. Taktik.
— Theorie der Kämpfe mit dem Bajonett.
Baumann, der Feldwach-Commandant.
— der Sicherheitsdienst im Marsche.
Bechthold, die Nothwendigkeit einer Vereinbarung über gleiche Kommandowörter.
Beispiele, erläuternde, zur Unterrichtsmethode.
Berneck, Elemente der Taktik.
Betrachtungen über Dorfgefechte.
— allgemeine über Kriegführung.
Brandt, Grundzüge der Taktik der drei Waffen.
— der kleine Krieg in seinen verschiedenen Beziehungen.
Bugeaud, Bemerkungen über mehrere Einzelnheiten des Krieges.
— praktische Andeutungen üb. Kriegführung.
Burow, über den taktischen und strategischen Werth.
Callot, strategische Skizze.
Clausewitz, vom Kriege.
Decker, der kleine Krieg.
— die Taktik dreier Waffen.
Diehl, Anleitung zum Studium der Taktik.
Driese, notions générales sur le passage et la défense des rivières.
Dufour, Lehrbuch der Taktik.
Du Jarrys, Gedanken üb. Feldübungen.
Eisenbahnen, die und ihre Benützung als militär. Operationslinien.
Entwurf einer Instruktion über den Dienst der Patrouillen etc.
Exercier-Aufgaben.
Felddienst, insbesondere für Infanterie u. Kavallerie.
— der, mit besond. Berücks. d. Vorposten- etc. Dienstes.
— der in der französ. Armee.

Feldmanoeuvre, die.
— die in Anreihung an Uebungen gemischter Truppen.
Feuergruppengefecht, das.
Formelle, das, des Plänklerdienstes.
Förster, das Tiraillement im coupirten Terrain.
— Meldungen über Felddienst.
Friedlein, Handbuch f. d. Felddienst.
Gavenda, die Kompagnie in geschlossener und geöffn. Schlachtordnung.
— Vertheidigung und Angriff einzelner Gegenstände.
— kurzgefasster Felddienst.
Gedanken, einige, über die heutige Kriegführung.
Gefechtslehre für Unteroffiziere.
— der drei Waffen.
Geret, Leitfaden zum Selbstudium d. Strategie.
Griesheim, Vorlesungen über Taktik.
Grüll, der Offizier im Felde.
Grundsätze der Strategie und Taktik.
Grundsätze in d. zerstreuten Fechtart.
Grunzüge des Felddienstes.
— zur Feststellung eines Manoeuvrir-Reglements.
Guttzeit, die Taktik im Gebiete des kleinen Krieges.
Handbibliothek für Offiziere.
Handbuch über Lagerung und Vorposten für Infanterie.
— praktisches zur Lösung taktischer Aufgaben.
Hellmuth, der kleine Krieg.
Heydt, Freilager, Vorposten-Aufstellung etc.
Hollstetter, das Exercier-Reglement für die eidgenöss. Truppen.
Höfler, Gedanken über taktische Ausbildung.
— Anwendung der Feldbefest. nach den Erfordernissen d. Taktik.
Instruktion des Felddienstes.
Julius, Ideen üb. d. taktischen Formen.
Kampf, der, e. Infanterie-Bataillons.
Katechismus des kleinen Krieges.
Kriegshandbuch, kleines, für Offiziere.
Kuchenbäcker, Vorlesungen über Kriegskunst.
Maillinger, der Felddienst.
— Feldtaschenbuch.
Mauch, Ausbildung der Compagnie im Felddienst.

X. Werke speciell für die Infanterie.

Anszug, aus d. Exercier-Reglement für
die k. k. Fusstruppen.
— aus dem Exercier-Reglement für
die Infanterie d. k. preuss. Armee.
— aus dem Manoeuvrir-Reglement f.
die k. k. Infanterie.
— v. Reglements für die dänischen
Infanterie-Exercier-Schulen.
Aviso und Signale für die k. k. In-
fanterie.
Baumann, Aphorismen über d. Schüt-
zen der Infanterie.
— die Schützen der Infanterie.
Beckedorff, ein Wort über leichte
Infanterie.
Betrachtungen über den Sommerdienst
der Infanterie.
— über das Exercier-Reglement der
Infanterie.
Böhn, Ansichten über Methode zur
Ausbildung der Infanterie.
Commandoworte aus d. Abrichtungs-
Regl. für Infanterie.
Compendium zum Unterricht.
Dienst- und Notizkalender für Infan-
terie-Offiziere.
Dienst-Reglement für die k. k. In-
fanterie.
Dossow, Instruktion für den preuss.
Infanteristen.
Dub, Auszug aus dem Abrichtungs-
u. Exercier-Regl. f. Infanterie.
— das kais. königl. österr. Linien-
Infanterie-Regiment.
Ernst, Theorie zum Trommel-Un-
terricht.
Exercieren, das, der königl. preuss.
Infanterie.
Exercier-Reglement für die Infanterie
d. hannov. Armee.
— — für die k. k. Jäger
— — für die k. k Infanterie.
— — für die k. k. Linien- u. Grenz-
Infanterie.
— — das neue für sämmtliche k.
k. Fusstruppen.
— — für die k. k. Fusstruppen.
— — für d. Infanterie d. k. preuss.
Armee.
Exercier-Reglement f. d. k. sächsische
Infanterie.
Figurentafeln zum Abrichtungs-Regl.
für die k. k. Fusstruppen.
Floto, Handbuch f. Subalternoffiziere.

Förster, der Felddienst der leichten
Infanterie.
Funktionen, die, der Unteroffiziere.
Fussbekleidung, die, des Infanteristen.
Handbuch für Unteroffiziere d. kön.
hannov. Infanterie.
Hautelmann, Schützeninstruktion.
— zweites Kapitel des Exercier-Re-
glements.
Heimburg, das Scheibenschiessen.
Helldorf, der Unteroffizier der Land-
wehr-Infanterie.
— der Infanterie-Unteroffizier als
Sectionsführer.
Hoermann, Grundzüge eines Systems
der Infanterie.
Huhn, die Griffe und Chargirung mit
dem Zündnadelgewehr.
Jaitner, Exercier-Reglement für In-
fanterie.
Ideen über Organisation.
Infanterie, die leichte.
Infanterie-Feuergewehr.
Instruktion für die Infanterie-Lehr-
Bataillons.
— für den Infanteristen d. k. preuss.
Armee.
Instruktionsbuch f. Soldaten d. Infant.
Julius, Ideen über d. taktischen For-
men der Infanterie.
Kampf, d., eines Infanterie-Bataillons.
Kamptz, der Dienst der Infanterie.
Katechismus in Fragen u. Antworten.
Kessel, die Ausbildung d. preuss. In-
fanterie-Bataillons.
— der badische Soldat d. Infanterie.
Kleist, Leitfaden f. angehende Land-
wehr-Unteroffiziere d. Infanterie.
Koch, Instruktion f. d. Infanteristen.
Koehler, Leitfaden f. d. theoret. Un-
terricht d. Infanteristen.
Kommandoworte und Bemerkungen
für den Rekruten.
Kommando, die, für das Kompagnie-
etc. Exercieren.
Kommandoworte aus d. Abrichtungs-
Reglement f. d. k. k. Fusstruppen.
Kompagnie-, Divisions- u. Bataillons-
Exercieren.
Kompagnie-Schule.
Leitfaden bei der Instruktion des In-
fanteristen.
— zu den Waffenübungen der baier-
schen Infanterie.

XI. Werke speciell für die Kavallerie. — Reitkunst und Pferdekunde.

Fechtart, die zerstreute, d. k. k. Cavallerie.
Felddienst, der, der Reiterei.
Feller, kurzgefasster Unterricht in d. Pferdewissenschaft.
Fikentscher, Album f. die Cavallerie.
Fortwängler, Handbuch für Pferdebesitzer.
Froriep, die Pferderaçen.
Gavenda, Handbuch der Pferdekunde.
Gayot, die Zucht des arabischen u. englischen Vollbluts.
Gellhorn, Leitfaden zur Ausbildung der Remonten.
Gordon, die englische Pferdedressur.
Graf, Anleit. z. Kenntniss d. Pferdes
— die Muskellehre des Pferdes.
— und Müller, Bericht.
Gräfe, die Zäumung des Pferdes.
— Haltung und Sitz des Reiters.
— das Reitzeug und die Geschirre.
— zur Geschichte der lithauischen Landgestüte.
— kurze Anleitung zur Aufzucht d. Pferde.
— die hippologische Literatur.
Gross, die Hufentzündung d. Pferde.
Günther, das Gangwerk d. Pferdes.
Haas v. Bilgen, Gedanken üb. d. Huf.
Halm, Taschenbuch f. Pferdebesitzer.
Handbuch für die Cavallerie-Mannschafts-Schulen.
Hassel, welche Einwirkung.
— Rathschläge zur Behandlung des Pferdehufes.
Heidemann, das Pferd.
Heidenreich, über die Behandlung d. Pferdes.
Heine, über Beförderung der Landespferdezucht.
Heinrichs, d. rationelle Pferdezüchter.
Heinze, hippolog. Reisen in Deutschland.
— Vorschläge zu e. nothw. Reform d. deutschen Landgestüte.
— Pferd und Reiter.
Herbst, praktischer Unterricht über Pferdezucht.
Hermann, das Reitpferd, seine Eigenschaften und Behandlung.
— das Zugpferd, seine Eigenschaften u. Behandlung.
Hertwig, Taschenbuch d. gesammten Pferdekunde.

Hensmann, Bemerkungen und Ideen.
Hochstetter, Militär- und Civil-Reitschule.
Hoffmeister, kritische Beleuchtung.
Hofzinser, über den innern Dienst.
Holstein, militärische Notizen.
Hufbeschlag, der.
Hugonnet, Betrachtungen über die Reiterei.
Jacoby, Katechismus der Pferdezucht.
— Anleitung zur äusseren Pferdekenntniss.
Jäger, das orientalische Pferd.
Jannasch, unsere Pferde.
Jessen, die nothwendigsten Huf- und Klaueneisen.
— Hufbeschlagskasten.
Im-Thurn, Taschenbuch für Pferdebesitzer.
Instruktion für Unteroffiziere u. Soldaten der Reiterei.
— für den Cavalleristen.
Instruktionen für k. bayr. Cavallerie-Unteroffiziere.
Johnson, das Nothwendigste.
Kamptz, der Dienst in den Krankenställen.
Kappel, die Elementarlehre der Reitkunst.
Karacsay, Handbuch f. Unteroffiziere.
— der ungarische Sattel.
Kästner, die Reitkunst.
Katechismus über das Aeussere etc. des Pferdes.
Kegel, Mittheilungen aus dem Umfange der Pferdezucht.
Klemm, der kleine Stallmeister.
Koch, Vorschläge
— Erwiderung
Koehler, Reit- und Fahrschule.
Kommando-Tabelle aus d. Exercier-Reglement d. Cavallerie.
— Worte und Signale aus d. Exercier-Reglem. f. d. k. k. Cavallerie.
— Worte und Signale aus dem Abrichtungs-Reglement für die k. k. Cavallerie.
Koppel, die Elementarlehre der Reitkunst.
Kövess von Aszodés Harkaly, Anleitung.
Krane, die Beurtheilung d. Pferdes.
— Pferd und Wagen.
— die Dressur des Reitpferdes.

XII. Werke speciell für die Artillerie.
Waffenlehre.

Schultze, d. neue chemische Schiess-
pulver.
Skizze, genetische des Lehrstoffes f.
d. Unterricht in der Waffenlehre.
Steinle, die Spitzgeschosse.
Stempfer, das Schiesspulver.
Stern-Gwiazdowski, über Partikular-
bedeckungen der Batterien.
Steurer, Pläne zum Taschenbuche d.
Waffen-Unterrichts.
Streubel, die zwölfpfündige Granat-
kanone.
Szymanowitz, Ideen über die Forma-
tion d. Feld-Artillerie.
Taschenbuch d. Waffen-Unterrichtes.
Taschenbuch für d. Artilleristen.
Taubert, Grundzüge für den taktisch.
Gebrauch d. reitend. Artillerie.
— das Verhalten u. d. Verwendung
d. Feld-Artillerie.
— Gefechtslehre d. Feld-Artillerie.
Teichmann, über die Anlage v. Küsten-
batterien.

Terssen, gezogene Geschütze.
Ueber Führung u. Gebrauch d. Feld-
Artillerie.
Unterricht, der, über Feuerwaffen.
Unterrichts-Schriften für die verein.
Artillerie- u. Ingenieurschule.
Verordnung d. Transport von Pulver
betreffend.
Vieth, die Flugbahn der Geschosse.
Vogel, das preussische Zündnadel-
gewehr.
Vorschriften für die Unteroffiziere u.
Mannschaften.
Vorschrift für den innern Dienst d.
k. würtemb. Artillerie.
Waffenlehre, allgemeine.
Wagner, Handbuch für d. Artillerie.
Wittenburg, ballistische Studien.
Wolff, d. Offizier als Schiesslehrers.
Zündnadelgewehr, das.
Zur Instruktion des Soldaten über d.
gezog. Infanterie-Gewehr.
Zwiedinek, Anwendung des Eisens.

XIII. Ingenieurwissenschaften.

Feldbefestigung. — Festungskrieg. — Pionierdienst.

Abhandlung über die Feldbefestigung.
— — Kriegminen.
Andres, Handbuch zum Brückenbau
im Felde.
Arenberg, l'art de la fortification.
Aster, die Lehre vom Festungskriege.
Beitrag, ein zur Frage über die Er-
weiterung v. Mainz.
Bemerkungen, einige über den Ein-
fluss der gezogenen Geschütze.
Berg, die bayersche Landesfestung
Ingolstadt.
Blumhardt, die stehende Befestigung.
Brunner, praktisches Taschenbuch für
den Mineur.
Bruns, der Festungskrieg.
Darstellung und Beschreibung einer
Polygonal- u. Kaponier-Befestigung.
Dziobek, Taschenbuch für den preuss.
Ingenieur.
Eisenbahnwesen, das, vom militär.
Standpunkte.
Entwurf einer neuen Befestigung.
Feld-Telegrafen-Reglement.
Fesca, Handbuch d. Feldbefestigungs-
kunst.

Festungsbaukunst, die.
Fogt, Grundzüge d. permanenten Be-
festigung.
Förster, Organisation der sogenannten
Pionier-Sectionen.
From, Handbuch d. Ingenieurdienstes.
Gemmingen, Leitfaden für den Vor-
trag d. Pioniercursus.
Grumbkow, fortifikatorische Figuren-
tafeln.
Grundzüge der Feldbefestigung.
— des Pionierdienstes.
Guttzeit, die Feldbefestigungskunst.
Handbuch des Ingenieurdienstes.
Hauer, Handbuch f. Pionier-Arbeiten.
Heyn, d. passagere Befestigungskunst.
Höller, Anwendung d. Feldbefestigung.
Ingenieur-Corps, das, d. preussischen
Armee.
Kamptz, die Vertheidigung der Fe-
stungen.
— der Dienst d. Munitions-Versor-
gung bei d. Vertheidigung d. Fe-
stungen.
Krieg v. Hochfelden, Geschichte der
Militär-Architektur.

232

XIV. Terrainlehre. — Zeichnen. — Aufnehmen. — Mathematik.

Abendroth, Terrainstudien zu dem Rückzuge des Varus.
Anleitung, praktische z. militärischen Aufnahme.
— — zur Recognoscirung und Beschreibung d. Terrains.
Bauernfeind, Elemente der Vermessungskunde.
Becker, das Aufnehmen nach dem Augenmaasse.
— das Aufnehmen mit d. Messtische.
Boehm, Terrainkunde.
Bose, Taschenbuch für das Abstecken u. Messen.
Broecker, d. Planzeichnen.
Burg, das Zeichnen und Aufnehmen.
— die geometrische Zeichenkunst.
Chauvin, die Darstellung der Berge, Karten und Pläne.
— d. Bergzeichen rationell entwickelt.
Cybulz, Anwendung der Plastik.
Darapsky, Anwendung d. ebenen Trigonometrie.
— ebene Trigonometrie.
Dittmer, Vorschriften zum Situationszeichnen.
Dürrich, Terrain-Zeichnungs-Schule.
— Terrainlehre.
Ellger, Anleitung zum schnellen Distanzmessen.
Enthoffer, Memorial über Ingenieur-Geographen-Wesen.
Etzel, Terrainlehre.
Fahbisch, Leitfaden für die Vorträge über Elementarmathematik.
Finck, das militärische Krokiren.
Ghilain, Lehrbuch der Arithmetik.
— — — Geometrie.
Grundzüge der Terrainlehre für die Ausbildung zum Offizier.
— der militärischen Aufnahme.
— der Terrainlehre.
— der physicalisch-vergleichenden Terrainlehre.
Haller, Lehrbuch der Elementar-Mathematik.
Handbibliothek für Offiziere.
Heinzmann, die Grundzüge der Terrainlehre.
Hofmann, Leitfaden für Arithmetik.

Hofmann, Sammlung von Aufgaben.
Kocziczka, praktische Anleitung zur militärischen Aufnahme.
Krone, Uebungsstücke z. Planzeichnen.
Leitfaden, kurzer, zur Terrainlehre.
Mackeldey, d. praktische Aufnehmen.
Meyer, Anleitung zur Recognoscirung d. Terrains.
Musterblätter zum topographischen Zeichnen.
Neutze, theor. praktische Schule des Situationszeichnens.
Ohm, Lehrbuch für den gesammten mathem. Elem. Unterricht.
Pannasch, über die Art des Vortrages der Terrainlehre.
— Terrainlehre.
Plehwe, Leitfaden für den Unterricht im milit. Aufnehmen.
— — für den theor. Unterricht im Planzeichnen.
Potevin, kurzer Abriss und Grundbegriffe.
Richter u. Bucher, Sammlung arithmet. Aufgaben.
— — Unterricht im Zahlenrechnen.
Rodowicz-Osw., prakt. Anweisung z. milit. Croquiren.
Romershausen, Militär-Fernrohr.
Schele, das Aufnehmen des Terrains.
Schinling, die Terrain-Aufnahme.
Skizze, genetische, für d. Unterricht in der Terrainlehre.
Steurer, praktische Anleitung zur militärischen Aufnahme.
Terrainlehre, die und das Recognosciren.
— für Offiziere aller Waffen.
Terrainlehre und à la vue Aufnahme.
Theinert, praktische Geometrie.
Uebersicht, beurtheilende.
Vega, Vorlesungen über Mathematik.
Vorschriften für topographische Zeichnungen.
Wallbrunn, Betrachtungen über eine erhöhte Terrainbenutzung.
Wanka, gemeinschaftliche Theorie d. Terraindarstellung.
Wedell, das militärische Aufnehmen.
— Theorie der Planzeichnens.

XV. Marine.

XVI. Kriegsgeschichte.

Uhlig von Uhlenau, das Kriegs-
jahr 1813.
Unter dem Doppeladler.
Ustrjalow, die Schlachten Russlands
v. 1700—1831.
Vertheidigung des Brückenkopfes v.
Pressburg.
Vincentius, der Krieg in Polen und
Ungarn.
Vogel, Theilnahme der preussischen
Artillerie.
Vor hundert Jahren.
Vorlesungen über Kriegsgeschichte.
Wachenhusen, Tagebuch vom italien.
Kriegsschauplatze.
Waldersee, der Kampf in Dresden.
Wangenheim, die Reserve-Brigade im
deutsch-dänischen Kriege 1849.
— Erinnerung. an Schleswig-Holstein.
Weigelt, Belagerung von Sebastopol.
Welden, d. Krieg d. Oesterreicher in
Italien.
Weldycz, der Antheil der Polen.
Weltzien, militär. Studien aus Olden-
burgs Vorzeit.
Werne, Feldzug v. Senaar nach Taka.
Wichmann, die britisch-deutsche Le-
gion 1855.
Wickert, die französ. Armee im Jahre
1854—55.
Wiebke. die ersten Jahre des nord-
amerikanischen Freiheitskrieges.
Wiesner, der Feldzug d. Ungarn ge-
gen die Oesterreicher.
Willisen und seine Zeit.
Wilson, geheime Geschichte des Feld-
zuges v. 1812.

Wiltsch, die Schlacht von nicht bei
Rossbach.
Winterfeldt und der Tag von Moys.
— der schleswig-holsteinsche Krieg
v. 1864.
Winterfeldzug, der, 1848—49.
— der, d. Revolutionskriege in Sie-
benbürgen.
Wissel, d. k. hannov. Artillerie ruhm-
würd. Thaten.
— Erlebnisse und Betrachtungen in
den Jahren 1848—51.
— interessante Kriegs-Ereignisse d.
Neuzeit.
Wittken, Geschichte d. kön. preuss.
Garde-Schützen-Bataillons.
Witzleben, aus d. Kriegsgeschichte d.
Herzogthümer Coburg u. Gotha.
Wörl, Schlachten-Atlas.
Zeidler, d. spanische Feldzug d. Ba-
taillons-Anhalt.
Zeschwitz, actenmässige Darstellung.
Ziegler, das k. k. 56. Linien-Infant.-
Regiment.
Zimmermann, Befreiungs-Kämpfe d.
Deutschen.
— Geschichte des grossen Bauern-
krieges.
Zum Säculargedächtniss v. 1758.
— 50jährigen Stiftungsfeste.
Zur Geschichte d. ehemal. ostpreuss.
National-Kavallerie-Regiments.
Zurkowski, kurze Darstellung des
Feldzuges in Baden.
Zwickel, Tagebuch.
Zychlinski, Geschichte d. 24. Infant.-
Regiments.

XVII. Biographien. — Memoiren. — Denkschriften.

Alison, das militär. Leben d. Herzogs
v. Marlborough.
Aus der Kaserne. Memoiren eines
österr. Militärs.
Aus Karl von Nostiz Leben und
Briefwechsel.
Barfus-Falkenberg. Ein Beitrag zur
Kriegsgeschichte.
Barsewich, meine Kriegs-Erlebnisse
während des 7jähr. Krieges.
Baumann, meine Erlebnisse.
Beitzke, aus dem Leben d. preuss.
General-Lieutenant v. Sohr.

Bernhardi, Denkwürdigkeiten aus d.
Leben d. Grafen v. Toll.
Biographie des Feldzeugmeisters Julius
Grafen v. Haynau.
Bismark, Aufzeichnungen.
Burg, Geschichte meines Dienstlebens.
Dehnel, Rückblicke auf meine Militär-
Laufbahn.
— Erinnerungen deutscher Offiziere.
Denkmal der Erinnerung an den Ge-
neral-Lieut. v. Sohr I.
Denkschrift über d. Uebungslager bei
Augsburg.

XVIII. Geographie. — Statistik. — Reisen.

XIX. Schriften vermischten Inhaltes. — Broschüren.

Militär-Kalender für 1852 58.
Militär-Meuterei, die, in Baden.
— Notiz-Kalender, preussischer.
Militär-Organisation, die.
Militärstaat, der.
Militär-Vorlagen, die, u. ihre Gegner.
Nachweisung der freiwilligen Jäger
und Volontairs.
Nanne, die Militärfrage Preussens.
Napoleons III. Werke.
Nedbal, kritische Bemerkungen.
Noch ein Wort zum näheren Ver-
ständniss.
Nothwendigkeit, die, der neuen Mili-
tär-Organisation.
— die, einer Modifikation.
Parton, General Buttler in New-
Orleans.
Pettenkosser und Strassgeschwandter,
die k. k. öster. Armee.
Rittinghausen, die Vervollständigung
des preuss. Vertheidigungs-Systems.
Rocher le, de Bronze, Betrachtungen.
Runstedt, die griechische Armee und
die Revolution.
Rüstow, das preussische Militärbudget.
— die preussische Armee.
— zur Militärfrage.
— z. Warnung v. d Compensationen.

Schulz-Bodmer, Militärpolitik.
Schwertlieb, der Krieg der Zukunft.
Seydlitz, Wrangel und der Major
von Luck.
Sturz, Deutschlands Küstenschutz.
Taschen-Almanach für d. k. k. österr.
Armee.
Träumereien, militärische.
— kriegerische und friedliche.
Tschischwitz, Anleit. z. Kriegsspiel.
Ueber d. Generalität d. französischen
Armee.
Uebersicht, statistische.
Unserer Armee.
Venedig und der europäische Friede.
Vergleichung der früheren Perioden.
Viel Feind', viel Ehr'!
Warum unterlag Oesterreich?
Was thut der preuss. Armee noth?
Was dem Heere noth thut.
Wehrpflicht, die, als Staatskraft.
Wilcken, deutsches Heer u. deutsches
Volk.
Witzleben, aus alten Parolebüchern.
Wo ist die Wurzel der Trillerei zu
suchen.
Zychlinski, das preussische Offizier-
Corps.

XX. Militärische Belletristik.

Alvensleben, Kasernenabende.
Bade, Tornister-Bibliothek.
Baudissin, Schleswig - Holstein meer-
umschlungen.
Beck, malerisches Militär-Album.
— Scenen aus dem Kriegsleben.
Bernhard, der deutsche Soldat.
Bianco di San Jorioz, Casernen-Erzäh-
lungen.
Bilder aus dem Honvéd-Leben.
Byr, Cantonirungsbilder.
Ebersberg, Zur Milares.
— Am Wachfeuer.
Eram, Skizzen aus den Jugendjahren
eines Veteranen.
Erdmannsdorf, der Jäger im Kriege.
Erzählungen, harmlose, aus dem letz-
ten russischen Feldzuge in d. Krim.
Estván, Kriegsbilder aus Amerika.
Flir, Bilder aus d. Kriegszeiten Tirols.

Gemminger, Tornisterbüchlein.
Goss, Genre-Bilder aus den schleswig-
holstein'schen Feldzügen.
Göthe, aus dem Leben eines sächsi-
schen Husaren.
Gundling, deutsche Hiebe.
— Fes und Tschako.
— Bilder aus dem Lagerleben.
— Federzeichnungen.
Hackländer, Krieg und Frieden.
— illustrirte Soldatengeschichten.
— Nicht illustr. Soldatengeschichten.
— Soldatengeschichten f. d. Militär.
— Wachtstuben-Abenteuer.
— Bilder aus dem Soldatenleben.
— Soldatenleben im Frieden.
Heseckiel, neue Soldaten-Geschichten.
— Patronentaschenbuch.
— Soldatengeschichten.
Kamerad, d. lustige u. tapfere Soldat.

Kanitz, aus dem deutschen Soldaten-
leben.
Kaukoffer, Ruhmeshalle d. k. k. österr.
Armee.
Liederbuch für die preuss. Armee.
—   —   sächsische —
Lienau, meine Erlebnisse.
Meerheim, Soldatenwelt.
Mente, von der Picke auf.
Militärbibliothek, österreichische.
Monument, das, bei St. Jacob.
Pflug, v. Auerstedt bis Belle-Alliance.
Reinhard, Ich dien'.
Soldatenbibliothek, illustrirte.
Soldatengeschichten, illustrirte.
—   —   nicht illustrirte.
Soldaten-Kalender für 1862.
—   —   v. Vogel.
Soldatenleben, ein. Erinnerungen.
Soldatenlieder.
Staroste, Erzählungen in d. Wachstube.

Suckow, aus meinem Soldatenleben.
Taschenbuch für preuss. Soldaten.
Unterhaltungsbibliothek, militärische.
Vademecum, militärisches.
Von einem deutschen Soldaten.
Von der Eider bis Düppel.
Von Düppel bis zur Waffenruhe.
Von Alsen bis zum Frieden.
Vorberg, Auf Vorposten.
Was sich die Offiziere im Bureau
erzählten.
Wickede, Bilder aus dem Kriegsleben.
— preussische Husarengeschichte.
— Erzählungen eines österreich. Ve-
teranen.
— der Sohn des Regiments.
— die Soldaten Friedrich d. Grossen.
Winterfeld, Soldaten Leid und Lust.
— Garnison-Geschichten.
— Manoeuvre-Geschichten.
Züge aus d. Soldatenleben im Kriege.

Anhang.

Auswahl von Karten & Plänen Europa's

aus dem letzten Jahrzehnt.

I. Europa im Allgemeinen.

Franz, J., Post- u. Eisenbahnkarte von Central-Europa nach F. Handtke's Post u. Reisekarte reducirt. Verhältniss 1 : 200,000. Neue Ausg. Lith. u. col. Imp. Fol. Glogau. Flemming. 1864.
¹/₂ Rth. aufgez. 1 Rthlr.

Friedrich, L., Post- und Reisekarte v. Mittel-Europa. Gez. v. C. Arends. (Neue Ausg.) 4. Blatt. Kpfrst. u. illum. Imp.-Fol. Gotha. J. Perthes. 1860. n. 2 ¹/₂ Rthlr. — Auf Leinw. u. in engl. 8.-Carton 3 Rthlr. ; m. Rollen 3³/₄ Rthlr.

Gräf, A. & C., Europa, politische Uebersicht. Maasst. 1 : 10000000 Kpfrst. u. col. Imp. Fol. Weimar. Geogr. Institut. 1864.
n. ¹/₃ Rthlr.

Handtke, F., Specialkarte der Eisenbahnen Mittel-Europas mit Angabe aller Eisenbahnstationen etc. Maassst. 1 : 1,300,000. Neue Ausg. 4 Bl. Lith. u. color. Imp. Fol. Dresden. Kuntze. 1862.
n. 2 Rth.

Hendschel, *Gen.-Post-Dir.-Sekr.* U., neueste Eisenbahnkarte v. Central-Europa m. genauer Angabe aller Stationen u. der influirenden Post-Verbindungen. Nach den zuverlässigsten Quellen neu bearb. Maassstab 1 : 1,900,000. (Neue Ausg.) Lith. und color. Imp.-Fol. Frankfurt a. M., Jügel's Verl. In 8.-Carton. 1863.
1 Rthlr. auf Leinw. 1 ¹/₂ Rthlr.

Hermann, M., Eisenbahn-Karte v. Mittel-Europa m. Angabe d. Bahnstationen u. Postverbindungen. Nach den neuesten Quellen entw. u. gez. (Neue Ausg.) Lith. Imp.-Fol. Glogau. Flemming. 1864.
¹/₄ Rthlr.

Koenig Th., allgemeine Comptoir-Post- u. Eisenbahnkarte von Mittel-Europa. 2. revid. Aufl. 4 Bl. Lith. Imp.-Fol. Berlin. Schindler. 1861. halb col. 18 Sgr. — ganz col. ⁵/₆ Rthlr. — auf Lwd. 1²/₃ Rth. — auf Lwd. m. Stäben 2 Rth. — lackirt
2 ¹/₂ Rthlr.

— — Geschäfts- und Reisekarte v. Europa m. Angabe aller Eisenbahnen, Dampfschiffslinien u. Haupt-Poststrassen. (Neue

Ausg.) 4 Blatt. Lith. u. color. Imp.-Fol. Berlin, Mitscher &
Röstell. 1864. n. 1 ¹/₆ Rthlr.; in Carton. n. 1 ¹/₃ Rthlr.; auf Lw.
u. in Carton n. 2 Rthlr.; auf Lwd. u. m. Stäben n. 2 ¹/₂ Rthlr.

Kunsch, H., Eisenbahnkarte von Mittel-Europa mit Angabe der
Dampfschifffahrts - Verbindungen. Neue Ausg. Lith. Imp.-Fol.
Glogau. Flemming. 1862. ¹/₄ Rth.

Michaelis, Dr., Jul., Eisenbahnkarte v. Central-Europa. 7. Aufl.
2 Bl. Lith. Imp. - Fol. Dresden. Burdach. 1862. 12 Sgr.
cart. ¹/₂ Rthlr. auf Lwd. 1 Rthlr.

Müller, H., Karte der Eisenbahnen Mittel-Europa's m. Angabe
sämmtl. Bahnstationen, Hauptpost- u. Dampfschiff-Verbindungn.
Entworfen u. nach den zuverlässigsten Quellen bearb. 8. Aufl.
2 Bl. Lith. Imp.-Fol. Glogau, Flemming. 1864. In Cart. 18 Sgr.
auf Lwd. u. in engl. Carton. 1 ¹/₂ Rth.

Raab, C. J. C., Specialkarte der Eisenbahn-, Post- u. Dampf-
schiff-Verbindungen Mittel - Europa's m. Angabe aller Eisen-
bahn-, Post-, u. Dampfschiffstationen, Speditionsorte, Zoll- u.
Steuerämter etc. vollständig neu gez. und umgearb. von H.
Müller. 8. Aufl. 1 Blatt. Lith. u. color. Imp.-Fol. Ebendas.
1864. 1 Rth. 12 Sgr. auf Lwd. 2 Rth. 12 Sgr.

Stülping, F. von u. J. C. Bär, Karte v. Europa u. d. mittelländ.
Meere. 4. verb. u. verm. Aufl. v. Dr. A. Petermann. Kpfst. &
col. Imp. Fol. Gotha. J. Perthes. 1861. n. 2 Rth. auf Leinw. n. 2 ¹/₂ Rth.

Weiland, C. F., Karte von Europa in 4 Bättern. Südl. u. östl.
Theil umgearb. v. H. Kiepert. (Neue Ausg.) 4 Bl. Kpfst. und
col. Imp. Fol. Weimar. Geogr. Institut. 1862. 2 ¹/₂ Rth.

Wörl, Atlas von Central-Europa. 60 Blatt. 1 : 500,000. Umfasst
Frankreich, Pyrenäen, Deutschland, Dänemark, Polen bis Krakau, Ungarn bis Pressburg und Agram, Italien bis Rom. Freiburg. Herder. 1859. à Bl. 10 Sgr. cpl. 20 Rthr.

II. Deutschland im Allgemeinen.

Diez, F. M., Post- und Eisenbahn - Karte von Deutschland
und den anliegenden Ländern. Entworfen und gezeichnet von
J. C. Bär. (Neue Ausgabe.) Kupferst. und color. Imp.-Fol.
Gotha. J. Perthes. 1860. Auf Leinw. und in engl. 8.-Carton.
1 ¹/₂ Rthlr.

Friedrich, L., Post- u. Eisenbahn-Karte v. Deutschland, d. Nie-
derlanden, Belgien und der Schweiz. Bearb. nach desselben
Post-, Eisenbahn- und Reisekarte v. Mittel-Europa. Bericht.
Ausg. 1860. Maasstab 1 : 1,800.000. Chromolith. Imp.-Fol.
Gotha. J. Perthes. 1862. n. ¹/₂ Rthlr.

Gros, R., Karte v. Deutschland, Holland, Belgien, der Schweiz, Nord-Italien nebst Theilen v. Frankreich, Ungarn, Polen, Slavonien u. Kroatien. Verjüngung 1 : 1,700.000 d. nat. L. 4 Bl. Chromolith. Imp.-Fol. Stuttgart. Geogr. art. Inst. 1860. In Mappe n. 1 Rthlr. auf Leinw. u. in engl. 8.-Carton n. 1 ½ Rthlr.

Handtke, F., Karte v. Deutschland u. der Schweiz. Verhältniss 1 : 1,791.000. Lith. u. col. Imp.-Fol. Glogau. Flemming. 1862. Auf Leinwd. 1 Rthlr.

— — Post- u. Reisekarte v. Deutschland und den Nachbarstaaten bis Kopenhagen, Dover, Paris, Lyon, Turin, Ferrara, Ofen etc. Nach den neuesten u. besten Quellen entw. u. gez. (Neue Ausg.) 4. Blatt. Lith. und color. Imp.-Fol. Ebendas. 1864. Auf Leinwand und in Carton 1⅔ Rthlr.

Hanser, *Oberlieut.,* **G.,** Post- und Eisenbahnkarte v. Deutschland, Holland, Belgien, der Schweiz, Italien bis Neapel, dem grössten Theil v. Frankreich, Ungarn, Polen etc. Mit besond. Rücksicht auf Eisenbahnen u. Seedampfschifffahrt. (Neue Ausg.) Stahlst. u. illum. Imp.-Fol. Nürnberg. Serz & Co. 1863. In 8.-Carton 18 Sgr. Mit Eisenbahn-Atlas 1 Rthlr. Auf Leinw. 1 Rthlr. 24 Sgr. — Mit Anh.: Fortsetzung der österreich. Monarchie bis zur östl. Grenze 24 Sgr.; auf Leinwd. 1 Rthlr. 12 Sgr. Mit gröss. Distanz-Bestimmungen 24 Sgr.; a. Leinw. 1 Rth. 12 Sgr.

Jügel's, Karl, Post- u. Reisekarte v. Deutschland und den Nachbarstaaten bis London, Paris, Montpellier, Florenz, Warschau u. Kopenhagen. Nach den neuesten u. zuverlässigsten Quellen bearb. v. Gen.-Post-Dir.-Secr. U. Hendschel. Neue sorgfältig rev. u. verb. Ausg. 6 Blatt. Kpfrst. u. illum. gr. Fol. Frankfurt a. M. Jügel's Verl. 1864. Auf Leinw. u. in Etui n. 3 Rthlr.

Karte der Eisenbahnen Deutschlands. Zusammengestellt a. Grund offizieller Mittheilungen sämmtl. Eisenbahnverw. u. hersg. im Auftr. d. deutschen Eisenbahnverw. v. d. herzogl. braunschw.-lüneburg. Eisenbahn- u. Postdirection, 3. verm. u. verb. Aufl. nach dem Zustande des Eisenbahnnetzes vom 1. Juni 1861. 9 Blatt. Lith, & color. Imp.-Fol. Braunschweig. Leipzig. O. A. Schulz. 1861. baar n. 4½ Rth. Mit Uebersichtsnetz d. Eisenbahnen u. Extrabl. baar n. 5⅔ Rth.

Kunsch, H., Post- u. Reisekarte v. Deutschland u. den Nachbarstaaten. Nach F. Handtke's Post- u. Reisekarte reducirt. Neue Ausg. Lith. und illum. Imp.-Fol. Glogan. Flemming. 1864. In Carton ½ Rthlr. auf Leinw. 1 Rthlr. 2½ Sgr.

— — Eisenbahn-, Post- u. Strassen-Karte v. Deutschland u. den Nachbarstaaten bis Kopenhagen, Paris, Neapel u. Warschau. Nach den vorzüglichsten Materialien und den neuesten Post-

Cours-Büchern entworfen u. gez. Neue Ausg. 2 Blatt. Lith. u. illum. Imp.-Fol. Leipzig. Hinrich's Sort. in Comm. 1860. In 8.-Carton. ¹/₂ Rthlr.

Liebenow's, W., Specialkarte vom nordwestlichen Deutschland. 6. Blatt im Maasstab v. 1 : 300.000. Bl. 4 u. 6. Lith. & col. Imp.-Fol., Hannover. Oppermann. 1864. n. 1 ⁵/₆ Rthlr.

Mayr, Reisekarte v. Deutschland. Neue Ausg. München. Rieger. 1862. n. 1 ¹/₂ Rthlr.

Post- und Eisenbahn-Karte v. Deutschland, den Niederlanden, Belgien u. d. Schweiz, bearb. nach L. Friedrich's Post-, Eisenbahn- u. Reise-Karte v. Mittel-Europa. Massstab 1 : 1,800.000. Neue Ausg. Lith. u. color. Imp.-Fol. Gotha. J. Perthes. 1864. n. ¹/₂ Rthlr.

Reymann, *Hptm.*, u. v. **Oesfeld**, topogr. Specialkarte v. Deutschland u. d. angrenzenden Ländern in 359 (theils in Kpfr. gest., theils lith. u. illum.) Blättern. Neue Ausg. 1—156 Lfg. à 2 Bl. Fol. Glogau. Flemming. à n. ²/₃ Rthlr.
Einzelnes Blatt à n. ¹/₂ Rthlr.

Schmidt, *Prof.*, **J. M. F.**, Postkarte v. Deutschland u. d. angrenzenden Staaten in 4 Blättern. Neue Ausg. Kpfrst. und color. Imp.-Fol. Berlin. Schropp. 1864. n. 2 Rthlr.

Stieler, Karte v. Deutschland, dem Königreich der Niederlande, dem Königreich Belgien, der Schweiz und den angrenzenden Ländern bis Paris, Lyon, Turin, Mailand, Venedig, Ofen, Königsberg, in 25 Blättern. 1 : 800.000. Gotha. 1829, beendigt 1836. Neueste, berichtigte und vervollständigte Aufl. 1859. Gotha, J. Perthes. 4 ¹/₂ Rthlr. à Bl. ¹/₄ Rth.

Stülpnagel, **F. v.**, politische Uebersicht von Deutschland. Maasstab 1 : 1,000.000. 9 Bl. 2 Aufl. Chromolith. Imp.-Fol. Ebend. 1862. n. 1 ¹/₃ Rthlr. Auf Leinwd. n. 2 ⁵/₆ Rthlr.

— — und **J. C. Bär**. Deutschland, Königreich der Niederlande, Königreich Belgien und die Schweiz nebst Theilen der angränzenden Länder. Zum Reisegebrauch eingerichtet und mit Bezeichnung der Eisenbahnen, Chausséen, Eilwagen und Extra-Post-Routen, unter Mitwirkung v. Geh. Hof- und Finanzrath F. M. Diez gemeinschaftlich gez. Nebst Uebersicht der Hauptverbindungsstrassen durch ganz Europa zu Lande u. z. Wasser. Neue Ausg. 4 Blatt. Kpfrst. u. color. Imp.-Fol. Gotha. J. Perthes. 1864. Auf Leinw. und in gr. 8.-Carton. 2 ²/₃ Rthlr.

Volz, *Secret.*, **Ed.**, Eisenbahn-Karte v. Deutschland und Frankreich. Entw. u. gez. v. Herm. Boettger. Maasstab 1 : 2,722.600. Lith. u. col. Imp.-Fol. Berlin. Th. Grieben. 1864. baar n. 1 Rth.

Weiland, C. F., Generalkarte v. Deutschland nebst der Schweiz. Nach dessen Zeichnung vervollständigt u. theilweise berichtigt von H. Kiepert. Maasstab 1 : 1,050.000. (Neue Ausg.) 5 Bl. Kpfrst. und color. Imp.-Fol. Weimar. Geogr. Institut. 1862.

2 1/2 Rthlr.

Witzleben. Karte von West-Deutschland, Nord-Ost-Frankreich, Süd-Holland und Belgien. Entworfen v. Freiherrn F. A. v. —. 16. Bl. 1 : 400.000. Berlin. Heymann. 1859.   6 2/3 Rthlr.

Wörl. Atlas von Südwest-Deutschland und dem Alpenlande in 48 Bl. und 6 statist. Tabellen, mit roth eingedruckten Strassen, Ortspositionen u. Grenzen. Entworfen und bearbeitet im Maassstabe 1 : 200.000 d. natürlichen. Freiburg i. B. Herder. 1859.

16 2/3 Rthlr., einzeln à Bl. 10 Sgr.

III. Oesterreich.

Administrativ- und Generalkarte des Königreiches Ungarn auf Anordnung Sr. k. k. Hoheit des Herrn Erzherzogs Albrecht, General-Gouverneur von Ungarn etc. ausgeführt und herausgegeben durch das k. k. Milit.-Geogr.-Institut im Jahre 1858. 17 Bl. Maasstab 1 : 288,000. Wien.   21 1/4 Rthlr.

Bezirks-Pläne der kais. königl. Haupt- und Residenz-Stadt Wien. Mit den alten und neuen Haus-Nummern. In 7 (lith. u. color.) Blättern. Imp.-Fol. Mit Text Wien, Dirnböck. cart. 1863. 3 2/3 Rth.

Brandes, H., neuester Plan von Wien (incl. Stadterweiterung) u. seinen Bezirken. Mit neuer Benennung der Bezirke, Strassen, Gassen und Plätze und der neuen Häusernummerirung. Chromolith. Imp.-Fol. Mit Text. Wien. Draudt. 1863 in Carton.

n. 2/3 Rthlr.

Generalstabskarten des österr. Kaiserstaates im Verlage des k. k. militär.-geogr. Institutes erschienen und durch Artaria & Co. in Wien, Ehrlich'sche Buchh. in Prag zu beziehen.

Specialkarten:

Salzburg u. Berchtesgaden. compl. 15 Blätter baar n. 9 Rth.

Oesterreich ob und unter der Enns. 31 Blätter. baar n.
24 Rthlr.

Tyrol & Voralberg mit dem souveränen Fürstenthum Liechtenstein.   cpl. in 24 Blättern baar n. 16 Rthlr.

Steiermark und Illyrien 37 Blätter.   baar n. 28 Rthlr.

Mähren und österr. Schlesien 20 Blätter.   baar n. 14 Rthlr.

Böhmen. 39 Blätter.   baar n. 28 Rthlr.

Dalmatien. 22 Blätter.   baar n. 13 2/3 Rthlr.

Sämmtliche im Maassstab v. 1: 144.000.

Das Lombardisch - Venetianische Königreich 42 Blätter.
baar n. 40 Rthlr.

Die Lombardei apart in 24 Bl.   baar n. 20²/₃ Rthlr.

Das Venetianische ap. in 24 Bl.   baar n. 20²/₃ Rthlr.

Massstab 1: 86,400.

Die Blätter sind auch einzeln zu erhöhten Preisen zu beziehen.

General - Strassen- und Ortskarte d. österreichischen Kaiserstaates, nebst ganz Süd-West-Deutschland u. e. grossen Theile v. Nord-Italien, der Schweiz, der Türkei u. der übrigen angrenzenden Länder. 4 Blatt. Lith. und color. Imp.-Fol. Mit 1 Blatt Text in Fol. Wien, Artaria & Co. 1863.   2 Rthlr.

Hirschvogel, August, Plan der Stadt Wien v. J. 1547. Nach dem Orig. im Archive der Stadt Wien im Facs. zum erstenmal hrsg. v. Rath Alb. Camesina. 6 Blatt. Lith. Imp.-Fol. Mit Text in Fol. Wien, Prandel & Ewald in Comm. cart. 1863.   nn. 20 Rthlr.

Karte von Dalmatien, Bosnien, Serbien, Crnagora (Montenegro) Moldau & Wallachei. Maassstab 1 : 1,296.000. Chromolith. Imp. - Fol. Wien. Wallishauser. 1861. In gr. 8. Carton. n. 1 ¹/₃ Rthlr. Auf Leinwd. m. Stäben n. 2 ¹/₃ Rth.

— — des Grossherzogthumes Siebenbürgen. 4. nach den neuesten Quellen berieht. Aufl. Lith. & col. Imp.-Fol. Hermannstadt Steinhaussen. 1862.   auf Leinw. n. in Carton. 1 Rth.

Kořistka, *Prof.* Karl, Generalkarte des Königreichs Böhmen, entw. und nach den neuesten Aufnahmen, sowie nach eigenen Messungen revid. u. berieht. Gez. v. A. Sommer. Maassstab 1 : 432000. Chromolith. Imp. - Fol. Olmütz. Hölzel. 1862. n. 2 Rthlr. Auf Leinwand. n. 2²/₃ Rthlr.

Kummerer von Kummersbach, Administrativkarte von Galizien u. Lodomerien mit dem Grossherzogthum Krakau und den Herzogthümern Auschwitz, Zator u. der Bukowina. 61 Blätter. Maassstab 1 : 115.200. Seit 1864. compl. Wien. Artaria & Comp.   20 Rth. Einzeln. Blatt à 14 Sgr.

— — Königreich Böhmen nach den neuesten und besten Materialien zusammengestellt, gez. u. hrsg. 4 Blatt. (Neue Ausg.) Kpfst. Imp.-Fol. Prag. Haase. Söhne. 1862. à Bl. n. 1 ¹/₃ Rth.

Mayer, *Imp. Geo.* spezielle Reisekarte v. Südtirol m. d. angrenzenden Ländern. Neue vielfach verb. Ausg. 2 Bl. Kupferst. und color. Imp.-Fol. Ebd. Auf Leinw. u. in Carton. 1863. n. 1 ²/₃ Rthlr.

Mayer, *Imp. Geo.* spezielle Reise- u. Gebirgskarte vom Lande Tirol m. den angrenzenden Theilen v. Südbayern, Salzburg, der Schweiz (Graubünden) u. Ober-Italien. Maass-Verhältnisse 1 : 500.000. Neue vielfach verb. Ausg. 4 Blatt. Kupfrst. u. illum. Imp.-Fol. Ebd. 1860. Auf Leinw. u. in Carton. u. 2 ⁵/₆ Rthlr.

Pauliny, *Offizial*, **J. J.**, das Herzogth. Kärnten. Maassstab 1 : 360.000. Lith. u. color. qu. gr. Fol. Klagenfurt. Leon. 1860. In 16.-Carton 1 ¹/₃ Rth.
Auf Leinwd. u. in 16.-Carton 1 Rth. 24 Sgr.

Plan neuester, v. Wien nach der neuen Bezirkseintheilung und neuen Benennung der Strassen u. Plätze 1863. Hrsg. v. techn. Bureau. Chromolith. Imp.-Fol. Mit Text. Wien, Beck's Sort. In 8.-Carton. 1863. u. 18 Sgr.

Scheda, *Oberstlieut.*, **Jos.**, Generalkarte des österreichischen Kaiserstaates m. e. grossen Theile d. angrenzenden Länder. Im k. k. militärisch-geographischen Institute herausgegeben. In 20 Blättern, wovon 14 erschienen sind u. zwar No. 1. 2. 4. 5. 6. 7. 8. 11. 12. 14. 16. 17. 19. 20. Wien. (Artaria & Co.) 1864. Subscript.-Preis baar à Bl. schwarz 1 Rthlr. 5 Sgr.
— — colorirt 1 „ 10 „
Einzelne Blätter apart schwarz 1 „ 20 „
— — colorirt 1 Rthlr. 27 Sgr.

Schulz, **R. A.**, Spezialkarte v. Oesterreich unter der Enns, nebst den angrenz. Theilen v. Ober-Oesterreich, Steiermark, Böhmen. Mähren u. Ungarn. Maassstab 1 : 324.000. Ausg. vom J. 1863.
1 ¹/₃ Rthlr.; m. Terrain 2 Rthlr.

Skrzeszewski, **Adf. v.**, Ungarn, Siebenbürgen, Croatien, Slavonien u. die Militär-Grenze nach den neuesten Landesvermessgn. d. k. k. Milit. geogr. Institutes u. nach sonst. besten Quellen. Maassstab 1 : 1,152.000. Lith. u. color. Imp.-Fol. Ofen. 1863. Nagel & Wischán. In Carton. 1864. u. 2 Rthlr.

Sommer, *Ingen.-Geog.*, **Adf.**, Generalkarte der Markgrafschaft Mähren u. des Herzogth Schlesien, m. Benutzg. der neuesten u. besten Aufnahmen u. Messungn. entw. u. gez. Revidirt v. Prof. Kořistka. Maassstab 1 : 432.000 der Natur. Chromolith. u. color. Imp.-Fol. Olmütz, Hölzel. u. 2 Rthlr.; auf Leinwd u. in Futteral u. 2 ²/₃ Rthlr.

de Traux Max & Fried. Neueste General-Post- und Strassenkarte der Osterreichischen Monarchie mit politischer Eintheilg. der einzelnen Provinzen derselben und Angabe der wichtigsten Bergwerke und besuchtesten Mineralquellen, nebst einer bildlichen Darstellung des Monarchie-Wappens, so wie sämmtlicher Provinzial-Wappen. Nach den neuesten Grenzbestimmungen entworfen. 4 Blatt. Wien. Artaria & Co. 1856. 2 ²/₃ Rth.

IV. Preussen.

Aigner, *Lieut.*, **Hans, v.,** neuer Plan von Breslau u. der nächsten Umgebung. Mit Hervorhebung der wicht. öffentl. Gebäude etc. Lith. Imp. Fol. Breslau. Korn. 1861.   n. ¹/₃ Rthlr.

Böhm, *Lieut.*, **F.,** Plan von Berlin u. Umgegend bis Charlottenburg. Bericht. im J. 1862. Maasst. 1 : 15384. Kpfrst. u. illum. Imp. Fol. Berlin. D. Reimer. 1861.   n. 1 Rthlr.

— —- Specialkarte vom Regierungsbezirk Gumbinnen, nach den neuesten u. besten Materialien bearbeitet. Maassstab 1 : 300000. Berlin. C. Heymann. 1858.   1²/₃ Rthlr.

Bomsdorf, Specialkarte vom Regierungsbezirke Magdeburg, der Anhaltischen Herzogthümer, der hannoverschen u. braunschweigischen Landschaften im Unterharz nebst den übrigen angrenzenden Landestheilen. 2. Blätter. Maassstab 1 : 200000 Magdeburg, Kägelmann. 1855.   2²/₃ Rthlr.

Brathuhn, Specialkarte von den beiden Mansfeld'schen Kreisen. Maassstab 1 : 100000. Lithogr. u. geognost. color. Imp. Fol. Eisleben. Reichardt. 1861.   n. n. 1¹/₂ Rthlr.

Burchard's A., Karte der Rheinprovinz und der Provinz Westphalen. Maassstab 1 : 240,000. (In 6 Sect.) Lith. Imp.-Fol. Berlin. Schropp. 1864.   à n. 1 Rthlr.

Corvinus. Grundriss der Stadt Posen. 1856. Berlin. Mittler u. Sohn.   1 Rthlr.

Cosel, *Hptm.*, **E. v.,** topograph. Karte der Provinz Brandenburg. Nach den Aufnahmen d. k. preuss. Generalstab. gez. Maassstab 1 : 300,000. 4. Blatt. Lith. u. color. Imp.-Fol. Berlin. D. Reimer. 1861.   2²/₃ Rthlr. Aufgez. n. 3²/₃ Rthlr.

Emmerich, N., topographische Karte des Regierungs-Bezirks Arnsberg nebst den angrenzenden Landestheilen. Maassstab 1 : 200000. Lith. u. color. Imp.-Fol. Iserlohn. Bädeker. 1860.   n. 1¹/₃ Rthlr.

Engelhardt, Karte vom Preussischen Staate u. den angrenzenden Ländern östlich von Berlin, in 23 Blättern, enthaltend: Provinz Preussen, Pommern, Posen, Schlesien, einen grossen Theil der Mark und das Königreich Polen. 23 Bl. 1 : 325,000. Berlin Schropp. 1849 bis 1860.   20 Rthlr.
     Jede Section einzeln à 1 Rthlr.

— — Generalkarte vom preussischen Staate mit den Grenzen d. Regierungsbezirke u. landräthl. Kreise. Maassstab. 1 : 1,200000. 2 Bl. Kpfrst. u. col. Imp.-Fol. Ebendas. 1862.   n. 2 Rth.

Engelhardt, Generalkarte v. dem Preuss. Staate in seiner jetzigen Begrenzung und Abtheilung nach den v. dem statistischen Bureau zu Berlin mitgetheilten Nachrichten. 24 Bl. 1 : 600000. Ebendas. 6 Rthlr. Einzeln à Blatt 10 Sgr.

— — Karte der Provinz Brandenburg. Maassstab: 1 : 600,000. Lith. u. color. gr. Fol. Ebendas. 1864. Aufgezog. ³/₄ Rthlr.

— — Karte der Provinz Pommern. Maassstab 1 : 600,000. Lith. u. col. gr. Fol. Ebendas. 1864. In Carton ¹/₃ Rthlr.

Generalstabskarten v. preuss. Staate, zu beziehen durch Schropp's Landkartenhandlung in Berlin:

Topographische Karte v. Preussischen Staate, mit Einschluss der Anhaltischen u. Thüringischen Länder. Herausgegeben v. der topographischen Abtheilung des Königlich Preussischen Generalstabes.

Maassstab für die östlichen Provinzen 1 : 100000.

Maassstab für Westphalen und Rheinprovinz 1 : 80000.

Erschienen sind:

Westphalen u. Rheinprovinz im Maassstabe 1 : 80000. 72 Bl. complett. einzeln à Blatt   20 Sgr.

die weniger als halbvollen Sectionen   12 ¹/₂ Sgr.

Von den östlichen Provinzen im Maassstabe 1 : 100000 sind erschienen 236 Blatt, einzeln à Blatt   12 ¹/₂ Sgr.

die weniger als halbvollen Sectionen   7 ¹/₂ Sgr.

Daraus einzeln, die

Provinz **Pommern** complett 56 Blatt,

   „   **Brandenburg** complett 59 Blatt,

   „   **Sachsen u. Thüringische Länder** complett 63 Blatt,

   „   **Posen** 48 Blatt, erschienen sind 41 Blatt,

   „   **Schlesien** complett 65 L. ..

(In Vorbereitung befinden sich fast sämmtliche Sectionen der Provinzen Ost- und **Westpreussen** und 7 Sectionen der Provinz Posen.)

Von Ostpreussen sind bereits erschienen Maassstab 1 : 100,000 Sect. 1. Crottingen = 14 Sgr. — 2. Memel = 8 Sgr. — 4. Kinten = 8 Sgr. — 6. Sarkau = 8 Sgr. — 7 Rossitten = 8 Sgr. — 15. Cranz = 14 Sgr. — 16. Labiau = 14 Sgr.

Karte der Gegend um Berlin u. Potsdam (Metallographie) 1 : 25000. 16 Blätter à 7 ¹/₂ Sgr. Enthaltend: Tremmen, Markau, Rohrbeck, Spandau, Berlin, Gr. Kreutz, Ketzin, Fahrland, Teltow, Tempelhof, Werder, Potsdam, Gr. Beeren, Lichtenrade, Cöpenick, Friedrichsfelde.

Karte d. Landes zunächst um Berlin (Metallographie) 1 : 50000.
60 Blätter à 4 Sgr. color. à 6 Sgr.
Gegend um Frankfurt a. O. (Metallographie) 1 : 50000. 9 Sec-
tionen à 5 Sgr. (color. à 7 Sgr.) Enthaltend: Alt-Mahlisch,
Lebus, Rade, Pillgram, Frankfurt, Zohlow, Müllrose, Lassow,
Aurith.
Karte der Gegend um Cöln (Metallographie) 1 : 50000. 9 Sec-
tionen à 4 Sgr. (color. à 6 Sgr.) Enthaltend: Stomelen, Wor-
ringen, Schlebusch, Brauweiler, Cöln, Mühlheim, Kerpen, Brühl,
Wahn.
Umgegend von Stettin (Mettallographie) 1 : 50000. In 4 Blatt.
16 Sgr. (color. 24 Sgr.)
Karte der Umgegend von Königsberg Maassstab 1 : 50000.
20 Sgr.
Gegend um Potsdam (Lithographie) 1 : 25000. Buntdruck.
(Ketzin, Fahrland, Werder, Potsdam). 4 Rthlr.
Karte v. Mittel-Oderbruch. 1 : 25000. 8 Sectionen à 15 Sgr.
Enthaltend: Neustadt - Eberswalde, - Hohen-Finow, Oderberg,
Alt-Rüdnitz, Trampe, Dannenberg, Freienwalde, Neu-Lietze-
görike.
Kreiskarten von Pommern im Maassstabe 1 : 100000. Section
Belgardt, Bütow, Dramburg, Greiffenberg, Lauenburg, Neu-
Stettin, Rummelsburg, Schievelbein, Schlawe, Pyritz, Ucker-
münde. à 10 Sgr.
Umgegend von Bromberg. 1 : 25000. 7 ½ Sgr.
Karte der Gegend um Münster. 1 : 50000. Buntdruck à Exem-
plar 3 Thlr. Enthaltend: Altenberge, Greven, West-Bevern,
Nottuln, Münster, Telgte, Buldern, Davensberg, Sendenhorst.
Manoeuvre, Karte zum, des I. Armee-Corps im Jahre 1856 (Heils-
berg.) Bearbeitet in der topographischen Abtheilung d. Königl.
Preuss. Generalstabes. Maassstab 1 : 50000. 15 Sgr.
— — Karte zum, d. II. Armee-Corps im Jahre 1856 (bei Star-
gard.) Bearbeitet in der topographischen Abtheilung des Königl.
Preuss. Generalstabes. Maassstab 1 : 50000. 15 Sgr.
Manoeuvren, Karte zu den gemeinschaftlichen Feld-, d. Garde
u. des III. Armee-Corps im Jahre 1857 (Spandau.) Bearbeitet
in d. topographischen Abtheilung des Königl. Preuss. General-
stabes. 2 Blatt. Maassstab 1 : 25000. 20 Sgr.
Uebungen, Karte für die, des IV. Armee-Corps. 1857 (Halle a.
S.). Bearbeitet in der topographischen Abtheilung des Königl.
Preuss. Generalstabes. Maassstab 1 : 50000. 15 Sgr.
Musterblätter, für die topographischen Arbeiten des Königl.
Preuss. Generalstabes. 8 Blatt nebst Erläuterungen. 4 Rthlr.

Signaturen, für Truppen in d. gewöhnlichen Manoeuvre-Stärke.
Signaturen für Truppen nach der Kriegs-Stärke. Gezeichnet
v. Gutermilch, gravirt v. Böhm. Herausgegeben beim Königl.
Preuss. Generalstab. 3 Sgr.

Karte der Hohenzollern'schen Lande. 9 Blatt. In 4 Ausgaben.
Maassstab 1 : 50000.

A. Ortskarte mit illuminirten Grenzen der Oberämter, ohne
Bergstriche u. ohne Niveaulinien. In gelbem Umschlag.
4 $\frac{1}{2}$ Rthlr.

B. Niveau-Karte, schwarz mit Angabe der Niveaulinien in
Roth, ohne Bergstriche. In rothem Umschlag. 4 $\frac{1}{2}$ Rthlr.

C. Terrain-Karte in Braun ohne Niveaulinien. In bräun-
lichem Umschlag. 4 $\frac{1}{2}$ Rthlr.

D. Terrain-Niveau-Karte mit Bergstrichen in Blaugrau mit
mattrothen Niveaulinien. In blauem Umschlag. 4 $\frac{1}{2}$ Rth.

Jede einzelne Section 20 Sgr. Das Titelblatt (in 9 Farben) besonders 1 Rthlr.

George, *Geometer*, **Frdr.**, Plan der Stadt Barmen m. dem dazu
gehörigen Landbezirk, nach vorhand. Karten u. geometr. Aufnahmen im Auftrage der Stadtverwaltg. 1862/63 angefertigt.
Maassstab 1 : 5000. 4 Blatt. Lith. Imp.-Fol. Barmen, Langewiesche's Verl. 1863. n. 4 Rthlr.

Goltz, Karte von der Provinz Pommern, nach den neuesten und
besten Hülfsmitteln entworfen u. gezeichnet. 2 Bl. Maassstab
1 : 333,333. Berlin. D. Reimer. 1856. 3 Rthlr.

Gotzhein u. Rösler, Plan der Stadt Posen. Chromolith. gr. Fol.
Posen. Behr in Commiss. 1861. baar n. 1 Rthlr.

Graefe, *Haupt.*, **C.**, hippologische Karte v. Preussen. Maassstab
1 : 1,600,000. Lith. u. illum. Imp.-Fol. Berlin. Schropp. 1860.
n. 1 Rthlr.

Grossmann, *Hptm.*, **v.**, Karte der Umgegend v. Ruppin. Maassstab 1 : 25,000. 7 Blatt. Lith u. color. Neu-Ruppin. Oehmigke
& Riemschneider. 1860. n. 2 $\frac{1}{3}$ Rthlr.

Hagenow, *Dr.* **Fr.** **v.**, Karte v. Neu-Vorpommern u. der Insel
Rügen. Maassstab 1 : 200.000. 8. berieht. Aufl. Chromolith.
Imp.-Fol. Berlin. (Greifswald. Bamberg). 1863. n. 1 $\frac{1}{3}$ Rthlr.

Karte der Kreise Halberstadt, Aschersleben, Wernigerode u. Gr·
Aschersleben. Maassstaab 1 : 200.000. Lith. u. color. gr. Fol.
Magdeburg. Kaegelmann. 1861. n. $\frac{1}{3}$ Rthlr.

— — der Kreise Neuhaldensleben, Wolmirstedt und d. Stadt-
kreises Magdeburg. 1 : 200.000. Lith. u. color. gr. Fol. Ebendas. 1861. n. $\frac{1}{3}$ Rthlr.

Karte vom Preussischen Staate mit besonderer Berücksichtigung
der Communicationen, nach amtlichen Quellen bearbeitet und
herausgegeben, auf Anordnung Sr. Excellenz des Herrn Mini-
sters für Handel, Gewerbe und öffentlichen Arbeiten, vom technischen Eisenbahn-Bureau des Ministeriums in 12 Blättern im
Maassstab 1 : 600.000. 3. Aufl. Berlin. D. Reimer. 1864.
8 Thlr., mit colorirten Landesgrenzen 9 $^1/_3$ Rthlr.

Köhler, *Baumstr.*, Plan der Stadt Landsberg a. W. Lith. Imp.-Fol.
Landsberg a. W. Schaeffer & Co. 1863. $^3/_4$ Rthlr.

Liebenow. Karte von Hohenzollern. Maassstab 1 : 100.000. Berlin.
D. Reimer. 1854. 1 $^2/_3$ Rthlr.

— — Specialkarte der Grafschaft Glatz nebst angrenzenden Landestheilen v. Böhmen u. Mähren etc. Maassst. 1 : 150.000. Chromolith. Imp. Fol. Breslau. Trewendt. 1862. In Carton n. $^3/_4$ Rthlr.

— — Generalkarte von der königl. preussischen Provinz Schlesien und den angrenzenden Landestheilen. 2 Blatt. 1 : 400.000.
Ebendas. 1 $^3/_4$ Rthlr.

Maull, *Lieut.*, **Ferd.**, Karte der Weichsel - Nogat - Niederung.
Maassst. 1 : 100.000. Lith. Imp. Fol. Berlin. (Danzig. Anhuth.)
1862. baar n. 2 Rthlr.

Meyer, A., neuester Plan v. Berlin u. Umgegend. Mit Angabe d.
v. Sr. Maj. dem Könige genehmigten Bebauungs-Plans, sowie
aller Sehenswürdigkeiten der Residenz, nebst alphabet. Verzeichniss der Strassen, Plätze, Thore u. bemerkenswerthen Ge-
bände. Im Maassstabe 1 : 14.000. Lith. Imp. Fol. Berlin. J.
Abelsdorff. 1864. n. $^1/_6$ Rthlr. col. $^1/_4$ Rthlr. cart. $^1/_3$ Rthlr.

Nowack, Karte vom Regierungsbezirk Bromberg, entworfen und
nach den besten Materialien zusammengetragen 1857. Maassstab 1 : 300.000. Berlin. Heymann. 1 $^1/_2$ Rthlr.

— — Specialkarte von dem Regierungsbezirk Merseburg, nach
den besten Mater. entw. u. zusammengetr. Maassst. 1 : 300.000·
Kpfrst. u. col. Imp. Fol. Berlin. Schropp. 1861. n. 1 $^1/_2$ Rthlr.

— — Karte vom Regierungsbezirk Posen, redigirt von W. Liebenow. 1861. Berlin. Janke. Maassstab 1 : 300.000. 1 $^1/_2$ Rthlr.

Plan der Umgegend von Breslau, nach den neuesten Veränderungen gezeichnet von Hans von Aigner. Sr. königl. Hoheit dem
Prinzen Friedrich Wilhelm von Preussen gewidmet. Maassstab-
1 : 50.000. Breslau, Kern. 1857. 15 Sgr.

Platt, Albr., Specialkarte d. Regierungs-Bezirks Merseburg. Entworfen u. gez. nach den im J. 1854—1855 vorgenommenen
amtl. Berichtiggn. der vorhand. Materialien. 4. Aufl. Revidirt
u. berichtigt am Ende d. J. 1863. Maassstab 1 : 230.000. Lith
u. color. Imp. Fol. Magdeburg. Kaegelmann. n. 1 $^1/_2$ Rthlr.

Postkarte von dem preussischen Staate und den angrenzenden Ländern in 9 Bl. Bearb. im Cours-Bureau des königl. preuss. General-Postamts. 1 : 800.000. Berlin. Schropp. 1862. 6 Rthlr.

Rappard, *Major z. D.,* **F. v.,** topogr. statist. Karte des Reg.-Bez. Stettin, auf Veranlassg. d. k. Regierung u. nach deren Karten u. amtl. Mater., sowie nach andern zuverläss. Quellen bearb. u. herausg. Maassst. 1 : 200.000. 4 Bl. Lith. u. color. Imp. Fol. Stettin. Nagel. 1862. n. 2 ¹/₆ Rthlr.

Schneider, F. J., Specialkarte v. Schlesien und der Grafschaft Glatz. Neue Ausg., revid. u. vervollst. v. Prof. Dr. Sadebeck. Maassst. 1 : 300.000. 4 Bl. Lith. u. color. Imp. Fol. Breslau. Korn. 1861. n. 2 Rthlr. auf Leinw. u. in Futter. n. 3 Rthlr.

Sineck, Situations-Plan der Haupt- und Residenzstadt Berlin mit nächster Umgebung im Maassstabe 1 : 6250. 9 Blatt. Berlin. Schropp. 1861. 6²|₃ Rthlr.

— — Situationsplan der Haupt- u. Residenzstadt Berlin. (Entnommen aus des Verf. Plan v. Berlin in 9 Blatt.) Maassstab 1 : 6250. 2 Blatt. Lith. Imp.-Fol. Ebendas. 1860. n. 2 Rthlr.

Situations-Plan, neuester v. Berlin m. nächster Umgebung u. Angabe d. Weichbildes u. Polizei-Bezirkgrenzen im Maassstabe 1 : 12.500. 4 Blatt. Lith. & col. Imp. Fol. Ebendaselbst. 1862. n. 1 Rthlr.

— — der vormaligen Festungswerke von Breslau nach deren Beschaffenheit im J. 1806. Lith. Fol. Breslau. Korn. 1862. In gr. 16. Cart. n. 12 Sgr.

Stadt-Plan von Breslau. Nach den neuesten Veränderungen. Breslau. Korn. 1860. 15 Sgr.

Studt, *Baurath,* **C.,** neuester Plan v. Breslau. Ausg. 2. In grösserem Maassstabe gez. u. lith. v. C. Diebison. Chromolith. Imp. Fol. Mit Text. Breslau. Korn. In Carton. 1864. n. ²/₃ Rthlr.

Tschischwitz, *Premierlieut.,* **W. v.,** Uebersichtskarte d. Umgegend v. Neisse. Maassstab 1 : 50.000. Chromolith. gr. Fol. Neisse Graveur. n. ¹/₂ Rthlr.

Uckermark, Karte von der, nach eignen örtlichen Untersuchungen und Verbesserungen, entworfen von F. B. Engelhardt, k. preuss. geh. Regierungsrath. 1 Blatt. Berlin. Schropp. 1859. 1 Rthlr.

Vorlaender, J. J., Karte v. k. preuss. Regierungs-Bezirk Minden. Gez. v. Geometer II. Dodt. Maassstab 1 : 200.000. 3 Aufl. Lith. u. col. Imp. Fol. Berlin. (Minden. Volckening). 1862. baar n. n. 27 ¹/₂ Sgr.

V. Die deutschen Bundesstaaten ohne Oesterreich und Preussen.

a) Die Herzogthümer Anhalt.

Nowack, Karte der Herzogthümer Anhalt. Maassstab 1 : 300.000. Lith. & color. qu.-Fol. Berlin. Schropp. 1861. n. ⅓ Rth.

b) Grossherzogthum Baden.

Atlas, topographischer über das Grossherzogthum Baden nach d. allgemeinen Landesvermessung d. grossherzogl. militärisch-topographischen Bureaus. 56 Blatt. Lith. gr. Fol. Carlsruhe. Bielefeld. 1838—63. baar n. n. 19 ⅓ Rth. Ueberdr. n. n. 14 ⅔ Rthl.
Einzelne volle Blatt n. n. 18 Sgr. Ueberdr. n. n. 11 Sgr.; — nicht volle Blatt n. n. ⅓ Rthlr. — Ueberdr. n. n. ¼ Rthlr.

Fritschi, J., topographische Karte der Umgebungen von Baden. Mit Höhen-Courven v. 80 bad. Fuss verticalem Abstand. Maassstab 1 : 37.500. Chromolith. Imp.-Fol. Stuttgart. Schweizerbart. In 8.-Carton. 1 Rth.

Karte von dem Grossherzogthum Baden, nebst Theilen der angrenzenden Länder, bearbeitet auf dem Karten-Bürean d. grossen General-Quartier-Meister-Stabes. 6 Bl. Maassst. 1 : 200.000. Erschien. sind Nr. 2, 3, 5. Karlsruhe. 1855—1860. à Bl. 1 Rth.

— - - topographische v. Mannheim und Umgegend. Bearbeit. in 2 Blättern von d. topogr. Abth. d. grossherzgl. Generalstabs. Maassstab 1 : 25.000. Chromolith. Imp.-Fol. Karlsruhe. Braun. 1864. à Bl. n. n. ⅚ Rthlr.

— — topographische, der Umgebung v. Rastatt. Bearb. in 4 Bl. von der topogr. Abthl. d. grossherzgl. Generalstabes. Maassst. 1 : 25.000 d. w. G. Bl. 1. 2. Chromolith. gr. Fol. Carlsruhe. (Braun) 1864. à Bl. n. n. 1 Rthlr.

Uebersichtskarte des Grossherzogth. Baden nebst Theilen der angränzenden Länder. Bearb. in 6 Blättern v. d. topogr. Abth. d grossherzogl. Generalstabes. Maassstab 1 : 200.000. Lith. Imp. Fol. Ebendas. 1864. baar à n. n. 18 Sgr. Ueberdruck à n. n. 11 Sgr.

c) Königreich Bayern.

Atlas, grosser topographischer, v. Bayern. Bearb. in dem topograph. Bureau d. k. b. Generalquartiermeister-Stabes. Kpfrst. Imp. Fol. München. (Mey & Widmayer). à Blatt n. n. 1 Rth. 11 ¼ Sgr. (Noch im Erscheinen begr.) Ueberdr. à n. n. 18 Sgr.

Graefe, hippologische Karte v. Bayern. Massst. 1 : 25.000. 7 Bl. Imp. Fol. München. Mey & Widmeyer. 1861. 18 Sgr.

Heyberger, J., neueste Post-, Eisenbahn-, Gebirgs- u. Reisekarten. Imp. Fol. Regensburg. Pustet. 1862.

1 von Mittelfranken. — 2 von Niederbayern. — 3 von Oberbayern. — 4 von Oberfranken. — 5 von der Oberpfalz u. Regensburg. — 6 von d. Rheinpfalz. — 7 von Schwaben u. Neuburg. — 8 von Unterfranken. à n. 14 Sgr. in Carton à n. 16 Sgr.

— — topogr. Special-Karte der Alpen Bayerns u. Nordtirols v. der Zugspitze bis z. Kaisergebirge. Maassst. 1 : 146.000. Kpfst. Imp. Fol. München. Mey & Widmayer. 1862. n. 1 Rth. 6 Sgr. auf Leinwd. n. 1 Rthlr. 24 Sgr.

Hammer, das Königreich Baiern, nach den besten Hilfsmitteln gezeichnet von C. F. 2 Bl. 1 : 420.000. Nürnberg. Campe. 1860. 1 ½ Rthlr.

Karte der bayerischen Pfalz in 2 Blättern im Anschluss au die Terrainkarte v. Bayern. Hersg. v. topogr. Bureau des Generalquartiermeisterstabes. Im Maasse v. 1 : 250.000. Kpfrst. Imp. Fol. München. (Mey & Widmeyer). 1862. n. n. 1 ⅙ Rthlr.

Mayr, *Insp.*, **Geo.**, specielle Reisekarte vom bayerischen Hochland, Nordtirol, Salzburg u. Salzkammergut. Maass-Verhältnisse 1 : 500.000. Neue vielfach verb. Ausg. 2 Bl. Kpfrst. u. color. Imp. Fol. München. Grubert. 1863. Auf Leinw. u. in Cart. n. 1 ½ Rth.

Radefeld, *Major*, neueste Karte v. Bayern in 4 Blättern, nach den neuesten topograph. Aufnahmen bearb. Maassstab 1 : 650.000. Kpfrst. u. color. gr. Fol. Hildburghausen, bibliograph. Institut. 1864. 1 Rthlr.

Roost, J. B., topisch-geographische Special-Karte d. Regierungs-Bezirks Oberbayern; nach den neuesten amtl. Materialien, im 200.000theil. Maassstabe auf 4 Bl. Stahlst. u. color. Imp. Fol. Nürnberg. Serz & Co. 1864. n. 6 Rthlr.

Uebersichts-Karte des Königreiches Bayern, diesseits d. Rheins in 15 Bl., im Maassstabe 1 : 250.000. Ortskarte. Gefertigt im topographischen Bureau des K. Gen.-Q.-M.-Stabes in d. Jahren 1849—1853. München, Mey & Widmayer. 10 Rthlr.

d) Frankfurt a. M.

Böttge, *Prem.-Lieut.*, Manoeuvre-Karte der Umgegend v. Frankfurt a. M. im Maassst. v. 1 : 25.000. Lith. gr. Fol. Frankf. a/M. Jäger. 1864. Auf Leinwd. n. 18 Sgr.

e) Hannover.

Plan, neuester, der k. Haupt- u. Residenzstadt Hannover u. d. Vorortes Linden. Chromolith. Imp. Fol. Hannover. Oppermann. 1862. In Carton n. ⅔ Rthlr., auf Lwd. n. 1 Rthlr., auf Lwd. lackirt u. m. Stäben n. 2 ⅓ Rthlr.

f) Grossherzogthum & Kurfürstenthum Hessen.

Generalkarte von dem Kurfürstenthume Hessen im Maassstab v·
1 : 200.000 d. w. G. bearb. v. d. topogr. Bureau des kurfürstl·
Generalstabes. 2 Blatt. Kpfrst. Imp. Fol. Cassel. Freyschmidt.
1859. baar à 2 Rthlr.

— — dieselbe im Maassstab v. 1 : 350.000 d. w. Gr. Kpfst. Imp.
Fol. Ebend. 1860. baar 2 Rthlr.

Hersfeld, Plan der Stadt Hersfeld und Umgegend. 1. Bl. Maassst.
1 : 10.000. Leipzig. Cassel, Bohné. 1 Rthlr.

Niveau-Karte vom Kurfürstenthum Hessen auf 112 chromolith.
Blättern nach 1 : 25.000 d. w. G. gr. Fol. Cassel. (Freyschmidt).
1859—1861. baar n. 100 Rthlr.
Einzelne Bl. n. 1⅓ Rthlr. weniger als halb volle Bl. n. ⅚ Rthlr.

Wittich. Plan der Umgegend von Mainz aufgenommen und gezeichnet von — 1858. Maassstab 1 : 25.000. Mainz, v. Zabern.
n. 1½ Rthlr.

g) Luxemburg.

Dömming. Plan der Umgegend von Luxemburg. Maassstab 1 :
25.000. 4 Bl. 1857. Luxemburg. Bück. 2 Rth. 5 Sgr.

Liesch, J. D., Carte du grand-duché de Luxembourg. A l'échelle
1 à 40.000. 8 Bl. Lith. & col. Imp.-Fol. Luxemburg. (Bück.)
1862. n. 6 Rthlr.

— — Plan de la ville et de la forteresse de Luxembourg.
Dressé à l'échelle de 1 : 2.500 mètres. Lith. Imp.-Fol. Luxemburg, (Schamburger.) 1862. baar 1 Rth. 6 Sgr.

Liez, N. Carte du grand duché de Luxembourg. Dressée à
l'échelle d'un à 90.000 4 Bl. Lith. & col. Imp.-Fol. Luxemburg. Bück. 1861. n. 1 Rth. 22 Sgr.

h) Mecklenburg.

v. Restorff. Karte der Grossherzogthümer Mecklenburg-Schwerin
und Mecklenburg-Strelitz, nach den zuverlässigsten Hülfsquellen
gezeichnet vom Hauptmann C. —, revidirt unter Aufsicht des
Grossherzoglich Mecklenburg-Schwerinschen hohen Kammer-Col-
legii. 1 Bl. 1 : 300.000. Schwerin. 1858. 1 Rth. 15 Sgr.

i) Oldenburg.

Karte, topographische des Herzogthums Oldenburg, im Maassstabe v. 1 : 50.000 in 14 Blättern. Gegründet auf die in den
J. 1835 bis 1850 unter der Direction d. Vermess. Dir. von
Schrenck ausgeführte allgem. Landesvermessung. Bl. 3—5.
7—11. Lith. Imp.-Fol. Oldenburg. Stalling. 1862. baar à nn.
⅚ Rth. col. à nn. 1 Rth.

k) Sachsen.

Atlas, topographischer, des Königreiches Sachsen, u. bearb. bei der königl. Militair - Plan - Kammer v. dem Dir. Gen.- Major Oberreit, gest. v. Krille, Hofmann, Reyher, Fischer, Hase und Keyl. Imp.-Fol. (Leipzig, Fr. Fleischer) 1860. cpl. baar u. n. 25 Rthlr.

Behrisch, Plan von Dresden. Hrsg. v. d. königl. Polizei - Direct. zu Dresden. Maassstab 1 : 11.000. Kupfrst. Imp.-Fol. Dresden. am Ende. 1862. nn. $\frac{1}{3}$ Rthlr.

Graef, C. grossherzogl. u. herzogl.-sächs. Länder nebst d. Fürstenth. Schwarzenberg & Reuss. Rhöngebirge, Frankenwald, Fichtelgebirge, Maassstab 1 : 350.000. Kupferst. & color. Imp.-Fol. Weimar. Geogr. Instit. 1862. $\frac{1}{2}$ Rthlr.

Gutbier, *Oberlieut.*, **L. v.,** Thüringen und Sachsen. Nach den besten Quellen. Maassstab 1 : 600.000. Kupferst. u. lith. Buntdruck. Imp.-Fol. Leipzig. Hinrich's Verlag. 1861. n. $\frac{1}{3}$ Rth. col. n. 14 Sgr., f. Ausg. n. 16 Sgr., col. n. $\frac{2}{3}$ Rth. Aufgez. n. 1 Rth.

Hessler, Osc., Plan der k. Haupt- und Residenzstadt Dresden. Lith. Imp.-Fol. Dresden. Kuntze. 1862. n. $\frac{1}{2}$ Rth.

Hetzel, G., Plan von Leipzig u. den im Osten angrenzenden Dörfern. Maassstab 1 : 7000. 2. Abdr. Kupferst. Imp.- Fol. Leipzig. Hinrichs Verl. 1864. 12 Sgr.

Kunsch, H., topogr. Karte der Umgegend v. Leipzig. Nach den Orig.-Aufnahmen der Flussregulirg., den Flur-Karten etc. gez. Maassstab 1 : 23.000. Lith Imp.-Fol. Leipzig. Hinrich's Verl. 1860. nn. $\frac{5}{6}$ Rthlr.; auf Leinwd. und in 8.-Carton nn. 1 $\frac{1}{3}$ Rthlr. — color. nn. 1 $\frac{1}{6}$ Rthlr. auf Leinw. und in 8.-Carton. nn. 1 $\frac{2}{3}$ Rthlr.

Ortskarte vom Königr. Sachsen, bearb. vom typograph. Bureau d. königl. sächs. Generalstabes in 1 : 100.000 der natürl. Grösse. 1 — 3. Liefg. Kupferst. Fol. Dresden. (Höckner. — Leipzig. Hinrich's Sort.) 1864. n. 3 Rth.; color. nn. 3 $\frac{2}{3}$ Rthlr.

Süssmilch-Hörnig., *Hauptm.,* **Mor. von,** historisch - geographischer Atlas von Sachsen u. Thüringen. Imp.-Fol. Dresden, v. Boetticher. 1863. cpl. 9 Rthlr.

— — Specialkarte vom Königreich Sachsen. Auf Grund der neuesten Materialien d. königl. statist., Finanzvermessungs-, Forstvermessungs- und. Eisenbahnvermessungs-Bureau's bis zum J. 1863, durch Sachkundige nachgetragen. 4 Blatt. Chromolith. gr. Fol. Dresden. Burdach. in Carton 1 $\frac{1}{6}$ Rthlr.; auf Leinw. u. in Carton n. 1 $\frac{2}{3}$ Rthlr.

Steyer, *Postinsp.* **F. Aug. Clemens,** Postkarte d. königl. sächs. Postbezirks, umfassend das Königreich Sachsen und das Her-

zogthum Sachsen-Altenburg. 2. Bl. (Neue Ausg.) Lith. u. color.
Imp. Fol. Dresden. Dietze. 1864.   n. 1 ¹/₂ Rthlr.
                                   auf Leinwd. n. 2 ¹/₆ Rthlr.
Trübenbach, Rich., Plan von Chemnitz. Maasst. 1: 3500 nat.
Grösse. Chromolith. Imp.-Fol. Chemnitz. Focke in Commiss.
1861.   n. ¹/₃ Rthlr.
Weinhold, C. W., Plan von Freiberg mit nächster Umgebung.
Maassstab 1: 4000. Lith. Imp.-Fol. Freiberg, Craz & Gerlach.
1862.   n. 1 Rthlr.
— — derselbe mit den Grubenbauen daselbst.   n. 1²/₃ Rthlr.
Werl's neuester Plan von Leipzig u. angrenzenden Ortschaften.
4. Aufl. Lith. gr. Fol. Leipzig. Werl. 1863.   n. ¹/₆ Rthlr.
Williard, J., Karte vom Königreich Sachsen, sämmtl. Städte, Dörfer,
Eisenbahnen und Strassen, sowie das vollständige Flussnetz
enth.. nach den besten Quellen gez. Ausg. mit Kreisdirektions-
bezirken. (Neue Ausg.) Lith. & col. Imp.-Fol. Dresden. Türk.
1864.   Aufgezogen n. 1 Rth. 6 Sgr.

l) Schleswig-Holstein und Lauenburg.

Biernatzki, H., Nationalitäten- u. Sprachenkarte des Herzogthums
Schleswig. Maassstab wie 1: 480,000. Lith. u. col. Fol. Ham-
burg. B. S. Berenssohn. 1864.   9 Sgr.
Burow, *Hptm. a. D.*, **A.**, Plan der Festung Rendsburg nebst der
Inondation u. der nächsten Umgegend. Nach den neuesten Ma-
terialien bearbeitet. Maassstab 1 : 20000. Lith. gr. Fol. Berlin.
Schropp in Commiss. In Carton. 1864.   n. ¹/₃ Rthlr.
Clausen. *Prem.-Lieut.*, Rendsburg u. s. Umgebung. Lith. Imp.-Fol.
Rendsburg. Matthiesen in Commiss. 1861.   n. 1¹/₂ Rthlr.
Coster u. **Steinhardt,** *Lieutenants*, Plan von Düppel u. Umge-
gend nebst den preuss. Angriffs-Arbeiten. Maassstab 1 : 10000.
Chromolith. Imp.-Fol. Kiel. Homann. 1864.   n. 17¹/₂ Sgr.
Engelhardt, F. B., Karte v. Schleswig, Holstein u. Lauenburg
nebst den angrenzenden Landestheilen. Maassstab 1 : 600,000.
Lith. u. color. Imp. Fol. Berlin. Schropp. 1864. In Carton.
                                              ¹/₂ Rthlr.
Geerz, *Hptm.*, **F.**, General-Karte v. den Herzogth. Schleswig,
Holstein u. Lauenburg, den Fürstenth. Lübeck u. Ratzeburg u.
den freien u. Hansestädten Hamburg und Lübeck. Maassstab
1 : 450.000. Kpfrst. Imp.-Fol. (Mit: Geschichte der geographischen Vermessungen und der Landkarten Nordalbingiens vom
Ende des 15. Jahrh. bis zum J. 1859. Mit e. krit. Uebersicht
aller bezügl. geograph., geognost., ethnograph. u. histor. Karten
u. Pläne, nebst Beiträgen zur phys. Geographie u. geschichtl.

Topographie. Berlin. Kiel. Schwers. 1859. Ausg. Nr. 1. Physisch-topographisch color. n. 2 $\frac{1}{2}$ Rth.
Ausg. Nr. 2. Nach der administr. Einth. color. n. 2 $\frac{1}{2}$ Rthlr.
Ausg. Nr. 3. Nach den Landesgrenzen. color. n. 1 $\frac{1}{2}$ Rthlr.

Geissler, *Dr.*, **R.**, die Düppeler Schanzen nebst Umgebung od.
der Kriegsschauplatz zwischen Eckensund, Gravenstein, Atzbüll,
Auenbüll, Satrup, Staugaard, Sonderburg, Schottsbull u. Broaker.
1—3. verb. Aufl. Chromolith. Fol. Bremen. Kühtmann & Co.
1864. 6 Sgr.

Gräf, A., die Herzogthümer Schleswig, Holstein u. Lauenburg
mit den freien u. Hansestädten Hamburg u. Lübeck. Im Maassstab v. 1 : 445,000. Revid. Ausg. Kpfrst. u. color. Imp. Fol.
Weimar. geogr. Institut. 1863. n. $\frac{1}{3}$ Rthlr.

— — die Ostküste des Herzogthums Schleswig u. Jütland's bis
Veile, zum Studium der deutsch-dänischen Kriege der Neuzeit
nach den Aufnahmen d. Oberquartiermeister-Stabes d. schleswigholst. Armee vom J. 1849—51 u. a. dänischen Generalstabes
v. 1851—54. 1|2. Lfg. gr. Fol. Weimar. Geogr. Institut. 1864.
Lfg. I. = $\frac{2}{3}$ Rthlr. Lfg. II. = $\frac{5}{6}$ Rthlr.

Handtke, F., topographische Karte der Gegend um Düppel, nebst
den Schanzen u. Gravenstein, m. Operationskarte v. Sundewitt
und Alsen in 1 : 200,000. Lith. und color. Imp.-Fol. Glogau.
Flemming. 1864. $\frac{1}{3}$ Rthlr.

— — Karte von Holstein, Lauenburg, Schleswig u. den angrenzenden Landestheilen, Verhältniss 1 : 600,000. Lith. u. col.
Imp.-Fol. Ebendas. 1863. $\frac{2}{3}$ Rthlr.
auf Leinw. u. in Carton 1 $\frac{1}{6}$ Rthlr.

— — von Holstein u. Lauenburg. Recognoscirt 1856, 57 u. 58
auf Grundlage älterer Vermessgn. 8 Blätter nebst Titel u. Erklärgn. Verhältniss 1 : 120000. Blatt 2. 5—8. Kpfrst. u. color.
gr. Fol. Kopenhagen. (Kiel, Homann.) 1863.
à Blatt baar n. 1 Rthlr.

Karte, topographische vom südlichen Theile des Herzogthums
Schleswig. Herausg. v. d. topogr. Abth. d. königl. preuss. grossen
Generalstabes. Maassstab 1 : 100,000. 4 Blatt. Chromolith. Imp.
Fol. Berlin. (Schropp.) 1864. à n. n. 1 Rthlr.
Inhalt: Tondern. — Flensburg. — Friedrichstadt. — Schleswig.

Petermann, A., Karte v. Süd-Schleswig, Holstein Lauenburg u.
den umliegenden Gebieten, Maassstab 1 : 750,000. Nebst Uebersichtskarte der dänischen Monarchie. Maassstab 1 : 1,500,000.
Chromolith. gr. Fol. Gotha. F. Perthes. 1864. baar $\frac{1}{3}$ Rthlr.

— — Specialkarte v. Süd-Schleswig im Maassstabe 1 : 150,000.
Chromolith. qu. gr. Fol. Ebendas. 1864. baar 12 Sgr.

Plan des Schlachtfeldes von Schleswig. Unter Zugrundelegung d. vom Major Vogel v. Falckenstein im J. 1848 aufgen. Plane erweitert u. berichtigt in der topogr. Abtheilung des k. preuss. Generalstabes 1863. Maassstab 1 : 150,00. Chromolith. Imp. Fol. Berlin. Schropp in Commiss. 1864. n. n. 1 Rthlr.

— — v. der Düppelstellung im Maassstabe v. 1 : 33,000. 4. Aufl. Lith. gr. Fol. Ebendas. 1864. n. ¹/₆ Rthlr.

Stolzenberg, **Alfr.**, Generalkarte der Herzogthümer Schleswig, Holstein u. Lauenburg, der fürstenth. Lübeck u. Ratzeburg u. der Gebiete der Freien- u. Hansestädte Hamburg u. Lübeck mit besonderer Benützung der J. Geerz'schen Generalkarte dieser Länder nach den besten neuesten Quellen entw. Revidirt v. J. J. Pauliny. Maassstab 1 : 500,000 der Natur. Chromolith. Imp. Fol. Wien. (Lechner.) 1864. baar 12 Sgr.

m) Würtemberg.

Bach, *Ingen.-Hauptm.*, **H.**, Karte v. Würtemberg, Baden u. Hohenzollern nebst den angrenzenden Ländertheilen, durchaus nach den grösseren topogr. Karten bearb. im Maassstabe 1 : 450,000. Chromol. & col. Imp.-Fol. Stuttgart. Metzler. 1862. n. 1 Rthlr. 4 Sgr. Auf Leinwand n. 1 ¹/₂ Rthlr.

Karte, von Würtemberg, Baden und Hohenzollern, nebst den angrenzenden Landestheilen, durchaus nach der grossen topographischen Karte bearbeitet v. H. Bach. Maassstab 1 : 450000. Stuttgart. Metzler. 1857. 1 ¹/₆ Rthlr.

Königreich Würtemberg nebst Theilen d. angrenzenden Länder, nach dem Maassstabe 1 : 200000 in 4 Bl als Generalkarte des topogr. Atlasses bearbeitet v. dem Dirigenten der Landesvermessung, Ober-Steuerrath v. Mitnacht. Herausgegeben von dem — in Stuttgart 1859. 5 Rthlr.

Schickhardt, *Oberlieut.*, **A.**, Karte d. Manoeuvre- & Exercier-Feldes nebst Lager bei Köngen d. königl. würtemb. Truppen im Herbst 1861. Chromolith. gr. Fol. Ulm. Ebner 1861. n. ¹/₃ Rthlr.

VI. Dänemark.

Gräf, **C.**, Dänemark, Island, die Far-Oer und die Herzogthümer Schleswig, Holstein u. Lauenburg. Maassstäbe in 1 : 860.000 Kupferst. u. col. Imp.-Fol. Weimar. geograph. Institut. 1863. n. ¹/₃ Rthlr.

— — **A.**, das Königreich Dänemark, die Herzogthümer Schleswig-Holstein und Lauenburg nebst den europäischen deutschen

Colonien u. die Far-Oer. Kupferst. u. color. Fol. Ebendaselbst.
1865. n. ¹/₆ Rthlr.
Karte von Jütland, nach Bull's Karte von Dänemark arrangirt
v. F. N. Maassstab 1 : 400.000. Photolith. Imp.-Fol. Berlin.
Schropp in Comm. 1864. n. ¹/₂ Rthlr.
Kiepert, H., Dänemark mit den angrenzenden Theilen Nord-
deutschlands. Maassstab 1 : 1,000.000. Lith. u. illum. Imp.-
Fol. Berlin. D. Reimer. 1861. n. ²/₃ Rthlr.
Petermann, A., Specialkarte v. Jütland im Maassst. 1 : 400.000.
Lith. Imp.-Fol. Gotha J. Perthes. 1864. baar ¹/₃ Rthlr.
Scholz, R. A., Jütland und die dänischen Inseln. Maassstab
1 : 875.000. Chromolith. gr. Fol. Wien. (Lechner.) 1864.
baar 9 Sgr.
Sohr-Berghaus, Karte von Jütland mit e. Specialkarte der Umgegend v. Kolding & Fredericia. Lith. u. color. Imp.-Fol. Glogau. Flemming. 1864. ¹/₃ Rthlr.
Sommer, A., Specialkarte v. Süd-Ost-Jütland nebst ganz spe-
ciellem Plan von Fredericia. Maassstab 1 : 160.000. Lith. und
color. gr. Fol. Ebend. 1864. baar 6 Sgr.

VII. Frankreich.

Karte, des nordöstlichen Frankreich. Von B. v. S. Maassstab 1 :
500.000. 4 Blatt. Chromolith. Imp.-Fol. Berlin. Schropp. 1861.
n. 1²/₃ Rthlr.
Dufour. Carte administrative de la France indiquant les canaux,
les rivières navigables, les routes, les chemins de fer avec
leurs stations. 4 Blatt. Maassstab 1 : 1,000.000 Paris. 1857.
5 Rthlr.
Vuillemin. Carte Orographique, Hydrographique et Routière de
l'Empire français comprenant le Basin du Rhin et la région
des Alpes occidentales. D'après les Etats-majors français et
Etrangers, dediée et présentée à S. M. l'Empereur. Paris. 1860.
2¹/₂ Bl. Maasstab 1 : 1068375. 6²/₃ Rthlr.

VIII. Italien.

Cerri. Carte stradale e postale dell' Italia disegnata secondo le
Carte e le Opere piu accreditate dei moderni Geografi e pub-
blicata da Carlo —. 8 Blatt. 1 : 864.000. Wien. 1859. Preis
6²/₃ Rthlr.
Generalkarte des Lombardisch-Venetianischen Königreichs, reducirt nach der typogr. Karte in dem milit. geograph. Institut

des — zu Mailand. 4 Blatt. 1: 288000. 1838. revid. 1856.
8 Rthlr.

Gross, Rud., Taschen-Atlas des Kriegsschaupl. in dem Königreich beider Sicilien. Für Zeitungsleser. 3 Blatt. Lith. und illum. gr. 4. Zürich, Ludwig. In 16.-Carton. 1860. 8 Sgr.

Handtke, F., Specialkarte des Kirchenstaates nördlich v. Rom. Lith. u. color. gr. Fol. Glogau. Flemming. 1860. ¹/₃ Rth.

Karte der Provinz Neapel mit dem Stadtplane v. Neapel Maassstab 1: 240.000. Lith. u. col. qu. Fol. Stuttgart. Geogr. art. Inst. 1860. 6 Sgr.

— — des Kriegsschauplatzes im Königreich beider Sicilien. Verjüngung 1; 1,500.000. 1. u. 2. Aufl. Lith. u. col. gr. Fol. Ebendaselbst. 1860. 7 Sgr.

Moltke. Cotorni di Torino. Maassstab 1: 12.500. 4 Blatt publicata dal R. Corno di Stato Magg. 1854. 6 Rth.

Pianta topografica della città di Roma aggiornata a tutto il corrente. 3. bis auf die neueste Zeit bericht. Aufl. Lith. Imp.-Fol. Mit Text Leipzig. Seemann. 1865. n. ¹/₃ Rth. auf Leinw.
n. ³/₄ Rthlr.

Roost, Joh. Bapt. Post- u. Reisekarte v. Italien u. d. nördl. angrenzenden Alpen-Ländern etc. Maassstab 1: 1,800.000. 2 Blätter. Lith. & col. Imp. Fol. München. Liter. artist. Anstalt. 1862. Aufgezog. n. 2¹/₃ Rthlr.

Schulz. General-Post- und Strassenkarte des Lombardisch-Venetianischen Königreichs, gezeichnet von B. A. —. 1 Blatt. 1: 622800. Wien. 1856. 1¹/₃ Rthlr.

IX. Niederlande.

Krayenhoff. Choro-topographische Kaart der Noordelyke Provincien van het Koningryk der Nederlanden, uitgevoerd van het topographische Bureau van dezen Staat, volgens het ontwerp de Geodesische en Astronomische warnemingen van den Luitenant general Baron — etc. verbeterct en vermeerdert met de nieuwe Kanalen en Steenwegen 1859. 9 Bl. 1:115200. 40 Rth.

X. Polen.

Delius, H., Karte v. d. Königreich Polen u. Galizien, dem Grossherzogth. Posen u. dem westl. Russland. Lith. u. color. Fol. Berlin. Nicolai's Verl. 1863. n. ¹/₄ Rthlr.

Engelhardt, F. B., Karte von dem Königreich Polen, Grossherzogth. Posen u. den angrenzenden Staaten in 4 Sectionen nach

den besten vorhand. Hilfsmitteln entworfen u. gezeichnet. Bericht. 1862. 2 Bl. Kpfrst. u. color. Imp.-Fol. Berlin. Schropp.
n. 3 Rthlr.

Hammer, W., Karte v. Königreich Polen. Redaktion v. H. Kiepert. Maassstab 1 : 1,000.000. Lith. u. col. Imp. Fol. Berlin. D. Reimer 1861.
n. $^2/_3$ Rthlr.

Ziegler, J. M., Karte des Königr. Polen. Reduktion 1 : 200000. Kpfrst. u. color. gr. Fol. Leipzig. Hinrich's Verl. 1863. $^1/_4$ Rth.

XI. Russland.

Handtke, F., Generalkarte v. westlichen Russland, nebst Preussen, Posen u. Galizien. Verhältniss 1 : 2,000.000. (Neue Ausg.) Lith. u. color. Imp.-Fol. Glogau. Flemming. 1863.
$^1/_3$ Rthlr.

Karte der gewerblichen Verhältnisse im Europäischen Russland, mit Angabe der Fabriken und Hütten, der Erwerbszweige, der verwaltenden Behörden in Gewerbs- und Handels-Angelegenheiten, der vorzüglichsten Marktorte, der Land- und Wasserverbindungen, der Häfen und Leuchtthürme der Zollämter, der Badestellen, Quarantainen etc. Nach dem im Jahre 1842 auf Veranstaltung des Kaiserlichen Finanz-Ministerii erschienenen Russischen Originale deutsch herausgegeben. 1 Bl. 1 : 3675000. Berlin. Schropp. 1861.
2 $^1/_2$ Rthlr.

Kriegs - Strassen - Karte eines Theils von Russland und den angrenzenden Ländern. Nach der unter Leitung d. Russ. Kais. Generalstabes vom Gen.-Major Schubert im Maassstabe von 1 : 1680000 im Jahre 1829 herausgegebenen Karte auf das Maass von 1 : 1400000 vergrössert von dem k. k. Oesterr. G. Q. M. St. herausgegeben im Jahre 1837, berichtigt 1856. 16 Bl. (deutsch.)
12 Rthlr.

Postkarte vom westlichen (europ.) Russland. Herausgegeben von der Kaiserl. Russischen Postverwaltung 1856. St Petersburg. 9 Bl. (In russischer Sprache).
8 Rthlr.

XII. Schweiz.

Dufour, *General*, **G. H.**, topographische Karte der Schweiz vermessen u. hrsg. auf Befehl der eidgenössischen Behörden. Maassstab 1 : 100.000. Blatt 1—12 u. 14—25. Kpfrst. Imp. Fol. Bern. (Huber & Co.) 1833—63.
baar 39 Rthlr. 18 Sgr.
Blatt 1. 12 Sgr. — Bl. 2. 5. 6. 10. 20. 21. 25. à 1 Rthlr. 6 Sgr. — Bl. 3. 4. 11. 16. 18. 22—24. à 1 Rthlr. 18 Sgr. — Bl. 7. 9. 19. à 2 Rthlr. — Bl. 8. 12 14. 15. 17. à 2 Rthlr. 12 Sgr.

Gros, *Ingen.-Topograph,* **Rud.,** Karte d. Kantons Aargau m. den angrenzenden Theilen der Kantone Basel, Solothurn, Luzern, Zürich u. Zug. Nach der Michaelis'schen Karte, den Dufour-schen Blättern, der topogr. Karte v. Zürich etc. gez. Verjüngung: 1 : 125.000 d. natürl. Länge. Chromolith. Imp. Fol. Aarau. Sauerländer's Verl. 1860. Auf Leinw. u. in Etui n. 1 Rth. 26 Sgr. auf Leinw. u. in gr. 8.-Carton n. 1 Rthlr. 28 Sgr.

Karte des Kantons Glarus. Gebirgszeichnung von J. M. Ziegler. Reduction 1 : 50.000. 2 Bl. Chromolith. Imp. Fol. Winterthur. Wurster & Co. 1862. n. 1 Rthlr. 18 Sgr.

Keller, zweite Reisekarte der Schweiz. 1 Bl. 1 : 2,240,000. 1860. 2 Rthlr. 20 Sgr.

Leuthold's Post-, Eisenbahn- u. Dampfschiffkarte der Schweiz u. der Nachbarstaaten bis London, Paris, Nizza, Neapel u. Königs-berg m. genauer Angabe aller Landungsplätze v. Dampfschiffen, Extraposten u. Telegraphenlinien, zum Theil aus dem Schweiz. Atlas u. den Kantonal-Karten gezogen, geordnet u. gest. v. J. Müllhaupt. Mit 6 Stadtplänen begleitet. Neue Ausg. Kpfrst. u. illum. Imp. Fol. Zürich. (Leipzig. Hinrichs Sort.) 1864. Auf Leinw. u. in Etui. baar n. n. 2²/₃ Rthlr.

XIII. Türkei.

Stolpe, C., Plan der Stadt Constantinopel nebst deren nächsten Angrenzungen. Maassstab 1 : 10,000. Chromolith. Imp. Fol. Mit Text. Berlin. Neumann. 1863. n. n. 3 Rthlr.

XIV. Diverse Karten als: Gebirgs-, Telegraphen- & Seekarten etc.

Andrée, *Ingen.-Hptm.,* **Otto,** Special-Karte der sächs. böhm. Schweiz, eines Theiles d. Erzgeb. u. Mittelgebirges. Chromolith. Imp. Fol. Dresden. Dietze. 1861. n. ¹/₃ Rthlr.

Birk, Karte vom Riesengebirge. 2 Blatt. 1 : 100,000. Berlin. Schropp. 1861. 1 Rthlr.

Birk, C., Telegraphen-Karte v. Europa nach Mittheilungen der königl. preuss. Telegraphen-Direction bearb., gez. u. in Stein gravirt. II. Ausg. 1860. Maassstab 1 : 2,800,000. 4 Blatt. Chromolith. Imp. Fol. Berlin. Schropp in Com. 1862. baar n. 1¹/₂ Rth.

Handtke, F., Karte der Nord- u. Ostsee, nebst Specialplänen der hauptsächlichsten Hafenplätze. Maassst. 1 : 1,179,000. Lith. Imp. Fol. Glogau. Flemming. 1864. ¹/₃ Rthlr.

Haupt, Karte vom Riesen- und Eulengebirge nebst dem schlesi-
schen Vorgebirge bis zum Gröditzberg und dem Zopten. Maassstab 1 : 150.000. Glogau. Flemming. 1855.   1 ⅓ Rth.

Helmuth, *Oberst*, C., Uebersichtskarte zu den Feldzügen d. brandenb. preuss. Kriegsheere. 4 Blatt. Lith. gr. Fol. Leipzig. Hör-
necke. 1862.   n. ⅔ Rthlr.

Karte vom Riesengebirge. Maassst. 1 : 100.000. Lith. Imp. Fol.
Berlin. Schropp. 1862.   In Carton n. 1 ⅓ Rthlr.

Liebenow, W., Specialkarte v. Riesengebirge. Maassstab 1 : 150.000.
Chromolith. qu. Fol. Breslau. Trewendt. 1862.   n. ½ Rthlr.

Mayr, J. G., Atlas der Alpenländer. Schweiz, Savoyen, Piemont,
Süd-Bayern, Tirol, Salzburg, Erzherz. Oesterreich, Steyermark,
Illyrien, Ober-Italien etc. Nach den neuesten Materialien bearb.
9 Blätter. Maassst. 1 : 450.000. Kpfrst. u. illustr. qu. Imp. Fol.
Gotha. J. Perthes. 1862.   cpl. n. 14 ½ Rthlr.
    Einzelne Bl. aufgez. n. 2 Rthlr.

Plan d. Seehafens Geestemünde nebst Situation v. Bremerhafen.
Nach amtl. Chartirg. Chromolith. Imp.-Fol. Hannover. Klind-
worth. 1863.   n. ⅔ Rthlr.

See-Atlas der Jade-, Weser- u. Elbmündungen, hrsg. v. d. kngl.
preuss. Admiralität. Aufgenommen u. entworfen v. Lieut. H. Köhler. 7 Bl. Kpfrst. Imp. Fol. Berlin. 1859. D. Reimer in Comm.
    à n. n. 1 ⅓ Rthlr.

Segelkarte d. südl. Theils der Ostsee von Preussens Seeatlas.
Hrsg. v. d. k. Minist. d. Handels. 2. Ausg. Revid. u. umgearb.
Lith. Imp. Fol. Ebendas. 1860.   n. n. 2 ⅔ Rthlr.

Vogel, C., topographische Karte v. Thüringer Wald und seinen
Vorlanden. Maassstab 1 : 150.000 der natürl. Länge. (In 4 Sect.)
Kpfrst. Fol. Mit Text. Gotha. J. Perthes. 1863. à n. ½ Rth.

Weiland. Specialkarte von dem Thüringer Waldgebirge und den
umliegenden Gegenden, besonders für Reisende in dieses Ge-
birge, grösstentheils nach Originalquellen entworfen u. gezeichnet von C. F—. 1 Blatt. 1 : 228.000. Weimar. 1859. 15 Sgr.